韩建民　石铭婷　范国华　马晓翠 ◎ 著

"三区三州"脱贫攻坚的成就案例研究

"SANQUSANZHOU" TUOPIN GONGJIAN DE
CHENGJIU ANLI YANJIU

中国农业出版社

北京

　　本书系 2021 年度国家哲学社会科学基金项目"'三区三州'脱贫攻坚的伟大成就及其历史意义研究"(21XKS016) 主要内容

贫困问题自古以来一直困扰着全球的发展，尤其是在边远地区和自然条件恶劣的区域，贫困的根源更加深刻且难以消除。中国作为全球最大的发展中国家，在减贫事业中取得了显著的成就，尤其是在"三区三州"这一深度贫困地区的脱贫攻坚工作中，展现了中国特色社会主义扶贫理论和实践的独特优势。

"三区三州"的"三区"是指西藏自治区和青海、四川、甘肃、云南四省藏区及南疆的和田地区、阿克苏地区、喀什地区、克孜勒苏柯尔克孜自治州四地区；"三州"是指四川凉山州、云南怒江州、甘肃临夏州。"三区三州"是中国最具代表性的深度贫困区域。这里地势复杂，生态脆弱，基础设施相对落后，传统农牧业生产方式难以支撑可持续的经济发展。这些地区的脱贫攻坚工作，不仅承载着国家脱贫攻坚战略的核心使命，更彰显了党和国家对贫困地区人民群众的高度关注与深切关怀。本书正是在这一背景下，深入分析了"三区三州"脱贫攻坚的伟大成就与历史意义，探索了其成功经验及可持续发展路径，以期为全球其他贫困地区提供宝贵的经验借鉴，也为全球减贫事业提供"中国方案"。

本书的研究成果来源于对"三区三州"深度贫困地区的实地调研，结合现代社会学、管理学以及中国特色社会主义理论，重点分析了这些地区脱贫攻坚的战略创新与实践经验。通过典型案例的梳理与总结，揭示了精准扶贫政策在基层的落实情况，探索了党组织引领、内外部资源整合、绿色发展以及产业扶贫等多维手段如何推动当地经济、社会及生态环境的全面改善。此外，本书还深入探讨了"三区三州"脱贫攻坚所取得的巨大成就对国家治理能力、民族团结、区域协调发展的深远影响。通过对脱贫攻坚过程中制度优势、政策创新、乡村振兴等方面的分析，展现了中国特色社会主义制度在打赢脱贫攻坚战中的独特优势和强大动力。

本书的出版，既是对"三区三州"脱贫攻坚工作的重要总结，也为乡村振兴战略的实施提供了理论依据和实践指南。我们希望，读者通过阅读本书，能够全面了解脱贫攻坚的具体成效，并从中汲取智慧与经验，推动中国走向更加美好的未来。

在此，我们衷心感谢所有参与本书相关研究的学者与实践者，尤其是那些长期扎根"三区三州"一线的干部与群众。正是因为有了他们的无私奉献与奋斗，才有了"三区三州"脱贫攻坚的辉煌成就。

著　者

2025 年 3 月

目 录 CONTENTS

第一章　坚持党建引领

坚持党建引领。首先，要通过整顿软弱涣散基层党组织，选拔有能力、有担当、有干劲的干部进入村"两委"班子，规范党内制度落实，为脱贫攻坚工作提供坚实的组织基础。其次，培育基层干部工作情怀，对干部进行严格的管理和考核，为基层干部（尤其是外地干部和驻村干部）提供必要的工作和生活保障。再次，鼓励党员率先学习党的各项扶贫政策，带头落实项目，要求党员干部主动面对脱贫攻坚中的各种难题。最后，推行"党建＋第三方公司＋农户""党建＋合作社＋农户"模式，积极培养党员致富带头人，将党组织的组织优势转化为产业发展优势，带动贫困群众参与产业发展。

发挥党建作用，培育党员情怀
——以甘肃省甘南藏族自治州夏河县阿木去乎镇为例

一、引言

基层党组织是带领群众脱贫致富的坚强战斗堡垒。2018年6月发布的《中共中央、国务院关于打赢脱贫攻坚战三年行动的指导意见》明确要求党组织、党员队伍和党员干部在精准扶贫工作中应发挥战斗堡垒和先锋模范作用。习近平总书记明确提出"使党支部更好发挥战斗堡垒作用，成为带领农民群众脱贫致富的主心骨"。抓好党建促脱贫攻坚，是贫困地区脱贫致富的重要经验。在脱贫攻坚战取得全面胜利之后，如何总结脱贫攻坚经验，通过基层党组织的建设，加强对党和人民的精神引领，使党建引领的制度优势转化为乡村产业的发展效能，就成为新时期坚持以党建促乡村振兴的重要议题。

民族地区党建工作的重要性在于其能够有效地团结和带领各族人民应对发展挑战、维护社会稳定和促进共同富裕，同时还有助于巩固党在民族地区的执政基础，提升党的执政能力。由于少数民族族别、地域、身份、文化、信仰以及社会资本等多维差异，使得民族地区具有文化异质性和治理复杂性，其经济发展和基层社会治理相对困难。基层党组织是民族地区党组织发挥作用的战斗堡垒，少数民族党员干部是民族地区干部队伍组织性、纪律性和战斗力最强的群体，也是党和国家联结民族地区群众的重要桥梁和纽带，在巩固拓展脱贫攻坚成果过程中，最大限度地发挥好民族地区党组织和党员干部在贫困治理和促进民族团结中的重要作用是我国脱贫攻坚工作能够取得胜利的重要经验。

在脱贫攻坚的伟大斗争中，民族地区党组织和党员干部为取得脱贫攻坚的最终胜利做出了不可磨灭的贡献,所体现的力量是中国共产党先进性和党领导下社会主义制度优越性的充分彰显。在脱贫攻坚战取得胜利之后,科学总结党在领导民族地区群众脱贫致富的经验,为新时代背景下推动乡村振兴工作提供经验借鉴,成为摆在我们面前的重要课题。脱贫攻坚阶段,甘肃省甘南藏族自治州夏河县阿木去乎镇政府坚持党建引领,发挥基层党组织和党员在脱贫攻坚中的模范引领和战斗堡垒作用,带领当地群众取得了脱贫攻坚的伟大胜利,并于2021年被授予了"全国脱贫攻坚先进集体"荣誉称号,为此,本案例将阿木去乎镇政府列为研究对象,总结其在脱贫攻坚过程中党组织带领当地群众脱贫致富的一些经典做法和成功经验。本案例的研究内容主要从以下方面展开:一是探讨脱贫攻坚中当地政府如何通过党建引领发挥基层党组织的政治优势和组织优势,带领当地群众增收致富。二是探讨当地政府如何培养党员干部的工作情怀,并通过党员的先锋模范作用转变群众思想认识,激发群众内生动力。

二、案例描述

(一)走进阿木去乎

阿木去乎镇地处甘肃省甘南藏族自治州夏河县南部,区域面积367.4千米²,平均海拔3 040米,共有6个行政村33个自然村,1 190户7 246人。耕地面积3.02万亩①,草场面积41.33万亩,属于典型的半农半牧型乡镇。农牧民主要经济收入来源为畜牧养殖和旅游服务业。2013年,全镇共有扎代、吉昂、黑力宁巴3个贫困村,建档立卡户341户1 952人,其中黑力宁巴为深度贫困村。

脱贫攻坚工作开展以来,阿木去乎镇进行了全方位的努力。为了协助当地居民摆脱贫困,阿木去乎镇坚持党建引领,注重培育基层党员的为民情怀,充分利用其优越的自然生态环境和进行旅游标杆村建设的契机,大力发展乡村旅游产业,从单纯的放牧到开办"藏家乐""牧家乐",伴随着传统产业结构的转变,当地农牧民走上了广阔的致富增收之路。到2023年,阿木去乎镇已脱贫337户1 929人,贫困发生率下降到0.32%。

为了了解阿木去乎镇究竟是如何取得以上成绩的,调研组通过拜访镇扶贫办主任江东东,探寻掩藏在尘埃深处的故事。

曾经的阿木去乎镇是全国深度贫困镇,推动经济发展、维护社会稳定、决胜全面小康的任务十分艰巨。阿木去乎镇虽然区域面积很大,但是草场面积小,最开始和其他村庄一样以养殖业为主。由于人口太多,人均草场少,村民出栏意愿低,农户生产资料比较有限,贫富差距大。有的家庭有三四百头牛羊,而低保户家里没有劳力,也没有牛羊。村民们观念落后,他们不知道资金滚动起来才会有收益的基本道理,许多村民就算有牛羊也不愿意卖掉,生活质量始终无法提高。

在访谈过程中,江主任告诉调研组,曾经的阿木去乎镇,居民没有环境保护的意识,路面没有硬化,街道上的垃圾也无人处理,地上全是牛粪、羊粪,下雨天甚至没地方下

---

① 亩为非法定计量单位,1亩=1/15公顷。——编者注

脚。在人居环境方面，为了方便挤奶、喂草料和防止牲畜被偷，当地藏族牧民依然沿用"上住下畜、人畜混居"的生活方式，家庭卫生和健康状况令人担忧。因此，阿木去乎镇虽然风景优美，却很少有人来这里旅游，更不用说发展旅游业了。由于农户思维固化严重，比较抗拒对现代生活方式做出改变，同时也不愿意外出务工，守着家里单薄的田产和几只牛羊生活，导致当地贫困面极广，贫困程度极深。

看着眼前这干净整洁、欣欣向荣的村庄，调研组工作人员不禁感到好奇：为什么如今的阿木去乎镇较以往会发生如此之大的改变？脱贫攻坚阶段阿木去乎镇的党员干部和村民们究竟是怎么做到的（图1-1）？

旧面貌　　　　　　　　　　　　　　　　　新气象

图1-1 阿木去乎镇村庄新旧面貌对比

（二）坚持党建引领，凝聚发展合力

在脱贫攻坚阶段，阿木去乎镇始终坚持把党建引领作为推动全局工作的"第一抓手"和"红色引擎"，在党和国家对当地的倾斜支持、省州县各级领导的精心指导、历届领导干部的全力付出和全镇各族群众的积极拥护下，科学谋划、抢抓机遇，众志成城将基层党组织建设成为脱贫攻坚的坚强堡垒。

党建工作是基层党组织工作的重要组成部分，基层党组织建设工作是否有效会在很大程度上影响到脱贫攻坚的质量和效果。最初阿木去乎镇的党建工作也存在许多问题，例如，在党员队伍建设方面，存在着党员年龄结构偏大，不能适应新形势下的发展需要等问题；在干部队伍建设方面，存在着党组织工作后继乏人、人才队伍建设滞后等问题；在党组织建设方面，存在着党组织战斗力不强，不能发挥领导核心作用等问题。为了解决这些问题，阿木去乎镇在加强党员理论学习和培训工作，提升其理论素养和创新意识的同时，让年龄偏大的干部进行转岗，并积极吸纳年轻的公务员或技术人员向党组织靠拢；面对年轻干部不愿来镇里工作的问题，阿木去乎镇党组织实地了解干部的意愿和需求，加强干部福利，吸纳年轻干部加入脱贫工作中来。经过不懈努力，阿木去乎镇不仅实现了党员队伍的年轻化，而且增强了村党组织覆盖面和战斗力，为后续工作的有效开展提供了坚强组织和人才保障。在把基层党组织建设成为富有战斗力的战斗堡垒之后，阿木去乎镇各级党组织和广大党员干部开始统筹推进贫困村和非贫困村各项事业发展，凝聚发展合力。

一是通过产业发展和爱心帮扶增强向心力。脱贫攻坚过程中，阿木去乎镇各级党组织和广大党员干部，一方面把人民对美好生活的向往作为奋斗目标，着力改造升级传统种植和养殖业并发展乡村旅游业，农牧村人均可支配收入从 2013 年的 4 000 余元增长到 2020 年的 8 980 元，增长超 1 倍。所有贫困人口全部脱贫，贫困村全部出列。此外，紧密结合"三抓三促"行动，扎实开展"结对帮扶·爱心甘肃"活动，14 个省州县结对，50 名党政干部与全镇 10 名孤儿和事实无人抚养儿童、22 名重度残疾人以及 18 户特困家庭"一对一"精准结对，深入开展"爱心扶孤、助残、济困"行动，有效提升了群众的获得感和幸福感，对基层党组织和政府的满意度、认可度进一步提升。

二是通过乡风文明建设激发群众内生动力。阿木去乎镇切实发挥党建引领作用，要求广大党员干部积极参与环境整治、项目建设，有效发挥支部战斗堡垒作用，巩固完善社会治安治理和移风易俗乡规民约，探索创建"基层党建＋文明村庄＋和谐寺庙＋十户联防"基层治理新模式。定期开展"好儿媳""文明示范户"评选表彰活动，引导党员干部在乡村建设方面发挥榜样带头作用，努力改善群众精神风貌。坚持以"党委统筹、支部引领、党员带头、群众参与"为工作思路，充分发挥村规民约在环境治理中的作用，结合"红黑榜"制度，表扬优秀，曝光陋习。通过将乡风文明建设工作做实做深，强化群众的脱贫意识，激发群众的内生动力。

三是通过完善工作机制整合各方力量。阿木去乎镇把党的建设、综合治理、环境整治、应急管理、社会保障等工作统筹纳入网格体系，最大限度发挥网格长、联户长职能作用。健全"村党支部—网格党小组—党员联系户"组织体系，设置网格党小组 19 个，确定党员联系户 1 084 户，推动党的组织和工作延伸到党小组，深入到联系户，实现"有形覆盖"和"有效覆盖"相统一。网格化的管理体系动员了各方力量，发挥了我国集中力量办大事的制度优势，使民族地区有限的资源得到了最有效的配置，凝聚了各方的发展合力，也为未来与乡村振兴有效衔接作出贡献。

（三）培育工作情怀，激发内生动力

为改变当地贫穷落后的面貌，阿木去乎镇党政领导班子通过集体商议，首先决定从基层党建抓起，从培育党员工作情怀和激发群众内生动力两个方面双管齐下。一方面，积极创建党建品牌，突出以党建为核心的引领作用，通过激发党员对家乡的建设情怀和发挥基层党组织的战斗堡垒作用，为后续脱贫攻坚工作的开展提供人才和组织保障；另一方面，通过"扶志＋扶智"有效提升了牧民热爱家乡、自我发展的情怀，激发内生动力。

在党建引领，激发干部工作情怀方面，对于本地的干部，主要是鼓励其深入基层，与群众保持紧密的联系，在工作中培养干部与群众的感情，从而厚植"情系人民"的情怀和为人民服务的意识。对于外地干部，主要通过组织召开培训座谈会，利用主题党课、节会活动、商会商展等平台，全方位帮助其了解和认识"镇情"和发展远景目标，从而提升其发展阿木去乎镇的情怀与动力。同时，针对其生活中遇到的问题，阿木去乎镇还注意做好后勤保障，让外地干部能够真正融入环境和没有后顾之忧，真心实意地为当地发展做贡献。最后，镇政府也通过足额落实村级组织运转经费和适度发放绩效考核奖励等方法保障基层干部工作的顺利开展，使其能够始终保持对自身工作的热爱和热情。这样的做法，不仅帮助了阿木去乎镇党建工作的顺利开展，同时为培养干部的情怀、敬业与奉献精神打下坚实基础。

调研中，江主任告诉调研组："其他乡镇不仅草场面积大，还有树林，人均占地多，面临的问题没有这么繁杂，而且许多乡镇为了减轻工作压力，上报的入户项目比较少。我们镇的干部不怕辛苦，每家每户的排查，只要是符合条件的、有机会列入政府扶贫项目的，每个干部都想方设法地为其服务，确保在申报层面上不漏一户。全县范围内，原本规定每户只能有6头牛，而我们镇的干部费尽心力，通过深入细致的调研和论证，最终竟然达成每户8头牛。"阿木去乎镇的成功来自乡镇干部的"不忘初心、心系群众、为民服务"的工作情怀。为了建设更美好的阿木去乎镇，所有人都在不懈努力。2021年2月，阿木去乎镇被评为"全国脱贫攻坚先进集体"，这是每一位基层干部不忘初心、努力工作的结晶。扶贫要扶志，也要扶智。为激发牧民内生动力，对于留在家乡，无法外出务工的，阿木去乎镇政府在小微企业中选取了发展前景广阔、经营管理完善的优秀企业，设置扶贫车间，为企业注入扶贫资金近30万元，用于扩大企业生产经营规模，使贫困劳动力得到就地就近就业的机会。阿木去乎镇的5个扶贫车间各具特色，具有浓郁的地域特点，"党建＋公司＋贫困户""党支部＋合作社＋贫困户"生产经营模式充分发挥了党组织、合作社和公司的引领带动作用，不仅帮助贫困户树立了正确的思想观念和脱贫意识，而且还让农户乐于为家乡的美丽嬗变做出力所能及的事情（图1-2、图1-3）。

图1-2　调研组聆听阿木去乎镇工作人员
分享扶贫故事

图1-3　调研组与阿木去乎镇扶贫
工作人员交谈

（四）党员干部带头，改变贫困现状

1. 改造传统产业，夯实发展根基

阿木去乎镇的传统产业是养殖业和种植业。脱贫攻坚阶段，为帮助农民脱贫增收，阿木去乎镇立足当地实际，优先扶持了农户比较熟悉的传统农牧业。

首先，按照"试点先行、以点带面、先易后难、全面推进"的总体路线进行试点，针对区位差异和群众认知不同，在实地了解各村集体经济发展现状的基础上，选取组织引领作用发挥明显、产业发展基础较好、符合领办创办条件的党支部和合作社作为试点，推动党员干部通过法定程序担任合作社理事长，鼓励村党组织积极带领创办合作社理事会、监事会，按程序成为村"两委"成员，实现党员干部的全程参与、协助指导，实现从无到有的突破。

其次，通过产业扶持资金项目，为每家每户发放牛或羊，供其养殖。脱贫攻坚阶段，阿木去乎镇为每户贫困户发放 8 头犏雌牛。为了保证村民有收益，乡镇和农户之间签订协议，农户三年不准买卖牛羊，并且对标准做出了要求，养牛必须是 2 岁以上的可以产奶的牛、羊，必须留下成年羊。为保证村民能实实在在获得收益，阿木去乎镇干部时常和村民保持联系，解决问题，挨家挨户传达镇政府的要求：原本发放的牛羊必须保护，除非当年有出栏的，才可以自行处理。这些做法不仅保证了村民每人都有牛羊，又保证了养殖的牛羊可以产生新的效益，在短时间内乡镇居民的收入都得到了有效提高，其中也不乏当地干部所做出的努力，为群众争取牛羊的时候毫不懈怠，尽心尽力，在完成争取牛羊的任务之后也没有觉得事不关己，维持村民协议履行秩序工作也做得相当出色。

最后，在牛羊数量增加之后，村民的牛奶、羊奶产量大幅提升，在满足自身需求之后，由于缺乏销售渠道，加上村民自身加工能力不足，导致牛奶只能低价售卖。阿木去乎镇党委和镇政府发现了这个问题之后，为了让农户能得到更多的收益，首先由党员干部带头联合建立了合作社，但是因为体量太小，消化不了太多的产品，后来又建立了奶站，把整个镇上所有的鲜奶、酥油集中在一起售卖，形成一个小产业链。现在合作社也会联合牧民将产品投给奶站，后来辐射范围逐渐扩大，有四五个乡镇都在这里集中售卖。这不仅解决了农户的奶产品的销售问题，也提升了奶农的整体议价能力和奶产品的销售价格，实现了农户的稳定增收。

阿木去乎镇党员干部经过项目试点、项目扶持和拓宽牧民增收渠道三个方面助力农户发展农牧业，不仅赋予农民更加充分的权益，而且进一步夯实了当地传统产业的发展根基。

2. 整治人居环境，助推产业转型

阿木去乎镇最早主要以养殖业为主，不仅收益不稳定，部分牧民超载放牧也对草原生态产生了破坏。阿木去乎镇黑力宁巴村紧邻 G516 国道，安果村又是去机场的必经之路，2020 年进入全面推进乡村振兴阶段后，阿木去乎镇开始凭借其独特的区位和文化资源优势推动经济结构转型，大力发展生态旅游业。然而，环境卫生状况差成为当地产业转型升级的绊脚石，途经此处的游客愿意驻足观光，但很少有人愿意住下来进行深入的体验，这对当地旅游产业的后续发展非常不利。

为了解决这一问题，阿木去乎镇最开始的做法是人畜分离。活动开展之初，阿木去乎镇注重发挥党员干部的先锋模范作用，由乡镇党员率先将自家牛羊迁到集体养殖场。一段时间后，牧民发现集体养殖场牛羊不仅一只没丢，而且暖棚保温比较好，处理粪污方便，牛羊不会生病，于是纷纷开始配合镇政府的人畜分离工作，将自家的牛羊也迁到集体养殖场。为发展生态旅游业，甘南州发起了创建"五无甘南"行动。阿木去乎镇顺应政策，发挥了党员在创建"五无甘南"行动中的模范带头作用，镇政府不仅组织了一个星期一次捡垃圾活动，而且在每个村设立联户长，一个联户长包 10～20 户，按照时间带头捡垃圾，形成了一个高效有序的网格化管理机制。虽然改变农户的生产生活习惯很吃力，但是党员干部通过亲身示范和入户宣传使牧民们逐渐转变了观念，牧民从思想上认识到村庄人居环境整治的重要性，渐渐地生产生活行为也有了改变。

生态环境的改善为阿木去乎镇的产业转型和发展生态旅游发展奠定了坚实的基础。为实现当地经济绿色、高质量发展，阿木去乎镇积极说服牧民改变以传统畜牧业为主的单一产业结构，鼓励各村集体抓住甘南州发展全域旅游的历史机遇，依托区位优势，深入挖掘自然资源禀赋，大力发展生态旅游业。

三、成功经验总结

（一）发挥党建作用

党建引领乡村治理共同体构建是实现乡村社会再组织化的关键路径，是乡村发展的"领头雁"。少数民族基层党组织是执行党的民族政策和开展民族工作的主体力量。依照组织行为学的理论，党的力量来源于组织，基层党组织是党的全部工作和战斗力的基础，开展党建的目的是改善和加强组织建设，提升组织效能，并通过意识形态、组织架构、制度安排和行为策略等对基层社会予以重塑，从而高质量地完成脱贫攻坚和乡村振兴的历史使命。中国共产党是中国特色社会主义事业的领导核心，坚持党的领导是保障乡村振兴战略高质量推进的关键前提。2018 年《中共中央、国务院关于实施乡村振兴战略的意见》提出，办好农村的事情，实现乡村振兴，关键在党。2018—2023 年连续六年的中央 1 号文件反复强调党对"三农"工作的核心领导作用。党的二十大报告中也重申"抓党建促乡村振兴"这一关键性任务，并将其作为深入推进新时代党的建设新的伟大工程的重点工作予以明确。因此，抓党建促脱贫是中国脱贫攻坚事业的最大特色，是中国式农业农村现代化实践的重要组成部分。

农村基层党组织作为推进脱贫攻坚衔接乡村振兴工作最前沿阵地的"基本作战单元"，只有精准定位，充分发挥农村党组织"一线指挥部"作用，才能把决战脱贫攻坚的制度优势转化为治理效能，从而让新时代脱贫攻坚的伟大实践产生巨大成效。要完成脱贫攻坚这样的艰巨使命，光靠党员的情怀是不够的，党员愿意服务，党建也要为他们提供保障和平台，这样党员干部才能没有后顾之忧，全心全意为人民服务。阿木去乎镇始终坚持把党建引领作为推动全局工作的"第一抓手"和"红色引擎"，从人才培养、平台保障和组织建设三方面入手，以实现党的宗旨、纲领为己任，强调集体领导和个人分工负责相结合，发挥党组织在脱贫攻坚过程中的战斗堡垒作用。一方面，坚持党建引领，注重资源整合，把党组织建设、综合治理、环境整治、应急管理、社会保障等工作集中纳入网格化体系。另一方面，扶贫的同时扶志，按照"党建引领、组织带动、党员示范、惠及群众"的发展思路，通过"党建＋公司＋贫困户""党支部＋合作社＋贫困户"的生产经营模式，充分发挥党组织的引领带动作用，让贫困群众重拾信心，激发自我发展的内生动力。这些都为乡村振兴工作的全面推进提供了有益借鉴。

（二）激发党员情怀

情怀是党员努力工作的重要精神支撑，只有拥有"不忘初心、心系群众、为民服务"的工作情怀才能激发党员对工作的热爱和责任感，才能形成党员模范带头、全社会共同参与的良好氛围。计划行为理论认为，个体的行为意愿是决定其实际行为最重要的因素，因此，情怀支撑党员的行为对于乡村治理来说非常重要，对于需要发挥人的潜能、凸显人的主体价值、观照人的幸福感与获得感的乡村治理而言，情怀更是不可或缺的。不仅是因为情感化的治理方式，具有柔化制度刚性、温润社群氛围、弥补正式机制不足等效果，更重要的是这种直抵人心的治理办法，也受到乡土文化土壤的支撑，并塑形出独具特色的中国式乡村治理传统。习近平总书记在《之江新语》中指出："一个党员干部只要心里装着群众，真心实意地为人民群众做好事、办实事、解难事，人民群众就惦记他、信赖他、支撑他。"党的二十大指明了以中国式现代化全面推进中华民族伟大复兴，并将"激励党员发挥先锋模范作用"纳入深入推进新时代党的建设新的伟大工程内容之中。

脱贫攻坚阶段，阿木去乎镇将党建引领，激发党员情怀做到极致。他们从激发党员情怀入手，把理论学习和实践锻炼相结合，对本地干部和外地干部"因材施教"，使每一位党员都将打赢脱贫攻坚战作为自身势必要完成的工作使命。在扶贫过程中每一个党员干部都以饱满的热情参与到脱贫攻坚中来，将带领群众脱贫奔小康的重要职责扛在肩上，将各项脱贫攻坚任务分解到每个细节，真抓实干，为人民群众的美好幸福生活奉献力量。

情怀是党员努力工作的重要精神支撑。只有拥有"不忘初心、心系群众、为民服务"工作情怀才能激发党员对工作的热爱和责任感，才能不计较个人得失，全心全意地参与到扶贫工作中来，才能形成党员模范带头、全社会共同参与的良好氛围。党员干部在脱贫攻坚实践中，深刻领会党的指导思想的内涵，清楚认识党的思想建设的重要性，树立为人民服务和实现共产主义的自觉意识。这也是阿木去乎镇于2021年获得"全国脱贫攻坚先进集体"荣誉称号的原因，这份表彰既是对脱贫攻坚阶段阿木去乎镇脱贫攻坚工作的肯定，也是乡村振兴阶段如何实现基层组织振兴的有益探索。

（三）发挥引领作用

党建引领是指党的建设引领着社会主义现代化建设的总体发展方向，是社会主义现代化的指导力量，民族地区需要党组织的引领以及党员干部的带动，党员干部应该不断提高能力，面对困难迎难而上，以身作则，带头解决实际问题，推动工作落实。组织行为学理论认为，领导是指激励、引领、影响个人或组织，在一定的条件下实现组织目标的行动过程。基层党组织作为中国共产党组织体系的基层单元，是团结带领各族群众建设美好生活的领导核心，脱贫攻坚工作必须要发挥基层党组织的引领作用和战斗堡垒作用，强化党组织的政治引领，最终实现党组织目标。习近平总书记多次强调，广大党员、干部要勇于担当，敢为先锋，任何事业都离不开共产党员的先锋模范作用。

脱贫攻坚过程中，面对民族地区的复杂问题，首要的工作就是要明确党建引领的重要性，将党组织的政治优势、组织优势和群众优势转化为推动少数民族发展的强大合力；其次应该积极探索党建工作与民族团结的融合点，通过党建工作凝聚人心，激发活力，更好地推动脱贫攻坚的各项工作。脱贫攻坚阶段，阿木去乎镇立足实际，充分利用资源环境优势，扶持传统产业，党员干部充分发挥示范引领作用，投身扶贫一线，让群众获得实实在在的收益，使脱贫攻坚工作取得了显著的成效，后期又改善人居环境，带动群众重视环境卫生问题，抓住机遇，成功发展了旅游业，充分体现了引领的重要性。同时，阿木去乎镇健全完善党建引领基层治理领导协调机制，组建工作专班，定期召开会议，部署重要工作，在总结经验中优化创建思路，坚持党建引领，扎实推进脱贫攻坚各项工作。

四、主要结论与启示

（一）主要结论

通过案例分析，主要结论如下：

第一，脱贫攻坚离不开党的坚强领导，抓好党建促脱贫是贫困地区脱贫攻坚的重要经验，党建在扶贫工作中的重要性主要体现在党的领导、基层党组织的引领和党员干部的模范带头作用发挥上。

第二，党员干部在扶贫工作中承担重要责任，党建工作培育了党员的工作情怀、激发了群众的内生动力，保证了后续工作的有效开展，为脱贫攻坚期间阿木去乎镇干部的敬业与奉献精神打下坚实基础。

第三，基层党组织在脱贫攻坚中发挥了重要作用，通过党员的先锋模范作用，引领精准扶贫，党员干部的全程参与、协助指导，实现从无到有的突破，进一步夯实贫困地区的传统产业发展根基。

第四，通过党员干部带头，从改造传统产业和改善生态环境两方面入手，促进产业转型，赋予农民更加充分的权益，夯实发展根基；同时，整治人居环境，深入挖掘自然资源禀赋，助力生态旅游业发展。

总之，研究党员干部情怀对于脱贫攻坚起着重要作用，如何发挥党建作用，激发党员情怀，旨在为后续与乡村振兴战略衔接提供有效借鉴和启示。通过加强党员干部队伍建设，提升党员干部的工作情怀，发挥党员干部的带头作用，有助于更好地巩固拓展脱贫攻坚成果，促进民族团结，为实现全面建设社会主义现代化国家的目标作出贡献。

（二）启示

通过总结，本研究得到了如下启示：

第一，党建工作是乡村振兴战略的重要保障和推动力量，基层党组织作为党在基层工作的战斗堡垒，在乡村振兴中发挥着重要作用，加强和改进党的建设的关键是提高党组织的凝聚力和战斗力。阿木去乎镇现存的问题是前期人力资源主要集中在农业领域，农民技术水平较低，农村缺乏复合型人才及产业融合型人才，阻碍了先进技术融入农村、农业中。此外，阿木去乎镇缺乏多样的就业机会和职业发展空间，这导致一部分人才无法发挥自己的才能，人才队伍缺乏凝聚力。为此，在乡村振兴阶段，阿木去乎镇更应该建立紧密的组织网络和有效的协同机制，加强干部队伍的建设，为人才引进提供组织保障，培养、引进高素质、高技能的专业人员参与其中，提高乡村治理水平，推动乡村振兴事业顺利进行。

第二，党员情怀是共产党员的精神支撑和动力源泉，驱动党员在面对困难和挑战的时候保持坚定和毅力。阿木去乎镇在脱贫攻坚阶段利用地理位置和环境优势发展旅游业，转型升级。如果只靠牛羊自给自足的状态村民永远无法致富，附加值较低。建设旅游标杆村，不仅可以完善基础设施，加以宣传还可以增加客流量，但过程却困难重重。在与乡村振兴衔接阶段，党员干部应该感悟为民情怀，践行党员初心，通过动员和组织农民参与农业产业化经营，促进农村产业生产的技术改造和创新，推动农产品加工和品牌建设，打造贫困地区的产业发展基础，促进贫困地区旅游的可持续发展。

第三，基层党组织是乡村振兴工作落实中应该充分落实的重要部分，选取完善策略、不断强化其引领作用，党组织应积极引导农民增收，提供相应的支持和保障。从阿木去乎镇目前的情况来看，基础设施建设落后，公共服务供给不足，严重阻碍农业和旅游业融合发展。在下一阶段，应该发挥党组织的引领作用，引导农民树立现代观念，培育高素质农民，推动农业产业化、规模化、品牌化、标准化发展，促进农村经济转型升级。全方位推动乡村振兴，逐渐将传统农村转型升级为现代化农村，使得农村产业不仅具备经济效益，而且能够具备社会效益和生态效益。

参考文献

白启鹏，2024. 党建引领乡村治理的多元联动作用研究 [J]. 理论视野（1）：77-83.

陈志远，杨雨洁，汤镇源，2022. 党建引领与社区应急治理的双向赋能：理论逻辑与实践进路 [J]. 社会科学家（8）：96-103.

豆书龙，刘欢颜，胡卫卫，等，2023. 新时代党建与乡村振兴有效互动的理论逻辑与实现路径 [J]. 西北农林科技大学学报（社会科学版）（6）：19-27.

郭祎，2024. 论新业态党建工作的实践路径：以直播电商行业为例 [J]. 广西社会科学（1）：40-48.

黄嫣，蔡振华，2022. 党建引领乡村文化建设的现实依据、作用机理及实现路径 [J]. 湘潭大学学报（哲学社会科学版）（3）：105-110.

黄意武，黄山凌，2023. 中国共产党人精神谱系图书：时代特点、内容创新及优化策略 [J]. 中国出版（22）：44-47.

贾晋，刘嘉琪，2024. 防止规模性返贫：理论逻辑、关键问题与实现机制 [J]. 农业经济问题（3）：128-144.

姜家生，李建超，2024. 科教产教融合视域下农科研究生培养的安徽范式 [J]. 研究生教育研究（2）：13-18.

李传兵，喻琳，2024. 嵌入性赋能：党建引领社区治理的逻辑、机制与路径 [J]. 中州学刊（2）：47-54.

林永兴，苏晖阳，余淼杰，2020. 乡村振兴：四大短板与改革路径 [J]. 产经评论（4）：5-15.

娄倩，蒋卫东，张义会，2024. 嵌入视角下党建赋能基层治理探析 [J]. 学校党建与思想教育（6）：32-35.

史诗悦，2022. 党建引领视角下城市互嵌式民族社区治理研究：基于义乌市鸡鸣山社区的考察 [J]. 民族学论丛（1）：92-98.

王驰，雷震，2023. 重塑善治：中国式乡村治理现代化的建构与实现 [J]. 社会科学家（11）：84-89.

许晓，2024. 以情动人：干部驻村制度有效落地的全过程透视 [J]. 华中农业大学学报（社会科学版）（2）：155-164.

"党建＋第三方公司＋农户"模式助力乡村产业发展
——以甘肃省甘南藏族自治州夏河县阿木去乎镇黑力宁巴村为例

一、引言

全面推进乡村振兴，产业振兴是基础、是关键，是巩固拓展脱贫攻坚成果，增强脱贫地区和脱贫群众内生发展动力的主要原动力。党的十八大以来，在党和全国人民的共同努力下，我国取得了脱贫攻坚战的伟大胜利，不仅消除了绝对贫困和区域性整体贫困，而且提前10年实现了联合国减贫目标，赢得了国际社会的广泛赞誉。回顾精准扶贫战略的实施历程，无论是从顶层设计还是基层实践的角度来看，产业扶贫始终都被视为实现精准扶贫、稳定脱贫的根本性和长期性手段。在乡村振兴的实施路径中，产业振兴位居首位，是实现乡村全面振兴的经济基础和建设现代化农业强国的重要关隘。2022年12月，习近平总书记在中央农村工作会议上再次强调"产业振兴是乡村振兴的重中之重"。因此，做好产业扶贫与产业振兴的接续工作是实现农业农村现代化和乡村产业发展的重要指南。

在我国的农业产业化进程中，"公司＋农户"的直接合作模式备受推崇，其不仅可以利用公司自身优势将分散、相对独立的小农户与大市场联系起来，而且还可以在农业技术推广、市场信息共享、市场风险规避以及促进规模经营和农户增收等方面发挥积极作用，但是该模式在公司与农户的合同履行、利益分配与风险承担等方面还存在一定缺陷，容易引发纠纷，且公司在信息搜集、资金实力、人才聚集和产品定价等方面都处于绝对的优势地位，导致农民的利益无法得到保证。因此，在产业扶贫和产业振兴中，让作为农村基层战斗堡垒的党组织以独立第三方的角色嵌入"公司＋农户"这一产业发展模式中，通过发挥其监督、协调作用保证这种产业模式有效运行，是推动"公司＋农户"经营模式的健康运作与良性发展的一种有益尝试。

为更好地回应在乡村振兴背景下，基层党组织是如何有效嵌入"公司＋农户"这种产业发展模式中，形成"党建＋第三方公司＋农户"的创新型产业发展模式，带动农户稳步增收这一重大社会现实需求的。本案例将甘肃省甘南藏族自治州夏河县阿木去乎镇黑力宁巴村作为研究对象，基于"党建"的一系列理论，研究"党建＋第三方公司＋农户"在当地是如何有效运行的。本研究拟从以下两方面开展：一是研究脱贫攻坚时期黑力宁巴村"党建＋第三方公司＋农户"产业扶贫模式构建的实践逻辑；二是"党建＋第三方公司＋农户"这种产业发展模式相较于"公司＋农户"模式在解决当地扶贫产业发展中存在问题的独特优势。

二、案例描述

黑力宁巴是藏语的音译,意为坐落在柏木森林阳面的村庄,它位于夏河县城西南部,距离县城 70 千米,下辖共有 8 个自然村,319 户 2 049 人。全村总面积 69.83 千米²,现有耕地 9 958 亩,草场 10.07 亩,林地 3 887 亩。

曾经的黑力宁巴村,自然条件艰苦、发展基础薄弱、产业结构单一、群众观念落后、社会治安复杂,偷、盗、抢、闹等现象多发频发,是全县乃至全州全省典型的深度贫困村、维稳敏感村、发展滞后村和治理难点村。2013 年,该村共有 106 户被认定为贫困户,贫困人口 576 人,其中缺水、缺资金、缺劳动力、缺技术以及自身发展动力不足是当地群众贫困的主要原因。

(一)脱贫攻坚迎机遇,产业发展遇困境

脱贫攻坚战略实施前,黑力宁巴村产业项目缺乏,生产生活方式落后,人居环境堪忧,导致村民增产增收困难。脱贫攻坚阶段,政府通过投入专项扶贫资金、实施村道硬化和安全饮水工程等,成功解决了 319 户群众的出行和饮水难题;同时,新建了 8 处村级文化活动室,2 所村级幼儿园,以及 1 个村级卫生室,有效缓解了幼儿上学难和群众看病难的问题。虽然在 2015—2017 年政府累计投入扶贫资金 1 021.5 万元用于引进犏雌牛、奶牛和良种羊,为村民发展养殖业提供了实质性的资金帮扶,但是村产业发展还是存在以下问题。

一是产业结构单一,缺乏标杆产业。黑力宁巴村属于甘南州典型的半农半牧型村落,村民家庭收入来源主要靠传统畜牧业和种植业。传统畜牧业生产周期长,对草场依赖大,超载放牧对当地生态环境造成了一定程度破坏。种植业产量低,抵御自然灾害能力弱,受高原恶劣生态环境影响,产量极不稳定。以牺牲生态环境为代价的单一产业结构使得村集体和村民难以实现稳定的发展和增收。

二是群众思想观念滞后,主动参与意识淡薄。村民们长期以来习惯于他们传统的生产生活方式,对于新事物和新观念始终持有抵触和怀疑的态度,他们害怕改变,担心新的事物会打破现有的生产生活秩序,这成为阻碍黑力宁巴村产业发展的重要因素。通过与村民进行交流调研组发现了一个普遍存在的问题,那就是村民对产业发展了解不多,他们认为这项工作是村委会和政府的事,与自己无关,对村集体产业发展工作关心不足,更不用说参与和配合。

三是基础设施建设成本高,条件落后。虽然近年政府加大了对农村基础设施的投入,但由于地处偏远,交通不便,导致黑力宁巴村基础设施建设成本高,许多项目难以落地,产业承接能力弱。村民们反映,村里的道路状况较差,晴天尘土飞扬,雨天泥泞难行,这不仅影响了他们的出行,而且也严重制约了当地产业的发展。

四是产业规模小,资金分散,经济效益差。黑力宁巴村产业的整体发展程度不高,缺乏多元化的产业发展模式和现代化的农业技术,这在一定程度上限制了村庄的经济增长潜

力和村民的收入水平。该村的扶贫资金也没有被有效地集中使用，而是被分散在有机肥料、牦牛乳业、民族工艺品等多个项目上，导致资金的使用效率不高，难以形成有效的经济合力。

五是人才流失严重，缺乏产业发展带头人。黑力宁巴村曾有五家为过往大货车提供加水服务的公司，但由于收益有限，无法维持经营而最终倒闭。因此，许多有能力的年轻人选择离开家乡，前往城市寻求更好的发展机会。留在村里的主要是老年人和儿童，他们缺乏现代农业知识和技能，难以适应市场经济的发展需求。

六是利益联结机制不健全，难以激发贫困户的内生动力。该村在产业发展初期，村民从中受益的机会不多，在资源分配方面存在着"帮富不帮穷"现象，在农产品的生产销售方面，市场上有些企业刻意压低价格使得贫困户的利益受损。村干部反映，之前有不少村民"等、靠、要"思想严重，攀比之风盛行，比的不是谁家勤劳致富，而是看谁家获得了国家多少补贴，得到了多少照顾，把脱贫致富寄托在国家政策扶持和干部帮扶上。

（二）模式探索有突破，产业发展展新颜

在面临产业发展的诸多困境时，黑力宁巴村在党组织的引领下，紧密结合当地实际情况，以积极主动的态度进行实践探索，最终成功探索出了"党建＋第三方公司＋农户"的产业发展新模式。

1. 发挥党建引领作用，促进乡村产业发展

为解决产业发展中面临的问题，黑力宁巴村坚持党建引领，为产业发展注入新的活力。一是"党建＋宣传"转变群众发展观念。首先，组建以包村干部、村"两委"班子成员、村专职文书为骨干的服务团队，有针对性地开展民情大走访行动，通过入户谈心，积极转变群众观念。其次，村党支部在村庄中心位置设立宣传栏，定期更新党的最新政策、市场动态以及村庄发展成果；通过这种方式，村民们能够直观地了解到党和国家的大政方针，增强了村民们对国家政策的认同感。最后，村党支部还利用网络平台，建立了微信公众号和抖音账号，定期发布村庄动态、农业技术知识以及市场信息。这些新媒体平台不仅拓宽了信息传播渠道，还激发了村民们的学习热情和市场意识。在"党建＋宣传"的推动下，黑力宁巴村的群众观念发生了显著变化。他们开始积极关注市场需求，学习新技术，尝试种植特色农作物，部分村民开始成立合作社，进行农产品深加工和销售。

二是"党建＋产业培育"打造标杆产业。面对传统产业的发展瓶颈，村党支部立足当地资源禀赋，努力推动产业转型。首先，立足当地资源优势，打造旅游标杆产业。黑力宁巴村紧邻 G516 国道，交通相对便利，四周环山，空气清新，风景秀丽，有着得天独厚的自然条件；同时，村里还有着丰富的藏族文化，如传统的藏族歌舞、手工艺品等，这些都是吸引游客的宝贵资源。其次，在确定了产业发展方向后，针对基础设施不完善问题，村里引入第三方公司对村里的基础设施进行改造，并对村里的环境进行了整治，使其更加整洁美观。最后，村里还积极开展了旅游宣传工作，通过网络、媒体等渠道，向外界展示了黑力宁巴村的美丽风光和独特文化，吸引了越来越多的游客前来观光旅游。在旅游业的发展过程中，村党支部通过广泛动员，鼓励村民积极参与，为游客提供热情周到的服务，并通过售卖手工艺品、开办民宿等增加自身的收入。

三是"党建＋金融"把好资金关。首先，黑力宁巴村党组织积极引导，深化金融服务，确保每一笔资金都能用在刀刃上；精心制定了一套完善的资金管理机制，对资金的流入、流出进行严格的把控和监管，确保每一分钱都能发挥出最大的效益。其次，黑力宁巴村党支部还积极开展了一系列的党建活动，如党员大会、党课学习等，旨在提高党员们的政治素质、金融知识和管理能力；通过这些活动，党员们不仅提升了自身的综合素养，还积极带动了广大村民参与到乡村产业经济建设中来。最后，黑力宁巴村还充分利用金融资源开展了一系列的项目投资；他们结合当地的实际情况，选择了具有发展潜力的旅游业、特色农业等进行投资。这些项目的成功实施，不仅为村集体带来了可观的收入，也使村民们的生活水平得到了显著的提高，村庄面貌焕然一新。

四是"党建＋队伍建设"筑牢产业发展的人才基础。面对当地产业发展过程中人才缺乏的问题，黑力宁巴村党组织一方面结合本地优势特色产业，按照"党组织＋合作社＋个人"的产业发展模式，分类分批培养一批懂技术、会经营的致富能手；同时，有针对性地引进旅游专业人才，坚持"育、用、管"相结合，并在条件成熟时积极吸收他们向党组织靠拢，切实把各类人才的积极性调动起来，成为发展黑力宁巴村特色产业的宣传者、参与者和领路者。另一方面，村"两委"有效发挥离退休老党员、老干部、基层代表和联户长熟悉村情村貌的优势，积极鼓励他们发挥余热，对村中产业发展建言献策。

五是"党建＋协调"发挥党组织桥梁纽带作用。针对产业转型过程中各方之间的利益冲突和矛盾纠纷，有效发挥离任老党员、老干部、基层代表和联户长熟悉村情的优势及其在村民中的威望，建立了一支跟着党走、心中有民、职位最低、作用最大、群众认可、上级放心的基层治理队伍。在引入第三方公司助力村庄产业发展之初，由于村民们对将自己的土地按照第三方公司的规划进行出租或改造存有疑虑，村党支部积极发挥桥梁作用，深入农户家中进行耐心细致的解释和动员工作。同时，党支部动员一部分党员和村中威望高、能力强的村民率先与第三方公司签订合作协议，通过他们的示范效应，让其他村民看到与第三方公司合作的实际益处。这种"领头羊"的带动作用逐渐消除了村民们的顾虑，促使更多村民与第三方公司签订协议。最终，全村人共同努力，发展起标杆产业，实现了共同脱贫的目标。

六是"党建＋利益联结"建立紧密型利益联结机制。针对以往"公司＋农户"模式实行过程中农户在和企业签订合同时，合同期限较长，缺少灵活性，可能使农户与村集体的收益无法及时随着市场的发展而提升的问题，黑力宁巴村一方面通过政府聘请专业顾问为村集体和村民在签订合同过程中提供帮助，另一方面，出台政策鼓励企业家回乡创业，带动村民增收。具体而言就是通过"1153"的分红模式与第三方公司每年的保底分红、股份分红这种紧密的利益联结机制，让公司统一运营村庄中的基础设施，将其建造成旅游基地，农户可以通过在旅游基地工作或售卖特产等方式获得额外收入，实现公司和农户双赢的目标。在利益分配机制方面，首先村民可通过出租土地获得租金以及第三方公司与州政府每亩各150元的补助；其次在分红方面，村集体第一年免分红，第二年按10万元/年的标准分红，第三年按保底 15 万元/年的标准分红，后期再视具体经营状况进行分红，在未盈利的情况下进行保底分红（即 15 万元/年）；村民第一年按 5 000 元/年的标准分红，第二年按 1 万元/年的标准分红，第三年按 1.5 万元/年的标准分红，后期视经营状况按股权分红，未盈利情况下进行保底分红（即 1.5 万元/年）（图 1-4、图 1-5）。

图 1-4　调研组参观调研黑力宁巴村
　　　　　党群服务中心

图 1-5　黑力宁巴村工作人员向调研组
　　　　　分享发展经验

2. 第三方公司齐助力，共同推动特色旅游产业发展

在产业发展过程中，黑力宁巴村面临着基础设施条件落后以及公司与农户利益联结机制不完善的问题。为了解决这些问题，2020 年，黑力宁巴村引进了甘南州文化旅游交通建设集团有限公司作为第三方公司。在这一过程中，村党支部通过发挥桥梁纽带作用，使得第三方公司与村民达成协议，即村民拿出自己的资产交给第三方公司运营，再通过协议分红的方式增加村民的收入，形成了"党建＋第三方公司＋农户"的发展模式。

一是解决了当地旅游产业发展的人才瓶颈问题。旅游产业发展对经营主体要求高，但黑力宁巴村村民综合素质较低，缺乏"有文化、懂技术、善经营、会管理"的高素质农民。第三方公司的引入很好地解决了黑力宁巴村村民整体文化水平不高、旅游专业人才缺乏的问题，该公司不仅与高校、科研机构等建立了紧密的合作关系，还积极参与各类人才招聘和交流活动，吸引了大量优秀人才加盟。这些人才不仅为公司的业务发展提供了强有力的支撑，也为当地旅游产业的发展注入了新的活力。

二是转变了发展理念，提升了经营能力。黑牦牛帐篷城是 2018 年镇扶贫车间——甘南贤择藏族工艺发展有限公司打造的纯手工作坊，所用的原材料都是黑牦牛绒，极具藏族特色。然而，由于政府和当地居民在发展现代旅游业方面的理念落后、能力有限、水平不高，使得黑牦牛帐篷城的作用并未得到有效发挥。2020 年 9 月当地与甘南州文化旅游交通建设集团签订协议，交由他们全权运营。经过第三方公司改造升级，黑牦牛帐篷城很快升级为集餐饮、住宿和手工艺品经营销售于一体的旅游景点。牧民不仅可以到黑牦牛帐篷城附近指定地方出售小商品、手工艺品、藏族特色产品，做到不出村就可以赚钱，而且还可以从第三方公司得到技术支持。第三方公司会指导农户将其房屋改为民宿，并对其进行培训，使其能够规范、合理地进行经营管理，通过"民宿＋农家饭"增加自身收入。

三是解决了基础设施不完善、对接市场不得力的问题。一方面，通过加强基础设施建设，提高市场对接效率。第三方公司引进之后，投入了资金和技术力量，对基础设施进行了全面的改造，这不仅增强了交通的便捷性和安全性，也为货物运输和人员流动提供了坚实的基础。另一方面，采取多元化的宣传策略，通过各种渠道，如社交媒体、广告、旅游网站等，向外界展示独特的藏族文化和壮丽的自然风光；在各大旅游网站上发布精美的图片和详尽的旅游攻略，吸引游客的目光。当游客来到黑力宁巴村的景区时，牧民们会热情地将他们介绍到自己家的民宿，让游客亲身体验牧民的生活，感受藏族文化的魅力。这样不仅能增加牧民的收入，还能让游客获得更加深入的旅游体验。

经过多年的努力，黑力宁巴村的面貌焕然一新。2020年黑力宁巴村成功摘除贫困帽子。如今的黑力宁巴村旅游设施健全完善，拥有旅游接待用房、帐篷营地、藏戏馆、观景道路、传统生产生活风貌展示区、乡村集市、停车场、藏家民宿等20多个产业，不仅使村容村貌发生了巨大转变，文旅产业形态更是得到了质的飞跃，进一步夯实了乡村旅游发展的物质基础（图1-6）。

旧面貌　　　　　　　　　　　　　　新气象

图1-6　黑力宁巴村新旧面貌对比

三、主要经验

在脱贫攻坚实践中，黑力宁巴村结合当地实际，创造性探索出了"党建＋公司＋农户"的产业扶贫模式，为全面推动乡村振兴提供了宝贵经验。

（一）坚持党建引领，发挥基层党组织的组织、引领和协调作用

坚持以"党建引领制度"为核心推进乡村产业发展，是党推进"三农"工作的重要举措，也是基层党建为乡村振兴提供的政治保障和组织保证。一方面，党建嵌入"公司＋农户"模式，能够让企业始终沿着社会主义市场经济的方向发展，避免偏离正确的轨道，从而使得企业在应对环境变化的过程中，能够将内外部各种资源加以整合、优化，进而提升企业的市场竞争力。另一方面，党建引领能够有效地组织和动员农户参与到产业化经营中来，提高农户的组织化程度，增强整体竞争力，并发挥桥梁和纽带作用，协调好公司、农户以及政府之间的关系，促进信息共享和资源整合，形成发展合力。

在以市场为导向的企业主导型产业扶贫中，虽然企业能够按照自身承载能力吸纳一部分贫困家庭的劳动力、土地和政府的扶贫资金，承担部分扶贫功能，但是企业以追求自身利益最大化为目标，其产生的益贫效应比较有限。政府主导型产业扶贫是指由政府主导并推动，通过发展产业来帮助贫困地区和贫困人口脱贫的一种扶贫模式，其就业和收入带动效应明显，但这种模式市场导向性较弱，产业自主发展能力相对不足，甚至出现"干部一走，产业就散"的情况。发挥党建引领的作用，将党组织引入"公司＋农户"的产业扶贫模式中，让党组织充当监督者和利益协调者的角色，不仅能够增加农户与企业之间的信任，做到产品质量有保障、价格风险有担保、利益分配更合理；而且能够化解当前"公司＋农户"产业模式运行中公司与农户经济地位悬殊的困境，同时能够结合当地实际情况，不断创新产业扶贫模式，走出一条政府与市场协同发展的产业之路。

黑力宁巴村就是通过党建的有效嵌入，很好地发挥基层党组织的组织、引领和协调作用，形成了"党建＋第三方公司＋农户"产业发展模式。其中，"党建＋宣传"，党组织把握大方向，在发展地方经济时，党组织引导农户按照党的大政方针走，很好地解决了群众思想观念封闭落后的问题；"党建＋产业培育"很好地解决了黑力宁巴村产业结构单一的问题，传统产业转型升级，以旅游业为代表的新兴产业得到了快速发展；"党建＋金融"，很好地解决了产业发展资金难问题，建立起一套完整的资金管理机制用于资金回笼，形成经济合力，促进了产业快速发展；"党建＋队伍建设"，很好地解决了产业发展过程中的人才问题，老党员发挥余热，致富能手不断涌现；"党建＋协调"，很好地解决了产业发展中的利益纠纷问题，基层党员作为纽带，搭建起公司与农户之间沟通的桥梁，协调好了各方利益；"党建＋利益联结"很好地解决了企业与农户的利益分配问题，通过"1153"的分红、保底分红和股份分红的方式在企业与农户之间建立了紧密的利益联结机制，有效助力了贫困群众脱贫致富。

因此，党建的嵌入使得基层党支部的组织、引领和协调作用发挥得淋漓尽致，使得"公司＋农户"的产业发展模式更加稳定，公司与农户之间的联系也更加紧密，"党建＋第三方公司＋农户"产业发展模式既是黑力宁巴村脱贫致富的一条重要经验，为下一步乡村振兴阶段推动产业振兴、实现共同富裕提供了参考。

（二）引入第三方公司，发挥公司在人才培养、经营管理和市场对接方面的先天优势

政府主导型产业扶贫模式，因为具备资金、政策、技术和经济环境的优势，一直被认为是产业扶贫的主流,在促进贫困地区和贫困人口脱贫的过程中发挥了重要作用。但是这种扶贫类型也存在局限性,地方政府追求短期政绩与产业发展可持续发展之间的矛盾,以及地方政府对生产环节的过度干预导致的产品与市场脱节等造成了严重的资源浪费。在总结产业扶贫的成功经验和失败教训的过程中,政府逐渐将市场主体纳入到产业扶贫工作中,以市场为导向,通过发挥企业在技术研发、人才培养和经营管理方面的优势,推动扶贫产业的持续、快速、健康发展。

各地在发展乡村旅游业过程中,引入第三方公司能够很好地解决当地旅游业发展过程中面临的各种问题。首先,第三方公司的引入不仅能够解决乡村旅游发展过程中的资金短缺问题,改变乡村旅游"小、散、弱、差"的局面;其次,第三方公司的引入能够使各级党委、政府了解到乡村旅游业未来的发展趋势,形成发展共识;最后,第三方公司的引入能够缓解很多地方乡村旅游专业管理人才匮乏的问题。

黑力宁巴村在引入第三方公司后,政府和农户发展旅游业的能力逐渐增强。首先,在产业布局方面,通过专业产业发展规划与布局,使得各级党委、政府形成对发展乡村旅游的统一共识,彻底改变了当地乡村旅游"小、散、弱、差"的局面;在人才培养方面,通过对牧民的专业培训,吸引更多优秀的人才加盟,解决了当地村民整体文化水平不高,旅游专业人才缺乏的问题。其次,在经营管理方面,通过对村庄公共基础设施的全面改造升级,建成了集餐饮、住宿和手工艺品经营销售于一体的旅游景点,形成了"民宿+农家饭+特色藏族手工艺品销售"的产业经营模式。最后,在对接市场方面,通过改造基础设施和在各大媒体上发布旅游信息,准确地把握了市场动态,通过"喝一杯藏茶、看一场藏戏、跳一次藏舞"打造了村庄文化内核,成功吸引了很多的外地游客。引入第三方公司进行经营管理不仅是黑力宁巴村解决村集体和村民发展能力不足的重要举措,也是下一阶段农村地区突破乡村旅游发展困境,实现乡村产业振兴的一次有益探索。

(三)齐心协力,整合资源促进转型

坚持贯彻"两山"理念不动摇,因地制宜发展旅游业。习近平总书记指出:"我们既要绿水青山,也要金山银山。宁要绿水青山,不要金山银山,而且绿水青山就是金山银山"。党的十九大把"两山"理念、绿色发展理念写入《中国共产党章程》,成为生态文明建设的行动指南和习近平生态文明思想的科学内核。实现"两山"理念的生态价值转化成了新时代亿万人民的中国梦。"两山"理念首先强调要将绿水青山和金山银山兼顾好,即在发展乡村产业时,既要注重经济效益,又要注重生态效益,不能以破坏环境为代价发展经济产业;其次,在发展乡村产业时,要将绿水青山作为前提,因地制宜发展可持续性产业,不将经济的高速增长建立在生态破坏和环境污染之上;最后,绿水青山也可以转化为金山银山,乡村旅游资源也可以作为支柱性产业来发展,可以将生态效益转化为经济效益。

习近平总书记强调,发展产业是实现脱贫的根本之策。要因地制宜,把培育产业作为推动脱贫攻坚的根本出路。乡村旅游作为综合性产业,具有快速发展、广泛辐射、高效带动等特点,成为乡村振兴的重要载体和脱贫攻坚的重要抓手。它既能遏制农村劳动力外

流，创造丰富就业机会，又能促进产业融合，繁荣乡村文化，推动现代化乡村治理方式的发展。自 2015 年起，历年中央 1 号文件多次强调发展乡村旅游。《中共中央、国务院关于做好 2022 年全面推进乡村振兴重点工作的意见》也强调文化旅游在乡村振兴中的重要地位，而党的二十大报告则提出加快文化和旅游深度融合发展。所以坚持"两山"理念，挖掘本地乡村旅游资源特色，发展乡村旅游业正是黑力宁巴村践行产业发展的现实路径。

黑力宁巴村原有的传统畜牧业和种植业，生产周期长，对草场依赖大，长期的超载放牧也对当地生态环境造成了一定程度的破坏。"党建＋公司＋农户"有力地推动了"两山"理念在黑力宁巴村的贯彻与落实，促进了产业的绿色转型。首先，方向很重要，党建引领确定了"村子要发展、村民要致富不能以破坏生态环境为代价的底线思维"和"走绿色高质量发展道路"的发展共识。其次，第三方公司引入后，通过挖掘本地自然和文化资源发展乡村旅游业，将这一底线思维和发展共识落到了实处。最后，村民积极响应"两山"理念，由原先的破坏性放牧方式转变为轮牧，同时改变产业发展观念，推动绿色、高效产业的发展。黑力宁巴村坚持走具有时代特征、地方特色的全域文化旅游发展之路。一方面，文化和旅游深度融合，在传承和弘扬本土文化的同时带动更多人就业，让村民切身感受到发展旅游产业的好处；另一方面，产业的绿色转型也带来了生态环境改善，使农牧民世代居住的家园得到很好保护，取得了经济效益与生态效益的双丰收。

黑力宁巴村党组织引导公司和农户因地制宜地发展旅游业，成功解决了产业结构单一和生态环境破坏等问题，打造出了独具特色的藏族文化旅游产业，使其成为当地经济可持续性发展的支柱产业，是下一阶段当地牧民实现乡村振兴、共同富裕的重要路径。

四、结论与启示

（一）结论

通过以上分析，本研究调研了"党建＋第三方公司＋农户"产业发展模式三方面的内容：

第一，坚持"党领导一切"的理念不动摇，是解决村庄内部群众观念落后、资金短缺、人才缺乏、产业结构不健全等问题的先导，是激活村庄内部资源的根本保障；在党的领导下，该村不仅可以集中力量办大事，还能够引领群众形成共识，凝聚起推动村庄发展的强大合力。

第二，将政府主导型产业扶贫与企业主导型产业扶贫相结合，挖掘村庄潜力，一方面发挥政府在市场失灵时的宏观调控作用，为企业和农户的利益提供组织和政治保证；另一方面，发挥企业在人才培养、经营管理和市场对接方面得天独厚的优势，依托乡村丰富多样的旅游资源推动产业发展，有效提升了牧民的收入水平，显著提升了他们的幸福感，满足了他们对美好生活的新期待，从而极大地激发了他们发展的内在动力。

第三，坚持贯彻"两山"理念，结合当地实际情况，结合地域优势发展特色旅游、将生态优势转化成发展优势，因地制宜地发展绿色产业，合理布局，充分挖掘乡村资源，打造特色产业，走可持续发展之路。

（二）启示

尽管脱贫攻坚与乡村振兴的侧重点不同，但二者实际上是紧密相连、相互支撑的一个整体系统。脱贫攻坚是乡村振兴得以实现的前提和基础，它为乡村的全面发展打下了坚实的基础。乡村振兴则是脱贫攻坚成果得以巩固和拓展的重要保障，它要求我们在推动产业振兴、人才振兴、文化振兴、生态振兴和组织振兴等各个方面时，都必须充分考虑到脱贫攻坚的实际需要。因此，得出以下三点启示：

第一，通过党建引领，进一步提高农户的市场意识，是推动乡村振兴战略深入实施的关键一环。党建工作在农村基层的深入开展，不仅能够提升农民的政治觉悟，更能够引导农民转变传统观念，增强他们适应市场经济的能力。所以，在下一步乡村振兴过程中，黑力宁巴村应当继续加强党建工作，通过宣传教育和发挥党员的先锋模范作用，带动广大农民群众积极参与市场活动，提升农产品的市场竞争力和附加值。只有这样，才能够实现农业强、农村美、农民富的乡村振兴目标。

第二，基层党组织要发挥好沟通协调作用，畅通好企业与农户之间的通道，确保农户利益不受损害。所以，在下一步乡村振兴过程中，要做好扶持政策的有效衔接，保障农民在和第三方公司合作时的利益，建立良好的矛盾协调机制，做到脱贫不脱政策。通过村集体组织的矛盾协调机制，协调好农户与企业之间的矛盾，实现双向共赢，助力乡村振兴。

第三，基层党组织在引导公司和农户发展地方经济时，能够合理调配当地的特色产业、自然资源以及人力资源等，从而制定出符合实际的发展规划，推动农业生产的可持续发展。所以，在下一步乡村振兴过程中，要继续基层党组织的引领、组织和协调作用，通过定期实地调研和分析，掌握农业发展的新动态、新需求，引导公司和农户建立紧密的利益联结机制，促进资源共享和优势互补，让农民真正成为乡村振兴的实践者和受益者。

参考文献

蔡建华，陈玉林，郑永山，2012. 对"公司＋农户"组织模式的反思 [J]. 宁夏社会科学 （6）：31-37.

陈美球，胡春晓，2019. 协同推进脱贫攻坚与乡村振兴的实践与启示：基于江西三地的调研 [J]. 农林经济管理学报 （2）：266-272.

黄建红，甘思源，吕夏蒙，2024. 互动耦合：文旅融合如何助力乡村振兴——基于双螺旋模型的多案例分析 [J]. 资源开发与市场 （4）：630-640.

李军红，2019. 基于乡村文化资源开发的产业扶贫路径探析 [J]. 东岳论丛 （2）：107-114，192.

李卓，郑永君，2022. 有为政府与有效市场：产业振兴中政府与市场的角色定位——基于 A 县产业扶贫实践的考察 [J]. 云南社会科学 （1）：162-168.

廖敏，2019. 乡村旅游发展中政府作用发挥的问题与对策研究 [J]. 中国商论 （19）：188-189.

林智钦，林宏赡，2024. 坚持和完善生态文明制度体系研究：基于"两山"理念、生态优先、价值转化的视角 [J]. 中国软科学 （S1）：259-277.

刘文珍，2022. 西藏基层党建与乡村振兴耦合机制研究 [J]. 西藏研究 （5）：76-82.

庞艳华，2019. 河南省乡村旅游与乡村振兴耦合关联分析 [J]. 中国农业资源与区划（11）：315-320.

齐月，李俊生，2024. "绿水青山就是金山银山"转化模式探讨 [J]. 生态经济（3）：215-219.

秦宣，张镭宝，2023. 新中国成立以来"党领导一切"的历史沿革、发展特征与经验启示 [J]. 世界社会主义研究（12）：21-34，117-118.

申始占，王鹏飞，2022. 乡村旅游助力乡村振兴的逻辑机理、现实困境与突破路径 [J]. 西北农林科技大学学报（社会科学版）（5）：72-81.

谭明交，朱洋洋，2024. 产业帮扶政策的富民效应及提升路径：以湘西州猕猴桃产业为例 [J]. 湖北民族大学学报（哲学社会科学版）（1）：123-133.

涂圣伟，2019. 工商资本参与乡村振兴的利益联结机制建设研究 [J]. 经济纵横（3）：23-30.

王春光，单丽卿，2018. 农村产业发展中的"小农境地"与国家困局：基于西部某贫困村产业扶贫实践的社会学分析 [J]. 中国农业大学学报（社会科学版）（3）：38-47.

习近平，2021. 毫不动摇坚持和加强党的全面领导 [EB/OL]. https：//www. gov. cn/xinwen/2021-09/15/content＿5637459. htm.

向延平，2021. 乡村旅游驱动乡村振兴内在机理与动力机制研究 [J]. 湖南社会科学（2）：41-47.

新华社，2022. 习近平出席中央农村工作会议并发表重要讲话 [EB/OL]. https：//www. gov. cn/xinwen/2022-12/24/content＿5733398. htm.

新华社，2022. 中共中央、国务院关于做好 2022 年全面推进乡村振兴重点工作的意见 [EB/OL]. https：//www. gov. cn/zhengce/2022-02/22/content5675035. htm.

新华网，2021. 习近平：在全国脱贫攻坚总结表彰大会上的讲话 [EB/OL]. http：//www. xinhuanet. com/politics/leaders/2021-02/25/c＿1127140240. htm.

于法稳，黄鑫，岳会，2020. 乡村旅游高质量发展：内涵特征、关键问题及对策建议 [J]. 中国农村经济（8）：27-39.

曾庆捷，牛乙钦，2019. 乡村治理中的产业扶贫模式及其绩效评估 [J]. 南开学报（哲学社会科学版）（4）：87-96.

郑琦，2018. 资源整合：构建金融党建内生动力的有效视角 [J]. 经济社会体制比较（2）：116-122.

第二章　坚持内外部资源结合，增强可持续发展的有效路径

坚持内外部资源结合，增强可持续发展的有效路径。首先，立足自身资源禀赋，制定符合当地实际的产业发展规划，发展农民专业合作社、家庭农场等新型农业经营主体，将扶志、扶智与扶风相结合，开展职业技能培训，提升贫困群众的脱贫致富能力。其次，在东西部协作、对口支援的产业合作、消费扶贫和劳务协作过程中，立足自身资源禀赋，努力实现互通有无、互利共赢。最后，利用东西部协作和对口支援单位的资金和人才支持，将产业扶贫、科技扶贫、文旅扶贫、就业扶贫和消费扶贫等结合起来，推动"三区三州"全方位、跨越式发展。

内外结合的力量：火普村"外部嵌入—内生赋能"模式研究

一、引言

消除贫困是全球范围内的一项重大挑战。联合国提出的《2030年可持续发展议程》将"无贫穷"列为首要目标，旨在通过国际合作和各国努力，全面消除绝对贫困。作为世界上人口最多的发展中国家，中国在脱贫攻坚方面取得了显著成就。在中国全面脱贫的进程中，农村贫困问题尤为突出，深度贫困地区成为脱贫攻坚的"硬骨头"，这些地区往往受限于自然条件、资源禀赋和社会经济发展水平，脱贫难度较大。因此，如何有效推动深度贫困地区脱贫，构建减贫与可持续发展的长效机制，成为亟待解决的重要课题。近年，"外部嵌入"与"内生赋能"相结合的脱贫模式逐渐受到关注，通过整合外部资源和激发内部潜力，为深度贫困地区提供了重要的发展路径。本研究以四川省凉山彝族自治州昭觉县解放沟镇火普村为案例，探讨"外部嵌入"与"内生赋能"相结合的发展模式如何推动农村从深度贫困走向脱贫致富的实践路径。通过分析人才派驻、政策支持、产业资源激活、企业力量支持与技术引入等外部资源的有效嵌入，以及职业技能提升、思想观念转变等内生动力的激发，阐明外部资源与内在发展动力在脱贫减贫的协同作用，在理论层面验证了"内外结合"在扶贫与振兴中的普适性逻辑，强调外部资源与内生动力是乡村发展的"双轮驱动"。在实践层面，火普村的脱贫经验为类似的欠发达地区提供了重要借鉴，即脱贫的关键在于用好外部资源，同时激发村民内生动力，构建内外资源的良性循环，实现发

展成果的可持续性，为我国脱贫攻坚提供了重要的理论支持和经验启示。

二、文献综述

外部嵌入与内生发展理论的兴起，是对乡村发展路径探索的深刻回应，也是区域发展理论的一次重要拓展。这一理论聚焦于乡村发展的双重逻辑，即外部力量引入的推动作用与本地内生动力激发的重要性，力图揭示二者之间的动态平衡及其对乡村整体发展的影响。其形成和发展，源于对传统发展理论的批判性反思与实践经验的累积。

在早期乡村发展实践中，外部援助和外资引入被视为实现现代化的重要手段，这种模式侧重于中心对边缘的辐射作用。然而，单纯依赖外部资源的模式常常忽视乡村自身的特点与潜力，导致了"依附发展"的弊端。与外部嵌入相辅相成的内生赋能理论，则强调通过提升地方主体的能力和资源利用效率，激发其内在发展潜力。

近年，学术界也认识到外部嵌入与内生赋能并非相互割裂的过程，而是需要协同联动。外部嵌入为地方发展提供了起点和基础条件，而内生赋能通过增强地方的自主能力，确保外部资源得以高效利用并转化为长期效益。这一理论结合的深化形成了"外力引导—内力激发—协同发展"的动态平衡路径（王晓毅，2016）。过去十几年，中国历史性地解决了绝对贫困问题，其脱贫减贫经验已成为越来越多国家和国际组织的研究样本。自我国"精准扶贫"政策提出以来，许多研究都围绕农村的发展模式展开，形成了较为丰富的学术成果。学者普遍强调了"外部嵌入"和"内生赋能"的双重作用，但传统的扶贫方式侧重于依赖外部资源的输入，如财政资金、技术援助等，这在短期内取得了一定成效，但长期来看，过度依赖外部支持可能导致贫困地区形成依赖性，难以实现可持续发展。因此，近年的研究更多关注如何激发贫困地区的内生发展动力，通过提高当地居民的自我发展能力、增强产业发展潜力等方式，推动长期脱贫。扶贫模式从"输血式"发展逐步向"造血式"发展转变，单纯依赖外部资源的支持可能导致贫困地区的依赖性增强，因此必须注重激发贫困地区的内生动力，实现长效发展（王晓毅，2016）。

现有研究从多个角度探讨了脱贫攻坚的理论与实践，尤其是在扶贫政策的实施、脱贫模式的创新、社会资本的作用及可持续发展等方面形成了丰富的学术成果，这些研究为理解脱贫的内在逻辑提供了重要的理论支撑，也揭示了外部资源支持与内生动力激发相结合的关键意义。然而，其中仍然存在一些不足之处：一是研究多关注政策和资源的作用，对地方特色和区域适应性的讨论相对较少，未能充分揭示不同背景下扶贫模式的多样性。二是内外结合的具体机制不够清楚，虽然文献强调外部嵌入与内生赋能的结合，但具体的操作路径和相互作用机制仍有待进一步探索。未来研究应在总结现有成果的基础上，聚焦区域差异、政策优化和长期发展机制，为实现共同富裕和乡村振兴提供更有针对性的理论和实践支持。

外部嵌入与内生赋能理论的结合，为深度贫困地区摆脱资源困境、实现可持续发展提供了理论依据和实践指导。本研究将在这一理论框架下，以火普村为案例，探讨外部嵌入如何推动资源整合与内生发展动力激发的具体路径，进而为类似地区的乡村振兴提供参考。

三、个案简述与"嵌入—赋能"分析框架

（一）研究案例简述

火普村地处四川省凉山彝族自治州昭觉县解放沟镇，彝语意为"山峰之巅"，地形地貌为高寒山区，平均海拔 2 700 米，位于四川和云南交界的莽莽大山之中，属于大凉山深处的极度贫困村，被列入"三区三州"的深度贫困地区。全村面积 20 千米²，辖 3 个村民小组，全村户籍人口 397 户 1 610 人；常住人口 340 户 1 301 人，地理位置上距乡政府 3 千米，距昭觉县城 34.8 千米，距州府西昌市 52 千米，下辖火普社、收古社，面积 9.21 千米²（其中耕地 3 000 亩、林地 2 769.5 亩、草地 7 200 亩），经济结构为半农半牧。

火普村位于海拔近 3 000 米的高寒山区，气候条件不佳，种植业发展不起来，村民仅能种点马铃薯、萝卜和荞麦，靠天吃饭。因为山大沟深，对外交通不便路途遥远，全村外出打工的不到 30 人，这也导致了村里的闲人很多，年轻人待在村里，不知道如何脱贫致富，很多村民一辈子都没有走出过大山。作为传统彝族村，村民文化素质较低，80% 以下村民为小学文化程度，几乎不能用汉语沟通交流，发展致富也缺乏技术支撑，再加上单一的产业结构，导致贫困率高发。2014 年全村精准识别建档立卡贫困户为 79 户 243 人，贫困发生率高达 34.8%。

（二）"嵌入—赋能"的分析框架

1. 外部嵌入与内生赋能理论

"嵌入"最早被用于经济理论分析之中，强调人类经济行为是嵌入于经济与非经济制度之中的，被引入社会学领域后形成结构性嵌入、关系性嵌入理论，而后 Zukin 等学者将其发展为认知嵌入、文化嵌入、结构嵌入和政治嵌入，王维、唐兴霖、刘伟等国内学者根据中国实践将其细化为制度性嵌入、资源性嵌入、关系性嵌入、资本嵌入、观念嵌入等模式。

本研究所说的外部嵌入是指通过引入外部资源，如政策支持、资金、技术或人才等，将其嵌入到特定环境中以促进发展。这一理论强调外部资源的整合与本地需求的结合，通过外部动力弥补内部资源的不足，从而推动经济社会的快速发展。例如，在火普村的脱贫攻坚举措中，当地通过驻村第一书记派驻、政策支持与资金投入、产业资源发展与企业嵌入以及农业技术推广等形式嵌入外部资源，帮助贫困地区改善基础设施、建立产业基础，提高经济收入从而实现脱贫目标。但在进行外部资源嵌入的过程中要根据当地具体的发展目标，如脱贫、改善基础设施、发展产业等，有计划地嵌入资源，所嵌入的资源要与地方实际情况相匹配，否则可能导致资源错配或形式化干预，导致该地区长期对外部资源的依赖，削弱贫困地区内生发展动力，抑制其自主发展能力。因此，外部嵌入理论的成功实施需要依赖于资源的精准投放和本地化的实施机制。但长期的"嵌入式"工作模式过于注重以外在帮扶提升工作效率，对内生动力激发较为不足，不利于农民和农村实现"造血式"发展，而脱贫攻坚和共同富裕的实

现离不开内生动力的激活，离不开驻村帮扶主体能动性的调动与农民农村内生力量的培育，这就需要引入内生赋能理论。

赋能（empowerment）一词的核心内涵在于：通过能力建设和资源整合，使主体掌握自主决定和实践的能力，实现从"被动接受"到"主动参与"的转变。党的十八大以来，以习近平同志为核心的党中央高度重视内生发展，站在脱贫攻坚、乡村振兴、共同富裕全局，完善内生发展理论，提出"贫困地区发展要靠内生动力""增强脱贫地区和脱贫群众内生发展动力"等观点。从"增强脱贫地区和脱贫群众内生发展动力"到"提高群众自我发展能力"，政策实践体现了内生赋能理论的深度应用。

本研究中，内生赋能理论强调的是通过激活本地的特色资源、闲置劳动力和产业发展的潜力等来实现当地的可持续发展，其核心在于以地方资源为基础，推动个人自主能力的建设，激发村民们的主动性和参与意识，让他们成为发展主体，通过发展与本地资源禀赋相契合的农业产业，实现地方经济自我循环。在中国农村脱贫攻坚的背景下，外部嵌入理论与内生发展理论是推动农村地区减贫与可持续发展的两个重要理论视角，二者相辅相成，都是推动农村发展必不可少的动力。

2. "外部嵌入—内生赋能"分析框架

党的二十大报告指出，"全面建设社会主义现代化国家，最艰巨最繁重的任务仍然在农村"。内生动力不足是长期以来制约着我国乡村发展的关键难题。在当前的乡村发展实践中，"外生型"发展一直占据主导地位，政府及其他外部力量进行自上而下、自外而内的"输血"，通过对乡村进行政策干预和资金支持来推动乡村发展。这种发展模式在短期内会取得显著成效，但是从长远来看，乡村若一直依赖政府扶持或外来资金介入，容易形成依附型经济发展模式。一旦外部援助切断，则其经济社会发展有陷入瘫痪停滞的风险。同时，过度的外部干预会让乡村发展失去自主和特色，村干部和村民也会滋生"等靠要"的懒惰思想。巩固拓展脱贫攻坚成果、实现可持续发展，必须注重培养和增强乡村发展的内生动力，推动乡村从"要我发展"转变为"我要发展"。

在火普村的脱贫过程中，外部嵌入为火普村脱贫提供了重要支持。政府引入专项扶贫资金用于修建道路、网络通信和电力设施，改善了村庄基础条件；社会力量和龙头企业的介入，帮助发展蓝莓种植等特色产业，解决村民就业和增收问题；农业技术专家下乡推广现代技术，提升了村民的种植技术和生产效率。这些外部资源的注入，迅速打破了村庄发展的瓶颈。与此同时，内生赋能激发了村民的主体意识和内在发展潜力。通过开展职业技能培训和技术教育，村民掌握了现代农业的种植、养殖技术以及社会生存技能，增强了自我发展的能力；通过改变村民传统观念、提升思想意识，在增强村民主体意识、激发内生动力和构建共同价值观方面取得了显著成效，为实现脱贫目标和长远发展提供了思想保障。在这一过程中，外部资源为赋能创造了条件，内生赋能则将外部资源高效转化为可持续发展的内在动力，二者相辅相成，形成了"外力激发内力、内力巩固外力成果"的良性循环。最终，火普村从深度贫困走向了自主发展，为中国农村脱贫攻坚和乡村振兴提供了重要示范（图 2-1）。

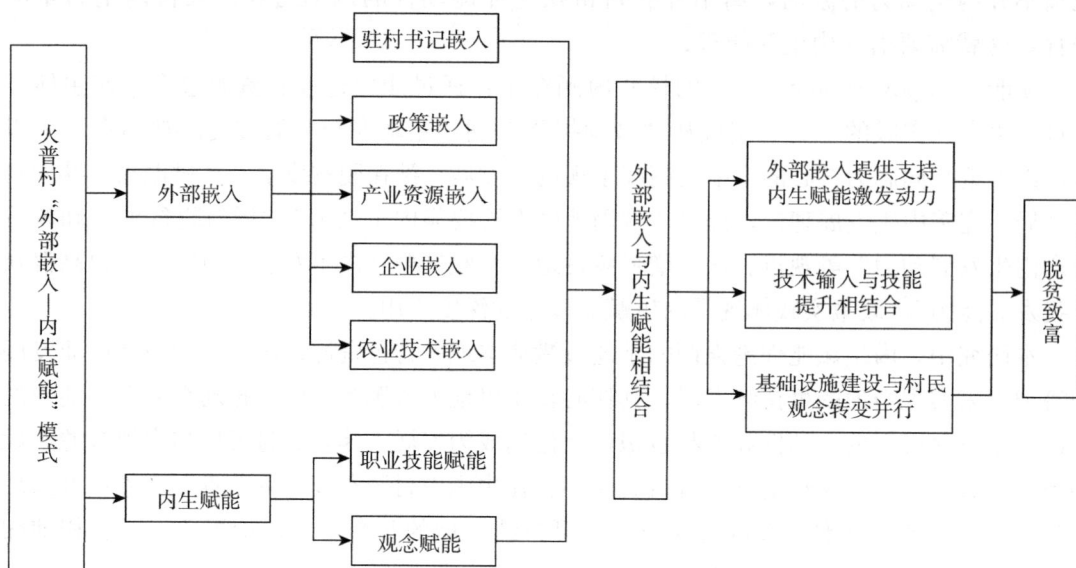

图 2-1　火普村"外部嵌入—内生赋能"分析框架

四、火普村发展实践

2014 年以来，按照中央精准扶贫精准脱贫基本方略，火普村注重激发贫困群众内生动力，发动群众自力更生。在国家政策的扶持下，坚持基础设施建设：推进彝家新寨和易地搬迁项目，投资建设房屋、道路、文化室、卫生室、宽带网络、幼儿园、文体广场、太阳能路灯和蓄水池，提升村民的生活条件。推动扶贫产业发展：引进改良种植养殖品种，如"青薯九号"马铃薯品种和"西门塔尔牛"肉牛品种，增加贫困户收入；同时发展高原特色种植，如发展羊肚菌、金银花、大棚蔬菜以及蓝莓的种植，提高种植产品的附加值，提升农产品市场竞争力，增加村民多样化收入来源。促进集体经济和合作经济发展：成立农民专业合作社，村民通过入股形式享受集体经济红利，实现村民与集体的双重收益，促进集体与个人经济的共同发展。火普村实现了政策支持与村民自主发展的有机结合，为脱贫攻坚提供了坚实保障，这种内外结合的模式，不仅夯实了脱贫攻坚的基础，还为乡村振兴奠定了长远的动力源泉，实现深度贫困村向融合发展示范村的华丽转变，走出了一条成功的脱贫奔小康道路。

（一）外源力量嵌入

1. 驻村第一书记嵌入

2015 年 11 月，中共中央、国务院印发《关于打赢脱贫攻坚战的决定》，提出到 2020 年农村贫困人口全部脱贫的目标，并建立了与之配套的精准扶贫机制，向贫困村派驻工作队是精准扶贫的重要机制。精准扶贫被比喻为"滴灌"，而驻村帮扶则被比喻为实现精准扶贫的管道，向贫困村派驻帮扶工作队继承了两个传统：第一是中国共产党农村工作的传统。派驻工作队可以打破原有行政体制的束缚，最有效地实现农村的动员。第二是扶贫中的对口帮扶的传统，通过政府部门、企业与社会团体与贫困村之间的对口帮扶，动员更多的资源支持贫困村的发展，并在规定的时期内达到目标。因此，驻村帮扶工作队同时承担了两项任务，即在村一级完善反贫困的治理结构，同时动员更多的资源进入贫困村，实施扶贫项目。

马天是凉山州广播电视台的一名职工，2015年7月被派往火普村当驻村第一书记，那时的火普村村民们的生活一日三餐都是马铃薯、荞粑、酸菜汤，全村没有一座砖房，全部都是摇摇欲坠的土坯房。"交通基本靠走，通信基本靠吼，治安基本靠狗"是这里的生活状况，村庄内部出行道路多为泥碎路或土路。"白天烤太阳，晚上数星星；生在火堆旁，死在火堆上"是过去彝族人民生活的真实写照。在低矮潮湿的土坯房里，人和猪牛羊混住在一起，家中到处都是猪粪羊粪，没有落脚的地方。马天立志要改变火普村贫困落后的状况。通过实地走访调查，根据火普村的实际情况，因地制宜制定脱贫方案，马天整合政府、社会和市场资源，将外部援助与村内实际需求相结合，为村庄发展争取到了资金、技术和人才支持，弥补了地方资源的不足。他的工作覆盖基础设施建设、产业发展、民生改善、教育提升和思想文化引导等多个领域，推动了村子的全面进步，为脱贫攻坚注入了综合性动力。通过发展特色产业、提升技能和改善教育条件，帮助村民具备持续增收的能力，确保脱贫后不返贫。在物质帮扶的同时也注重村民思想观念的转变，弘扬自力更生和积极向上的精神，推动形成文明乡风，为乡村振兴奠定了思想基础。从宏观角度来看，马天在火普村的工作是中国脱贫攻坚战略的一个缩影，不仅解决了当前的贫困问题，也为实现乡村振兴和共同富裕积累了经验。

王斌，火普村第四任村党支部书记，大学毕业以后到四川德阳中国东方电气集团工作。2022年3月，根据国务院国资委和省州县的安排部署到火普村成为驻村第一书记。王斌书记原来所属的企业——中国东方电气集团是一个电力装备制造企业，成为火普村驻村第一书记后他与该企业对接，利用火普村丰富的太阳能资源建设光伏发电站，建成以后除了为村内基本的安防、供暖、照明提供电力支持，多余的电力资源还出售给电力公司获取发展资金，为村子综合能源的利用打下基础。

2. 政策嵌入

国家精准扶贫政策为火普村提供了资金和政策支持，帮助火普村进行基础设施建设（如道路、水电、通信），基础设施的改善不仅改变了村庄的面貌，也为当地后续的经济发展提供了物质条件。火普村依托国家易地扶贫搬迁政策，总投资480万元新建、改建房屋172户；加强配套基础设施建设，投资980万元建设村级道路，其中完善通村道路2.9千米、通社道路11.7千米，以确保村民搬迁后有安稳的生活基础；投资13.3万元建设卫生室1个，方便村民们的生病就医基本需求；投资500万元建设宽带网络，打通与外界的网络联系，便于村庄对外交流；投资85万元建设2所幼儿园，使适龄学生能够在家门口享受教育；投资5.5万元建设文化室1个，投资23万元建设两个文体广场；投资12万元在村庄内建设太阳能路灯；投资200万元建设两个蓄水池。在政府政策的嵌入帮扶下，这些基础设施的建设极大地提升了火普村的整体发展条件，不仅满足了村民的基本生活需求，还为村庄整体的经济、文化、教育等领域的长远发展提供了坚实的保障。

3. 产业资源嵌入

产业资源嵌入是火普村脱贫攻坚的重要支撑,通过因地制宜发展特色经济,推动资源优势转化为经济优势,实现村民收入的持续增长和村庄经济的长远发展。火普村全村位于海拔 2 800 米的高山高寒地带,自然条件恶劣,能种植的传统农作物只有土豆、荞麦等,产品附加值低,农户依靠种植收入较低。针对这些问题,火普村联系农科企业引进"青薯九号"马铃薯品种,改变了村民的种植投入与回报比例,以"借薯还薯"的模式(政府为贫困户提供马铃薯种薯,等收成时农户退还种薯,其余的政府按市场价收购,再投放给其他贫困户,如此循环发展,让贫困户增产增收)种植"青薯九号"马铃薯品种 680 亩,亩产量达 3 000 斤[①]左右,收入达 140 多万元。在养殖产业方面,火普村引入"西门塔尔牛"肉牛品种,通过帮助农户贷款 121 万元购买西门塔尔牛 95 头,利用产业扶持周转金购买154 头可繁殖母猪、基础母羊 346 只,协调鸡鸭鹅苗等 5 万多只分配给农户,实现了户均年收入 1.8 万元。2017 年火普村共建设 30 个牛圈共 900 米^2,利用帮扶资金购买 20 头基础母牛,由 20 户贫困户领养,共卖出小牛犊 6.24 万元。

此外,火普村依据本地优势发展高原特色蓝莓种植,在四川省农科院专家的指导下,2019 年十多株蓝莓引进成功。王斌说:"当时村民对种植蓝莓这个新事物积极性不高,刚开始只种了十亩,专家一个星期来一次,手把手教村民种植和管理蓝莓,成为火普村致富带头人,后在县政府与村干部的号召下,火普村的蓝莓种植面积从 2019 年的 10 亩到2020 年的 30 亩、2021 年的 50 亩。2022 年 4 月,四川省委书记王晓晖来到昭觉县,火普村的蓝莓产业得到了他的肯定,县委、县政府也给予了大力支持。同年 11 月,在县委、县政府的帮助下与昭觉县的龙头公司合作成立第三方企业,火普村入股土地,同时为村民提供就业岗位带动就业,现在蓝莓种植面积达到了 1 150 亩,成为蓝莓种植千亩示范园。"(图 2-2、图 2-3)

图 2-2　调研组与火普村村民交流

图 2-3　火普村村党支部书记王斌与调研组
　　　　在蓝莓产业示范基地前交流

---

① 1 斤=500 克。——编者注

4. 企业嵌入

企业作为市场经济的重要主体，在火普村的扶贫与发展中发挥了重要作用，火普村抓住这一契机，积极对接企业资源，将其引入村庄经济建设中，形成了以市场需求为导向的扶贫新模式。一些涉农企业通过订单农业模式，与火普村签订合作协议，带动特色农产品种植和养殖业发展。在农产品收获季节，这些企业按照约定的保护价格回购农产品，解决了农户的销路问题，减少市场波动对农户收入的影响。2021年7月12日，在四川省农科院、四川大学、西华大学、攀枝花农林科学院等单位的20余位专家学者的见证下，火普村高山蓝莓科技示范园区正式开园。特色产业园的带动，让更多村民参与到高端水果种植和采摘中来，增强了火普村经济发展的"造血功能"。同时，四川省农科院专家对火普村村民科学种植蓝莓进行技术培训，先前已投放的1万株蓝莓幼苗，成活率达到90%。2021年一亩地的产值达到8 000～10 000元，火普村此批次蓝莓到2023年进入丰产期，产量达到亩产1 500～2 000斤，一亩地产值在4万～5万元，为村民带来可观的收入。

"2023年火普村投资建设冷库，用于蓝莓采摘时的冷藏保鲜，计划到2026年扩大种植规模的同时还要扩大配套深加工体系，所合作的龙头企业有自己的生产销售产业链，所以种植户完全不用担心农产品的销售问题。"王斌书记笑着说道。

5. 农业技术嵌入

技术嵌入是推动火普村脱贫攻坚和可持续发展的重要手段。四川省农科院经作所研究员、蓝莓产业创新团队首席专家董顺文曾说："在此之前，火普村的村民们对于蓝莓的长相都从没见过，更别说如何种植了。"为了让老百姓听得懂、看得明白，团队成员把本来写好的《蓝莓技术方案》进行了重新改编："挖一个坑、放一袋营养袋，种下一棵树，盖上一块布，种上一亩地，亩产上一万，致富一家人……"在高山上，科技专家们把编好的"七个一"的技术顺口溜，传授给从四面八方赶过来的彝族村民，这大大提高了村民们种植蓝莓的信心和决心。

在国家政策的支持下，火普村通过引入现代农业技术、信息技术和绿色能源技术等，为蓝莓标准化种植配备管理系统，利用物联网技术对蓝莓种植进行科学的规范化指导，通过高清图形采集系统能够对蓝莓种植苗情、虫情和日常生产作业等信息进行监测，田间小型气象站可以对基地内蓝莓生长环境数据进行自动采集与监控，精准监测空气温度和湿度、光照度、降水量、风向风速以及土壤温度、水分等要素，方便专家根据远程采集的数据进行科学种植指导。除此之外，"三区三州"的自然灾害比较多，火普村结合这个实际情况，在重点林区、一些地震隐患区及周边地区，加装布置了一些防地质灾害的传感器，监测降水量的传感器，监测火灾的传感器，遇到危险平台便会自动报警并且将报警信息发送至手机，提醒管理者及时启动生产应急预案介入，减少不必要的损失。智慧平台为农业插上"科技翅膀"，也为火普村按下了产业发展的"快进键"。经过几年的不断探索，火普村新的种植产业初具规模，特色产品也越来越多，村民们的经济收入也随之提高，同时整个村庄生活质量也不断提高，实现了从传统农业向现代农业发展的转型。

"火普村引进数据技术管理平台,数字化办公提高了全村信息传递和办公的效率,村内的一些基本信息,如商务公开、产业分布、日常工作等都可以通过这个平台进行实时展示。村内还配备了一个360°鹰眼摄像头,可以帮助管理人员对村里面的产业情况进行更全面的了解,构建了一个数字化管理的新火普村。还有一点就是村里建成的光伏发电站在天气好的情况下一天可以发电5 000多度,产生的效益可达到2 100元,每年可以发电140多万度,一年下来可达到三四十万的效益。自2022年12月底光伏电站建成后,2023年全村收入达36万元,2024年收入达到了38万元,截至目前电站已累计发电超过225万度,累计收入接近80万元,所发电全部卖给电力公司,所有的收益全部归村上所有,这笔资金给火普村的发展提供了财力保障。"王斌书记一边向调研组展示火普村的数字化管理平台一边讲解道。

(二)内生赋能

1. 职业技能赋能

技能赋能是火普村推动脱贫攻坚的重要举措之一。火普村通过针对年轻男性和女性的技能培训和职业教育,帮助村民掌握实用技能,提高就业竞争力,拓宽增收渠道,为村庄实现可持续发展提供了有力支撑。驻村第一书记马天在调研中发现,有许多年轻人待在村中,不是因为懒而是想要挣钱却苦于没有能挣钱的技术,而焊工、电工等技术工种在城镇和工地的需求量大、薪资也相对稳定,因此,火普村专门为村中的年轻男性开展这些领域的培训。对女性的职业技能培训主要是针对城市保洁服务的需求,村庄开设了卫生保洁培训课程,包括清洁工具使用、消毒程序和保洁技巧等,这些技能使女性能够快速上岗,适应城市保洁行业的要求。通过对男性焊工、电工等技术类培训和对女性卫生保洁等服务类培训,火普村激活了大批闲置劳动力的就业潜力,使他们能够走出村庄外出务工。这一模式实现了从"闲置劳动力"向"经济贡献力量"的转型,不仅为许多家庭带来了可观收入,也为村庄的可持续发展提供了重要保障。

王斌书记介绍,目前村民们的收入分为三部分:第一是工资性收入,主要就是靠村民们外出务工获得的,占比约为63%;第二是生产经营性收入,主要就是种植养殖业,这部分占比为26%~27%;第三就是转移性收入了,主要有生态补贴、重点奖补、养老保险、低保等,这一部分占比为10%~11%,算是村民们的辅助性收入。

2. 观念赋能

观念赋能是火普村脱贫攻坚的重要内生驱动力,通过改变村民传统观念、提升思想意识,火普村在增强村民主体意识、激发内生动力和构建共同价值观方面取得了显著成效,为实现脱贫目标和长远发展提供了思想保障。在扶贫工作初期,部分村民对外部援助产生了依赖心理,习惯于"等靠要"的思维模式。驻村第一书记和扶贫团队通过多次入户交流、宣讲政策和组织实践活动,逐步引导村民认识到"扶贫先扶志"的重要性。由于社会发育程度低,过去村里大操大办、薄养厚葬、高价彩礼等陈规陋习不少,给村民们带来了沉重的经济负担,也成为脱贫的精神枷锁。此外,"不坐板凳坐地下、不睡床铺睡地铺"

等不良生活习惯也不同程度存在。驻村干部给村民们做思想工作，从村干部开始抓起，要求村干部起到表率作用，不能参加大肆操办的红白事，同时在村内办起了学校、道德银行和基金超市，订立了村规民约，把提倡什么、反对什么写得清清楚楚，做得好的便给予奖励，每个月驻村工作队员都会在村民家进行入户检查，并根据村规民约的条款给各家各户评分，每得到一分，就可以兑换一元钱，到年底，获得积分前十名的村民家庭还会得到洗衣机、热水器等奖励。通过这些移风易俗和文化教育，改变传统观念，增强村民的主体意识，有利于火普村减少对外部援助的依赖，构建农村的"自我造血"机制，为实现脱贫后的可持续发展打下了坚实基础。

（三）外部嵌入与内生赋能的结合

在火普村的脱贫攻坚与乡村振兴实践中，单单依靠外部资源嵌入或者内生赋能发展是片面的、暂时性的发展，若要获得全面的、长久的发展必须将外部嵌入与内生赋能结合，将外部资源的有效嵌入与村民内生动力激发结合起来，这才是火普村可持续发展的关键路径。

1. 外部嵌入提供支持，内生赋能激发动力

外源嵌入以政策、资金、技术等为支撑，为火普村脱贫提供了重要物质保障。国家精准扶贫政策的实施，使火普村在基础设施建设、产业发展和民生保障方面得到了显著改善。然而，仅依靠外部资源无法实现脱贫成果，因此火普村着眼于内生赋能，充分挖掘村民的潜能，激发他们在发展过程中的主体作用。例如，在蓝莓产业发展中，政府提供资金支持与技术指导，同时通过农民合作社模式让村民以土地和劳动力入股，既降低了外部资源投入的风险，又让村民成为利益共同体的一部分，增强了他们的责任感和参与感。

2. 技术输入与技能提升相结合

火普村引入了农业专家和技术团队，提供蓝莓种植方面的技术指导，解决了村民在产业发展初期面临的技术难题。这种技术嵌入为村庄特色产业的稳定发展打下了基础。与此同时，火普村通过职业技能培训帮助村民掌握相关技能，让他们不仅是技术的接受者，更是产业发展的实践者和创新者。

3. 基础设施建设与村民观念转变并行

通过国家政策的资金投入，火普村完善了交通、电力和通信等基础设施，为经济发展和村民生活质量的提升奠定了物质基础。然而，火普村的驻村第一书记和村干部们深知，仅有硬件建设无法从根本上改变村庄的贫困面貌，因此他们大力推动村民观念赋能，通过思想动员帮助村民摆脱"等靠要"思想，树立自力更生的意识。实现了外部资源和内部潜力的有机结合（图 2-4、图 2-5）。

五、火普村脱贫攻坚实践的底层逻辑分析

在乡村振兴战略的大背景下，中国农村的发展正经历从"脱贫攻坚"向"全面振兴"转型的关键阶段。这一转型不仅要求通过外部资源的投入迅速改善基础条件，还需要激发

地方发展的内生动力，以实现经济、社会和文化的全面可持续发展。火普村的脱贫与振兴实践展现了一种"外部嵌入"与"内生赋能"相结合的双轮驱动逻辑，成为深度贫困地区如何实现有效转型的典型案例。

图 2-4　调研组与火普村村党支部书记
　　　　王斌交流

图 2-5　调研组参观调研火普村党群
　　　　服务中心

（一）外部嵌入与资源瓶颈突破

火普村的实践首先通过外部嵌入解决了资源问题。外部资源的引入，包括政策支持、资金投入、技术指导和人才派驻等，为村庄发展提供了条件。这种嵌入模式体现了精准扶贫的特征，通过改善基础设施建设、优化产业结构，迅速打破了村庄发展的瓶颈。以蓝莓种植为代表的高附加值产业在外部技术指导和市场对接的支持下，实现了从传统低效农业向现代特色农业的转型。这些外部资源既满足了村庄短期发展的现实需求，又为其长远发展奠定了基础。

（二）内生赋能与村民主体性激发

使农村摆脱贫困更为重要的是实现农村发展的可持续性，这一目标的实现离不开对农村内生动力的培育。火普村通过内生赋能激发了村民的主体性和参与感，为外部资源的高效利用和内外结合的有机衔接提供了支撑。通过技能培训，村民逐渐掌握了现代农业和非农就业的技能，提升了个人发展能力；通过思想观念的更新，村民逐步形成了自力更生和集体合作的意识，破除了"等靠要"的依赖心理；通过合作社的组织化机制，村民在集体生产和市场竞争中获得了实质性收益，增强了发展信心。这种内生赋能的实践表明，农村地区的脱贫攻坚不仅需要经济基础的改善，更需要精神层面的塑造和社会能力的提升。

（三）内外协同与可持续发展路径

火普村的发展逻辑体现了"外力引导"与"内力支撑"的动态平衡。在火普村的脱贫攻坚中，外部资源的注入是重要的起点，但仅有外力无法实现村庄长期的、可持续的发展。因此，将外部资源与地方实际需求相结合，转化为内生发展的动力，成为实现可持续发展的关键。火普村外部资源的嵌入为其发展"输血"，而内生赋能则通过激活地方潜力实现"造血"，这一逻辑突破了单纯依赖外部投入的局限性，为脱贫攻坚实践提供了新的路径。更为重要的是，火普村的成功不仅带来了经济效益的提升，还推动了村集体的全面进步。在新时代乡村振兴的背景下，火普村的实践经验具有重要的理论和现实意义，其"外部嵌入"与"内生赋能"相结合的发展模式展示了一种可复制、可推广的路径。这一模式提醒我们，在摆脱乡村贫困问题、推动乡村振兴过程中，不仅要关注外部资源的投入，更要注重地方内生动力的激活，不仅要解决眼前的发展问题，还要为长期的可持续发展奠定基础。这种内外结合的动态平衡机制，不仅是火普村成功的关键，也是农村从贫困迈向脱贫和振兴在更广泛区域落地的实践启示。

六、结论和政策建议

火普村的脱贫实践表明，"外部嵌入—内生赋能"模式是推动深度贫困地区减贫增收和可持续发展的有效路径。

首先，外部资源的注入为村庄提供了发展起点，政府政策支持、资金投入、企业资源嵌入和科技力量导入等举措，改善了基础设施条件，推动了产业升级，并促进了农业现代化发展。例如，通过驻村第一书记派驻、光伏发电站建设和农业新品种引进，村庄的生产生活条件得到了显著改善。

其次，内生赋能在这一过程中发挥了关键作用，通过职业技能培训、乡村治理优化、观念赋能等措施，激发了村民的自主发展意识，提高了劳动技能和社会适应能力，使村民从"要我发展"向"我要发展"转变。

最后，火普村逐步构建起内外结合的良性互动机制，外部资源为内生赋能创造条件，内生动力的激发确保了外部资源的有效转化，避免了单纯依赖外部援助可能带来的依附性问题，推动了村庄从"输血式扶贫"向"造血式发展"转变。实践证明，仅依靠外部资源难以形成可持续发展机制，而单纯依靠内生动力也难以突破发展瓶颈，只有将二者结合，形成"外力激发内力、内力巩固外力成果"的长效机制，才能真正实现脱贫攻坚与乡村振兴的有效衔接。这一模式不仅对其他贫困地区具有借鉴意义，也为巩固脱贫成果、推进共同富裕提供了重要的政策参考。

基于此，未来乡村振兴政策应进一步优化外部资源配置，强化内生动力培育，推动乡村治理体系的完善，确保脱贫成效的长期可持续性。

首先，政府应精准匹配外部资源，优化政策支持方向，确保基础设施建设、产业发展和人才引入能够契合地方实际需求，提高外部嵌入的有效性。

其次，要加强内生动力的激发，通过完善职业教育体系、推广新型农业技术、深化农村金融支持等措施，提升农民的自主发展能力，增强乡村经济的"造血"功能。

最后，应构建长效发展机制，加强乡村治理体系建设，推动村集体经济组织的规范化运营，提升乡村发展的整体韧性和可持续性。只有形成"政策引导—资源优化—主体激活—机制完善"的多层次乡村发展模式，才能确保乡村振兴战略落地见效，实现共同富裕的长期目标。

▇ 参考文献 ▰▰

陈思雨，白现军，2023. 新内生发展赋能乡村振兴的行动逻辑及实现路径：基于苏中地区 S 村的个案调查 [J]. 乡村论丛（5）：106-114.

贺立龙，刘丸源，2022. 巩固拓展脱贫攻坚成果同乡村振兴有效衔接的政治经济学研究 [J]. 政治经济学评论（2）：110-146.

黎春梅，2021. 社会资本嵌入对农民收入增长的影响：机理与实证 [D]. 雅安：四川农业大学.

沈费伟，2020. 乡村技术赋能：实现乡村有效治理的策略选择 [J]. 南京农业大学学报（社会科学版）（2）：1-12.

田祺，2022. 乡村振兴背景下民族地区巩固脱贫成果与内生发展能力研究：以四川民族地区为例 [J]. 农村经济与科技（12）：207-209.

田珍，罗琳，姜馨田，2023. 外源性动力嵌入传统农业发展：农民共同富裕的路径研究：基于江苏省戴庄村的例证 [J]. 经济研究导刊（11）：10-14.

王琳，李珂珂，2024. 外部嵌入与内生发展：驻村帮扶赋能农民农村共同富裕的优化路径 [J]. 兰州大学学报（社会科学版）（4）：39-48.

王天瑞，张开，2024. 中国脱贫故事在国际传播中的认同与建构 [J]. 传媒（16）：55-57.

王晓毅，2016. 精准扶贫与驻村帮扶 [J]. 国家行政学院学报（3）：56-62.

巫婷，2017. 贫困县"造血式"与"输血式"精准扶贫研究 [D]. 南昌：南昌大学.

武小龙，2022. 乡村建设的政策嵌入、空间重构与技术赋能 [J]. 华南农业大学学报（社会科学版）（1）：9-22.

习近平，2022. 高举中国特色社会主义伟大旗帜 为全面建设社会主义现代化国家而团结奋斗：在中国共产党第二十次全国代表大会上的报告 [M]. 北京：人民出版社.

杨翠，2023. 内生动力培育下的乡村振兴路径探索：以四川省凉山彝族自治州布拖县民主村为例 [C]. 中国城市规划学会，2023. 人民城市，规划赋能：2023 中国城市规划年会论文集（16 乡村规划）. 西南交通大学建筑学院：15.

杨应旭，陆雨璇，2024. 生计资本、技术可及性与脱贫农户内生动力 [J]. 商业经济（8）：126-130.

张蓓，2017. 以扶志、扶智推进精准扶贫的内生动力与实践路径 [J]. 改革（12）：41-44.

赵洁，张震宇，2024. 共享减贫经验共促全球减贫进程 [N]. 农民日报，11-05（006）.

赵颖，2022. 国内大循环视域下四川民族地区乡村振兴的路径分析 [J]. 农村经济与科技（22）：179-182.

中共中央党史和文献研究院，2018. 习近平扶贫论述摘编 [M]. 北京：中央文献出版社.

朱成晨，闫广芬，朱德全，2019. 乡村建设与农村教育：职业教育精准扶贫融合模式与乡村振兴战略 [J]. 华东师范大学学报（教育科学版）（2）：127-135.

庄天慧，孙锦杨，杨浩，2018. 精准脱贫与乡村振兴的内在逻辑及有机衔接路径研究 [J]. 西南民族大学学报（人文社科版）（12）：113-117.

内部重构与外部推动：合作社引领小农户减贫增收
——基于甘肃省临夏回族自治州 L 合作社的案例研究

一、问题提出

我国已成功完成脱贫攻坚战的任务，目前正在全面建设小康社会的道路上迈进，开启了新的发展阶段。尽管我国已完全消除了绝对贫困现象，但地区之间、城乡之间的发展仍存在不平衡，居民的经济收入差距依然显著。在乡村及中西部地区，众多民众的收入水平相对较低，这成为我们实现全民共同富裕目标所面临的难点和短板。当前，脱贫攻坚战已取得显著成就，接下来我们需全面推进乡村振兴战略，将脱贫攻坚成果与乡村振兴紧密融合。此举旨在确保前期扶贫成效得以巩固，防止已脱贫人口返贫，并助力低收入家庭持续增收，最终实现全民共享美好生活的目标。

在我国新近出现的农业组织形式中，农民专业合作社（以下简称合作社）是一种具有显著助益的新型农业经营主体。该组织本质上具备扶贫的职能，能够识别并帮助那些经济条件较差的农民，提高他们的收入水平，并且通过优化农业生产的流程，显著提升耕作效率。通过共同协作，合作社得以实现成本的节约以及工作效率的提升，从而促进农民收入的增长和农业生产效益的提高。因此，合作社作为一种高效的组织模式，对于其成员摆脱贫困状态具有积极作用。然而，合作社全面融入市场体系后，在组织效能、资金筹集、产业结构优化以及内部治理等方面所面临的诸多挑战，已成为限制其促进贫困农户增收效率的关键因素。

在党的十九大报告作出了全面推进乡村振兴战略的重要部署，强调了发展新型农业经营主体的重要性，旨在为农民收入的增加创造有利条件。因此，如何有效地扩散和提升合作社的合作效益，成为实现脱贫农户持续增收并进而实现乡村振兴的关键。基于此，本研究首先依据合作经济理论与新内生发展理论，构建了一个适应本土化语境的合作社引领脱贫农户持续增收的分析框架；其次，通过研究甘肃省临夏回族自治州 L 合作社的典型案例，深入描绘了该合作社如何通过联合小农和内外共生的方式，推动农业生产效率的提升和脱贫农户持续增收的实践，分析了其中的关键问题，并从普遍适用性的角度提炼了其底层逻辑；最后，本研究探讨了进一步推动深度贫困地区合作社可持续发展的政策路径。本研究的成果可为决策者及相关部门提供参考，帮助他们依托本土资源，创新合作社发展模式，并指导农户实现长效增收的路径选择。

二、文献回顾与分析框架

（一）文献回顾

乡村的繁荣直接关系到国家的繁荣昌盛。加强和壮大集体经济是引领和促进乡村发展的关键因素。乡村发展模式可划分为外源式与内生式两种类型。前者主要依托外部因素，以追求经济利益为根本目标;而后者则着重于挖掘和利用乡村内部资源,以及促进乡村居民的积极参与,旨在推动本地的经济社会进步和环境质量的提升。农业发展的规模化、专业化、商业化趋势催生了合作社等新型农业经营主体,合作社成为解决乡村社会"小、散、乱"问题的有效模式之一。

针对当前合作社的研究,主要集中在合作社的功能、作用机制、所面临的挑战以及应对策略,以及在欠发达地区合作社的发展等方面,进行了深入的探讨。

从功能角度分析,首先,合作社致力于帮助农户摆脱贫困,促进农户收入增长,从而巩固脱贫成效;其次,合作社通过整合农民资源、能人引领、政府支持以及村民的积极参与,推动了乡村振兴的进程。此外,合作社亦能协助农户抵御市场波动和自然灾害的冲击,确保农户在农业生产及收入方面获得一个相对稳定的基础,从而减少农户未来陷入贫困的风险。合作社作为实现村集体资源高效利用的平台,能够激发农民的自主合作精神。通过这一组织形式,制度安排与非正式的社会关系、组织能力以及地方特色等因素得以促进村民与村庄之间的经济协作和自我管理,从而为乡村振兴贡献力量。

从作用路径分析,首先,合作社通过能人引领、资源整合、吸纳外来资本以及与村两委的协作等手段,巩固了脱贫攻坚的成果;其次,通过推动产业发展、促进农户收入增加、改善乡村治理和提升乡风文明等途径,对乡村振兴产生了积极影响。

针对合作社在参与乡村振兴过程中所遭遇的困境及其解决策略,可以观察到,村民对合作社的认知程度较低、政府与合作社之间的合作关系尚不稳定,以及人力资源和资金的短缺,构成了合作社面临的主要挑战。

因此,在乡村振兴战略的背景下,合作社若要实现可持续发展,必须以促进农民增收为根本,完善合作社与农民之间的互利共赢机制;以生态环境建设为重要抓手,注重并塑造合作社的品牌影响力;以绿色可持续发展为途径,增加对合作社的资金支持和保险服务;以人才振兴为重要支柱,深入挖掘和健全人才培养体系;以推动产业繁荣为关键突破点,促进农业产业的现代化进程;以有效的治理为保障,对合作社进行有效的清理和整顿。

在对现有研究进行综合分析后发现,首先,关于乡村振兴战略中合作社作为关键载体的案例研究相对稀缺,缺乏对合作社外部推动与内部发展如何促进贫困农户脱贫增收影响机制的深入探讨;其次,针对合作社在乡村振兴和贫困治理中的作用及其成效的研究,对于深度贫困地区和民族地区的典型案例分析不足,而这些地区正是国家实现全面建成小康社会目标中最为艰巨的挑战所在,因此,本研究以甘肃省临夏回族自治州农村的典型合作社案例为依据,探讨了合作社在促进当地产业发展和提高贫困农户收入方面的运作机制与成效,并提炼出具有普遍推广性和易于复制的经验。这些经验对于推动民族地区农村发展、实现全面建成小康社会以及促进共同富裕具有重大意义。鉴于此,本研究将融合合作组织理论与内生发展理论构建了一个分析合作社如何带动农户减贫增收的理论框架,并通过实地考察具体案例,深入分析合作社在助农增收方面的影响机制和策略设计,以填补现有研究的空白。这对于推动合作社的持续发展以及深度贫困地区乡村振兴战略的实施,具有深远的理论价值。

（二）分析框架

马克思主义合作经济理论指出，小农经济的特点在于经营主体规模较小、生产规模有限，以及耕地等资源的分散和闲置，这些因素共同导致了农业科技难以普及、小农抵御风险的能力较弱，并且容易受到资本的剥削。因此，建议小农联合起来成立合作社，通过整合零散的小块土地资源并利用科技手段提升农业生产效率。

第二次世界大战后，欧美发达国家普遍采纳了一种名为"外生发展"（exogenous development）的发展策略，旨在应对日益扩大的城乡差异以及乡村地区的贫困问题。该模式强调政府在资本、技术、项目等方面自上而下地提供支持与干预，通过资源的输入和外部动力促进农村地区的进步。外生发展模式导致乡村地区面临自主发展权的丧失、环境污染以及资源枯竭等多重潜在风险。随着对传统外生发展模式所引发的负面效应的深入反思，"内生发展"（endogenous development）的理念应运而生。"内生发展"的理念强调，个人与人类的发展本质上是内源性的，且应以人的需求为核心。内生发展观念主张完全依赖本地资源，这可能导致乡村发展遭遇边缘化、隔离以及资源短缺等困境。"外生"与"内生"这两种发展观念各自存在一定的偏颇与局限性。在此基础上，"新内生发展"理论应运而生，它在深入探讨前述理论的基础上提出，应依托本地资源和本地参与，发挥本土优势以吸引外部支持，从而实现内外部资源的协同作用，促进地方的建设与发展。

本研究聚焦于资源重组、产业发展以及风险管理，深入探讨了合作社在提升深度贫困地区农户收入方面的作用机制。首先，合作社通过整合协调土地、闲置农房、劳动力、资金和技术等资源，将分散独立的小农户聚集起来，促进他们之间的相互协作，加强了弱势群体的联合，实现了规模化生产，进而推动了现代农业的发展，并促进了农民收入的增长。其次，合作社致力于发掘并激活本地的资源优势，培育并扩展与本地条件相适应的特色产业。通过产业链的整合，推动产业的融合发展，从而促进当地农户的就业和创业，实现收入增长。最终，合作社能够协助农户有效识别和分散风险。一方面，合作社利用内部的精英人才和外部专家资源，帮助贫困农户预测潜在风险，并采取相应的预防措施。另一方面，合作社向贫困农户提供现代农业技术服务、信息渠道以及信用担保服务，实现从生产资料采购至农产品加工与销售的纵向整合，助力农户降低交易与生产过程中的风险。

三、案例选择与案例呈现

（一）研究方法与案例选择

案例研究是一种经验研究方法，它依托于实地调查所收集的第一手资料，针对社会中的特定个体、事件或团体进行深入分析，旨在探究典型经验与普遍规律。根据案例研究中样本选择的典型性与可行性原则，本研究选定临夏回族自治州临夏市枹罕镇江牌村的 L 合作社作为案例研究对象。具体而言，本研究首先关注其典型性。甘肃临夏地区作为国家特别扶持的深度贫困地区之一，属于"三区三州"区域，面临严峻的自然条件，产业发展和基础设施建设相对滞后，少数民族人口比例高达 59.7％，且贫困人口众多。在农业发展规模化受限及合作社发展基础薄弱的背景下，L 合作社依托当地种植环境和农户特点，有效利用本土资源，根据当地实际情况发展树莓种植这一特色农业产业。此举不仅促进了当地农户，特别是农村妇女的灵活就业，还形成了合作社在促进农户减贫增收方面的独特经验，这一经验已多次受到多家报纸的报道。其次，本研究着重探讨其可行性。调研组得到了甘肃省临夏回族自治州乡村振兴局、农业农村部等部门长期的支持，这为长期的跟踪研究和实地调研访谈提供了便利，确保了能够顺利进行实地调研并获取第一手资料。

本研究旨在全面而完整地展现案例实践的全貌。在进行实地调研时，重点对临夏州乡村振兴局及农业农村部的工作人员、江牌村的村干部、L合作社的理事长以及普通村民和外出务工人员进行了参与式观察和深入访谈。基于这些第一手的详尽田野调查资料，同时搜集和整理了临夏州和L合作社关于脱贫攻坚与乡村振兴衔接的政策文件、档案资料，以及相关政府部门网站和新闻报道等第二手资料，以作为补充（图2-6）。

图2-6　调研组参观调研L合作社

（二）案例呈现

本研究选定的L合作社位于甘肃省临夏回族自治州临夏市枹罕镇江牌村。江牌村坐落于临夏市西部郊区，全村包含4个自然村和16个村民小组，全村耕地总面积超过2 200亩。在当地，农业产业化发展面临诸多限制。然而，一位具有创新精神的高素质农民在此地脱颖而出。王良生，一位来自江牌村的青年，出生于一个经济条件拮据的农民家庭。由于家庭经济的限制，他在完成初中教育后便踏上了外出务工的道路。在父亲长期患病、家庭重担压于一身的艰难情况下，王良生萌生了创业的念头。凭借在汽车修理行业的务工经验，他开始与经验丰富的同行合作，从事运输业务。随着货运行业的蓬勃发展，王良生于2015年创立了临夏市生博货运有限责任公司。在随后的几年里，他不断抓住机遇，利用枹罕镇的地理优势和政府的农业扶持政策，于2019年成立了L合作社。合作社成立之初，通过土地流转，建立了超过80亩的树莓种植基地，带动了周边20多户建档立卡的农户就业，每户年均增收约3 000元，有效地解决了贫困农户的就近就业问题。此外，L合作社获得了近80万元的财政扶持资金，用于建设冷冻冷藏库。合作社遵循"民办、民管、民受益"的原则，致力于实现全体社员的共同利益，为社员提供包括种苗、技术、信息、生产资料、产品回收和销售等在内的多项服务。通过线上线下相结合的订单式销售模式，合作社有效地促进了群众的致富。

随着脱贫攻坚战役的胜利收官，L 合作社荣获多项荣誉，于 2020 年被当地农业农村部门认定为"临夏州级示范合作社"，其负责人王良生亦被评为"临夏市创业致富带头人""全州致富带头人"以及"2021 年度全省脱贫攻坚先进个人"。

四、案例分析

（一）特色种养

1. 立足本土特色

临夏回族自治州，作为国家"三区三州"战略及甘肃省"两州一县"计划中所指的原深度贫困地区之一，在实现脱贫攻坚目标之前，集中体现了西部地区普遍存在的贫困现象以及民族地区特有的贫困问题。该地区生态环境较为脆弱，地形以高山和陡坡为主，土地较为贫瘠，然而得益于充足的日照和显著的昼夜温差，该地区在发展蔬菜种植、林果业以及花卉产业方面拥有独特的自然优势。枹罕镇江牌村坐落于临夏市的西郊，紧邻兰郎公路北侧，交通条件相对便利，气候温和且湿润。当地居民以少数民族为主，普遍教育水平不高，缺乏专业技能，加之家庭子女众多，导致他们在劳动力市场中竞争力较弱。特别是妇女，由于承担家庭照顾责任，往往不得不退出劳动市场。仅依靠传统的个体农户耕作方式，难以有效地提升江牌村低收入农户的收入水平，不利于巩固脱贫成果，进而衔接乡村振兴。

覆盆子，即树莓，适应性强，能在多种土壤和较冷湿润气候中生长，产量潜力大，经济效益显著。其维护管理简单，除草、修剪和采摘工作容易。口感多样，可鲜食或加工成多种食品，且药用价值高。树莓与枹罕镇江牌村的土壤及气候条件契合，交通物流便捷，种植成本低，操作灵活，适合当地农户。对于贫困的江牌村，树莓的高产量和市场潜力有望为村集体、合作社及贫困农户带来经济收益增长。因此，王良生决定利用农业种植结构调整机遇，大规模种植树莓。

2. 整合土地资源

在 2019 年 L 合作社成立之前，江牌村的耕地资源受到小规模农户经营模式的影响，分散于以家庭成员为基本生产单位的个体农户手中。这些农户主要种植小麦、玉米等传统农作物，呈现出典型的"一亩三分地"式的小农户生产模式。这种模式导致江牌村村民人均耕地面积较小、经营方式分散、种植作物种类繁多，不利于资源的有效利用和土地效益的提升，阻碍了农业规模化生产、村庄的发展以及农户减贫增收的进程。

在该情形下，王良生，一位拥有丰富货运经验的私营业主，率先与其兄弟王东升商议成立 L 合作社。L 合作社成立伊始，通过承诺向村民支付 1 500 元年租金的方式，集中流转了当地村民（包括建档立卡户）100 多亩耕地，将分散在村民手中的小块土地整合，为建立统一、规模化的树莓生产基地打下了坚实的基础。根据调研组对 L 合作社理事长王良生的访谈得知，通过集中流转土地，目前树莓基地的总面积已达到 300 余亩，为优质树莓的培育以及更多贫困农户的广泛就业与收入增加创造了有利条件。

3. 重组弱散人力

审视江牌村当前的劳动力构成，可见多数年轻力壮的男性劳动力已迁往城市，而留守的妇女和老年人则面临物质和精神上的双重匮乏，这与当前推进乡村振兴和实现全面建成小康社会的目标相悖。随着 L 合作社的成立及其发展，江牌村的留守妇女及部分老年人得以在家门口实现就业，L 合作社的用工模式主要分为三种类型。

首先，本村长期聘用了数名建档立卡的贫困妇女，她们负责树莓的除草、采摘以及整理大棚等农业劳动。其中，一名较为年轻的妇女被指派负责核算和记录包括临时工在内的其他妇女的工作量。她们的日薪为 80 元，原则上实行月结工资制，一年中大约有 8 个月的工作期，这样的安排使得她们实现了工作与家庭责任的兼顾。正如这位同时负责考核记录的年轻女性所言："过去，我仅能留在家中，由于孩子需上学，我无法外出工作，亦无法赚取收入。如今，我得以在合作社工作，尽管位于制香厂的工资更高，但这里离家较近，我可以兼顾孩子上学，且从每年三月份起，我能够持续工作 8 个月，这让我感到相当满意。"在调研组后续的几次深入访谈中，经常目睹 L 合作社的贫困妇女们忙碌于采摘和挑选树莓、整理大棚的情景。她们在树莓丛中谈笑风生，尽管工作繁忙，却也充满着成就感。

其次，L 合作社通过临时工的方式，允许当地村民根据个人时间安排，自主选择前往树莓种植基地参与树莓的采摘和挑选工作。工作报酬的支付方式为：采摘后首先向负责人进行核实登记，随后定期进行结算，每采摘一斤树莓支付 1.5 元。最终，除了前述两种劳动方式之外，L 合作社还拓展了休闲采摘业务，实现了树莓采摘与休闲观光的有机结合。具体而言，每位成人入园至少需采摘一盒，每盒约重 125 克，售价为 15 元。身高 1.2 米以下的儿童可免费体验品尝。若游客选择仅购买新鲜树莓，每盒则需支付 10 元。在调研组进行实地调研期间，恰逢周末，观察到众多游客前来体验采摘乐趣。L 合作社通过这种结合树莓采摘与休闲观光的模式，在深度挖掘本地资源优势的同时，有效地促进了产业的融合发展，并为合作社的经济效益提升创造了有利条件。

（二）产业拓展

1. 内外主体赋能

王良生，一位生于斯长于斯的江牌村人。他深知树莓虽易于存活，且村中路边常可见野生树莓，但若要实现规模化、产业化经营，则必须保持高度的警觉与细致入微的侍弄。因此，他不辞辛劳，深入研究其他地区的树莓种植实践，通过网络搜集资料，向专业种植者咨询，并亲赴山东、四川及兰州等地的农业院校深造，深入学习树莓的品种特性、种植密度及养护技术。学成归来的王良生，立即引领 L 合作社成员进行土壤改良、杂草清除、施用基肥，并对合作社成员进行系统的栽培技术培训，为树莓种植基地的长远发展及吸纳当地农户就业打下了坚实的基础。此外，王良生及其胞弟王东升，积累了丰富的农产品运输与销售经验。特别是王东升，他长年在东南亚以及广东、四川等地从事香蕉、粉蕉等水果贸易，对现代农业生产活动的运作流程和规律有着深刻的理解。这些经验对 L 合作社在产品选择、经营理念以及业务拓展方面提供了极大的支持。两位具有现代职业农民特质的兄弟，凭借对市场的敏锐洞察力，积极引入国外的优质树莓品种，培育了黄树莓、黑树莓和红树莓等多种风味的树莓产品，以更好地迎合市场需求。此举不仅显著提升了 L 合作社的经济效益，也为当地贫困农户提供了广泛的可持续就业机会（图 2-7、图 2-8）。

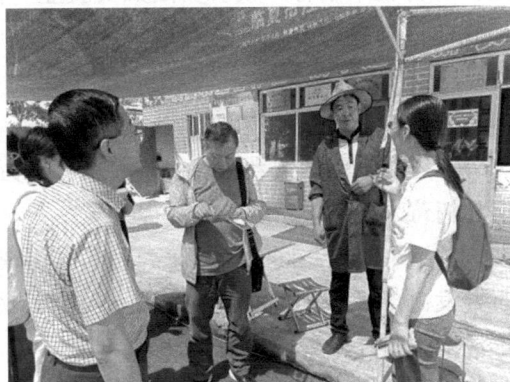

图 2-7　调研组参观调研 L 合作社　　　　图 2-8　L 合作社工作人员向调研组介绍
　　　　树莓采摘园　　　　　　　　　　　　　　合作社情况

　　此外，为了进一步发展和壮大树莓产业，L 合作社聘请了专业的财务人员，以确保资助资金的计划性、合理性和有效性。同时，合作社与中国林业科学院以及临夏州农业科学院的科研人员建立了稳固的长期合作关系，并组建了一个由这些专家构成的指导团队。该团队专注于对树莓的高效种植、保鲜储存以及深度加工技术进行系统的研究和开发。通过这些努力，L 合作社旨在增强科技实力，提升产品的附加值，拓展产业链，从而更有效地促进当地农户的就业和收入增长。

2. 资源潜力挖掘

　　L 合作社致力于提升江牌村土地利用效率和集体经济，但面临树莓产品同质化、核心竞争力不足的挑战。王良生和王东升凭借经验，调整策略，依托临夏州农业科学院的专业指导，深化树莓加工，推动产业链高效运作。合作社不仅销售新鲜树莓，还开发了冻干果、果酱、饮料等多样化产品，并成立鑫植源酒业加工厂，建立 300 米^2 树莓酒加工车间，配备先进设备，研发红树莓露酒。该产品已通过食品质量安全检测，完成备案登记，并获食品生产加工许可。结合临夏市旅游业发展，L 合作社构建特色小浆果采摘园区，成为休闲旅游目的地。

　　L 合作社通过产业融合，实现树莓绿色生产、精细加工与休闲采摘的整合，显著提升了产品附加值，为合作社及农户带来丰厚的经济收益和就业机会。树莓酒酿造作为新路径，有助于摆脱初级农产品依赖，提升产品价值。随着产业链拓展，L 合作社将吸引更多本地就业，激发农户内在动力，促进低收入群体收入增长，缓解老龄化、空心化及留守问题，巩固脱贫成效，实现脱贫攻坚与乡村振兴的有效对接。此举不仅增强了合作社的市场竞争力，也为江牌村的可持续发展奠定了坚实基础。

（三）风险分散

1. 多元参与规避风险

L 合作社的壮大与产业链深化预计将吸纳更多留守妇女，缓解社会问题，提升农户收入，促进和谐稳定。然而，合作社面临人力资源短缺风险，尤其在秋季树莓丰收时，加之邻近江牌村新平制香厂吸引贫困妇女就业，使劳动力供应更加紧张。同时，大规模种植树莓后，邻近高效智能化种植基地导致产品同质化严重，市场饱和，销售渠道受阻，缺乏竞争优势。

在进行实地考察的过程中，调研组得知，每逢树莓成熟季节，L 合作社除了雇佣本村劳动力外，还会吸引周边乡镇的农户前来参与劳动。合作社根据市场情况，实行了工资浮动制度，将树莓采摘的单价从 1.5 元提升至 5 元，旨在缓解因劳动力短缺而可能对合作社经营效益造成的不利影响。同时，鉴于产品同质化现象及潜在的市场销售障碍风险，L 合作社除了通过开发树莓果酱、树莓酒等产品来延伸产业链并提高产品附加值外，还采取了线上线下同步推进的策略，积极拓展销售渠道。此外，L 合作社聘请了相关领域的专家，对农业风险的种类和程度进行了详尽的评估。有效地协助合作社增强了对风险的识别与规避能力，确保了合作社能够充分发挥其在引领江牌村贫困农户实现稳定和持续增收方面的重要作用。

2. 上下资金缓解约束

L 合作社若欲实现持续且稳健的发展，必须确保充足的资金支持，因此妥善解决资金缺口显得尤为关键。对于 L 合作社而言，除了需承担员工薪酬、土地流转费用以及农业生产资料费用等高额固定开支外，还必须应对业务扩展及后续发展过程中所面临的资金限制问题。

在调研组进行实地考察的过程中，了解到 L 合作社的发展还得益于江牌村村集体的鼎力支持。2018 年，江牌村利用省管党费拨款中的 20 万元资金，成功建设了 40 座标准化拱棚。到了 2019 年，村集体将 36 座拱棚承包给临夏市 L 合作社进行经营，并与之签订了相关协议。2020 年，村集体从 L 合作社的收益中获得了 5.04 万元的分红。同年，村集体又将中央转移支付的 50 万元资金注入 L 合作社，从而确保了 3.25 万元的保底分红。显而易见，政府的扶持资金以及村集体的大力支持有效缓解了 L 合作社的资金压力，并且在客观上持续且稳定地增强了村集体自身的经济收益。此外，L 合作社还依托深度贫困区的金融扶贫政策优势，通过与金融机构的对接，成功获得了惠农贷款，并积极争取信贷扶贫资金，这在一定程度上缓解了其在生产、薪资发放以及进一步发展过程中所面临的资金缺口。综上所述，江牌村通过财政转移资金的扶持以及金融贷款，为 L 合作社的成立、发展和运营提供了主要的资金动力。内外部资金的有效整合和优化，为 L 合作社的长期发展消除了资金约束的风险。

五、可持续发展面临的难题

（一）劳动力缺乏，"用不起"与"用不上"同在

经分析和实地考察，随着 L 合作社的进一步发展，将面临显著的劳动力需求缺口，

此缺口主要体现在管理层和普通劳动力两个层面。首先，通过访谈得知，L合作社的管理层主要由家族成员构成，除财务人员由专业人员担任外，管理层结构较为松散，缺乏正规化和具备管理技能的专业人才。专业的、系统化的管理人才对于完善和提升L合作社的内部管理、决策制定以及利益联结等运行效率至关重要。其次，就江牌村的普通劳动力而言，一方面，由于树莓种植的季节性和间歇性特点，加之采摘和挑选树莓工作需在户外进行，面临自然环境的挑战，具有较高文化水平或职业技能的劳动力更倾向于外出就业。留在L合作社工作，他们将面临潜在的机会成本，如时间的浪费和等待工作的不稳定性，以及对单一村庄生活和缺乏竞争力的薪酬的不满。另一方面，留在江牌村的劳动力中，除了健康状况良好的妇女外，还包括许多老年人、习惯于闲散生活而不愿从事劳动的人员，以及缺乏农活技能的年轻人，这些人员在劳动力市场上难以发挥作用。综上所述，L合作社目前的劳动力供应渠道较为单一，无法持续提供稳定有效的劳动力，这不仅限制了合作社应对日常和农忙季节需求的能力，也对其产业链的进一步发展构成障碍，最终可能影响到合作社的可持续发展和当地农户的长期收益。

（二）单一的资金渠道，多元的资金需求

确保资金缺口得到妥善解决，对于L合作社的持续发展至关重要。根据调研组的调研和访谈结果，L合作社在发展过程中主要依赖单一的资金来源，包括政府转移的扶持资金以及当地金融机构的贷款，而通过企业家和农户入股等其他方式筹集的资金尚未得到充分利用。然而，政府转移资金的支持毕竟有限，金融贷款亦需依赖担保或社会关系网络。对于L合作社而言，除了需向江牌村村集体支付分红外，还需定期支付土地流转费用，同时，务工人员的工资也需按时发放。树莓果酱和酒饮的研发、生产与加工等众多领域均需资金投入。因此，在L合作社的发展壮大过程中，任何环节资金链的断裂均可能带来严重风险。通过企业家和农户入股、招商引资等多元化资金筹集方式，不仅有助于L合作社资金来源的多样化，降低风险，还能促进合作社借鉴外部先进的管理理念、方法和技术，加强当地农户与合作社之间的利益联结，推动社员权利与义务的明确化，并激发当地农户参与合作社生产与管理的积极性。由此可见，拓展资金渠道是L合作社未来发展中的紧迫任务。

（三）政府参与不足，合作社势单力薄

无可否认，当地政府在L合作社成立初期提供了资金和物资上的大力支持，这主要源于实现脱贫攻坚目标的客观需要。在与调研组进行访谈时，王良生说："合作社成员主要由本村建档立卡贫困户构成。"L合作社在吸纳成员时优先考虑本村贫困户，这体现了政府阶段性任务的明显特征。然而，随着脱贫攻坚任务的完成，L合作社所获得的关注度逐渐减少，对于其可持续发展的后续问题，政府的考虑似乎并不充分。具体而言，首先，缺乏有效的政策规划来帮助L合作社赢得更多当地农户的信任，并鼓励他们以土地、物资、资金和人力等多种形式积极参与，以及加强合作社与农户之间利益的联结；其次，在合作社产业发展链条的拓展过程中，关于资金筹集、技术支持和市场对接等方面的引导和激励政策不足，尤其缺少打破同质化、创建L合作社特色品牌的政策设计；最后，相较

于 L 合作社自身的宣传工作，政府通过网络、新闻媒体等渠道对合作社的宣传力度尚显不足。综上所述，在江牌村这样一个相对松散的环境中，若缺乏当地政府的领导和引导，仅凭 L 合作社自身小规模的经营，难以实现进一步的规模化发展。即便合作社在产业发展多样性和综合实力上有所提升，若没有政府的组织和整合，L 合作社可能会过度商业化，而无法充分发挥帮助农户增加收入、促进乡村发展的功能。

六、结论与政策启示

基于前述分析，本研究得出初步结论如下：

首先，合作社在引导原本深度贫困地区的农民逐步迈向规模化经营、提升农业生产效率方面发挥着关键作用，是实现农业现代化和乡村振兴的关键力量。

其次，合作社依托当地自然资源与生产条件，通过有效整合土地、资金、技术、市场等关键要素，并联合村庄内外的资源，推动了现代农业的发展，并助力农民实现增收致富。

最后，应根据实际情况选择适合的合作社发展模式，综合考虑当地合作社的运营机制、参与农户的基本特征以及社会环境等因素，以促进合作社的高质量发展，并进一步推动农户的收入增长。

本研究所阐述的政策意涵如下：

首先，对于合作层次较低、基础条件较为薄弱的合作社，应重点提供指导与扶持，助力其构建和完善合作经营体系，并鼓励其走向股份合作的道路，以增强合作社的经营效能，提升发展水平。

其次，应促进合作社产业发展的纵向深化与横向扩展，依托自身资源特色，以特色农业产业项目为核心，打造多元业态融合的产业布局，从而更有效地回馈农户。

再次，应建立一个完善的多方参与的人才培养体系，培养一批热爱农业、精通技术、擅长管理的合作社领导者，这对于提升合作社服务农户的能力，实现成员农户增收目标至关重要。

最后，通过鼓励农户入股、建立风险保障机制等措施，巩固合作社与成员农户之间的利益纽带，形成监督合作社执行各项制度和保障社员利益的良性互动机制。

参考文献

贺雪峰，2023.《从深度贫困迈向乡村振兴："三区三州"样本》书评 [J]. 中南民族大学学报（人文社会科学版）（9）：189.

黄博，2020. 乡村振兴战略下农民专业合作社的发展路径研究 [J]. 经济体制改革（5）：73-79.

黄建红，2023. "红三角"内源式发展：革命老区乡村振兴的衡山案例研究 [J]. 中国农村观察（3）：125-141.

黄祖辉，扶玉枝，徐旭初，2011. 农民专业合作社的效率及其影响因素分析 [J]. 中国农村经济（7）：4-13，62.

黄祖辉，张淑萍，2022. 中国共同富裕发展的时代背景与"提低"路径［J］. 江苏大学学报（社会科学版）（4）：1-7，34.

贾俊民，2009. 改革开放以来我国农民合作经济组织研究路径述评［J］. 教学与研究（9）：85-90.

李莉，2015. 欠发达地区农民专业合作社培育情况及发展对策：以青海省西宁市为例［J］. 农业开发与装备（10）：11-12.

廖理平，2021. 遂溪县农民专业合作社发展对策研究［D］. 湛江：广东海洋大学.

刘伟，吴兵兵，2023. 外部嵌入与内生赋能：乡村振兴背景下驻村帮扶的路径选择：基于贵州 M 村的案例研究［J］. 云南行政学院学报（2）：58-67，2.

吕唯因，2016. 农民专业合作社促农增收效果及影响因素研究［D］. 重庆：西南大学.

马海龙，杨玟玟，2023. 新内生发展理论视阈下乡村特色产业发展的动力整合：以东北地区 J 村木耳产业为例［J］. 原生态民族文化学刊（4）：64-77，154-155.

彭小兵，彭洋，2021. "参与—反馈—响应"行动逻辑下乡村振兴内生动力发展路径研究：以陕西省礼泉县袁家村为例［J］. 农林经济管理学报（3）：420-428.

孙春，2020. 合作社引领探路乡村振兴：基于凤凰毛竹合作社的调查研究［J］. 调研世界（9）：61-64.

唐鲜，2022. 社会组织参与乡村振兴的路径探究［D］. 重庆：重庆工商大学.

田毅鹏，金蓝青，2022. 新内生发展视域下乡镇教育的县域发展联动效应：以皖西 M 镇为例［J］. 求索（4）：143-152.

王辉，金子健，2022. 新型农村集体经济组织的自主治理和社会连带机制：浙江何斯路村草根休闲合作社案例分析［J］. 中国农村经济（7）：18-37.

文军，刘雨航，2022. 迈向新内生时代：乡村振兴的内生发展困境及其应对［J］. 贵州社会科学（5）：142-149.

吴越菲，2022. 内生还是外生：农村社会的"发展二元论"及其破解［J］. 求索（4）：161-168.

杨丹，程丹，邓明艳，2023. 从全面脱贫到乡村振兴：合作社的跨期贫困治理逻辑：基于是否脱贫摘帽区的多案例比较分析［J］. 农业经济问题（8）：60-72.

杨慧莲，韩旭东，李艳，等，2018. "小、散、乱"的农村如何实现乡村振兴？基于贵州省六盘水市舍烹村案例［J］. 中国软科学（11）：148-162.

袁俊林，聂凤英，2022. 农民合作社减贫、增收效应与异质性分析：基于中国西部贫困地区农户调研数据［J］. 中国农业资源与区划（2）：90-101.

张佳丽，2018. 合作社助推乡村振兴策略研究［D］. 郑州：河南农业大学.

张行发，徐虹，张妍，2021. 从脱贫攻坚到乡村振兴：新内生发展理论视角——以贵州省 Y 县为案例［J］. 当代经济管理（10）：31-39.

Pineiro V，Martinez G V，Melia M E，et al.，2021. Drivers of joint cropland management strategies in agri-food cooperatives［J］. Journal of Rural Studies（84）：162-173.

Yi F Z，Quan Z L，Chun F Y，et al.，2023. Cooperative membership, service provision, and the adoption of green control techniques［J］. Evidence from China. Journal of Cleaner Production（384）：135462.

Yu L，Chen C，Niu Z，et al.，2021. Risk aversion, cooperative membership and the adoption of green control techniques：evidence from China［J］. Journal of Cleaner Production（279）：123288.

资源、参与及认同：农村互助养老服务模式研究
——以甘肃省临夏回族自治州临夏市折桥镇大庄村幸福食堂为例

一、问题的提出

党的二十大报告指出，"全面建设社会主义现代化国家，最艰巨最繁重的任务仍然在农村"。随着城市化进程加快，农村家庭普遍面临城乡分割的局面。大量农村青壮年劳动力涌入城市，推动了城市化发展，但也加剧了农村人口老龄化，导致农村老年人口比例高于城镇。这种分割现象引发了留守老人和空巢老人的养老难题，尤其是因子女外出务工导致的生活照料和精神关怀缺失。养老问题不仅关乎老人的福祉，也是衡量社会治理和文明进步的重要标志，成为各地亟待解决的社会挑战。

临夏市位于中国扶贫战略重点关注的"三区三州"深度贫困地区，其贫困治理具有代表性和典型性。在脱贫攻坚与乡村振兴衔接的关键时期，农牧民群体集体面临着严峻的养老挑战。2023年7月，调研组对甘肃省临夏回族自治州临夏市进行田野调查，发现该地创新性地采用"公益＋福利"模式建设幸福食堂，精准对接农村老人的养老需求，显著提升了他们的生活品质和幸福感，同时释放了农村青壮年劳动力，促进了经济发展。临夏市的做法为农村互助养老模式探索出了一条有效路径，为同类地区提供了宝贵经验。

二、文献回顾与分析框架

（一）文献回顾

综合考量我国当前的农村经济格局、互助文化传统以及日益增长的养老需求，在农村地区发展特色鲜明的互助养老模式，已逐渐成为政府决策与学术研究的广泛共识。互助养老模式结合了正式养老体系和非正式家庭照顾，其核心原则是"自助即互助"。该模式通过动员身体条件较好的老年人积极帮助健康状况较差的老年人，建立代与代之间的互动关怀和支持网络，从而实现老年人的适当照料。在新时代背景下，面对中国人口老龄化加速的趋势以及农村深化改革的发展要求，基于新时代中国人口老龄化趋势和农村发展改革方向，将互助型农村养老模式积极应对人口老龄化战略与乡村振兴战略的整体框架之中，已成为推动农村可持续发展、提升老年人福祉的关键举措之一。这一策略的实施，将为农村养老问题的解决提供新思路、新路径，助力构建更加和谐、包容的农村社会。

在农村基层自发组织和政府部门的共同推动下，各地农村积极探索互助养老的可行途径，形成了多种创新形式。2008年，河北省邯郸市肥乡区率先开创了"互助幸福院"的先河，随后这一模式被多地广泛借鉴与拓展，形成了独具特色的肥乡互助养老模式。2010年，陕西省榆林市府谷县创新性地实施了志愿者、服务者与老年受助者结对帮扶项目，构建了温馨的邻里互助体系，以满足农村老年群体的多样化生活需求。2013年，湖北省武汉市进一步深化互助养老模式，构建了涵盖多年龄段志愿者及社会组织参与的综合性运行

机制，不仅提供日常照料与精神慰藉，还引入了"时间银行"机制，鼓励低龄老人服务高龄老人，实现互助养老的可持续循环。青岛市 S 区通过设立互助养老点，并统一配置娱乐休闲设施，如麻将桌、书籍等，推行"据点互助"模式，为老年人提供了集中而丰富的养老服务体验。十余年来，农村互助养老的探索过程中诞生了诸多特色鲜明的互助养老模式，如基于地缘和血缘的"亲友邻里互助"，依托"时间储蓄"为载体的"轻老互助"，不同辈分群体之间"拟家庭式互助"，社会团体组织为依托的"精英老年人"与"大众老年人"之间的互助，男女老年人"搭伴养老"等。从技术层面来看，这些模式大致可归纳为志愿服务、低酬服务以及"时间银行"三类。它们极大地丰富了新时代农村互助养老的实践内涵，为构建更加和谐、可持续的农村养老体系提供了宝贵的经验与启示。

互助养老模式作为一种创新的养老方式，融合了传统家庭养老和现代社会养老的优点，特别适用于地缘和血缘关系紧密的农村地区，展现出明显的优势。这一模式符合农村老年群体的实际需求，已经成为各地探索的重点方向。近年，各地政府积极推动"幸福食堂"这一居家养老的重要民生工程，最初在沿海经济发达地区取得了显著进展，并逐步向农村地区推广。它有效解决了独居和高龄老人面临的餐饮问题，并且在社会上产生了广泛的示范效应，激发了各地政府的响应和试点探索。"幸福食堂"养老模式不仅是政府的一项惠民政策，也是提升老年人生活质量的重要措施。然而，在实施过程中仍面临成本效益、服务质量、社会定位以及享受服务对象等问题。此外，项目的发展仍不成熟，存在组织化程度低、法律保障缺乏等制约因素，影响了其长期发展。

现有文献针对我国农村老龄化背景下的养老问题及互助养老模式进行了深入探讨，然而，已有研究在广度和深度上仍存在一定的局限性。在实践中，互助养老处于探索和试点阶段，其可持续发展路径尚未达成广泛共识，缺乏一套明确且统一的指导方针。此外，鉴于我国地域辽阔，农村地区的资源条件、经济基础及文化习俗千差万别，这对互助养老模式的推广与实施构成了不小的挑战。尤为值得注意的是，对于原贫困地区而言，政府资源有限，公共服务的供给难以满足广泛需求，针对这些地区在互助养老研究，特别是"幸福食堂"这一新兴养老模式上的实践探索与经验分享，目前还较少。"幸福食堂"作为一种创新的养老服务模式，其潜力与价值尚未得到充分发掘，亟须挖掘出一批成功的典型案例，以资借鉴与推广。

（二）理论分析框架

1. 新内生发展理论的提出

随着工业化和城市化的加速，乡村面临空心化和边缘化的挑战。为应对这一问题，发达国家和发展中国家纷纷通过政策干预，试图通过外部资源注入来激活农村经济。然而，这种自上而下的外生性发展模式过度依赖政府补贴和决策，虽然短期内促进了农业生产，却未能关注乡村社会整体发展、农民福祉的提升以及乡村文化和环境的独特性。因此，这种模式带来的繁荣往往短暂，甚至加剧了乡村的衰退。为从根本上扭转这一局面，20 世纪 70 年代末，瑞典 Dag Hammarskjöld 财团在其报告中首次正式提出了"内生式发展"的概念，这一理念迅速引起了广泛关注并被应用于实践之中。与外生性发展模式截然不同，内生发展强调自下而上的转型路径，将地方与社区置于农村发展的主导地位，发挥其核心作用，成为推动发展的核心力量。这一模式重视地方对发展策略的自主选择权，对发展进程的掌控权，以及对发展成果的分享权。内生式发展模式激发了乡村内部的潜力与活力，增强社区凝聚力，积累了本土社区智慧与经验，增强了农村发展的内生动力，从而构建起农村自我驱动、持续发展的内生动力机制。然而，值得注意的是，虽然内生发展理论在资源禀赋较好的地区展现出了强大的生命力与优越性，但对于资源相对匮乏、经济基础薄弱的欠发达地区而言，其效果并不显著。因此，在推动农村内生发展的过程中，还需结合地区实际情况，探索多元化、差异化的发展路径。

为克服外生发展与内生发展模式的局限性，学术界在乡村发展领域持续深耕、积极探索。2000年，Ray正式提出了新内生发展理论，主张平衡和整合特定区域的内部和外部资源，挖掘并利用本土优势来吸引并获取外部支持，进而将一切潜在要素、最大限度转化为地方发展和建设的动力。新内生发展理论不仅坚守了地方参与和本土资源的基础性原则，还进一步强调了地方与其外部环境之间动态、互动的关系。在采用传统内生发展理论对本土价值和内部资源重视的基础上，新内生发展理论开辟了一个全新的视角。不仅强调利用本土资源和特色，还特别倡导社会创新，致力于构建广泛而紧密的联系网络，以此来弥补单一依赖本土资源带来的局限性。同时，该理论高度关注外来移民在身份认同、知识积累和技能传授等方面的贡献，将这些积极元素融入发展策略之中，从而实现与原有内生发展理念的差异化和互补。

2. 新内生发展理论的应用

新内生发展理论融合了内生发展中强调的"自我驱动、资源内挖"的核心理念与外生发展中"整合资源、社会赋能"的先进思想，重新构建了乡村发展的整体框架与路径。这一创新理论不仅深化了对乡村发展内生动力的理解，还拓宽了借助外部力量激活乡村社会活力的视野。近年，众多国内学者纷纷将新内生发展理论引入中国乡村发展的理论与实践探索中，旨在结合中国国情，探索出一条独具特色的乡村新内生发展之路，以期为乡村新内生发展的中国道路提供理论和实践借鉴。

新内生发展理论深刻阐释了发展应以地域为根基，尤为注重当地人的需求、能力和观点，基于我国国情，农村社会养老保障体系构建的核心在于政府的引导与推动，这一主导角色构成了制度稳固的基石。然而，在压力型治理模式下，政府主导的互助养老模式面临诸多挑战，如政策执行的选择性偏差、对硬件设施如养老院的过度偏重，以及乡村层面可能出现的敷衍应对等短期行为。此外，老年人多元化需求与服务供给不足之间的鸿沟、传统观念束缚与认知局限，以及政策空白与资金短缺等难题，均严重制约了农村互助养老模式的健康发展。为有效应对农村互助养老模式的上述困境，亟须引入新内生发展理论作为指导方针，促进该模式实现内外部资源的深度融合与协调运作。新内生发展理论的优势在于，能引导国家层面发挥积极的催化作用，同时激发地方行动者的自主性与创造力，促使他们与外部支持力量形成紧密的网络联结。在此基础上，通过深入挖掘并利用地方优势的竞争力，让地方资源的价值最大化，从而构建出一个既符合农村实际又充满活力的互助养老生态系统。这一过程不仅能够缓解供需矛盾，还能促进传统观念的转变与认知的提升，为农村互助养老的可持续发展奠定坚实的基础。

农村内生发展的核心三要素为资源、认同和参与，这三要素在发展过程中相互作用、互为支撑，成为一个相互连接的整体，共同构成农村内生发展的根基。本研究旨在通过深入剖析甘肃省临夏回族自治州临夏市折桥镇大庄村"幸福食堂"这一实践案例，从"资源—认同—参与"三个核心方面系统解析其互助养老模式的内在逻辑。在此基础上，本研究基于新内生发展理论视角，提炼大庄村"幸福食堂"项目的核心经验，探索农村互助养老的有效模式，以期能够推进乡村治理现代化。此举不仅有助于丰富农村养老服务的理论内涵，更为推动乡村治理现代化进程贡献实践智慧与力量。

三、案例选取与案例呈现

大庄村，古称金家大庄，位于临夏市折桥镇，地理位置优越，与多个村落及临夏县相邻，是回汉两族和谐共处的典范。在脱贫攻坚与乡村振兴衔接期间，大庄村依托自然条件优势，通过组织技术培训、实施个人经营和种植、养殖帮扶措施，成功种植了多种农作物，取得了显著成果。2022 年，该村集体经济收入大幅增长至 23 万余元，体现了扶贫工作的成效。临夏市益盛无公害蔬菜种植农民专业合作社荣获"全省脱贫攻坚先进集体"称号。为巩固脱贫成果，大庄村构建了精细化的帮扶体系，村两委精心策划技术培训项目，旨在提升村民自我发展能力，为大庄村的长远发展奠定坚实基础。

在深化社会治理方面，大庄村积极探索创新路径。2022 年 3 月，响应临夏州委、临夏市委号召，大庄村作为先锋启动"未来乡村"计划，旨在构建集多样化服务于一体的综合服务中心，以满足农村老年人需求。该计划的重要组成部分是创办"幸福食堂"，它精准对接了农村留守老人、残疾人及特困群体的就餐需求，并成为村民社交新空间。这一举措不仅变革了传统养老模式，也是大庄村在乡村振兴中推动社会治理创新的一次实践，解决了特定群体的实际困难，促进了邻里和谐，搭建了参与乡村治理的新桥梁。

在脱贫攻坚与乡村振兴衔接阶段，大庄村凭借地理优势与努力成功脱贫。本研究以大庄村"幸福食堂"为例，该项目不仅是餐饮空间，更是社交中心与情感交流场所，具有深远社会意义。幸福食堂解决了村民尤其是老年人与特殊群体的就餐问题，构建了紧密的人际网络，促进了邻里之间的了解与友谊，成为社会治理创新与乡村振兴的窗口。大庄村通过此实践，将社会治理与乡村振兴目标融合，展现了农村社区改善民生、促进和谐的探索，预示了乡村发展的新方向。

四、案例实践：大庄村"幸福食堂"互助养老模式的形成

（一）创立阶段：养老从一口热乎饭开始

1. 需求表达

随着城镇化加速，大庄村老龄化趋势显著，多数老年人依赖传统养老模式，面临孤独感、慢性疾病和饮食不均衡等问题。农村饮食条件受交通不便和经济水平限制，加之家庭

结构变化导致子女外出务工，老人常处于独居或空巢状态，缺乏照料与慰藉。大庄村村民强烈渴望建立健全农村养老体系，以满足老年人在物质（如安全舒适的居住条件、改善饮食质量）与精神层面（如加强亲情、友情纽带）的多元需求。这反映了村民对互助服务与幸福生活的向往，也揭示了农村养老问题的复杂性与紧迫性，特别是对集饮食供给与情感交流功能于一体的场所的迫切需求。

2. 政策引领

为满足农村老人的情感需求，并有效应对高龄、孤寡、独居、空巢老年人以及重病患者、孤儿、重度残疾人等特殊困难群体面临的"吃饭难"问题，大庄村积极响应国家乡村振兴战略的号召，深入贯彻全省"结对帮扶·爱心甘肃"工程的大会精神，聚焦"一老一少一困"群体的迫切需求。2023年3月，按照州委、市委工作要求，临夏市启动"未来乡村"建设，在州委、市委的坚强领导下，大庄村作为"未来乡村"计划的首批试点之一，开始了"摸着石头过河"的探索与实践之路，承担起了示范引领的重要角色。

3. 资源投入

（1）场地选址。大庄村的"幸福食堂"，坐落于村党支部与村委会的左侧。其前身是大庄村幼儿园，经精心规划与改建后投入使用。大庄村村两委在选址时，秉持着便捷性与实用性并重的原则，细致考量了道路交通、水源供应及电力配置等基础设施条件，最终决定将食堂安置于老年人活动频繁、便于聚集的党支部近旁。食堂划分为两大功能区，即配餐区与就餐区，分别由两间相通的房屋组成，总面积约120米^2，空间布局合理，可容纳30位老人同时用餐。平房建筑结构稳固坚实，严格遵循防火安全规范，为老人们的饮食安全筑起坚实防线。装修设计上，幸福食堂更是别出心裁，追求温馨、宽敞与明亮的视觉效果，同时确保室内通风流畅，为老人们打造了一个既舒适又健康的用餐环境。

（2）资金来源。经过深入调研，大庄村"幸福食堂"是一项非营利性公益项目，积极响应了临夏回族自治州委和临夏市委的工作部署。食堂的启动资金由政府投资，主要用于装修升级及基础设施采购，如冰箱、集成灶、餐具、桌椅等，且基础设施的质量和品牌由村委严格把关。在食堂筹备阶段，村委会通过宣传活动向村民们阐述食堂的重要性，激发了村民的参与热情。在党支部的带领下，许多村民自愿参与，以无偿服务的形式为食堂建设贡献力量。为确保食品质量和安全，食堂设立了专业的采购团队，严格挑选食材，并实施质量控制。同时，食堂的资金来源不仅依赖政府支持和村集体拨款，还吸纳社会爱心人士和组织捐款，并鼓励有能力的老人适当分担费用，形成了多元化的资金筹集渠道，有效减轻了运营压力，确保了食堂的可持续发展。

（二）探索（运营）阶段："幸福食堂"飘出幸福味

1. 基础设施建设

截至目前，大庄村"幸福食堂"已全面完善了其基础设施，囊括了橱柜、厨具、餐具、餐桌椅、冰箱，以及燃气水电系统，确保一切运作顺畅。餐厅区域内，还特别安装了智能电视机，播放新闻联播等节目，旨在为老年人打造一个既温馨又信息畅通的用餐环境。大庄村"幸福食堂"高度重视卫生与健康，还配备有相应的卫生设施，如消毒柜、洗手池、卫生间等，以保证老人们的卫生和健康。此外，食堂周边还规划了多样化的休闲活动区域，包括棋牌室、共享书屋、星空露天影院、室内健身房以及部分室外健身设施，鼓励老年人积极参与体育锻炼，增强体质，享受健康晚年。总之，大庄村"幸福食堂"不仅为老年人提供了一个安心就餐的场所，更是一个集情感交流、缓解孤独、休闲娱乐、身心健康促进于一体的综合性服务空间，全方位满足老年人多样化的生活需求，让他们的晚年生活更加丰富多彩，充满幸福感。

2. 组织结构管理

大庄村"幸福食堂"作为政府投资引领的民生工程，其运营和维护由村部管理，组织结构包括三个主要部分：一是管理层，由临夏市政府部门和大庄村两委共同组成，负责项目的规划、监督和管理，确保食堂的发展和政策实施，提供必要的支持与指导。二是执行层，在村党委书记的领导下，由党支部成员组成，负责日常运营、协调和服务质量的监督，确保食堂运作顺畅。三是服务团队与志愿者，包括村部聘请的厨师和其他服务人员，厨师的工资由政府与村部共同承担，负责为老人提供餐食。其他服务人员则是来自村里的热心居民，志愿者们根据本土文化和习俗，提供个性化的服务，让老人感受到家的温暖和社区的关怀。这种管理模式充分利用了村内的人力资源，降低了运营成本，并通过本土化的服务提升了满意度，使大庄村"幸福食堂"成为老人们心中的幸福港湾（图2-9、图2-10）。

图2-9　调研组参观调研大庄村村委会

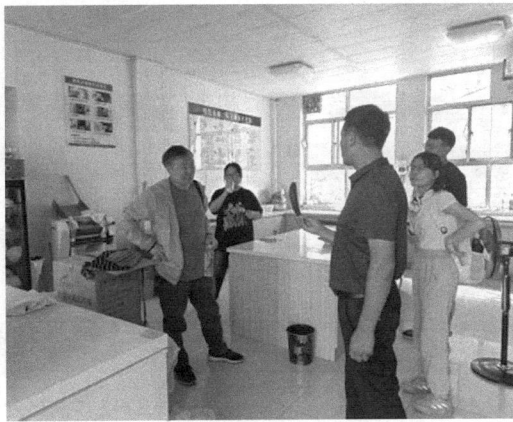

图2-10　工作人员向调研组介绍"幸福食堂"基础设施

3. 服务提供

大庄村"幸福食堂"的创立，旨在打造一个温馨、惬意的餐饮空间，专为农村长辈们量身定制，以全面满足他们对健康饮食的现实需求。"幸福食堂"致力于提供多样化、营养均衡的餐食选择，让大庄村的老年群体能够享受多样化、营养均衡的餐饮服务。作为主要服务项目，大庄村"幸福食堂"尤为关注孤寡老人、留守老人及贫困户老人的生活状况，通过提供精心准备的午餐与晚餐，有效缓解了农村老年群体面临的"吃饭难"问题。

根据临夏市当地的饮食习惯及老年群体的用餐偏好等，"幸福食堂"为其提供营养合理、安全卫生的膳食，这是大庄村"幸福食堂"的主要工作内容。为此，食堂聘请了专业的厨师，按照规定的菜单，每天为老年人提供午餐和晚餐。大庄村"幸福食堂"实行人性化收费标准：80岁以上的老年人可享受免费就餐的优待，60岁以上的老年人、留守儿童、残疾人等特殊困难人群则仅需支付每餐3元的象征性费用，这一举措真正解决了大庄村老年人群体的就餐难题。

（三）创新阶段："幸福食堂"＋多种养老服务

"幸福食堂"并非孤立存在，它的设立不仅是为了解决特殊困难群体的饮食问题，更是为引导村庄与村民共同应对老龄化社会的挑战，深化对老年人的关爱与呵护，推动村庄的和谐稳定发展。在临夏市政府与大庄村村委的规划下，"幸福食堂"已转型为未来乡村综合服务中心，集多元化服务与多功能室于一体，满足老年群体饮食及精神文化需求。该中心体现人文关怀与社区融合理念，构建全方位服务平台，促进乡村和谐共生。共享书屋与"小红星"公益课堂为老年人提供学习与交流空间，丰富其精神世界；邻里生活馆与康养暖心驿站则提升功能性与实用性，满足休闲娱乐、健康管理等多样化需求。这些设施的合理布局与运营时间设置，促进村民互动交流，增进邻里友谊与信任，为就餐老人打造集餐饮、娱乐、学习、健康于一体的全方位生活体验空间，推动大庄村向更加公平、包容、可持续的乡村社会发展（图2-11）。

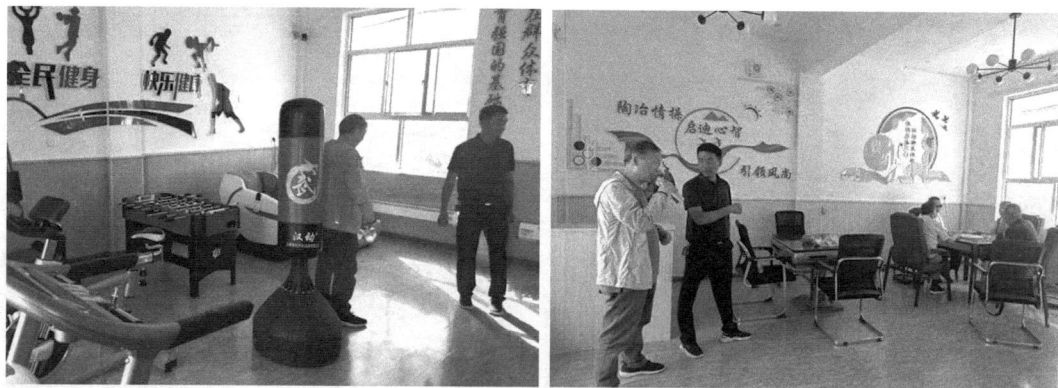

图2-11 "幸福食堂"多样化的服务设施

五、案例分析：农村互助养老"幸福食堂"服务模式的实践逻辑

（一）资源：协同内生发展的地方与超地方力量

农村内生发展的关键在于有效整合内部和外部资源，实现两者的和谐共生与互补。内部资源依托地方的禀赋和优势，外部资源则来自政府政策支持、社会组织和各界的帮助。通过这种地方与超地方之间的协同，能够结合内生动力与外部支持，推动农村经济持续增长和社会进步。

为实现这一目标，需要调动政府、村集体和社会组织等各方力量，整合土地、资金和人力等关键资源，提高资源使用效率。在农村"幸福食堂"的建设中，必须考虑当地的实际需求，制定详细的规划和实施方案。同时，要探索多元化的融资渠道，确保项目资金稳定充足。通过优化运营、提升服务质量和加强社区参与，确保"幸福食堂"长期稳定运营，为农村居民提供优质餐饮服务，增强社区凝聚力与幸福感。

1. 内部资源

在农村内生发展中，大庄村依托地方特色资源，利用其独特优势为可持续发展奠定坚实基础。凭借肥沃土壤、丰富劳动力和广阔耕地（864 亩），大庄村在脱贫攻坚中利用气候条件，实施技术培训，通过个体经营、种植养殖帮扶等策略，在农作物种植上取得显著成就。村两委与政府合作组建合作社，实现种植多样化，经济显著提升。此外，大庄村党支部投资改建村级办公场所，引入现代设施，提升工作效率。目前，集体经济运转良好，村民生活水平提高，通过捐赠与服务支持"幸福食堂"的可持续发展，确保其为老人提供高质量、低成本餐饮服务，实现老有所养的美好愿景。

2. 外部资源

在地方内生发展的过程中，超地方因素往往成为催化因素，为地方资源的深度挖掘与高效利用提供了重要助力。这一过程远非孤立，而是紧密依托于国家政策的宏观引领与全方位支持，同时汇聚了社会各界力量的积极参与与协同合作。这种多方力量的融合与互动，不仅促进了地方资源价值的最大化释放，还强有力地推动了地方经济的稳步增长与社会的全面进步。

针对农村人口老龄化日益凸显的挑战，政府的主导地位在农村社会养老保障体系的构建中显得尤为关键。农村互助养老模式作为国家层面的重要战略部署，正逐步成为应对老龄化问题的有效路径。临夏市政府敏锐洞察此趋势，积极响应国家号召，开启了"未来乡村"计划，以"党建引领、暖心托管，幸福邻里、美丽大庄"为建设主线，旨在通过政府强有力的领导与资金支持，全方位、多角度地推进乡村建设与发展。大庄村"幸福食堂"作为该计划中的一项重要民生工程，其非营利的公益性质在初建阶段便得到了政府的资金支持与建设用地的精心规划。此外，食堂的基础设施建设，如桌椅、厨房用具等，还获得了来自社会各界组织的慷慨捐赠，这些超地方因素的汇聚，共同为大庄村"幸福食堂"的顺利落成与运营奠定了坚实基础。

（二）参与：构建内生发展动力的核心纽带与催化剂

农村内生发展是一个深度参与过程，核心在于地方居民积极多元表达利益诉求，并通过持续参与决策与反馈，实质性影响决策过程。此过程中，村民广泛参与不仅是利益表达与权利实现的机制，也是展现与增强内在潜力与能力的关键，体现了新内生发展理论的精神。村民应主动融入乡村发展的决策、规划、建设与管理，并作为监督者，确保发展既符合长远目标，又源于乡村内源动力。"幸福食堂"互助养老模式的可持续运行植根于村民的高度自治自觉与村庄出色的自治能力。该模式的构建非单纯依赖政府指令，而是依赖于村委会与老年村民的紧密配合与协同运作。大庄村村党支部在贯彻上级政策的同时，优化资源配置，科学规划与建设，为老年人创造了温馨的用餐环境。村民的积极参与是推动该模式成功的关键。面对农村空心化挑战，临夏市创新推出掌上智慧农村小程序，实施线上村民知情大会，拓宽了村民参与渠道，增强了村务讨论的活力。在构建"幸福食堂"的过程中，大庄村村委结合线上线下互动方式，宣讲政策并了解老人状况，就相关方面作出承诺。随着食堂步入正轨，村民们通过捐赠物资、提供志愿服务、履行监督职责等行动，践行"幸福共创、共建共享"理念，共同促进食堂的成长与优化。

（三）认同：塑造内生发展的精神动力

认同，作为农村内生发展的精神引擎，无疑为乡村的持续发展注入了强大的内在动力。这种认同不仅唤醒了地方居民对本土的深厚情感与归属意识，还极大地激发了他们的文化自觉与认同感，为村民之间构建起一条坚实的心理纽带，这种心理纽带的强化，进一步凸显了村民的主体性，并激发了他们积极投身乡村建设、贡献个人力量的参与热情。在对大庄村"幸福食堂"的深入调研中发现，这种认同具体体现在以下两个方面。

1. 对互助文化的认同

大庄村承载着敬老孝老的家风与和谐的邻里关系，其深厚的地缘与血缘联系促进了村民社会共同体意识的构建，形成互助与支持的文化氛围。这种文化强调相互关怀、共同责任与担当，使老年群体在社区中获得尊重、关爱与尊严，避免了传统养老模式中的孤独与被忽视问题。"幸福食堂"互助养老模式继承并发扬了这一文化精髓，认识到地缘文化与熟人社会在解决农村养老问题中的独特价值。地缘文化提供了思想文化基础，熟人社会则提供了人际关系资源。通过"幸福食堂"平台，大庄村将地缘文化的温暖与熟人社会的紧密联系转化为养老服务资源。村民的志愿服务、物资捐赠及低龄老人对高龄失能老人的帮助，展现了农村深厚的人情味与互助精神。"幸福食堂"的建设与运营强化了伦理基础，成为促进社区互动、增进情感交流的社会空间，加强了不同年龄层之间的沟通与理解。大庄村对互助文化的深刻认同，为"幸福食堂"的成功实施奠定了坚实基础，为社区和谐与团结注入了活力。

2. 对基层自治的认同

我国基层群众自治制度有效增强了农村社区的自治效能。大庄村村两委依靠强大的信任纽带和凝聚力，在脱贫攻坚中发挥了重要作用。他们通过高效整合村集体资源，推动经济增长，营造了和谐氛围。2022年，大庄村集体经济收入超过23万元，益盛无公害蔬菜种植农民专业合作社荣获"全省脱贫攻坚先进集体"称号，这提升了村干部的威望，为后续公共服务建设奠定了基础。面对留守老人的养老问题，村两委积极响应，争取政府支持，激发了村民参与。村民踊跃捐款、提出建议，表现出对村庄社会治理的热情。为确保"幸福食堂"顺利运营，村两委与村民和老年群体建立了契约关系，共同确保食品安全、质量控制和卫生管理。针对老年人食堂的安全需求，村两委制定了详细的安全措施与应急预案，确保应急情况下迅速响应。村两委与上级政府紧密合作，制定科学的建设和运营规划，合理配置资源，严格控制成本，鼓励村民参与管理与监督。这样不仅提升了"幸福食堂"的运营效率和服务质量，也增强了村民和老人对其的信任和满意度。大庄村"幸福食堂"的成功经验为解决农村留守老人养老问题提供了新思路，为推动农村社会治理创新和乡村振兴树立了典范（图 2-12）。

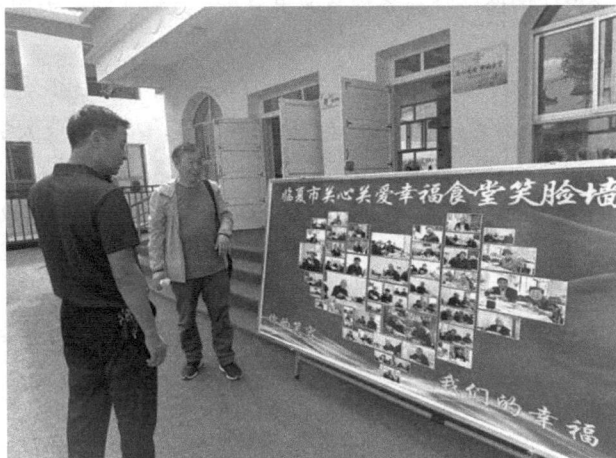

图 2-12　临夏市关心关爱幸福食堂笑脸墙

六、结论与经验总结

通过上述分析，本研究得出以下结论："幸福食堂"互助养老服务模式是一种新型的养老方式，重点关注老年人的核心需求，依托村集体力量，以互助合作为纽带，整合政府、集体、家庭等多方资源，提供低成本高效益的养老服务。该模式精准对接并满足了农村老年人从物质、精神到生活照料的多维需求。通过鼓励村民参与，增强社会认同，成功缓解了农村养老供需矛盾，提升了老年人福祉，促进了社区的和谐稳定，契合了农村经济发展和老年人口结构变化的趋势。这一模式的成功实践具有重要的学术和实践意义，值得进一步推广。

新内生发展理论强调创新乡村治理方式，激活本土资源，注重社会资本的作用，展示农村的优势。基于这一理论，本研究总结了三点关键经验：

第一，资源整合与优化配置。在挖掘本土资源的基础上，引入并整合外部资源，结合政府主导与市场机制，实现资源的和谐共生与利用最大化，为农村互助养老提供坚实基础。

第二，村民参与治理创新。推动现代治理理念和技术手段与村民参与机制结合，引导村民积极参与决策和管理，提升其主体地位和参与度。通过创新参与方式，激发村民积极性和创造力，形成共建共治共享的良性循环，为农村互助养老提供源源不断的动力。

第三，社会认同与文化建设。强化社会认同，注重其在推动农村互助养老中的重要作用。通过宣传教育，引导村民树立互助共享的价值观，营造浓厚的乡村互助文化氛围。同时，加强家庭和邻里之间的情感支持，构建多层次的养老支持体系。村两委要作为引领者和管理者，树立威信，服务民生，完善政策制度，加强合作与交流，及时回应村民需求，不断提升信任和满意度，推动农村互助养老事业的持续发展。

参考文献

高辰辰，2015. 互助养老模式的经济社会条件及效果分析：以河北肥乡为例 [J]. 河北学刊（3）：
223-226.

贺雪峰，2020. 互助养老：中国农村养老的出路 [J]. 南京农业大学学报（社会科学版）（5）：1-8.

刘妮娜，2019. 农村互助型社会养老：中国特色与发展路径 [J]. 华南农业大学学报（社会科学版）
（1）：121-131.

刘晓梅，乌晓琳，2018. 农村互助养老的实践经验与政策指向 [J]. 江汉论坛（1）：46-50.

马海龙，杨玟玟，2023. 新内生发展理论视阈下乡村特色产业发展的动力整合：以东北地区 J 村木耳产
业为例 [J]. 原生态民族文化学刊（4）：64-77，154-155.

邵静，2014. "小政府，大社会"视角下杭州市社区老年食堂创办中的政府职能转变 [J]. 特区经济
（8）：69-70.

王卉芸，2019. "据点互助"养老模式研究 [D]. 扬州：扬州大学.

吴越菲，2022. 内生还是外生：农村社会的"发展二元论"及其破解 [J]. 求索（4）：161-168.

习近平，2022. 高举中国特色社会主义伟大旗帜 为全面建设社会主义现代化国家而团结奋斗：在中国
共产党第二十次全国代表大会上的报告 [M]. 北京：人民出版社.

张文明，章志敏，2018. 资源·参与·认同：乡村振兴的内生发展逻辑与路径选择 [J]. 社会科学
（11）：75-85.

ATTERTON J，THOMPSON N，2010. University Engagement in Rural Development：A Case Study of
the Northern Rural Network [J]. Journal of Rural Community Development（3）：123-132.

BOSWORTH G，ANNIBAL I，Carroll T，et al.，2016. Empowering Local Action Through Neo-endog-
enous Development：The Case of LEADER in England [J]. Sociologia Ruralis（3）：427-449.

GKARTZIOS M，SCOTT M，2014. Placing Housing in Rural Development：Exogenous，Endogenous
and Neo-endogenous Approaches [J]. Sociologia Ruralis（3）：241-265.

RAY C，2001. Culture Economies，Centre for Rural Economy [M]. Newcastle：Newcastle Publishing
Company.

RAY C，2012. Culture Economics，Centre for Rural Economy，Newcastle University，Newcastle，Eng-
land，Research Report [EB/OL]. http://www. ncl. ac. uk/cre/publish/Books/CultureEconfinal. pdf.

SLEE B，PLOEG J D，LONG A，1994. Theoretical aspects of the study of endogenous development
[J]. Born from Within Practice & Perspectives of Endogenous Rural Development.

资源依托、外源反馈与弱散农户减贫增收
——基于新疆维吾尔自治区阿拉尔市 W 合作社的实践探索

一、引言

全方位推进乡村振兴战略，助力农村人口持续增收，最终在农村地区实现共同富裕，是目前党和国家的重要任务之一。为实现这一目标，壮大新型农业经营主体，为增加农民收入创造条件是必经之路。因此，农民专业合作社（以下简称"合作社"）作为一种新型

农业经营主体，借助其自然的益贫减贫效应，已逐渐成为乡村发展的关键手段，贡献于提高农业生产效率、带动农民增收。参考 2021 年 11 月底的数据，全国已达到依法登记 221.9 万家合作社的总规模，带动小农户超过 1 亿。

在小农经营的模式下，因为信息不流通、交易成本高、资金匮乏等问题，贫困的农户们很难跟市场接轨。合作社作为政府、其他市场参与者与农户之间的重要纽带，不仅能够借助规模经济和集聚效应，为农户提供合作互助、共享利益及共同抵御风险的机遇；同时，通过协调各方关系，合作社能够增强农户在生产、销售及融资等环节的信息对称性，进而促进农户收入的增长和农村生产率的提升。然而，合作社在管理、筹集资金、拓展新业务以及分配收益等方面遭遇了诸多挑战；尤其是在那些偏远且落后的地区，由于地理位置的偏僻和资源的匮乏，合作社的发展基础薄弱、合作水平较低、缺乏自有资金，同时合作社成员普遍缺乏专业知识。这些问题不仅阻碍了合作社的发展，也削弱了其帮助农民增收的能力。

为更好地帮助合作社稳定增加农户收入、巩固脱贫成果，并顺利过渡至乡村振兴，本研究基于规模经济和新内生发展理论，探讨合作社如何利用当地有利资源，积极吸引各方参与，推动产业发展与农户规模化生产。本研究从以下两个维度展开分析：首先，考察外部力量如何在合作社发展过程中参与其中，推动产业发展、策略调整及风险管理，并探讨其创新措施与思维模式；其次，分析合作社如何有效利用本地资源，激发地区发展潜力，及其意义与价值。本研究旨在为合作社带领贫困农户增收、促进脱贫攻坚与乡村振兴的有效衔接提供可借鉴、可复制的经验，同时为相关领域的研究开辟新的视角和思路。通过案例分析，进一步探讨推动合作社可持续发展的关键要素与有利环境。

二、文献回顾与理论框架

(一) 文献回顾

当前，学者们针对合作社的研究主要集中在以下几个方面：为何要发展合作社、合作社的目标与原则、合作社如何助力农民增收以及合作社在欠发达地区如何发展。从发展的必要性来看，农业发展的新趋势，如规模化、专业化和商业化，使得合作社这种新型农业经营方式显得尤为必要。合作社能够在不改变农民土地所有权的前提下，通过集体管理农田，利用规模经济和更专业的管理方法降低成本，从而帮助农民提高收入。合作社旨在提升农民的经济收入，促进共同富裕。通过有效利用本地区的自然资源和耕作条件，合作社整合土地、资金和技术等资源，促进小农户之间的互助合作，实现规模化生产。这不仅提高了农产品的质量，增强了市场竞争力，还推动了农业现代化进程，从而帮助农民增加收入，提高生活质量。为保障合作社的蓬勃发展，必须坚持三个关键原则：首先，应确保农民自主参与合作社的经营与管理，并享受其带来的利益，通过自愿联合，实现民主决策，共同分享合作社的成果；其次，合作社应遵循市场导向，让市场机制决定资源的分配方式；最后，必须持续进行创新与改革，营造合作社健康成长的环境，淘汰那些效率低下、缺乏活力的合作社，根据各地的具体情况振兴合作社，赋予其持续发展的能力。

基于合作社促农增收的途径，从两个方面展开论述。第一，合作社将个体农户组织起来，共同开展大规模生产。通过这种方式，农户集体采购种子、化肥，或共同销售农产品，能够享受更优惠的价格，并减少市场奔波次数，从而节约成本。第二，合作社依托当地的自然资源和生产条件，发展适合本土的特色产业，并通过与外部社会网络的联系，为农户提供就业机会和增收动力。

基于合作社助户增收的效果，亦可从两个视角来梳理。首先，从合作社的视角来看，农民的收益水平取决于合作社的发展阶段及其管理方式。其次，从农民的视角来看，参与合作社能够显著提升经济条件较差和教育水平较低的农民的收入水平，这主要是因为合作社提供了更多学习技能和就业的机会，从而有助于提升他们的技能水平和工资收入。在欠发达地区，由于农业生产经营分散、交易成本高、农产品流通不畅，农业结构优化和经营效益提高面临挑战。合作社作为推动农业规模化经营、提高生产效率、实现农业现代化和乡村振兴的重要载体，对农民具有关键作用。政府应在政策支持、技术指导和资金扶持方面给予倾斜，并帮助规范合作社的内部机制，从而提升其经营水平和增收能力。

（二）理论分析框架

若一家企业在未改变其他条件的情况下，仅将生产规模扩大，那么在一定时期内，每件产品的成本将随之降低，生产效率亦将得到提升，此现象被称为规模经济。英国经济学家亚当·斯密最早提出了规模经济的概念，他认为分工合作能够显著提升生产效率。随后，英国经济学家马歇尔将规模经济划分为两种形式：一种是单个公司通过优化资源配置、改善内部管理和提高效率来实现规模扩张；另一种是多个公司通过分工协作和合理布局共同扩大生产规模，进而提升效率。因此，规模经济的形成主要归因于大规模生产、专业化分工、工人技能的提升以及交易成本的降低。

第二次世界大战结束后，随着工业化和城市化进程的加速，农村地区逐渐呈现出空心化和边缘化的趋势。众多国家纷纷采取自上而下的措施，试图通过提供资金、市场和技术等资源来支持农村发展，旨在缩小城乡之间的经济差距；然而，这种外部援助方式有时会对农村经济产生不利的影响，如资源的枯竭、环境的破坏，以及农村固有的特色和主动性可能因此而丧失。过去，学术界普遍认为发展依赖于外部因素，但后来有人提出不同观点，认为应当依靠内部力量。因此，"内生发展"这一概念应运而生，其核心思想是充分利用现有资源，自力更生，实现自给自足。然而，该理论有时过于强调自力更生，而忽视了与外部世界合作的重要性，实际上，外部力量在某些情况下同样具有不可忽视的作用。地方发展究竟是依赖外部援助还是依靠自身努力，这两种观点似乎都存在一定的片面性。随后，"新内生发展"应运而生，这一理论强调，地方的发展应当着眼于整体，而不能仅仅关注单一的方面。

合作社通过整合土地、闲置农房、资金和技术等资源，促进了小农户之间的合作，帮助处于不利地位的群体实现抱团发展，从而实现规模化生产。这不仅推动了现代农业的发展，还使农民收入增加，生活品质得到改善。合作社的运作激发了乡村发展的内在活力，并有效推动了"小农户"与"大市场"的对接。合作社在利用劳动力、土地和资本等内部资源的同时，积极与外部资源互动，为农户提供现代农业技术服务和信息渠道。在农产品生产、加工和销售的各个环节，合作社实现了农资采购、产品加工与销售的纵向协调，持续提升生产效率。已有研究表明，合作社能够协助小农户共同作业，提高效率、降低成本，并实现规模经济效应。然而，关于如何有效整合外部资源与内部优势以增强合作社活力的研究仍显不足。此外，合作社在推动贫困地区农民增收、脱贫攻坚和乡村振兴方面的研究也较为缺乏。因此，本研究旨在深入探讨合作社的运作过程，从动员农民成立合作社、发展产业，到帮助农民获得更多利益的全过程。研究将从地方资源开发、外部合作、农户效益提升和贫困治理等角度，构建理论分析框架。

三、研究方法与案例选取

（一）研究方法与数据收集

本研究旨在揭示新疆维吾尔自治区阿拉尔市万农果品种植农民专业合作社联合社（以下简称 W 合作社）的成长路径，即其如何扩展实力并引领贫困农户稳定增收的过程与机制。采用案例研究法，聚焦于 W 合作社有效利用内外部资源、整合零散果农力量、实现自身壮大的典型做法与普遍规律。数据来源于一手资料（现场交流与访谈）与二手资料（政府网站、新闻报道、合作社内部文件）。于 2023 年 7—8 月，调研组深入 W 合作社进行观察与访谈，访谈对象包括政府部门人员、合作社理事长及普通社员农户等。调研后，通过对资料细致分类整理，清晰地展现出 W 合作社如何利用当地资源、借助外部支持发展壮大，并带动农户增收，同时在脱贫攻坚与乡村振兴衔接中创新做法。

（二）案例描述

尤良英，重庆潼南人，21 岁赴新疆维吾尔自治区务工，后携家人定居南疆。初至新疆，虽面临生活艰辛，但她勇于克服，逐渐精通棉花与红枣种植技术，成为致富带头人，并在种植业中占据重要地位。自 2005 年起，尤良英雇佣众多当地贫困农民，农忙时务工人数可达五六百人。2010 年，她开始承包土地种植红枣，成为兵团内首批承包大户之一。尤良英认为，个人的力量终究有限，唯有将大家组织起来，通过合作社的形式，方能成就一番大业。2016 年，阿拉尔市政府向尤良英提供了支持，她随即联合了新疆生产建设兵团农一师十三团汉族和维吾尔族的 16 位职工，共同创办了阿拉尔边疆红果品农民专业合作社。尤良英利用自身的影响力注册了"尤枣"商标，专注于销售有机红枣。该合作社优先吸纳当地少数民族贫困户，提供技术培训，全方位服务合作社成员，涵盖种植、采购、加工、销售、储存等，同时引进新技术、新品种，促进农业技术交流。

W 合作社起初仅有 200 亩土地，至 2018 年初红枣种植面积增至 1 000 余亩，当年年底达 4 800 余亩，销售额突破 1 000 万元。成员数量由 16 人增至 115 人，促进了周边合作社成立及贫困农户就业增收。2020 年，尤良英整合四家合作社成立 W 合作社，汇集多种特色农产品，打造"塔里木河"品牌，提升经营能力，吸引 560 余户果农就业。作为民族团结代表尤良英受到了习近平总书记接见，后当选全国人大代表，积极建言献策新疆林果业及"三农"事业。W 合作社逐渐在市场中立足，产品受消费者喜爱。截至目前，W 合作社共有 1 797 名社员，35 632 亩田地，2022 年销售总额达 1.24 亿，带动 5 000～6 000 户社员脱贫致富，并荣获国家级示范合作社称号，尤良英被评为"全国十佳农民"（图 2-13、图 2-14）。

图 2-13　W 合作社产品展示

图 2-14　尤良英与调研组交流

四、案例实践：内部挖掘、外部注入与多元响应

（一）生产前：本地资源与本地参与

1. 理事长个人素养储备

自 1991 年起，21 岁的尤良英便涉足新疆农业。1999 年，在兵团土地两费自理承包政策的激励下，她承租 650 亩土地种植棉花。2009 年，响应兵团"田＋园"种植模式，开始种植红枣，并于 2010 年成为团内最大红枣种植承包者，逐渐在当地赢得高度评价。作为民族团结典范，尤良英于 2015 年受到习近平总书记接见。2016 年，依托阿拉尔市的资源优势，她凭借经验与威望，创立 W 合作社并注册"尤良英"商标，打造"尤枣"品牌。尤良英引入创新理念，利用网络直播拓展线上销售，并为新疆林果业发展建言献策。其丰富经验、社会资源及创新思维，显著提升了 W 合作社市场竞争力，有力促进了果农增收致富。

2. 本土资源重组与参与

合作社发展需依托当地实际情况与资源禀赋，集中劳动力、土地等要素，与小农户紧密结合，优化资源配置，提升生产效率。阿拉尔市位于南疆，虽然属原贫困地区，但农业资源丰富，气候适宜红枣生长，且土地资源丰富，土地流转政策灵活。尤良英利用这些条件，整合土地资源，规模化种植红枣，提升土地使用效率，为农民创造了脱贫机会。起初，尤良英及其团队成员对于如何高效运营 W 合作社缺乏明确的认识。为此，他们深入浙江、山东、湖南、湖北、重庆以及成都等地，对那些规模庞大、经验丰富且业绩卓越的合作社进行了实地考察，汲取其管理与运营方面的宝贵经验。经过深入细致的研究与学习，尤良英及其团队成员得出结论，认为要增强合作社的凝聚力，必须实现三个转变，即将社员身份转变为股东身份、将产品转化为商品、将商品进一步转化为礼品（图 2-15、图 2-16）。

图 2-15　W 合作社简介　　　　　图 2-16　尤良英与调研组合影

（二）生产中：外部刺激与内部转化

1. 统一管理，降低实践成本

W 合作社采纳"六统一"管理章程，对农业生产资料的采购、红枣的种植与修剪、收获、加工、包装及销售六大环节实施集中管理。在统一采购农业生产资料方面，合作社为农户节约了 15% 的成本；通过与杭州疆来实品贸易有限公司的紧密合作，W 合作社实现了红枣的统一加工与销售，进一步为农户节省了 10% 的成本。这些措施实现了从生产资料采购到农产品加工、销售的纵向整合，有效减少了农户的交易频率和风险，降低了生产成本。此外，W 合作社在统一修剪环节，邀请了当地知名的种植专家来到合作社进行经验交流，并划拨了 10 亩土地进行实验。经过三年的持续实验，W 合作社最终将红枣的种植方式从传统的"矮化密植"转变为更高效的"疏密移栽"，并已在整个兵团推广和应用。通过集中采购农业生产资料和统一开展水肥等技术实验，促进了农民之间的技术交流与合作。这使得合作社显著降低了农户在生产、学习和交易上的成本，同时提升了他们的经济收益。

2. 技术介入，实现从"量"到"质"

W 合作社在理事长尤良英的带领下，积极响应一师十三团党委的号召，探索"万农"红枣种植模式，推动红枣产业高质量发展，助力农户脱贫增收。塔里木大学教授廖结安及其团队为合作社提供了关键技术支持，创新性地采用枣树与油菜套种技术。通过利用枣树与油菜在生长周期和空间高度上的差异，在枣树下播种油菜，并在盛花期旋耕翻压作为绿肥，减少化肥和农药使用，提升土壤肥力。这一技术已在枣农中取得显著成效。枣农刘朝明表示，2021 年其枣园产值约 30 万元，采用油菜绿肥套种技术后，每亩复合肥投入减少约 200 元，红枣品质预期显著提升，实现提质增效。

W 合作社计划在廖结安团队的指导下，逐步在 500 亩枣园中推广油菜套种技术。该技术采用"以短养长、长短结合"的种植模式，充分利用作物生长周期的互补性，提升红枣产量、品质与产值，为农户稳定增收奠定基础。此外，合作社还获得石河子大学专家团队的支持，在修剪、施肥等关键环节提供技术指导和质量控制。所有果农产品需逐户检测，合格后方可进入合作社进行加工、包装与销售。外部技术支持与合作社内部"整合型"动力相结合，为合作社发展注入强劲动力，推动果品产业持续壮大，助力农民富裕、乡村繁荣。

3. 调整策略，产业拓展融合

W 合作社为满足多样化需求，实现了产品创新，除传统枣树种植外，还开发了 3 000 亩土地套种 21 种新水果品种，其中蟠枣、冬枣、海南香妃和法兰西西梅四种取得显著成功，每亩产值超 2 万元。同时，合作社实施生态养殖策略，实现循环农业与综合化经营。随着 W 合作社红枣种植业务的日益成熟，尤良英开拓创新，利用 W 合作社的资源以及新疆的特色美食，将 40 亩农家乐土地划分为餐饮、休闲垂钓和果品采摘等多功能区域。不仅提供给游客品尝特色美食的机会，还让他们体验到休闲采摘的乐趣。农家乐的成立进一步促进了贫困农户的广泛就业，充分发挥了当地少数民族在制作馕坑烤肉、手抓饭和烤羊肉串等美食方面的独特技艺，为他们开辟了新的收入来源。尤良英还推出了以"屯垦一棵树代代成边情"为主题的枣树认养活动。认养人与 W 合作社签订协议后，将获得专属编号，可以为认养的枣树命名、留下寄语，而所产红枣归认养人所有。认养人每年仅需支付18.8 元的费用。枣树认养活动与阿拉尔市的旅游规划相得益彰，推动了当地旅游产业的发展，进一步促进了脱贫攻坚与乡村振兴的有效衔接。

4. 创新理念，打造绿色品牌

2016 年，尤良英凭借其个人的知名度，成功注册了"尤良英"商标，并以此为基础创立了品牌。在品牌成立初期，鉴于红枣市场已接近饱和状态，为打破单纯追求价格和产量的竞争局面，尤良英采取了创新的经营策略，利用乡村振兴的机遇，专注于建立绿色生产基地和推广绿色产品。尤良英坚信特色红枣产品是市场脱颖而出的关键，因此致力于申请绿色种植认证。W 合作社与塔里木大学建立紧密校企合作，获农业专家技术支持，采取多项措施提升红枣品质：解决土壤元素缺乏，采用植物根除害虫，使用有机肥替代化肥，增加种植间距确保阳光照射，人工除草，并要求社员详细记录管理过程。经五年努力，W 合作社荣获绿色种植认证，品牌影响力增强，产品打入大型商超，吸引企业合作。截至 2022 年，销售额达 1.24 亿元，实现显著增长。尤良英的创新理念和管理经验，结合当地环境与高校技术，推动合作社发展，增强自我发展能力，提升助农增收成效。

5. 分散风险，保障果农利益

W 合作社针对红枣对温度的偏好，优化栽培技术以提升品质。合作社将枣树间行距从 2.3 米增至 4.6 米，每亩种植 100～150 株，远低于传统的 400～500 株。虽然单产从1 000 千克降至 500 千克，但通过疏密适宜的树冠扩展技术和全面机械化作业，显著降低了生产成本，提高了管理效率。尤良英表示，全机械化管理后，一人可管理 60 亩土地，夫妻二人可管理 100 亩，效率大幅提升。为应对产量下降，合作社与期货公司签订"保险＋期货"套期保值合同，预售红枣并预测销售价格，规避滞销和低价风险。此外，合作社实行"收购保护价"政策，并根据销售额进行二次分红，保障农户利益并激发生产积极性。这些举措使合作社销售额从 2019 年的 600 万元增长至 2021 年的 2 000 万元，成员数量从 16 人增至 1 700 多人，为贫困农户提供就业机会，确保收入稳定增长，巩固脱贫成果。

（三）生产后：市场拓展与利益分配

1. 线上线下双销路

为促进销售，W 合作社构建了线上线下融合的销售模式，不仅在塔里木大学及商超开展线下销售，还积极拓展网络直播带货。尤良英带领合作社成员学习直播知识，利用直播热潮在多个场所进行现场直播。新冠疫情期间，合作社通过聘请学生团队直播带货，一周内售出 140 吨葡萄，显著提升了农户经济收益。尤良英吸纳当地少数民族社员加入直播团队，经过学习，直播效果逐步提升。同时，合作社在社区设立体验店免费发放产品，疫情期间线上销售额和品牌知名度大幅提升。尤良英还积极拓展电子商务，与多地商贸公司合作，设立分装厂和在线商城，构建完整的农产品产供销服务链。此外，在尤良英的领导下，W 合作社的直播间及视频作品中，不仅频繁呈现了红枣管理、经济作物种植以及认养枣树生长状况的现场实况，还融入了团队成员所展示的具有民族特色的舞蹈表演以及历史和文化知识，这种创新的直播方式有效地促进了 W 合作社销售额的增长，并在客观上促进了更多当地汉族和少数民族贫困农户的就业机会，进而带动了他们收入的稳定提升。

2. 推广宣传拓市场

尤良英在确保产品品质的前提下，积极拓展市场。无论是通过在全国各地讲述民族团结的故事，还是在浙江、重庆等地举办的农业博览会上，她都致力于推广"尤枣"，努力为 W 合作社的枣农拓展红枣销售市场。2019 年春节期间，果品市场上"尤良英"牌灰枣的销售额实现了超过 200 万元的显著成绩。目前，W 合作社正在杭州积极筹备建设仓库设施，计划利用杭州的储备仓库作为物流中转站，将红枣销售至重庆、武汉、山东等其他地区，逐步扩大全国市场，为合作社成员的稳定和持续增收开辟新的途径。

3. 外部联盟固销量

在成立初期，W 合作社坚持将红枣产量控制在 500 千克，尽管这一数字远低于其他合作社的产量，但其产品在口感、外观、肉质及单粒重等方面均优于同行。然而，在当时的商业环境下，即便 W 合作社的产品品质卓越，也难以找到合适的消费群体，导致销量不尽如人意。自 2018 年起，尤良英担任全国人大代表后，利用参加北京两会的机会，积极利用各种资源宣传和推广 W 合作社的产品。为了进一步开拓市场并带动成员稳定增收，W 合作社在杭州、重庆等地开设了品牌体验店，供消费者免费品尝。尤良英还积极参与全国各类展销会，与浙江未来食品有限公司、成都齐力红食品有限公司等大型企业建立了合作关系，并签订了销售合同。杭州疆来实品贸易有限公司专门负责"尤良英"牌大枣的包装、推广与销售。同时，W 合作社调整销售策略，采取农商、农超对接的方式，省略了中间代理环节，更有效地维护了社员和消费者的利益。在尤良英及其团队的不懈努力下，W 合作社的产品销售逐渐步入正轨。

4. 定价返利稳收益

在收益分配方面，W 合作社采纳了两种机制。首先，合作社允许社员以入股形式参与，利用这些资金向果农购买红枣。具体操作为：合作社依据期货市场走势为红枣设定一个基础价格，如每斤 8 元，先行支付给果农 4 元，余下的 4 元则在产品销售完毕后逐步返还给果农。同时，红枣的最终产值会根据加工后的品质等级有所差异，品质更优的红枣售价相应更高。在此情形下，若甲的 10 吨红枣加工后的定价为 9 元，而合作社原先设定的保底价为 8 元，则超出的 1 元利润中的一部分将被提取作为 W 合作社的运营资金和爱心基金，余下的部分则用于对股东进行额外分红。其次，合作社以高于市场价 0.5 元的价格收购社员的红枣，而合作社后续加工销售所获得的利润则与社员无关。此外，W 合作社规定，除烂枣和残次枣按市场价格销售外，其他成品枣均按统一价格销售，以避免社员因在价格高点争相出售产品而产生矛盾。这些措施确保了 W 合作社的稳健发展及社员收益的公平分配。

五、案例讨论：经验总结与规律探索

（一）本土"能人"带领

新内生发展理论强调融合内外部资源，通过外部援助激发本土潜力，推动地方发展。在 W 合作社的产业发展过程中，尤良英凭借其 30 多年耕种经验和深厚的专业知识，成为引领乡村发展的关键人物。作为当地的民族团结楷模和首位承包大户，她在政治、经济和文化领域具有广泛影响力。尤良英利用自己的声望和农业知识，引导农户组建并发展了 W 合作社，实现了本地资源与外部力量的有效联动。她不仅组织社员外出学习，还亲自带头进行试验，推动了合作社的成长。尤良英的才能和无私精神是合作社成功的关键。

（二）激活内生优势资源

自家庭联产承包责任制实施后，小规模家庭农业经营成为主流，但土地零碎化与农户分散性制约了农业规模化和商品化发展，影响了生产效率和农户收入。W 合作社通过整合资源，优化土地、劳动力、资本和技术的配置，提高了生产效率。依托阿拉尔市得天独厚的农业资源和政策扶持，合作社通过土地流转机制有效整合了分散的耕地资源。联合零散的小农户，合作社统一规划并大规模种植红枣，避免了小规模经营造成的资源浪费。随着产业链延伸，W 合作社利用当地瓜果种植优势和民族特色，开展新品种水果套种、生态养殖和农家乐等多元化经营，不仅提升了市场竞争力，还促进了贫困农户的就业和收入增长。得益于新疆的税收优惠政策，W 合作社获得了 10 万元资助和 200 万元免息贷款，为扩展业务和产业链提供了资金支持。在产品销售环节，W 合作社通过直播带货等方式，利用民族文化元素，进一步推动了销售增长。总之，W 合作社成功整合了土地、农户、资金、民族文化和气候资源，推动了红枣种植等生产活动的规模化、机械化和规范化，为带动当地贫困农户增收、拓展生计创造了条件。

（三）践行高效组织管理

W 合作社在经营管理中通过优化组织结构、规章制度和管理机制，有效提高了农业生产效率和农户收益。合作社通过建立生产基地和标准化管理体系，显著提升了红枣品质。同时，提供统一采购、技术推广和信用担保服务，促进了果农之间的技术交流与合作，降低了交易成本，缓解了信贷约束，最大限度地减少了生产风险。合作社还整合了资金、人力、土地和市场要素，推动了产业链延伸，促进了一二三产业的深度融合，创造了更大的价值。后期，尤良英通过开拓线上线下销售渠道、争取专家技术支持和及时调整产业发展策略，推动了资源整合和创新，实现了产业的横向扩展与农产品质量和效益的提升。W 合作社在改革创新中创造了良好的外部环境，建设了绿色生产基地和有机红枣产业，提升了资源的高效利用，增强了自我造血能力。合作社通过合理的决策制度和盈余分配制度，保护了中小成员利益，确保了持续发展。采用"社员入股"和"以高于市场价收购社员红枣"的方式，提高了果农收入，促进了收入公平和经济民主化，分担了风险并确保了利益。

综上所述，W 合作社通过统一管理策略，成功将传统的低效小规模经营转变为规模化、标准化和品牌化的红枣产业。同时，通过农户入股和"保险＋期货"风险保障体系，巩固了合作社与农户的利益纽带，增强了组织层与成员之间的信任与合作。合作社不仅提升了果农的组织化水平和市场竞争力，还成为确保果农安全生产的有效监督和指导工具。

（四）响应外部力量参与

在实际操作中，单纯依赖合作社内部资源的发展面临诸多限制，外部力量的介入为合作社注入了外源性动力。新内生发展理论强调"内外共生"的发展模式，社会性服务为W 合作社的特色产业发展提供了坚实基础。通过与塔里木大学、石河子大学等科研机构建立长期稳定的合作关系，W 合作社获得了土壤改良、物理防治和产品检测等领域的技术支持，推动了产品研发和生产技术的专业化与科学化。市场因素的参与是合作社成功发展的关键。合作社、农户与市场参与者之间稳定的合作关系有助于降低外部市场的不确定性和风险。W 合作社与本地及外地零售商超，以及负责加工和销售的疆外企业建立了紧密合作关系，形成了供应链联盟。采用整体订单交易模式，取代了果农自发性且不稳定的"散卖"方式，减少了交易频率与风险。此外，W 合作社还通过参与期货市场，结合"期货＋保险"的风险管理模式，进一步降低了市场不确定性。总之，W 合作社通过构建稳定的市场网络和参与期货市场，充分利用外部资源，提升了果农在市场中的谈判能力和地位，推动了规模经济效益的实现。

六、结论与政策启示

基于前述分析，本研究得出以下初步结论：

首先，合作社能够激活地方内外部潜在资源，激发内生发展动力，推动小规模、分散的农户联合生产，从而促进地方经济发展。

其次，依托本土能人的引领作用，合作社在内部治理、技术推广和产品创新等方面取得了显著突破，并借助外部高校、科研机构与市场主体的协同效应，实现了产学研深度融合。

再次，合作社在不改变成员土地所有权的前提下，具有明显优势，能够降低农业结构调整的交易成本。通过联合管理，合作社能够实现规模经济和专业化管理，进而降低成本、提高农民收入。

最后，建立健全合作社的内部运行机制，构建有效的利润分配、风险防范与控制机制，通过经济激励和物质支持，提升农户的主体意识和风险应对能力，促进合作社发展壮大，进而提高农户收入。

基于上述结论，本研究提出如下政策建议：

第一，强化资源整合与平台建设。相关部门应推动土地流转、集中采购和统一加工，支持合作社利用信息化手段构建农产品产供销一体化体系。

第二，完善风险防控机制。应推广"保险＋期货"等套期保值机制，通过政策性风险补偿和市场风险分散措施保障合作社稳步助农增收。

第三，优化政策扶持与资金支持。应加大对农民专业合作社的财政扶持力度，引导金融机构创新适应农业特点的信贷产品，有效缓解合作社融资难题。

第四，强化内部治理与利益共享机制。应推动合作社建立科学、民主的决策与分红制度，确保社员广泛参与和收益分配的公平性，提升合作社自我发展能力。

参考文献

高鸿业，2019. 经济学原理［M］. 北京：中国人民大学出版社.

郭庆，2023. 乡村体育振兴的新内生发展逻辑与实践探索：来自台盘"村 BA"的案例分析［J］. 武汉体育学院学报（6）：12-18.

黄博，2020. 乡村振兴战略下农民专业合作社的发展路径研究［J］. 经济体制改革（5）：73-79.

黄祖辉，扶玉枝，徐旭初，2011. 农民专业合作社的效率及其影响因素分析［J］. 中国农村经济（7）：4-13，62.

黄祖辉，张淑萍，2022. 中国共同富裕发展的时代背景与"提低"路径［J］. 江苏大学学报（社会科学版）（4）：1-7，34.

孔祥智，2020. 新型农业经营主体重塑新时代中国农业发展格局——评《中国新型农业经营主体发展的逻辑：内在机制与实践案例》［J］. 农林经济管理学报（6）：779-780.

孔祥智，毛飞，2014. 农民专业合作社运行机制［J］. 中国金融（10）：75-77.

李莉，2015. 欠发达地区农民专业合作社培育情况及发展对策：以青海省西宁市为例［J］. 农业开发与装备（10）：11-12.

李曼琳，2008. 农民专业合作社对农户收入影响的研究［D］. 杭州：浙江大学.

吕唯因，2016. 农民专业合作社促农增收效果及影响因素研究［D］. 重庆：西南大学.

吕子文，2014. 农民专业合作社对农户增收效果的实证分析［D］. 咸阳：西北农林科技大学.

马海龙，杨玫玫，2023. 新内生发展理论视阈下乡村特色产业发展的动力整合：以东北地区 J 村木耳产业为例［J］. 原生态民族文化学刊（4）：64-77，154-155.

孙春，2020. 合作社引领探路乡村振兴：基于凤凰毛竹合作社的调查研究［J］. 调研世界（9）：61-64.

王博，王振，刘慧婕，2019. 欠发达地区小农户加入农民专业合作社行为意向影响因素分析：基于山西省 603 个农户的实证研究 [J]. 天津农业科学（9）：49-55.

王兰，2020. 新内生发展理论视角下的乡村振兴实践：以大兴安岭南麓集中连片特困区为例 [J]. 西北农林科技大学学报（社会科学版）（4）：65-74.

吴家琴，姜知焘，2021. 农民专业合作社绩效与农民增收实证分析：基于欠发达地区农民专业合作社田野调查数据 [J]. 贵州民族大学学报（哲学社会科学版）（6）：71-89.

徐莎，2021. 基于业务参与视角的农民专业合作社对农户收入的影响研究 [D]. 长沙：湖南农业大学.

亚当·斯密，2017. 国富论 [M]. 贾拥民，译. 北京：中国人民大学出版社.

杨汉林，2012. 欠发达地区农民专业合作社发展与农民增收 [J]. 求实（S2）：249-253.

杨慧莲，韩旭东，李艳，等，2018. "小、散、乱"的农村如何实现乡村振兴？基于贵州省六盘水市舍烹村案例 [J]. 中国软科学（11）：148-162.

杨依茗，2021. 基于新内生发展理论的乡村规划技术创新 [D]. 北京：北京林业大学.

袁俊林，聂凤英，2022. 农民合作社减贫、增收效应与异质性分析：基于中国西部贫困地区农户调研数据 [J]. 中国农业资源与区划（2）：90-101.

张淑辉，沈宇丹，高雷虹，2018. 合作经济组织扶贫的农户收入效应：基于倾向得分匹配法的实证分析 [J]. 华东经济管理（9）：165-172.

朱伟丽，李道和，陈江华，2022. 农户参与合作经济组织与跨区域非农就业：基于江西省"百村千户"（2018）数据分析 [J]. 世界农业（8）：101-111.

PINEIRO V, MARTINEZ G V, MELIA M E, et al., 2021. Drivers of joint cropland management strategies in agri-food cooperatives [J]. Journal of Rural Studies（84）：162-173.

YI F Z, QUAN Z L, CHUN F Y, et al., 2023. Cooperative membership, service provision, and the adoption of green control techniques：Evidence from China [J]. Journal of Cleaner Production（384）:135462.

第三章　产业引领，多元推进

产业引领，多元推进。坚持以产业发展为核心动力，因地制宜构建多元化产业体系。依托当地特色资源，大力发展特色种植养殖业、民族手工艺、文化旅游等优势产业，增强乡村经济发展的内生动力。支持农民专业合作社、新型农业经营主体发展，推动农业现代化和产业链延伸。同时，鼓励发展乡村电商，拓宽农产品销售渠道，推动乡村产业与市场需求的精准对接。打造具有竞争力的乡村特色品牌，推动乡村经济多元化、可持续发展，为"三区三州"的可持续发展注入强大动力。

女性参与与空间再造：非遗赋能乡村女性脱贫实践
——以甘肃省临夏回族自治州临夏市枹罕镇江牌村新平制香厂为例

一、问题提出

乡村，不仅是国家经济社会发展的基石，更是文化传承与创新的重要载体。近年，随着"文化＋扶贫"模式的广泛实践，催生了非遗工坊的茁壮成长。这些工坊不仅巩固了脱贫攻坚的成果，而且在推动非遗保护和传承、激发乡村内生动力等方面发挥了显著作用。非遗工坊以其独特的形式和丰富的内容，成为驱动地方经济社会发展的新引擎，既丰富了村民的精神世界，又为乡村经济注入了强劲动力。当前，非遗工坊正站在新的历史起点，成为我国探索推动非遗高质量发展的重要平台。通过产业化运作的创新路径，提升非遗产品的市场价值，在现代社会与经济发展中焕发出新的生机与活力，实现传统与现代的和谐共生。非遗工坊的成功实践，是文化传承与乡村振兴深度融合的生动写照，它们以实际行动证明：唯有不断创新与探索，方能促进非遗与乡村振兴的深度融合，共同绘制出社会主义现代化建设的新画卷。在这一进程中，非遗工坊不仅是技艺与文化的传承载体，更是乡村振兴道路上的先锋与引领者。

得益于其得天独厚的地理位置与鲜明的民族特色，临夏地区拥有源远流长的天然香料使用传统。如今，随着对传统文化的挖掘与弘扬，众多香文化瑰宝相继被纳入非物质文化遗产名录，传承非遗已成为助力乡村振兴的一种有效途径。江牌村，位于甘肃省临夏回族自治州临夏市西郊，全村以少数民族为主，重点发展农业。过去，该村众多妇女因家庭责任所系，选择留守家园，无稳定的收入来源。然而，在当地政府、企业、合作社的携手努力与村民的积极参与下，江牌村经历了翻天覆地的变化，村容村貌焕然一新。尤为令人瞩目的是，昔日的留守妇女们通过参与经济活动，实现了经济独立，生活质量显著提升，江牌村也因此荣获甘肃省乡村建设示范村的殊荣。2020 年 3 月，江牌村的"传统香制作技艺"凭借其独特的魅力和深厚的文化底蕴，被正式列入州级非物质文化遗产代表性项目名录，这不仅是对江牌村香文化悠久传统的认可，更是对当地妇女通过非遗传承实现自我价值与乡村振兴美好愿景的生动诠释。这一里程碑式的成就，预示着江牌村在保护与传承非物质文化遗产、促进乡村全面振兴的道路上迈出了更加坚实的步伐。

二、文献回顾与分析框架

（一）文献回顾

当前，社会的生产模式已悄然从传统的"男耕女织"转变为"男工女耕"的新格局，农村妇女日益成为农村社会发展的中坚力量，她们不仅是家庭生活的核心，也是农村事务中不可或缺的管理者、决策者及执行者。农村，作为留守妇女的双重空间——既是家庭的生活港湾，又是劳动生产的田野，见证了其角色深刻转变的历程。纵观已有研究，学术界对农村女性的研究焦点正逐步聚焦于其如何通过参与经济、政治、文化等多领域建设来展现自我价值，这一过程伴随着女性主体意识的显著增强。廖和平等（2021）认为农村妇女在农业生产经营、农村家庭建设、乡村社会治理中的贡献超半，其作用不容忽视。陈国申等（2020）则进一步提出在乡村出现空心化挑战的背景下，农村妇女完全可以大有作为，成为推动乡村发展的重要力量。尽管农村妇女在就业方面面临一定挑战，但随着信息技术的飞速发展和国家对农村人力资源开发的重视，越来越多的机遇正在涌现。通过国家及地方政府组织的就业培训项目，农村妇女得以学习并掌握如理发、刺绣、剪纸等实用技能，这些技能不仅为她们开辟了新的就业渠道，还有助于打破传统的性别偏见，实现经济独立，进而提升整体生活品质。马玉清（2022）强调，农村妇女就业可以打破传统的"男尊女卑"性别观念，使其经济独立进而提升生活品质。这一过程不仅是技能的提升，更是女性自我认知与社会地位的重塑，彰显了农村妇女在新时代背景下的无限潜力与可能。

随着乡村社会的深刻变迁，部分区域在国家政策导向、独特地理位置及生态环境等多重因素的作用下，女性群体正积极融入并主导乡村治理，实现了从"家庭主妇"到"政治精英"的华丽转身。姜佳将（2018）通过深入剖析浙江省 22 位妇女的个案研究，揭示了女性如何通过经济、政治、文化等多维度参与，提升自我价值，进而实现从"她者生存"向"主体存在"生活方式的根本性转变。张欢欢等（2020）从"赋权理论"的视角出发，指出增强自我效能感是推动乡村妇女积极参与乡村振兴的核心动力。杨宝强等（2022）认为，通过多维赋权，可以有效提升少数民族农村妇女的性别认知，促使其在村级治理中实现从"缺席"到"在场"并积极发声的角色转变。海莉娟（2019）聚焦于陕南两县 8 位农村女性，探讨了她们如何突破传统性别文化的束缚，从经济精英转变为治理精英，参与村庄治理。黄快生（2021）分析了妇女参与乡村振兴战略实施过程中面临的思想与战略、环境及政策等多重影响。方励筠（2022）认为通过赋权增能，激发女性参与乡村建设的内在动力，是加速乡村振兴进程的有效途径。陈义媛等（2020）以"赣南新妇女"运动为基础，展示了地方政府、村庄社会、村级组织如何为妇女提供与国家互动的机会，不仅重塑了妇女的公共身份，更为其提供了广阔的公共参与实践空间，实现了个人价值与社会发展的双赢。

留守乡村的女性群体，通过充分挖掘并开发利用乡村遗址、红色文化、非物质文化遗产等文化资源，不仅为乡村旅游注入了新活力，更显著促进了乡村经济的蓬勃发展。她们在乡村振兴过程中扮演着"领头雁"的关键角色，撑起乡村文化发展的"半边天"。吴巧红（2018）认为，女性从被动到主动适应、积极参与村庄旅游发展的过程，不仅开辟了更多的就业渠道，还让她们手中的编织、刺绣等民族工艺品成为展示民族文化魅力的窗口，在乡村旅游中发挥了重要作用。苏醒等（2019）在云南省 N 村旅游社区开展考察，指出当地社区旅游发展促使妇女走出家庭，与村庄的整体发展形成了相互促进的良性循环，女性精英不断地产生和成长。随着信息化的快速推进，农村女性也紧跟时代步伐，充分利用网络平台进行直播带货、文化普及等活动。张淑华等（2022）对豫中乡村调研发现，这种基于网络的生产方式在一定程度上带动了农村女性的经济独立和地位提升，展现了信息化时代农村女性自我赋能、积极向上的新风貌。

综上所述，学者们通过多维度、跨地域的案例剖析，深刻提炼了农村女性在经济、政治、文化领域中的参与机制与实践路径，为后来者提供了宝贵的启示与前瞻性的思考框架。然而，若从空间理论这一独特视角切入，当前研究对劳动力迁徙流动如何具体影响农村妇女，以及她们在这一过程中的自我意识转变，尚显挖掘不足。

（二）分析框架

马克思提出了空间不仅是一切生产和一切人类活动的要素，而且更是资本运作的核心。他指出，资本的本质决定了它总是试图超越传统的、有形的空间界限，追求利润最大化。这一视角为后续空间理论的发展奠定了坚实基础。20 世纪 70 年代，法国哲学家亨利·列斐伏尔在马克思的空间生产思想基础上，深入地探讨了空间在资本主义生产方式下发生的转变。他提出空间不仅仅是物质实体的存在，而是转变成一种社会关系和空间关系的总和，并将空间划分为自然空间、精神空间和社会空间三类，强调这些空间各自承载着不同的社会功能和社会价值。20 世纪 80 年代，英国政治经济学家戴维·哈维进一步深化了空间生产理论，引入了"空间修复"这一创新概念。哈维强调，空间概念的多样性和动态性，他认为空间实践是在人与空间互动的过程中形成和发展的。他主张，空间从来都不是简单、绝对地存在，而是一个充满复杂和变化的世界。通过对历史和当代空间状况的分析，哈维的理论帮助我们理解空间在当代社会中所扮演的角色以及它如何影响着我们的日常生活和社会结构。

空间理论不仅揭示了劳动力流动现象背后的机制，还启发我们重新审视空间本身的复杂性和多维性。工人们的流动并非仅仅是地理位置的简单变换，从一个地方迁移到另一个地方，而是伴随着家庭结构与社会关系的深刻割裂与重构。他们在自然空间上可能远离家乡，但在社会空间上却与家人紧密相连。这种空间上的分离，不仅体现出家庭成员之间的物理距离，更深层次地触及了家庭成员之间社会联系的微妙变化。对于女性而言，这种因丈夫外出务工而引发的流动效应尤为显著而深远。农村女性不得不面对维持生计、保持社交联系、处理复杂家庭关系等多重挑战。在此社会背景下，农村妇女在规划个人未来时面临着前所未有的艰难抉择。一方面，她们需要踏入充满机遇的市场空间，寻求经济上的独立与家庭经济收入的改善；另一方面，她们又必须留在熟悉的家庭空间内，尽力维持和谐的家庭生活。空间理论视角下，女性作为社会关系网络中的重要组成部分，其现实处境和抉择过程无疑成为社会关注的焦点，引人深思。

近年，随着工业化和城市化的推进，越来越多的"扶贫车间"在农村地区应运而生。这一创新模式标志着政策导向下社会资源优化配置的新探索。扶贫车间，作为精准扶贫战略的重要载体，旨在通过就地建立工作场所，为农村贫困人口搭建起脱贫致富的桥梁，来帮助农村贫困人口脱贫，同时也为企业开辟了利润增长的新空间。政府在此过程中发挥了关键作用，通过一系列政策激励措施、财政扶持及产业规划引导，积极鼓励并促使企业将资本与生产空间向内陆腹地延伸转移，不仅促进了区域经济的均衡发展，还显著增加了农村地区的就业机会。扶贫车间远非传统意义上的生产场所，它更是一种社会分工与资源整合的创新模式，展现了政府、企业与乡村社区三者之间紧密合作、利益共享的新图景。这一合作模式深刻体现了国家对于打破城乡二元结构、缩小贫富差距的坚定决心。扶贫车间的设立，有效吸纳了农村剩余劳动力，缓解了就业压力，同时带动了地方经济的多元化与可持续发展。它不仅是农村脱贫攻坚战中的一把利器，更是推动乡村全面振兴、实现共同富裕目标的重要路径。

梳理文献发现，目前学界对于扶贫车间这一扶贫模式在深度贫困的民族地区的应用与影响，尤其是针对这些特定区域的典型案例进行深度剖析的研究尚显不足，未能充分挖掘个案背后复杂的作用机制。因此，本研究以空间理论为基础，聚焦于西北农村地区，旨在深入探讨扶贫车间这一扶贫模式如何有效整合农村女性的社会空间，特别是关注其在社会结构转型与经济发展大潮中的角色演变与地位重塑。通过这一视角，以期揭示农村女性在扶贫车间这一平台上的工作体验、家庭责任承担及社区生活参与等方面的具体状况，进而剖析这些经历对其个人成长、家庭福祉及社区整体发展的深层次影响。本研究不仅有助于填补当前学术研究的空白，还能为政策制定者提供更为全面、深入的理解与参考，以促进扶贫政策的精准实施与民族地区的社会经济全面发展。

三、案例选择与案例呈现

非物质文化遗产是民族文化的精髓，从传播学的角度看，非遗的传播是动态化、教导式的世代相传的生活方式。临夏市新平制香有限责任公司，是一家传统制香工艺非物质文化遗产传承企业。2014年，王新平注册成立公司，成功将昔日小规模的传统手工作坊转型为现代化、规模化的制香产业巨头，跃居甘肃省乃至更广泛区域内，集香料研发、精细生产、全面销售于一体的制香行业领军民营企业。公司不仅追求制香工艺的精湛与卓越，更将品质视为生命线，精心打造草本药香、养生香等十大系列，涵盖30余种高端熏香产品，每一款都蕴含着对自然之美的崇尚与纯真之味的坚持。秉承"美在天然、贵在纯真"

的核心理念，公司严格遵循"传统香制作技艺"的精髓，不断在创新中传承，在传承中创新。至今，公司已荣获 13 项产品外观专利及 5 项实用新型专利，这些不仅是对其创新能力的认可，更是对其产品品质与文化价值的高度肯定。因此，新平制香的产品深受各地客户的青睐。

新平制香厂"扶贫车间"，是 2018 年被临夏市认定的 21 个"扶贫车间"之一。2018年，在东西部协作帮扶战略机遇下，厦门市思明区与济南市市中区携手，累计投入帮扶资金 296 万元，与江牌村共建了临夏市新平制香有限责任公司及其就业帮扶工厂，不仅扩建了厂房、更新了生产设备，还落实了一系列奖补政策，尤其是"泉秀济南、花映河州"这一富有深意的合作项目更成为企业标志性的济南文化印记。自 2014 年企业初创至今，新平制香厂始终秉持社会责任，积极吸纳枹罕镇拜家村、王坪村、青寺村、江牌村、马家庄村、后杨家村 6 个村落的贫困群众就近就业，为当地贫困家庭就近务工提供支持。在脱贫攻坚关键时刻，公司稳定吸纳了 80 余名劳动力，其中建档立卡贫困户劳动力 50 人，占比高达 62.5%，人均月工资收入稳定在 2 000～2 500 元，成功助力江牌村及枹罕镇周边 30余户建档立卡贫困户实现了稳定脱贫的目标。尤为值得一提的是，这一举措极大地促进了农村妇女的就业与自我发展。新平制香厂为她们提供了灵活多样、易于上手的工作岗位，使得这些贫困妇女能够摆脱传统农业劳作的单一束缚，拥有了稳定的收入来源。这种变化不仅让妇女们实现了经济独立，更使她们在工作挣钱与照顾家庭之间找到了平衡，生活水平显著提升，生活面貌焕然一新。更为重要的是，这一系列的改变深刻影响了农村妇女的生产空间、家庭空间乃至思想观念的重塑。她们在工作中不断成长，自信与自我价值感日益增强，为乡村社会的和谐与进步贡献了不可小觑的力量。

历经八载，昔日制香的"小车间"已蜕变成为引领脱贫的"大厂房"，不仅让村民们足不出村即可增收致富，更让他们的生活品质不断提升。这所制香厂，无疑承载着村民们对美好生活的深切期盼与脱贫致富的坚定信念。近年，制香厂始终将履行社会责任视为企业核心价值观，秉承中华民族扶危济困、奉献社会的传统美德，倡导奉献精神，传递企业正能量，以实际行动回馈社会。在稳健发展的同时，制香厂积极投身临夏市的脱贫攻坚与社会帮扶工作，用实际行动书写着企业与社会共进的佳话。多年来，企业积极响应政府号召，踊跃参与扶危济困、爱心捐赠等公益活动，累计捐款捐物总价值高达 41 050 元。2019 年，制香厂被评为甘肃省非遗扶贫就业工坊。2020 年，企业先后被授予甘肃省就业创业工作先进集体、甘肃省非遗扶贫就业工坊、东西部扶贫协作合作企业、甘肃省省级工业设计中心、甘肃省传统香制作非物质文化遗产传承企业等荣誉称号，展现了企业的社会责任、非遗保护与扶贫就业方面的卓越贡献。

四、案例分析

(一)空间再造：扶贫车间促改变

1. 生产空间再造

扶贫车间依托当地资源，不仅催生了丰富的就业机会，更通过扶持劳动密集型产业，成为推动当地经济增长的重要引擎。其核心策略——"就地就近就业"，旨在从根本上解决贫困问题，让村民无须远离故土，在家门口即可实现就业，有效缓解了劳动力市场的地域失衡，助力贫困家庭逐步摆脱困境，迈向更高质量的生活。扶贫车间往往深度融合了地方特色和市场需求，提供有针对性的技能培训，确保每位工人能够适应并参与到持续发展的产业链中，实现个人价值与社会发展的双赢。调研发现，江牌村内留守妇女与老年人群体面临的经济压力尤为突出，他们作为家庭的中坚力量，往往肩负着多重责任且经济来源相对单一。面对这一现状，王新平展现出了高度的社会责任感，积极调整策略，优先为这些留守妇女提供工作岗位。制香厂采用灵活的计件工资制度，既激发了工人的生产积极性，鼓励工人提升效率、增加产出以获取更多收入，又充分考虑到留守女性的特殊需求，如灵活性的上班时间。这一人性化安排让妇女们在完成家务和农活之余，能够自由安排进厂工作时间，彻底消除了工作与家庭之间的时间冲突，极大地提升了她们的参与度和幸福感。随着越来越多的留守妇女加入制香工作，这一举措不仅为她们开辟了新的经济来源，增强了自我发展的能力，还促进了村内外资源的有效流动与整合，为江牌村乃至周边更广泛地区的经济发展注入了新的活力。

为进一步扩大经营规模与影响力，公司采取了一系列创新举措，包括流转农户土地共计 15 亩，用于建设就业帮扶工厂，这一举措不仅促进了农业资源的优化配置，还确保了每年向农户支付土地流转租金 3 万元，同时为江牌村村集体经济贡献了稳定的 3.62 万元分红，实现了村集体经济的显著增收与群众致富的和谐共生。随着制香厂规模的不断壮大，其对劳动力的需求也随之增加。公司积极履行社会责任，成功助力江牌村及邻近枹罕镇的 30 余户建档立卡贫困户实现了稳定脱贫，公司年产值突破 1 800 万元，且积极响应临夏市发展文旅产业与牡丹文化产业的新形势，不断对产品进行提档升级，确保了企业能够常年稳定吸纳 80 余名员工就业，为地方经济与社会稳定贡献了重要力量。江牌村巧妙运用"非遗＋公司＋农户"的创新模式，深入挖掘并拓展特色产业，不仅丰富了乡村经济形态，更直接带动了村民在家门口实现就业与增收，为乡村振兴注入了强劲动力。

调研发现，扶贫车间成功吸纳了农村妇女群体，这一群体可细分为两类：第一类是那些长期生活在农村地区，以农业活动为核心经济支柱的妇女。她们的丈夫或远赴他乡务工，或在家乡务农，家庭的经济命脉往往系于农业收成及伴侣的外出务工所得。扶贫车间的建立，为其开启了一扇通往新职业领域的大门，这不仅是她们职业生涯的一次勇敢尝试，也是对传统生活模式的一次重大挑战。通过车间工作获得的收入，她们有效补充了家庭经济收入，为提高生活质量、保障子女教育及满足家庭日常开支提供了有力支持。第二类则是那些在周边区域务工，且其丈夫同样在外奔波的妇女。她们的家庭结构与第一类妇女有所不同，但同样承载着照顾家庭与经营农活的双重责任。与丈夫共同务工所得是她们家庭经济的主要来源。扶贫车间的出现，为她们提供了就近工作的便利，不仅增加了收入来源，还大幅缩减了通勤成本与时间，使她们能够更好地平衡工作与家庭。这一转变，不仅意味着工作空间的迁移，更重要的是，它代表着群体从传统的"流动务工"转变为"返乡工作"，这种身份的蜕变不仅体现了职业身份的重塑，更是生活方式和价值观念的深层次的调整与优化。

扶贫车间的建立，无疑为农村妇女提供了一条新的职业道路，使其在无须远离故土的前提下，实现就业和收入上的双重提升。在这里，她们找到了归属感，实现了自我价值。这不仅有助于缓解农村地区劳动力短缺的问题，还促进了城乡之间的交流和融合，推动了社会整体的进步。更为重要的是，扶贫车间的设立彰显了政府对农村经济发展及农民福祉提升的高度重视与深切关怀。通过搭建这一就业平台，不仅为农村妇女创造就业机会，帮助妇女们摆脱贫困，走向富裕，更是以实际行动践行了乡村振兴与共同富裕的宏伟蓝图，让发展的成果惠及更广泛的农村人口。

制香厂员工甲表示："我是 2014 年到这个制香厂工作的，是制香厂的第一批员工，每个月有 2 500 元左右的工资，这份简单的工作解决了我的就业问题，让我们摘掉了贫困户的帽子。"

员工乙表示："以前我的丈夫在工程队打工，我在制香作坊打工，我们夫妻两人的务工收入加起来有 5 000 多元，但是在一次意外事故后丈夫受伤落下后遗症，无法干体力活，我们一家的生活慢慢困难起来。我就是江牌村的村民，家里有四口人，因为丈夫受伤，2013 年我们家被确定为建档立卡户。新厂建成后，我是第一批进厂上班的工人。2018 年，我丈夫也进了'扶贫车间'，他在厂里负责销售，每天开车给各地的客户送货，每个月下来工资能拿到 3 000 元左右，加上我的，每个月就又有了 5 000 多元的收入。我相信通过我和丈夫的共同努力，我们家的生活会越来越好的。"（图 3-1）

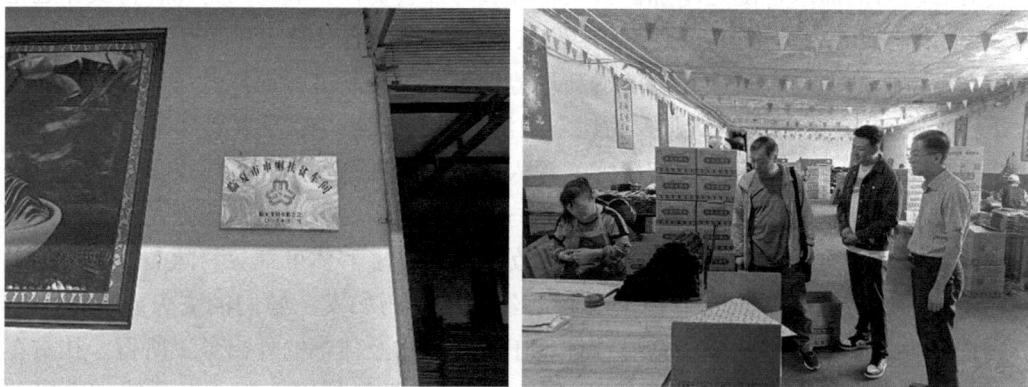

图 3-1　调研组在新平制香厂巾帼扶贫车间内参观调研

2. 家庭空间再造

在传统性别角色分工体系中，农村妇女主要从事农业生产，她们的生产空间和家庭空间往往融为一体、紧密相连。在这种传统模式下，妇女们通常能够全身心地投入农业活动中，体现出她们对家庭的贡献和责任。然而，随着时代的变迁和社会经济结构的变化，农业生产的经济回报逐渐式微，促使众多农村妇女踏上外出务工的征途，以探索非农领域的收入增长路径。这一转型虽为农村妇女打开了新的职业天地，却也悄然埋下了一系列挑战的种子——"工作—家庭"双重角色的冲突日益凸显。在家庭层面上，尤为棘手的是子女教育问题，这不仅关乎孩子的成长和教育机会，也是家庭经济规划与长远发展的核心考量。传统性别观念中，农村妇女常被期待以家庭与孩子为生活重心，这一思维惯性根深蒂固，使得许多女性在外出务工的同时，内心饱受拉扯与挣扎。她们既渴望通过职场奋斗提升家庭经济状况，又不愿割舍作为母亲与妻子的天职，担忧自己在外奔波会疏于对家庭的照顾与子女的陪伴。因此，当农村妇女因种种原因需要返回家乡时，她们所面临的挑战更为复杂而多维。如何在工作追求与家庭责任之间寻求微妙的平衡，成为她们不得不深思熟虑的问题。这不仅要求她们具备灵活应对生活变化的能力，更需社会各界的理解与支持，共同构建一个更加包容、灵活的社会环境，让每一位农村妇女都能在实现自我价值的同时，也能守护好心中的那份温暖与责任。

对于那些常年外出务工的农村妇女而言，生产空间与家庭空间的割裂成为她们难以逾越的鸿沟。外出务工虽能带来经济上的收益，却往往意味着对母亲、妻子及女儿等多重身份的暂时割舍或中断；留守家中，则可能错失职业发展的机遇与市场参与的机会。为应对这一困境，扶贫车间等新兴就业模式的出现为外出务工后返乡就业的农村妇女提供了重塑家庭空间的可能性。这些扶贫车间不仅提供就业机会，还有助于妇女更好地管理时间和调配精力，在这里，她们能够灵活地安排工作与家庭事务，既保持对农业生产的贡献，又确保家庭生活的稳定与和谐。通过在扶贫车间的稳定收入，农村妇女可以获得相对固定的收入，家庭的经济重担得以有效缓解，同时也有机会获得更多的社会支持和资源，帮助她们更好地平衡工作与家庭的关系。更为重要的是，扶贫车间为农村妇女搭建了一个社会支持与资源汇聚的平台。她们不仅能够获得职业技能的提升，还能结识志同道合的朋友，共享信息，共谋发展。这种社会网络的构建，不仅增强了她们的自我认同与归属感，也为农村妇女实现自我价值、促进家庭和谐、推动社会进步贡献了重要力量。

制香厂员工丙表示："我以前的工作不稳定，现在的这份工作孩子在跟前，也能顾上家，在这做得挺好，很稳定，工资也能拿个两三千元钱。"

员工丁表示："我婆婆患病在家，两个孩子正在读书，我要照顾一家老小，还要照看家里的3亩多玉米，我丈夫常年在外打工，收入也远远不够生活。没想到，依靠邻村办起的扶贫车间，我不仅在家门口有了每月2 000多元的稳定收入，还过上了按时上下班、接送小孩的'城里生活'。"

员工戊表示："我的丈夫在临夏市的建筑工程队打工，我在制香厂上班，每个月能拿两千多元的工资。厂房离家很近，既能顾家也能挣钱，解决了我的后顾之忧！我家里是建档立卡贫困户，两个孩子一个在临夏州卫生学校读书，一个在枹罕中学读初中，家里的收入来源主要依靠种地和丈夫外出务工。自从到新平制香'扶贫车间'上班后，不仅解决了自己的就业问题，也能照顾到孩子，农忙时还能顾得上家里的农活。"

总体而言，随着社会的不断发展和变迁，农村妇女的角色定位与生活方式正经历着前所未有的变革。尽管在这一过程中，该群体不可避免地遭遇了诸多挑战与困境，但政府和社会各界的支持和理解，特别是通过提供教育和培训机会、创造灵活的工作环境以及建立新的就业模式，这些举措正逐步缓解这些冲突，有力地促进了该群体向更加多元化、可持续的生活方式转型。这一进程不仅彰显了社会对性别平等的重视，也预示着农村妇女在新时代中更加广阔的发展空间和无限可能（图3-2、图3-3）。

图3-2 新平制香厂工作人员向调研组
进行产品展示

图3-3 调研组参观调研新平制香厂

3. 思想观念再造

临夏州是国家"三区三州"深度贫困地区及甘肃省"两州一县"原深度贫困地区之一，其中江牌村以少数民族群体为主，深受传统观念影响，尤其是"男耕女织"这一根深蒂固的生活理念。这一观念深刻影响着村民们的日常生活与决策。为维持家庭生计，许多妇女不得不留在家中，承担起耕种农田等家务劳动。她们辛勤劳作，但由于缺乏其他稳定的经济来源，面临着就业机会不平等和收入微薄的困境。新平制香厂设立的"扶贫车间"，不仅是一个提供就业机会的场所，更是一项旨在帮助贫困户摆脱贫困、迈向小康生活的重要举措。该车间优先考虑建档立卡的贫困户加入，为其提供一条走向经济独立的途径。对于农村留守妇女而言，这不仅仅是一份工作，更标志着她们社会角色和身份的全新转变。

过去，她们被困于"男尊女卑""男耕女织"等传统的性别观念和刻板印象之中。然而，自其加入"扶贫车间"之后，这些陈旧的观念开始逐渐瓦解。通过参与车间工作，妇女们开始意识到自己的价值，并且在经济上实现了独立。这不仅意味着她们可以自由选择职业，还意味着该群体能够按照自己的意愿提升和改善生活品质。随着收入的稳步增长，她们有能力购买更优质的食品、衣物以及其他生活必需品，家庭的整体生活水平也因此得到了显著提升。这些变化，无疑有助于巩固和扩大脱贫攻坚的成果，推动乡村振兴战略的深入实施。

在偏远乡村，扶贫车间超越了单一生产基地的范畴，成为连接外界与农户之间的桥梁，为周边的村民提供了一个在家门口即可实现就业的机会，这不仅为村民们提供了稳定收入的坚实保障，更让脱贫致富的梦想触手可及，不再遥不可及。在江牌村，每个人都能看到自己辛勤工作后收获的成果——人均月收入稳定在2 000～2 500元，这样的数字对于许多家庭来说，已经成为迈向小康生活的坚实基石。如今，村民们无须再为生计远走他乡，只需走出家门，便能找到这份既稳定又收入可观的工作。企业的蓬勃发展，不仅为当地注入了经济活力，更重要的是它带动了一批又一批贫困群众走向富裕，实现了进入小康社会的美好愿景。正是这样的发展模式和路径，让企业的领航者——王新平，赢得了社会各界的广泛赞誉和高度认可。2019年，他荣获了"临夏州抓党建促脱贫攻坚致富带头人"的殊荣；次年，被评为临夏市"脱贫攻坚先进个人"。这些荣誉不仅是对他个人努力的肯定，更是对扶贫车间这一创新模式成功实践的最好证明。

此外，非遗的传承与创新，作为乡村振兴的有力抓手，通过挖掘和利用非遗资源，开创了一条独具特色且成效显著的发展道路。这一模式与路径，有效激发了贫困群众的就业热情，增强了其致富的信心和决心。贫困户们在这个过程中找到了奋斗的方向和目标，拥有了前进的动力和奔头。总之，扶贫车间与非遗的深度融合，不仅极大地改善了农村的整体面貌，还为广大农民群体提供了一条充满希望的脱贫致富之路。展望未来，济临两地协作将更加紧密，守望相助，携手并进，共同绘制一幅"农业强、农村美、农民富"的乡村振兴美丽蓝图。

（二）空间赋能：非遗工坊促发展

1. 聚焦制香产业升级，拓展女性生产参与空间和机会

随着企业做大做强，香品产量与日俱增，然而市场销路却意外遭遇瓶颈，导致工厂运营面临严峻挑战，难以维系现有工人的生计。王新平深刻意识到，产业扶贫唯有将产业本身做大做强，方能具备更广泛、更深刻地带动群众脱贫致富的能力。鉴于此，王新平毅然决然地带领一众工人踏上了外出"取经"的征途，广泛考察学习，不仅深入挖掘了香产业发展的悠久历史与丰富文化底蕴，还亲赴当地知名的制香企业，全方位、多角度地学习这些企业在生产工艺优化、品牌塑造、市场推广等方面的先进经验与成功模式。通过一系列的学习与实践，王新平带领团队不仅显著提升了产品的质量与竞争力，还强化了品牌意识，积极寻求投资合作，旨在通过放大品牌效应，进一步拓宽在西北乃至更广阔的市场。这一系列战略举措的实施，不仅为企业的持续发展注入了新的活力，更为更多群众实现脱贫致富的梦想奠定了坚实的基础。

"非遗工坊＋"模式，其精髓远不止于非遗技艺在生产领域的简单应用，它是一场深刻的产业革新，旨在通过持续的生产能力提升与生产流程优化，实现产业规模的飞跃式增长。在助力农民增收方面，非遗工坊扮演着举足轻重的角色。这些岗位遍布城乡各处，不仅有效吸纳了女性劳动力，使她们能够兼顾家庭与事业，减少了因外出务工而产生的家庭分离，还显著提升了当地居民的经济福祉，为地方经济的蓬勃发展注入了强劲动力。随着这一进程的推进，地方特色文化逐渐被激活，转化为推动经济前行的强大引擎，这一过程不仅增强了本地居民的文化自信与归属感，还加深了他们对地方文化的认同与热爱。尤为值得一提的是，妇女群体在传统手工艺复兴的浪潮中，不仅找到了可持续的生计方式，还以她们的智慧和创造力，为乡村的可持续发展注入了新的活力与希望。这种从文化自觉到经济自立，由内而外的变革，其深远意义已远远超越了物质层面的增长，它触及了社会结构的深层，对推动社会进步具有深远的意义。

2. 创新就业帮扶模式，促进妇女家庭与工作空间的和谐平衡

作为一名非遗传承人，王新平充分挖掘并利用了非物质文化遗产这一得天独厚的内生动力，通过不懈学习与探索，巧妙地融合传统技艺所蕴含的文化价值和商业价值，将非遗融入现代生活之中，成功将制香打造为临夏市独树一帜的乡村特色产业。他希望在推进乡村振兴的进程中保护好非物质文化遗产，为乡村建设赋能增色。王新平以香为媒，守护着非遗的精神内核，坚守着民族的自信与文化的根脉，面对江牌村内丰富的劳动力资源，制香厂吸纳村内留守妇女就业，有效缓解了农村剩余劳动力的问题。王新平尽可能地将上门找工作的村民都留下来。对于主动上门寻求工作的村民，王新平秉持着开放包容的态度，总是尽自己最大的努力给予接纳与帮助，让这份来自非遗的温暖与力量惠及更多家庭。

非遗不仅是维系乡村生活秩序的重要力量，更是一种激活农村内生活力的源泉。非遗工坊，这一创新实践模式的兴起，正是对这一理念的生动诠释。它通过汇聚村民的智慧与创意，将传统手工艺、民间艺术等非遗融入日常生产与公共生活之中。在这些工坊中，村民们是积极的参与者和创造者。他们在这里学习技能，体验传统工艺，并将其应用于实际生产活动中。这种将知识转化为生产力的过程，不仅增强了村民对本土文化的自豪感，更在合作交流中促进了彼此之间的学习与成长。特别值得一提的是，非遗工坊成为那些长期处于社会边缘的女性和老年人的成长新平台。在这里，她们找到了新的就业方向，增加了一份稳定的收入，更在工作的过程中找回了自我价值，提升了社会认同与地位。这种治理方式有效地促进了社区内部的和谐共处，加强了邻里之间的联系，使得乡村的凝聚力和向心力得到了显著增强。最为关键的是，非遗工坊通过提供多样化的就业机会，有效地缓解了女性在家庭空间与职场发展之间可能出现的冲突。它们提供的不仅仅是工作机会，更是支持和服务，让女性在追求职业梦想的同时，也能兼顾家庭的责任与幸福。这种从"输血"到"造血"的转变，不仅为女性打开了更广阔的发展空间，更让她们在实现个人价值的过程中，绽放出更加耀眼的光芒。这无疑是对妇女地位的一次深刻提升，也是乡村振兴道路上不可或缺的力量源泉。

3. 扶贫与扶志相结合，引领妇女思想观念革新与自我发展

在新内生式发展的核心理念引领下，赋能已成为推动社会进步的重要实践策略。通过多元化、系统化的能力建设活动，如技能培训、教育支持以及就业服务等，提升村民的个人潜能与发展能力。自 2019 年成立以来，临夏市新平制香有限责任公司便以党支部为坚强堡垒，引领企业坚守主业、深耕实业，构建起"党支部＋企业＋就业工厂＋农户"的党建引领发展模式。在这一模式下，党员们充分发挥"传帮带"的先锋模范作用，通过面对面教学、手把手传授，将贫困劳动力培养成为技艺娴熟的工匠与生产的中坚力量。在日常生产管理中，公司不仅注重技能的提升，更重视思想的引领，教育引导贫困党员群众"听党话、感党恩、跟党走"，树立"穷则思变、变则思干"的进取精神，鼓励他们用勤劳的双手摆脱贫困，摘掉贫困帽子，迈向富裕之路。党的坚强领导在创新创业领域的引领作用日益显著，有力助推巩固拓展脱贫攻坚成果、实施乡村振兴战略行稳致远。尤为重要的是，妇女作为家庭核心、社会进步和经济发展的重要推动者所扮演的不可或缺角色。通过实施一系列针对性强、实效性强的教育培训项目，旨在激发女性内在的潜能与力量，帮助其树立正确的价值观与积极的生活态度，实现从被动接受援助到主动寻求进步发展的转变。这不仅能够推动经济的持续增长，还能显著增强社会的整体凝聚力与和谐度。通过扶贫与扶智的紧密结合，形成新的扶贫新合力，为江牌村妇女构建起了一套脱贫的长效机制。

五、结论与展望

制香厂，凭借其低廉的投入成本、广阔的市场前景以及显著的带农增收效益，已崛起为一项极具潜力的富民产业。它不仅为江牌村经济注入新的血液，更成为驱动周边农户就业、提升民众生活品质的重要引擎。面对这一历史机遇，制香厂应锐意进取，积极作为，致力于将这一传统产业推向更加辉煌的发展阶段。

首先，立足现有基础，持续优化并完善一系列扶持政策体系，包括但不限于融资支持、技术引进、用工保障以及能源使用等各个方面。全方位保障制香厂的稳健前行。

其次，秉持开放包容的学习态度，积极向制香产业发达地区取经，通过深度合作与交流，引入先进的管理理念与生产技术，实现资源的高效整合与优势互补，从而在竞争激烈的市场中占据一席之地。

再次，紧密围绕市场需求，不断强化产品创新和研发能力。这要求制香厂持续洞察消费者偏好，勇于尝试新材料、新工艺，不断推出独具匠心、符合时代潮流的香品，以满足市场日益多元化的需求。

又次，加大人才引进与培养力度，构建高素质的技术团队，以匠心精神提升产品质量，丰富产品矩阵，并精心打造具有鲜明地域特色的品牌形象。通过品牌的力量，拓宽市场边界，增强企业的核心竞争力。

最后，构建完善的联农带农机制是实现制香厂可持续发展的关键。通过为农户提供稳定可靠的就业岗位，增加其经济收入，激发其创业活力与参与热情，形成"企业＋农户"共赢共生的良好生态。这一机制不仅能有效促进群众收入的稳定增长，还能为农村经济的全面繁荣注入强劲动力。在此过程中，应深入挖掘并传承中华优秀传统文化，将其融入产业发展之中，使之成为推动乡村振兴的独特优势与核心竞争力。江牌村的乡村振兴之路，正是要在这条以文化为魂、产业为体的道路上，坚定前行，开创未来。

置身江牌村扶贫车间的院落中，耳畔回响着机器轰鸣的声音，鼻尖轻绕着由各式香料与工匠们满腔热情交织而成的馥郁香氛。这不仅是生活的调味剂，更承载着对未来的无限憧憬与希望。在此，衷心感谢所有参与本次调研的受访者，是你们的热情参与和宝贵建议，让我们的调研工作得以顺利展开，滋养了我们的思考与探索。展望未来，愿制香厂的"钱"景广阔，为江牌村带来更加繁荣兴旺的明天。

参考文献

陈国申，陈文倩，2020. 乡村振兴背景下女性地位的成长与跃升：基于山东三个村庄的个案调查 [J].
　江苏海洋大学学报（人文社会科学版）（4）：133-140.
陈义媛，李永萍，2020. 农村妇女骨干的组织化与公共参与：以"美丽家园"建设为例 [J]. 妇女研究
　论丛（1）：56-66，109.

方励筠，2022. 基于赋权增能的农村女性乡村振兴参与问题研究［J］. 山西农经（3）：10-12.

海莉娟，2019. 从经济精英到治理精英：农村妇女参与村庄治理的路径［J］. 西北农林科技大学学报（社会科学版）（5）：48-56.

黄快生，2021. 妇女参与乡村振兴：制度困境与政策选择［J］. 社会科学家（4）：126-132.

姜佳将，2018. 流动的主体性：乡村振兴中的妇女意识与实践［J］. 浙江学刊（6）：116-123.

觉安拉姆，李霖，段阳，等，2019. 西藏非物质文化遗产保护的思路、策略、模式研究［J］. 西藏大学学报（社会科学版）（3）：41-48.

廖和平，朱有志，2021. 试论新时期与新时代农村妇女的"超半效应"［J］. 湘潭大学学报（哲学社会科学版）（2）：43-50.

马玉清，2022. 乡村振兴背景下农村妇女就业对自身及家庭地位的影响研究［J］. 农村经济与科技（17）：261-263，282.

强乃社，2012. 资本主义的空间矛盾及其解决：大卫·哈维的空间哲学及其理论动向［J］. 学习与探索（12）：26-33.

冉思伟，2014. 列斐伏尔：空间及其生产——一位西方马克思主义者的理论探险［J］. 中共宁波市委党校学报（1）：16-23.

苏醒，田仁波，2019. 乡村振兴战略背景下女性社区精英的角色实践：基于云南大理州云龙县 N 村旅游社区的个案考察［J］. 云南社会科学（1）：122-131.

吴巧红，2018. 女性在乡村旅游助推乡村振兴中的作用［J］. 旅游学刊（7）：10-13.

杨宝强，钟曼丽，2022. 从"缺场"到"在场"：乡村振兴背景下少数民族农村妇女参与村级治理研究［J］. 西南民族大学学报（人文社会科学版）（11）：202-208.

易玲，肖樟琪，许沁怡，2021. 我国非物质文化遗产保护 30 年：成就、问题、启示［J］. 行政管理改革（11）：65-73.

张欢欢，陶传进，2020. "赋权理论"视角下农村妇女参与乡村振兴的路径研究：以 S 公益项目为例［J］. 贵州社会科学（3）：161-168.

张淑华，徐婷婷，2022. 当代乡村女性的网络空间生产与角色困境：以豫中乡村为例［J］. 新闻与传播研究（11）：17-38，126-127.

中共中央马克思恩格斯列宁斯大林著作编译局，1995. 马克思恩格斯选集. 第 2 卷［M］. 北京：人民出版社.

中共中央马克思恩格斯列宁斯大林著作编译局，1995. 马克思恩格斯全集. 第 30 卷［M］. 北京：人民出版社.

地方优势与资源整合：非遗助力乡村振兴的创新实践
——以青海省黄南藏族自治州同仁市隆务镇吾屯下庄村为例

一、问题提出

《中共中央关于制定国民经济和社会发展第十四个五年规划和二〇三五年远景目标的建议》中提出非物质文化遗产系统性保护，提升公共文化服务水平，促进满足人民文化需求和增强人民精神力量相统一，推进社会主义文化强国建设。非遗的保护传承既是一项关乎国家文化繁荣的重要事业，又深刻融入国家政治发展的宏大叙事之中，构成公共文化服务不可或缺的一环。少数民族非物质文化遗产有其独特的魅力与价值，是中华优秀传统文化的重要组成部分。

同仁市，在藏语里的意思是"热贡"，意为"金色谷地"。这里是我国藏、汉、回、土、撒拉等多民族的聚集区，也是青海省非遗保护最集中的地区。作为藏传佛教艺术重要组成部分的热贡艺术是当地最具影响力的艺术，它包括唐卡、堆绣、雕塑、建筑彩画、酥油画等多种艺术形式，其内容涵盖藏族宗教、哲学、历史、民俗和艺术等，被誉为"中华民族艺术宝库中的一颗瑰丽的明珠"。热贡唐卡文化产业，凭借其鲜明的民族特性在众多文化产业中脱颖而出。热贡唐卡不仅是热贡地区文化底蕴与艺术成就的杰出象征，更是国际文化交流的一张亮丽的名片。据统计数据，青海省内90％的唐卡艺术品均出自热贡的吾屯村。

本研究将从两大维度展开：首先，聚焦于青海省黄南藏族自治州同仁市隆务镇吾屯下庄村的唐卡艺术文化产业这一地方资源，探讨其传承方式，分析乡村人才振兴机制，关注非遗传承人如何利用地方优势资源，激活内生发展动力，为地区经济的可持续发展注入新活力。其次，关注该区域基于资源联结形成的特色经营模式，注重资源如何驱动产业升级、优化及创新经营模式。最后，总结资源整合背景下，非遗助力乡村振兴背后的成功经验，并提出展望。本研究旨在通过唐卡艺术助力贫困农户增收、促进脱贫攻坚与乡村振兴无缝对接的具体实践案例，为其他地区提供可借鉴的成功模式，同时也为相关领域的学术研究开辟新的视野与思路，促进理论与实践的深度融合。

二、文献回顾与分析框架

（一）文献回顾

党的二十大报告明确将全面推进乡村振兴作为加快构建新发展格局、驱动高质量发展的核心战略之一。在乡村振兴进程中，深入挖掘与高效利用本土文化资源，特别是那些既承载民族精神又契合现代社会发展需求的非物质文化遗产，已成为激活乡村经济活力和内生动力的关键资源。关于非遗助力乡村振兴的相关研究，学界深入探讨了"传承—开发—推广"的非遗手工艺发展路径，以及乡村经济从"个体—群体—区域"由点到面的递进式扩展模式。分析维度详尽，主要涵盖以下几个方面：首先，聚焦于乡村振兴背景下非遗的功能与价值。陈萱等（2024）强调，中国传统乡村非遗技艺的创造性转化与创新性发展，离不开对非遗资源深层价值的挖掘，这主要体现在技术、社会与文化三重维度。技术价值作为非遗文化资源的基石，根植于传统技艺的传承与创新；社会价值则促进了地方社会的凝聚力与个体身份的认同；文化价值既是历史的见证，又与现代发展需求不断交融。其次，探讨非遗助力乡村振兴的策略与路径。张文静等（2023）通过实地调研与案例分析，指出将乡村旅游资源与地方特色非遗相结合，实现文旅深度融合，是推进乡村振兴的有效途径。王彦（2023）进一步提出，激发非遗主体的内在动力，是驱动乡村文化产业发展的关键。同时，持续创新"非遗＋产业"的发展模式，利用互联网与电子商务等新兴技术，提升非遗产品的市场竞争力，不仅能够促进非遗的传承与发展，还能有效扩大就业，带动农民增收。最后，重视非遗传承人的培养与队伍建设。在乡村振兴的进程中，加强非遗"活态"保护，积极培育新农村手艺人及传承人，壮大人才队伍，是确保非遗生生不息的重要策略。此外，还有学者从女性视角入手，认为女性非遗传承人技艺的发展已经成为乡村振兴过程中农村女性创业就业的热点和优秀文化传承的亮点，彰显了农村女性智慧美丽、勤劳朴实的品格。由此，提出注重女性非遗传承人在非遗的传承和保护中的重要作用。这不仅壮大了非遗保护的人才队伍，更是实现乡村人才振兴的具体体现，为乡村振兴提供了坚实的人才支撑。

当前，乡村振兴进入新发展阶段，非遗作为一项重要的乡土资源，能为地方的经济发展带来新的动力。本研究将立足地方特色优势资源，结合资源整合理论，构建非遗助力乡村振兴的分析框架，通过具体典型案例对地方特色资源——唐卡艺术这一非遗助农增收的实践进行实地考察，弥补现有研究的不足。这对于促进产业的长效发展和深度贫困地区乡村振兴的实现具有重要理论意义。

（二）分析框架

学界关于资源的研究成果丰硕，普遍认为资源是在特定社会历史背景下，能够被人类开发利用或在社会经济活动中通过劳动创造出来的各类财富与资产的集合体。费孝通认为"人类通过文化的创造，留下来的、可以供人类继续发展的文化基础，就叫人文资源"。也有学者将其定义为"那些在社会经济运行过程中形成，以人的知识、精神和行为为内容，本身不直接表现为实物形态，能为社会经济的发展提供对象、能源的要素组合"。本研究探讨的非物质文化遗产，不仅是人类文化宝库中的重要元素，更是典型的人文资源，其范畴既涵盖口头传统和表现形式、表演艺术、社会实践与节庆仪式、关于自然界和宇宙的知识和实践、传统手工艺等多种形态的文化资源，也包括非遗保护与传承不可或缺的力量源泉——人力资源。这些人文资源承载着历史的记忆，在现代社会中展现出新的生命力，为乡村发展注入新动能。

鉴于资源的稀缺性特点，对资源进行有效整合势在必行。资源整合理论（RIBV），其渊源可追溯至企业管理领域，认为资源整合是指"企业绑聚相关资源以形成和改变企业能力的过程"。这一过程中，一方面强调各主体之间的互动，另一方面注重各主体之间交互的创造性结果和价值。董保宝等（2011）认为资源整合是创业者或企业从多元化、多层次、异质性及多样化来源的创业资源中，实施识别筛选、吸收配置、激活利用及深度融合的一系列复杂而动态的举措，旨在使资源体系更加灵活、有序、系统且增值，同时催生新资源的诞生。孙秀梅等（2021）则明确了资源整合在企业资源管理架构中的核心地位，它不仅是资源获取的自然延伸，更是通过精细化的资源组合与配置，为企业创造持续价值的关键路径。

综上所述，资源的整合效率与质量直接关系到资源潜力的充分挖掘与效能的最大化释放。资源整合往往是一个复杂而精细的过程，它旨在将区域内外部的显性资源与隐性资源巧妙融合，从而构建一个有机统一、和谐共生的资源生态系统。这一过程不仅促进了资源的优化配置与高效利用，还激发了新的价值创造与协同效应。在这一框架下，资源被视为基石，整合则是通往高效利用的关键桥梁。本研究结合青海省黄南藏族自治州同仁市隆务镇吾屯村的唐卡艺术文化产业这一地方特色资源，运用资源整合视角，关注原本分散、孤立的资源元素融合为一个协调一致、功能互补的整体系统的过程，旨在实现资源配置的最优化与整体效能的最大化。

三、案例选择与案例呈现

（一）研究方法与案例选择

本研究旨在深入剖析隆务镇吾屯下庄村如何依托其独特的地方优势资源，紧密契合市场动态与发展需求，借助非遗的传承与创新发展策略，实现资源的高效转型与增值，促进农户收入的增长。为确保研究的全面性与准确性，调研组综合运用了多渠道的数据收集方法：核心数据来源于调研组于 2023 年 7—8 月，在吾屯村多个唐卡艺术画室进行的参与式观察与深度访谈，这些第一手资料直接而生动地展现了当地如何在时代背景下，深度挖掘并激活本土优势资源的潜力；同时，辅以政府官方网站发布的权威信息、新闻报道的广泛视角以及合作社内部档案的详尽记录等二手资料，构建起一个立体、可靠的研究框架。通过对这些资料的精心归类与深入分析，本研究力图深刻揭示吾屯村如何通过产业（特别是唐卡艺术）的蓬勃发展实现资源的有效整合，不仅促进了该产业的持续壮大，还显著拓宽了农户的增收渠道，展现了在脱贫攻坚与乡村振兴有效衔接过程中，一条独具特色的路径实践与模式创新。

（二）案例呈现

坐落于隆务河谷的吾屯村，隶属于黄南藏族自治州同仁市隆务镇，由吾屯上庄、吾屯下庄和加仓玛三个行政村共同组成。作为藏族文化瑰宝"热贡艺术"的发祥地，吾屯下庄村内矗立的吾屯下寺，承载着 600 余年厚重的历史底蕴，殿堂巍峨，装饰华丽，寺内珍藏着数量庞大的唐卡、堆绣、酥油花等艺术珍品，具有较高的文物、艺术价值。吾屯下庄村是热贡艺术制作的重镇，全村有近 95％的农户从事热贡艺术品的加工制作，基本是"家家有画室、人人是画师"，素有"唐卡村"的美称。

青海省丰富的文化资源尤其是唐卡艺术，蕴藏着巨大的发展潜力。它不仅是丰富的地方性文化艺术瑰宝和地方特色资源，更是文旅深度融合的关键媒介，架起了人文资源向地区经济优势转化的桥梁。为积极响应主体资源优势背景下，通过非物质文化遗产——唐卡艺术及其传承人的力量，带动农户增收、巩固拓展脱贫攻坚成果并有效衔接乡村振兴的时代要求，本研究立足于地方资源优势与资源整合理论，深入探索唐卡艺术如何依托地方独特的文化资源优势，促进产业繁荣、推动农户实现规模化生产的路径。

四、案例分析

（一）地方资源：唐卡艺术的传承与乡村人才振兴

1. 吾屯下庄村唐卡艺术的制作流程

唐卡，这一艺术瑰宝，是热贡人民将繁复的绘制技巧、多样化的工具、珍稀的矿物与植物颜料，与其深厚的宗教信仰、艺术情感及生存智慧巧妙融合的结晶。其创作过程涵盖多个精心细致的工艺步骤。

第一步，处理画布。画师们会选择无瑕的、质地均匀、平滑且略厚的白棉布作为基底，确保其上无污点、无瑕疵、无小孔或裂缝。画布被涂上胶水以增强其稳定性，防止吸附颜料，然后打磨至平滑，以便于后续的绘画和着色。

第二步，勾勒底稿。这一过程严格遵循唐卡造像的度量规则，从佛像的骨架到衣饰、璎珞、宝冠等装饰，再到山水风光、花草鸟兽及楼台亭阁等背景元素，每一笔都蕴含着精致、耐心。

第三步，染色与勾线。画师们运用珍贵的矿物与植物颜料，如金、银、珊瑚、珍珠以及朱砂、大黄、蓝靛等，在底稿上着色，勾线时，一气呵成，丝丝缕缕，根根分明，讲究的是"一笔勾好，不能停顿，不然会影响唐卡的质量"。

第四步，处理细节。绘制完成后，对细节进行雕琢，如勾金线、贴金箔，然后进行装裱，包括写上藏文或梵文咒语和彩缎装裱。

第五步，开光加持。这是为唐卡赋予超越物质层面的宗教意义与灵性的重要环节，一般会选择吉日，举行开光仪式，由高僧活佛诵经加持。

2. 吾屯下庄村唐卡艺术的传承与人才培养

（1）家庭传承。在吾屯下庄村，绘制唐卡已经成为一种深深植根于民众心间的传统技艺，几乎每一户家庭都流淌着这门艺术的血脉。村内成年男子，大多以唐卡画师的身份生活，他们传承着这一古老的艺术形式，通过自己的双手让唐卡的魅力得以延续和发扬。自幼年起，孩子们便在父亲的悉心指导下，踏上探索唐卡艺术之旅，通过观察、模仿、练习唐卡的绘制。起初，这种学习之旅轻松、自由，父亲们以开放包容的心态，引领孩子们感受艺术的魅力，激发他们的兴趣。然而，随着年岁的增长，大约 10 岁，学习之旅开始步入正轨，逐渐变得系统且严谨。在这个阶段，父亲们会精心为孩子们制定一套全面的学习计划。从度量经的掌握，到矿石颜料的磨制；从色彩搭配的技巧，到勾金线的精确，再到开眼那一刻的神韵捕捉，每个环节都蕴含着深厚的艺术智慧与严格的技艺要求。在日复一日的刻苦训练中，孩子们逐渐领悟到唐卡绘画的精髓。这样的学习，需要花费 4~5 年的时间，正是这段宝贵的经历，让他们学会了绘制唐卡的技艺，在其心灵深处种下了对传统文化的热爱与尊重。

吾屯下庄村有一种别具一格的"家庭传承扩展模式"。在此模式下，若家庭内部父辈不具备或仅具备有限的唐卡绘制技艺，他们会选择将下一代送往在绘画领域造诣深厚的亲戚家进行学习、训练和培养。因此，村里那些技艺精湛、声名远播的画师，常常扮演着双重角色——既是艺术创作者，也是教育者，他们的家中常聚集着来自不同家庭的年轻学徒，其中不乏亲戚子弟。以普华大师为例，访谈时他说道："在我指导的众多孩子中，有几个是我亲戚的孩子，他们平时在学校上学，周末跟随我学习唐卡绘画。"这种相互交叉拜师学艺的现象在吾屯下庄村蔚然成风，不仅深化了家族成员之间的情感联系，更在无形中编织了一张紧密的艺术传承网络。它确保了唐卡技艺在家族内部的延续，促进了技艺的相互借鉴与融合。

（2）师徒传承。吾屯下庄村另一种重要的传承模式是师徒之间的知识传递，它正逐步重塑唐卡艺术的传承格局。往昔唐卡技艺的传承，一直遵循着"传内不传外、传男不传女"的陈规。如今，这一陈规已经被彻底打破，取而代之的是更加开放与包容的传承理念。在吾屯下庄村，不论是世代居住的居民，还是远道而来的访客；无论是亲朋好友，还是陌生的仰慕者，只要怀有对唐卡这门艺术的热情，村里的画师都将以宽广的胸怀接纳其为弟子。在吾屯下庄村，这种新型的传承模式，通过以下几种方式得以生动展现。

第一，家庭式师徒传承模式。

这一模式超越了血缘的界限，聚焦于画师与学徒之间深厚的师徒情谊。学徒的招募，主要依赖于熟人的推荐，既有来自本村的，也有来自外地的。为营造一个有利于学习的环境吸引和留住学徒，画师通常会慷慨地提供食宿与丰富的学习资源，并根据学徒的实际需求，适度发放生活补贴，以解其后顾之忧，使之能全身心地投入唐卡艺术的探索之中。以吾屯下庄村杰出的画师夏吾完德为例，其门下汇聚了众多来自不同地域、背景各异的学徒。经过三年的勤勉学习，他会根据每位学徒的绘画技艺与成长进步，给予相应的薪酬，对他们的辛勤付出予以肯定，同时也是对他们艺术成就的一种认可与鼓励。通过这样的方式，不仅传承了唐卡艺术的精髓，更在无形中培养了新一代艺术人才对唐卡艺术的热爱与执着。

第二，画院体系内的师徒传承模式。

该模式不仅是热贡地区的特色，更是该区域文化传承的不可或缺的重要载体。深入探索吾屯村的数家画院，不难发现其共性：首先，这些画院的创立者均为唐卡艺术领域的绘画大师，他们凭借深厚的艺术造诣和丰富的技艺经验，为画院注入了强大的艺术底蕴。其次，这些画院的功能远不止于技艺传授，还兼具并融合了学校的教育功能。画院不仅规模宏大，师资力量雄厚，加之相对开放的入学政策，吸引了众多学徒前来学习。为了鼓励和支持学徒们，画院不仅提供免费食宿和补贴，还特别关注贫困家庭的学徒，为他们铺设了一条通往艺术殿堂的坦途，让他们有机会接受专业的艺术培训。热贡龙树画苑、青海神域热贡画院、青海才巴热贡唐卡画院等，在热贡地区发挥着举足轻重的作用，为传承和发展唐卡艺术做出了积极的贡献。这些画院不仅是热贡地区唐卡技艺传承的重要基地，也是新一代艺术人才孕育与成长的摇篮（图3-4、图3-5）。

（二）资源联结：唐卡产业的生产经营与乡村产业振兴

1. 家庭作坊式生产经营模式

在吾屯下庄村，以家庭为单位，深度融合传统技艺与现代市场的生产经营模式，被形象地称为"家庭作坊式经营"。该模式的核心在于以家庭为基本单元，自主完成唐卡的绘制与直接销售。基于实地调研与观察，该模式可细化为以下两种类别。

（1）"自给自足、直销为主"的传统型家庭作坊。这类作坊中，保留了最为纯粹与原始的运作模式，家庭成员既是技艺的传承者，也是市场的开拓者。此类工坊直面市场与顾客，省去了烦琐的中间环节，确保了唐卡的纯正品质与快速流通。它们不仅是技艺传承的宝贵载体，更是维系地方文化与经济生态平衡的重要支柱。

图 3-4 调研组参观调研吾屯下庄村
党群服务中心

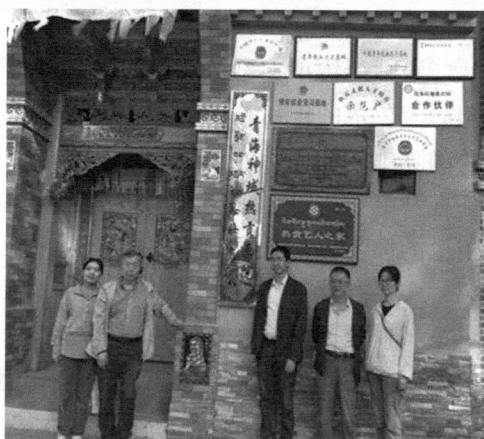

图 3-5 调研组参观调研青海神域热贡画院

（2）"技艺传承、市场导向"的扩展型家庭作坊。随着市场需求的日益增长与产业化浪潮的推动，扩展型家庭作坊在保留并弘扬传统工艺精髓的同时，开始寻求规模上的扩展，展现出对市场动态的敏锐洞察与灵活应变能力。他们通过吸纳更多家族成员的加入或聘请外部工匠以增强生产力，不仅提升了内部生产效率，还深刻认识到市场营销与品牌建设的重要性，通过多元化的营销策略与精心打造的品牌形象，不断拓展销售网络，触及更广阔的消费群体，为地方经济的繁荣与发展贡献了新的动力。

2. "作坊式"企业的生产经营模式

在吾屯下庄村，"作坊式"企业模式已蔚然成风。得益于地方政府的积极扶持，这一模式正稳步崛起，成为该村经济发展的新引擎。值得注意的是，尽管部分企业的内核仍保留着传统家庭作坊的特点，但外显的层面融合了企业化的管理框架、宣传策略及销售渠道。这种"企业＋农户"的模式，以其规模小、家庭化运营为鲜明特色，其团队构成精简而高效，主要由家族成员——父亲、子女及少数精心挑选并培养的徒弟组成。这种结构确保了传统技艺得以延续，还赋予了企业高度的自主决策权和灵活性，使之能在瞬息万变的市场中独立承担生产、经营决策，并直接面对盈亏挑战。一方面，企业的正式注册使家庭能够与客户建立稳固而持久的合作关系。通过持续的互动与合作，企业逐渐积累了良好的市场口碑，孕育出独特的品牌文化，提升了企业的市场竞争力。另一方面，工商注册赋予了企业正式身份，使其在参与全国性文化博览会等高端平台时，能够更容易地获得关注与支持。这不仅提升了企业的知名度和信誉度，更为其提供了展示热贡艺术魅力、推广唐卡艺术的绝佳舞台。

3. 画院经营的生产经营模式

在热贡这片文化底蕴深厚的土地上，画院不仅是唐卡艺术传承与保护的胜地，更是推动其向现代化、产业化转型的核心驱动力。画院不仅肩负着培育新一代唐卡画师、传承精湛绘制技艺的教育使命，还集创作生产、市场推广、技艺传承研究及文化遗产保护等多重功能于一体，构建了一种集产业、教育与科研于一体的创新模式，与当代高校与企业之间的深度合作模式有异曲同工之妙。

吾屯下庄村，已孕育出如热贡龙树画苑、热贡福田画院及青海神域热贡画院等一系列杰出的画院，它们各自绽放光彩，共同绘就了热贡唐卡艺术产业化的壮丽画卷。其中，热贡龙树画苑作为新兴力量迅速崛起，其成功经验与模式为吾屯下庄村乃至整个热贡地区的唐卡产业化发展树立了典范，引领着整个行业不断探索。

4. 寺院经营的生产经营模式

在吾屯下庄村，由寺院经营的模式可划分为两类：第一类是直接受寺院驱动的生产经营模式。吾屯下寺的殿堂之畔，一家专营唐卡制作与销售的店铺引人注目。这里的画师久美塔珂身兼二职，既是虔诚的寺院僧人，又是技艺高超的唐卡大师，他的日常在诵经祈福与绘笔勾勒之间自然切换。吾屯下庄村与吾屯下寺之间形成了"以村养寺、以寺养村"的和谐共生关系。村民们通过虔诚的供奉，向寺院祈求福祉与庇护；寺院，作为信仰的灯塔与心灵的归宿，其权威性和影响力直接促进了唐卡销售，使之成为信众首选的请购之地。这一模式不仅加深了村民与寺院之间的情感纽带，更为唐卡艺术的传承与发展注入了不竭的动力。第二类是间接依托寺院资源的生产经营模式。其中，寺院僧人扮演着多重角色：他们既是唐卡艺术的创作者，又是连接市场的桥梁。这些僧侣亲手将自己创作的唐卡推向市场，巧妙地担任起中介的角色，构建起"消费者—僧人—生产者"的独特交易路径。僧人们凭借其广泛的社交网络和影响力，成为推动唐卡艺术市场繁荣的重要力量。他们的每一次推介与引导，都直接或间接地促进了唐卡艺人的经济收益（图3-6、图3-7）。

图3-6　普华大师向调研组讲解其所绘制的唐卡　　图3-7　调研组参观调研吾屯下寺门户之侧

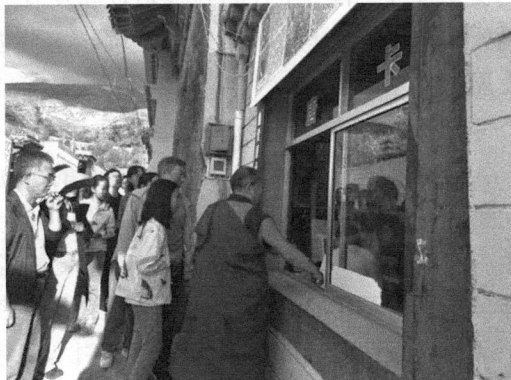

五、资源整合：非遗赋能乡村振兴的经验总结与规律探索

随着吾屯下庄村唐卡传承模式的不断演进与唐卡艺术家群体的日益壮大，唐卡艺术已从神圣的寺院与家庭供奉中走出，逐渐融入民间，进而跨越地域界限，不仅在国内广泛流传，更跨越国界，享誉全球。吾屯下庄村正式踏上了以唐卡艺术为核心，融合热贡艺术制作、市场推广与旅游观光于一体的综合性艺术产业化发展道路。以热贡艺术为灵魂的文化

企业如雨后春笋般涌现，它们以唐卡产业为主导，构建起一条从创作、生产到销售的全链条发展模式。同时，热贡艺术从业者队伍的不断扩大，进一步推动了这一艺术形式的传承与创新。在与村民的交谈中，调研组发现，"家家有画室、人人是画师"已成为这里的生动写照。据统计，吾屯下庄村有村民共计 400 余户，其中 350 户都依靠绘制唐卡为生。这份对艺术的执着与热爱，汇聚成一股不可小觑的力量，共同书写着吾屯下庄村唐卡产业的辉煌篇章。

（一）立足优势，挖掘地域性特色文化元素和资源

在青海省推进民族特色旅游景观镇的发展进程中，关键在于凸显其地域的独特魅力，并牢固树立环境保护的核心理念，确保开发活动与自然环境的和谐共生。鉴于各地特色景观镇所面临的自然、人文、政治、经济、环境的差异性，各镇需秉持因地制宜的智慧，深入挖掘民族特色元素，同时积极培育与发展具有鲜明民族产业体系，以实现可持续发展与文化传承的双赢局面。

吾屯下庄村是"国家级文化产业示范基地"，以其独特的唐卡产业闻名。然而，这片土地的魅力远不止于此，它还蕴藏着令人叹为观止的景观资源与深厚的文化底蕴。村里矗立着一座始建于 1385 年的古老寺院——吾屯下寺，该寺主为备受尊崇的活佛"智格俄仁巴仓"。这座寺院规模宏大，包含雄伟的大经堂、庄严的弥勒殿、神秘的护法殿以及供僧人休憩的茶房，总占地面积约达 80 亩，展现出浓厚的宗教文化氛围。寺院门外矗立着象征解脱与智慧的"解脱八尊佛塔"，是信徒们心中的圣地，也是建筑艺术的瑰宝。吾屯下寺承载着丰富历史与文化价值，已被列为国家级文物保护单位，成为吾屯下庄村吸引游客的文化符号。吾屯下庄村积极培育和发展与民族文化紧密相关的特色产业，如手工艺品、民族服饰、特色美食等，以此增强游客旅游体验的深度与广度，促进地方经济的多元化发展。

（二）文旅融合，引领发展新风尚

近年，随着西部民族地区旅游业的蓬勃发展，热贡地区亦迎来了旅游业的黄金时期。在这片充满魅力的土地上，游客如织，其中既有怀揣虔诚之心前来热贡寺院祈福的信徒，也有对藏文化及艺术充满浓厚兴趣的爱好者。据吾屯下庄的村民介绍，购买唐卡的顾客群体呈现出多元化的趋势。一方面，是那些热衷于藏族艺术品收藏的商界人士，他们不仅出手阔绰，而且常常批量采购，所购唐卡工艺精湛且价值连城；另一方面，则是普通的游客，他们挑选一两幅精美的唐卡作为旅行中的纪念。这样的市场格局，彰显了唐卡艺术的广泛吸引力，也进一步推动了热贡地区旅游与文化的深度融合与发展。

吾屯下庄村匠心独运，为游客量身打造了一种迷你版的唐卡艺术品，这些小巧精致的作品既可作为钥匙扣的时尚配饰，又能作为个性化的佩戴饰品，还可以挂在车内增添文化韵味，是备受欢迎的旅游纪念品。这些创意产品让游客们带走一份关于热贡的美好记忆，更在无形中促进了唐卡艺术的广泛传播与深度认可。此外，吾屯下庄村还不断拓展产品线，推出了涵盖旅游纪念品、堆绣、刺绣以及藏式家具等在内的多样化产品系列，旨在满足不同消费者的多元化需求。这一系列举措，使得热贡唐卡艺术跨越了传统界限，走进千

家万户，让更多人有机会近距离接触并爱上这一独具魅力的艺术形式，从而促进热贡文化的传承与发展。

（三）塑造非遗特色品牌文化，传承与创新并重

近年，黄南州致力于热贡文化生态保护区的全面发展，强化了该区域内多元民族文化的整体性保护体系，深入挖掘了热贡艺术这一独特文化遗产的精髓与魅力，旨在将热贡艺术这张"金色名片"推向更广阔的舞台。目前，热贡艺术的传承足迹已跨越地域界限，延伸至北京、上海、甘肃、西藏、四川、内蒙古、山西等多个省、自治区、直辖市，展现出其跨越时空、生生不息的强大的生命力和传播力。

在黄南州政府的有力引导下，吾屯下庄村勇敢地迈出了向外拓展的步伐，他们通过集中化的艺术培训、技艺传承以及大型精品唐卡的创作与绘制，成功塑造并推广了热贡艺术品牌。除唐卡艺术外，吾屯下庄村的居民还掌握着一项独特的传统技艺——泥塑。他们巧妙地将黏土与少量棉花纤维相结合，经过精心捣制形成人物泥坯，再历经阴干、上底粉、细致彩绘等复杂工序，最终创作出栩栩如生的艺术品。这一技艺早在 2006 年便已被列入国家级非物质文化遗产名录，彰显出其深厚的文化底蕴与非凡的艺术价值。2023 年 7 月，在吾屯下寺，一尊高达 13.10 米、长 7.18 米、厚 2.78 米的千手千眼观音菩萨泥塑鎏金像震撼问世。该作品采用精湛的泥塑工艺制作而成，其规模之宏大、工艺之精湛，经世界纪录认证（WRCA）官方严格审核后，被正式确认为热贡艺术领域内"世界最大的泥塑千手千眼观音像"，再次向世界展示了热贡艺术的不朽魅力。

（四）营造人文社会氛围，强化产业根脉文化

文化，是人类在长期的历史实践过程中创造的精神文明成果。吾屯下庄村的居民自豪地宣称，他们的家园正是"热贡唐卡艺术之根脉所在"，这份归属感与自豪感深深植根于他们心中。对于他们而言，能够成为"热贡拉索"，即热贡唐卡艺术的传承者与创作者，是生命价值的充分体现，更是通往被社会广泛尊重与敬仰的荣耀之路。

热贡唐卡，作为藏传佛教艺术殿堂中的璀璨瑰宝，蕴含着无尽的智慧与信仰。当地居民对它的热爱与传承，不仅源于对宗教的虔诚，也在于它深厚的文化底蕴和经济价值。对他们而言，绘制唐卡不仅能够修行养性，也能将这一技艺转化为经济资源，为家庭带来稳定的收入。这种文化自信和自觉，是热贡唐卡得以世代相传的重要动力。在绘制唐卡的过程中，画师们倾注心血，每一笔、每一画都蕴含着他们对美的追求与对信仰的敬畏。他们巧妙地将信仰的力量与高超的技艺融为一体，创作出了一幅幅精美绝伦的艺术品。这些唐卡，不仅可以装饰寺庙、点缀信徒家居，更是寄托希望与祈愿的神圣媒介。正是这份对本民族文化的深刻认同与自觉传承，为热贡唐卡注入了源源不断的生命力与活力。

（五）政府与艺人跨界合作，携手推动文化治理创新

当前，热贡唐卡艺术的持续繁荣与蓬勃发展，其核心聚焦于三大支柱：对深厚文化底蕴的珍视与保护、对精湛技艺的传承与弘扬，以及在此基础上的创新发展与时代融合。这三者相辅相成、相互依存，而传承作为基石，其关键在于人的作用——传承人的角色至关重要。

吾屯下庄村在传承与弘扬热贡唐卡艺术的道路上，展现出了前瞻性的视野与坚定的决心，成功构建了一套全面而完善的唐卡传承人制度。该制度旨在强化传承人在艺术创作、技艺传授及文化延续中的核心作用。这一制度确保唐卡艺术在商业化进程中能够保持其独特的艺术风貌和文化精髓，避免被同质化或异化。依托国家到地方层级分明的热贡艺术传承人网络，吾屯下庄村创新性地将这一体系延伸至村级层面，设立了村级传承人机制，以家庭作坊为基点，广泛吸纳并培养新一代画师，形成多层次、广覆盖的传承人队伍。同时，建立系统化的管理机制、晋升机制及激励机制，激发传承人的积极性和创造力。鉴于当前传承人及潜在学徒普遍存在的文化素质短板，通过增加资金投入和政策支持，构建了一系列多元化、高层次的交流平台，促进知识共享与技艺交流。此外，鼓励优秀传承人走出国门，开阔国际视野，激发创新思维。为进一步提升整体技艺水平，吾屯下庄村定期举办专业性强、针对性高的培训课程，邀请知名唐卡艺术大师亲临授课，传授宝贵经验。这一系列举措强化了传承人的专业素养，为热贡唐卡艺术的持续繁荣与创新发展奠定了坚实的基础。

在唐卡文化的守护、技艺的传承及其向产业化迈进的征途中，传承者扮演着无可替代的核心角色，他们不仅是文化脉络的守护者与文化精髓的承载者，更是技艺传承与创新的驱动力。因此，确保传承人的全面培养与持续支持，是唐卡文化深度延续、技艺精湛传承、学术研究深入探索以及产业健康发展的关键所在。

六、展望

吾屯下庄村，依托其得天独厚的非遗资源宝库，成功探索出一条文化振兴与经济发展并进的道路。热贡文化艺术小镇的入选，不仅是对当地深厚文化底蕴的高度认可，更是对其实践创新文旅融合模式的肯定。这一荣誉不仅激励了村民继续传承与发展非遗技艺，也吸引了更多游客，进一步促进了当地旅游业蓬勃发展。展望未来，吾屯下庄村将继续秉持文化自信，深化文旅融合，通过不断探索与创新，致力于构建一个集文化传承、旅游观光、产业发展于一体的综合平台，引领更多村民走向共同富裕的康庄大道，共同书写乡村振兴的华彩篇章。

参考文献

陈萱，陈芳娌，陈琪，等，2024. 乡村振兴战略背景下地方非遗文化的"两创"研究：以中国乡村传统技艺为例［J］. 北京文化创意（1）：73-80.

陈月红，2022. 乡村振兴战略背景下女性非遗传承人的培育现状及其传承环境建设研究［J］. 山西农经（8）：158-161.

邓梦，2024. 非遗文化赋能乡村振兴的路径研究：以绵竹年画为例［J］. 村委主任（2）：12-14.

董保宝，葛宝山，王侃，2011. 资源整合过程，动态能力与竞争优势：机理与路径［J］. 管理世界（3）：92-101.

董瑞波，2018. 青海热贡唐卡与产业化调查研究［D］. 西安：陕西师范大学.

费孝通，方李莉，2001. 关于西部人文资源研究的对话 ［J］. 民族艺术（1）：8-19.

韩成艳，2020. 非物质文化遗产的主体与保护主体之解析 ［J］. 民俗研究（3）：46-52，158.

李娜，2014. 利用扬州人文资源开展初中语文综合性学习研究 ［D］. 扬州：扬州大学.

刘佳瑶，杨欢欢，方恒鑫，等，2024. 非遗传承助力乡村振兴：以“藤富之路”项目为例 ［J］. 智慧农业导刊（2）：189-192.

桑杰措，2021. 热贡唐卡传承人生存现状调查研究 ［D］. 成都：西南民族大学.

孙秀梅，高德芳，宋剑锋，2021. 创业者行业经验、资源整合与商业模式创新性 ［J］. 华东经济管理（5）：61-70.

陶卫丽，彭元媛，2024. 非遗手工艺助推乡村振兴的路径探究：以河南为例 ［J］. 上海轻工业（1）：77-79.

王明露，2022. 民族地区生态移民社区学校教育资源整合研究 ［D］. 武汉：中南民族大学.

王润瑶，黄芸玛，2020. 民族特色景观旅游名镇评价指标体系构建及实证研究：以青海同仁县隆务镇为例 ［J］. 市场论坛（5）：87-91.

王彦，2023. 乡村振兴视阈下非遗文化传承路径研究：以福清地区为例 ［J］. 长春工程学院学报（社会科学版）（4）：61-66.

夏红梅，2023. 民族地区非遗热贡唐卡保护传承合作治理研究 ［D］. 天津：天津大学.

姚亚琪，2020. 热贡唐卡的发展与传承：以非遗传承人娘本为例 ［J］. 艺海（1）：124-126.

于超，2022. 传统工笔画技法对当代热贡唐卡技艺创新的启发 ［J］. 天工（30）：94-96.

张文静，湛凯晴，洪小璐，2023. 乡村振兴视角下非遗文化与旅游融合发展研究：以狮峰村为例 ［J］. 中国民族博览（18）：100-102.

SIRMON D G，HITT M A，IRELAND R D，2007. Managing firm resources in dynamic environments to create value: Looking inside the black box ［J］. Academy of Management Review（1）：273-292.

东西部协作结硕果，和舟共创特色帮扶新模式
——天津市和平区与甘肃省甘南藏族自治州舟曲县协作扶贫

一、引言

区域发展不平衡是世界性的难题，许多国家的“锈带”地区在尝试转型和突围的过程中，尽管并不缺乏人才和资金的支持，但往往都以失败告终。如果区域之间的经济社会发展差距过大，极容易引发民族利益上的纷争，导致各民族成员心理失衡，这种状况对于巩固和强化中华民族共同体意识构成了极大的阻碍。脱贫攻坚阶段的东部与西部协作模式，为解决区域发展不平衡问题展现了独特的“中国智慧”。这种模式不仅推动了区域之间的经济互助和协同发展，更在文化和情感层面上促进了各民族之间的深度交流与融合，实现了真正意义上的全面互联互通。习近平总书记在东西部扶贫协作座谈会上指出，“东西部扶贫协作和对口支援是推动区域协调发展、协同发展、共同发展的大战略，是加强区域合作、优化产业布局、拓展对内对外开放新空间的大布局，是实现先富帮后富、最终实现共同富裕目标的大举措”。经过实践验证，东部支援西部、先富地区带动后富地区的策略，

有效促成了优势互补、长期合作的良好态势，聚焦于扶贫工作，实现了互利共赢的局面，同时，这一策略也催生出了诸如闽宁协作、沪滇合作、两广协作等一系列独具特色且成效显著的帮扶模式。

自 1996 年党中央做出东西部扶贫协作的重大决策以来，这一制度安排逐渐演化为推动各区域协调共进、实现共同富裕的核心机制，充分展现了中国特色社会主义制度的独特优势和强大生命力。在脱贫攻坚的关键阶段，"三区三州"作为我国西部地区重点扶持的区域，得益于东西部协作等政策的强力推动，其经济发展取得了瞩目的成就，人民生活品质得到了显著提升。经过不懈努力，该地区成功摆脱了绝对贫困的束缚，踏上了乡村振兴的新征程。虽然"三区三州"的产业对口帮扶工作已取得显著成效，经济发展的内生动力有所增强，但整体上市场化程度仍然偏低，许多已脱贫的贫困县在产业发展上未能充分结合当地优势，发展定位不够精准，特色产业竞争力较弱，产业结构以中低端为主，新兴产业和科技创新能力不足，这导致企业经营效率不高，财政自给率偏低，显示出自我"造血"能力不足，仍需依赖国家财政的巨额转移支付来维持经济运行。东西部协作，这一独具中国特色的制度安排，在持续的实践探索中得到了不断发展和完善。脱贫攻坚阶段天津市和平区与甘肃省甘南藏族自治州舟曲县东西部协作的成功实践为下一步民族地区乡村振兴提供了有益的经验借鉴。新的历史时期，总结脱贫攻坚阶段的成功经验，并结合乡村振兴的新目标和新要求进一步完善东西部协作的体制机制，是"三区三州"乡村振兴工作的一项重要内容。

基于上述背景，本研究以舟曲县为研究对象，基于经济内生发展理论视角，旨在深入挖掘和提炼"三区三州"深度贫困地区在脱贫攻坚进程中东西部协作的典型做法。通过系统总结脱贫攻坚阶段天津市和平区与甘南州舟曲县在东西部协作中的实践经验，深入分析外界帮扶与内生动力的转化机理，以期为进一步完善东西部协作制度提供理论支持和实践指导。

二、案例描述

舟曲县地处青藏高原、黄土高原、四川盆地接合部和川甘陕三省交界处，是藏汉文化的交汇带和长江水源涵养区、补给区，总面积 3 015 千米^2，其中耕地 38.9 万亩，县属林地 168.2 万亩，草地 88.03 万亩。由于地理位置偏远，交通不便，加上自然环境恶劣，山大沟深、人多地少、生态脆弱、灾害频发，导致当地基础设施建设滞后、产业结构单一、人均受教育水平低、脱贫内生动力不足，经济落后，生活贫困，千百年来始终困扰着舟曲人民。脱贫攻坚开展以来，在天津市和平区的对口协作帮扶下，舟曲县逐渐走出贫困，实现了翻天覆地的变化。

（一）加强区域沟通交流，搭建东西部协作平台

在昔日的对口帮扶岁月里，和平区与舟曲县携手共进，致力于扶贫工作的深入开展。然而，由于资源投资的分散性和单纯经济援助的局限性，扶贫效果并未达到预期。捐赠物资难以精准投放到贫困家庭，导致脱贫攻坚的步伐显得迟缓而艰难。这种"对口支援"模

式在某种程度上仅停留在单向赠予的层面，远未实现其应有的深远影响与成效。

为了改变这一现状，2016年12月中共中央办公厅、国务院办公厅印发《关于进一步加强东西部扶贫协作工作的指导意见》。天津市和平区政府积极响应中央号召，为改变舟曲县的贫困面貌，建立起一种长效的扶贫机制，天津市和平区政府于2017年5月4日与舟曲县签订东西部扶贫协作框架协议。两地构建了"联席推进"这一创新工作机制，为保障双方互通有无，资源衔接畅通，每年两区县都会轮流举办扶贫协作联席会议，这一重要活动由双方党委和政府的主要领导出席。双方领导深入交流，共同商议并确定当年的帮扶方向、具体帮扶项目以及后续的落实情况，以确保扶贫工作的有效推进。这样的机制，确保了双方资源的畅通对接，为对口协作扶贫工作打下了坚实的基础。

为了更精准地对接舟曲县的发展需求，双方提出了"结对帮扶"策略。具体是以县镇村三级为定点，构建全面协作机制。在县级层面，双方各级部门之间深入开展了结对帮扶，确保资源、信息与技术的精准对接，并通过定期交流、互访考察等方式，加强合作，共同推动县域经济社会的全面发展。在乡镇及村级层面，建立镇镇结对、村村结对的帮扶模式，实现基层资源的有效整合与共享。通过实地指导、经验分享，助力舟曲县乡镇和村庄提升自我发展能力，实现可持续发展。

（二）"扶智""扶志""扶风"同时推进，激发群众内生动力

在脱贫攻坚的壮丽征程中，物质扶贫与精神扶贫双翼齐飞，共同助力贫困地区飞向幸福的天空。在"和舟"对口扶贫协作中，双方秉持全面均衡的扶贫理念，既重视物质扶贫的坚实基础作用，又注重精神扶贫对内生动力的激发。在持续推进物质帮扶的同时，不断深化"扶智"以提升知识水平，"扶志"以强化自我发展信心，"扶风"以营造积极向上的社会氛围，共同描绘出一幅幅充满希望的脱贫新篇章。

"扶智"是根本，教育是阻断贫困代际传递的关键。为此，"和舟协作"加大了对贫困地区基础教育的投入，确保每一个适龄儿童都能接受义务教育，为他们铺设通向未来的道路。同时，"和舟协作"特别重视劳动技能和职业技能的培养。通过组织短期而高效的技能培训班，成功培养出了众多高素质农民和技术工人，为贫困群众提供了脱贫致富的"金钥匙"，帮助他们打开通往美好生活的大门。

"扶志"是核心，是贫困群众脱贫致富的内在动力源泉。"和舟协作"通过产业扶贫平台，通过树立先进典型、开展评优活动等方式，让贫困群众全面参与到扶贫新体系中来，并真正感受到劳动带来的幸福感和成就感，从内心深处燃起脱贫致富的斗志。

"扶风"是保障，良好的社会风气是贫困地区发展的软实力。"和舟协作"在农村地区大力建设文化活动中心、农家书屋等设施，通过丰富多彩的文化活动，引导贫困群众树立诚信、感恩、勤劳的价值观念，让优良的民风成为推动脱贫的强大动力。

针对舟曲县贫穷落后、思想闭塞，以及干部队伍素质亟待提升的现实问题，"和舟协作"积极搭建"互学互助"的桥梁，精准发力，助力舟曲县补齐教育、医疗、科技、文化等领域的短板，有效缓解了专业技术人才流失的困境。双方通过互派挂职干部、教师、医生及技术人员，实现了人才资源的共享与交流。在互帮互助与深度协作中，和舟两地结下

了深厚的情谊。和平区方面始终坚定不移地贯彻落实党和国家提出的对口扶贫协作战略，在资金、项目、技术等多维度提供全面援助，他们积极分享先进的理念和信息，助力舟曲县贫困群众实现脱贫增收。舟曲县则紧抓和舟扶贫协作的宝贵机遇，与天津援甘干部紧密携手，共克时艰，持续提高当地贫困群众自我发展的能力。

（三）产业扶贫先行，多种扶贫方式协同推进

"和舟协作"将产业扶贫作为基石，以"协调指导、项目合作、科技引进"为抓手，多点开花，在实践中将生态扶贫、科技扶贫、文旅扶贫、就业扶贫和消费扶贫等方式融入产业扶贫，取得了显著成效。在生态特色农业方面，舟曲县在和平区的积极对接和协调下，立足水源地保护限制、人均耕地少的实际，采用"林下种植"方式，在不破坏生态环境的前提下发展中药材产业，项目实施地八楞乡从项目正式实施至今，斜坡村、下半山村的中药材种植面积达 400 亩（其中，柴胡 200 亩，板蓝根 200 亩），水源涵养林云杉苗木达 5 000 株（种植面积 50 亩），受益农户共 168 户 696 人，其中女性劳动人数 194 人；参与中草药和水源涵养林种植、药材田间管理、收获和初加工的培训群众超过 500 人，其中参培妇女人数为 194 人。该项目有效促进了农业增效、农民增收，并因此荣获联合国开发计划署"韧性建设与可持续发展合作项目示范区"称号（图 3-8、图 3-9）。

图 3-8　调研组参观调研舟曲县博峪镇蜂农蜜蜂养殖基地

图 3-9　调研组参观调研舟曲县食用菌种植基地

在基础设施完善方面，扶贫产业因路而兴，为解决舟曲县的交通条件十分落后、道路狭窄且交通不便这一难题。和平区立足自身资源，强化优势互补。在资金、技术、人才等方面，和平区给予舟曲县强有力支持，特别是以"四好农村路"建设为引领，通过多途径筹措资金，加速交通基础设施的完善。目前，已建成并通车的公路达 83 条，包括渭武高速舟曲连接线、峰代公路、舟永公路等重要线路，同时江顶崖滑坡水毁重建公路等项目也在加快建设之中。截至目前，已打通县域内交通瓶颈 5 处，新改建农村公路总长达 1 467 千米，形成了县内 2 小时、域外 3 小时的便捷交通网络，极大地改善了舟曲县的交通基础设施。截至 2019 年，舟曲县的交通网络已得到显著拓展，拥有二级公路 31 千米、三级公路 39.6 千米，县乡公路 17 条共计 388.726 千米，建制村通村公路 140 条共计 558.696 千

米，以及自然村通村公路 154 条共计 311.17 千米。全县 19 个乡镇和 208 个建制村的公路已全面畅通，交通条件得到了质的飞跃。

在科技帮扶方面，舟曲县具有内陆亚热带、温暖带和冷湿带多重气候垂直变化特点，森林覆盖面积大，盛产林下食用菌。其中，羊肚菌以味道鲜美、营养丰富闻名，但该菌类较为珍稀，人工种植成本以及技术要求都很高。人工种植的羊肚菌，年最高亩产只有 410 斤左右，有的年亩产甚至只有 20 斤，技术问题成为阻碍该项特色农业发展的重大瓶颈。在和平区政府和舟曲县政府的积极协调下，邀请中国农业科学院张金霞教授团队赴舟曲县考察调研羊肚菌种植情况，并为种植户提供全方位技术指导，解决了菌种低级、易感染等问题，产量"驴打滚"式的上升，目前最高亩产达 720 斤，平均亩产 400 斤，15 个乡镇种植的 850 亩羊肚菌，产值可达 3 000 万元以上。除此之外，"和舟协作"还通过开展消费扶贫的方式，搭建线上线下销售平台，推动当地特色农产品和手工艺品的销售，让"甘味"农特产品走进了天津市的千家万户。

在就业扶贫方面，舟曲县由于地理位置偏远和经济条件落后，一直面临着就业困难和经济发展缓慢的问题。为破解这一困境，舟曲县人力资源和社会保障局积极与天津和平区开展劳务协作，以劳务输转为抓手，帮助贫困群众就业。通过以下举措取得显著成效：一是加强技能培训，提升劳动者素质。和平区为舟曲县提供致富带头人培训，并鼓励创业担保贷款，发放贷款 4 056 万元，助力劳动者致富。二是深化劳务协作，促进劳动力转移。舟曲县组织多场招聘活动，为劳动者提供就业机会，并为脱贫劳动力和三类户群众落实交通补助，鼓励他们外出务工。三是直播带岗，云端助力就业。舟曲县人社局开展"直播带岗"专项行动，局长和挂职副局长做客直播间，解读就业政策，提供天津企业岗位信息，吸引众多网友关注和咨询。通过和平区的对口帮扶和这些措施的实施，舟曲县稳岗就业工作取得显著进展（图 3-10、图 3-11）。

图 3-10　调研组参观调研舟曲县博峪镇　　　　图 3-11　调研组参观调研舟曲县扶贫培训班
　　　　　藏家就业扶贫车间

在文旅扶贫方面，舟曲县地处甘肃南部，地理与文化独特，拥有独特的自然景观和人文景观，但长期以来由于地理环境、经济发展等多方面因素，该地区的旅游业发展相对滞

后。和平区与舟曲县开展东西部协作，助力旅游产业提档升级。示范区大川镇梁家坝村通过完善基础设施、整治提升人居环境、加速文旅融合发展等举措，实现了翻天覆地的变化。为了推动乡村振兴，和平区与舟曲县经过实地考察与科学论证，依托梁家坝村资源，举办"土桥子葡萄节"，建设观光区，推动文旅融合。同时，挖掘白龙江沿线旅游资源和本土文化，实施"旅游＋"战略，与文体、农牧、电商等产业融合，形成文旅新产品、新业态，旅游接待能力和游客满意度显著提升。在和平区助力下，2022 年舟曲县旅游人数突破 100 万人次，旅游收入达 1 亿元，同比增长均超 20％。村民参与度和获得感提升，生活质量明显改善。

经过多年的努力，舟曲县的脱贫攻坚工作取得了显著成效。如今，舟曲县的基础设施日益完善，特色产业蓬勃发展，居民收入水平不断提高，贫困发生率大幅下降。这些扶贫方式的融入，使得扶贫产业在"和舟协作"的推动下焕发出勃勃生机。通过多点开花、多措并举的方式，和舟协作成功将产业扶贫与多种扶贫方式相结合，为舟曲县带来了实实在在的改变和发展机遇。

三、主要经验

东西部扶贫协作作为我国脱贫攻坚战中的重大制度创新，已展现出其强大的生命力，成为推动实现共同富裕的有力抓手和有效机制。"和舟协作"的成功为我国跨区域协作工作积累了宝贵经验，同时也为我国在全面推进乡村振兴和探索实现共同富裕的可行路径方面提供了经验借鉴。本研究基于经济内生发展理论视角，从"认同、赋权、创新"等角度对"和舟协作"的成功经验进行系统总结。

（一）创新机制，打造平台

新内源式发展理论认为外部资源是资源匮乏地区实现内生发展的重要撬动力量，对于破解乡村地区发展的低水平循环具有积极意义。制度政策为外部资源参与贫困治理和助力乡村振兴提供了嵌入路径和资源保障。在脱贫攻坚过程中，东西部扶贫协作、驻村工作队和驻村第一书记等一系列超常规、原创性、独特性的制度安排发挥了重要作用。东西部协作是促进区域均衡发展、实现共同繁荣的重要抓手。在东西部协作和对口支援过程中，中央政府和地方政府分工协作，共同促进了区域协调发展。在这一过程中，中央政府是指导者和协调者，而地方政府则是实施者和践行者。在中央政府的指导和支持下，地方政府根据自身实际情况，创新性地制定具体的协作和支援计划，并组织实施，共同致力于贫困地区的脱贫攻坚工作。

"和舟协作"以政府主导，搭建协作扶贫平台的方式，创新性地通过"联席推进"工作机制，保障了双方在彼此对话的过程中了解双方各自的想法和需求，从而做到精准沟通，精准对接，互利共赢。在这一工作机制下双方沟通顺畅，各项工作衔接有效，对接精准，效率大幅提升。同时，双方都立足自身禀赋，互通有无，实现对口帮扶从之前的帮扶单位对帮扶对象的单方面输血到双方互惠互利、双向奔赴的历史性转变，舟曲县得到梦寐以求的资金、技术和理念，和平区也从中获得了绿色生态的农副产品和相对廉价的劳动力。"和舟协作"通过"联席推进"创新工作机制，实现了扶贫方式的深刻转变和协作效率的大幅提升，为东西部协作工作的深入开展提供了有益的借鉴和启示。

（二）"三扶"共进，激发内生动力

强化脱贫地区和群众的内生发展动力，既是巩固拓展脱贫攻坚成果的关键步骤，也是推动乡村振兴的坚实基础。实践充分证明，激发群众脱贫致富的内在动力，能够牢固树立贫困群众脱贫的自主意识和信心，进而调动他们脱贫的主动性和积极性。这不仅提升了贫困群众的脱贫能力，也引导他们通过自身的辛勤努力改变贫困落后的状态，这种改变具有根本性和持久性。习近平总书记指出，"许多深度贫困地区长期封闭，同外界脱节""不少群众安于现状，脱贫内生动力严重不足"等精神贫困问题正是深度贫困的主要成因之一，因此，扶贫工作必须结合"扶志"和"扶智"，着重激发贫困群众的内生动力，调动他们的积极性、主动性和创造性。党的二十大报告进一步强调了巩固拓展脱贫攻坚成果的重要性，并明确提出要增强脱贫地区和脱贫群众的内生发展动力。这一要求体现了中国共产党对脱贫攻坚和乡村振兴工作的深刻认识和坚定决心。

"和舟协作"中通过"扶智""扶志""扶风""三扶"共进，激发了贫困农民的内生动力。通过加大对贫困地区基础教育的投入和劳动技能、职业技能的培训等举措对舟曲贫困群众进行"扶智"，提升了贫困群众的综合素质，让贫困群众有了脱贫的"金钥匙"；通过树立先进典型、开展评优活动等方式进行"扶志"，使贫困群众从内心深处燃起脱贫致富的斗志，进而积极主动地参与到扶贫新体系中来；通过大力建设文化活动中心、农家书屋等设施和大力开展丰富多彩的文化活动进行"扶风"，引导贫困群众树立诚信、感恩、勤劳的价值观念，让优良的民风成为推动脱贫的强大动力。

脱贫攻坚过程中，"和舟协作"以教育资源为重点，"三扶"共进，有效阻断贫困的代际传递，成为"和舟协作"脱贫致富的一条重要经验，也为乡村振兴阶段提高农民内生动力提供了有益借鉴。

（三）产业引领，多元推进

东西部协作的成功源于双方对发展目标的深度共识与互学互助机制的构建。波兰经济学家保罗·罗森斯坦·罗丹的大推进理论主张，在经济发展的初始阶段，唯有对国民经济的各个核心部门同步实施大规模投资，以实现这些部门的均衡增长，方能有效推动整体国民经济的迅速崛起与全面发展。产业协作作为促进经济增长的重要策略，在构建益贫性经济增长模式上发挥了不可或缺的积极作用，有助于形成更加均衡和包容的经济增长格局。除产业转移与创新外，学者们认为，技术转移创新、社会文化交融、就业对口帮扶等也是推动东西部扶贫协作的重要举措。因此，构建政府主导的全面立体多元的扶贫体系是东西部协作能够取得预期效果的关键。

"和舟协作"的多元扶贫产业格局是多维度协同推进的发展模式，它以"协调指导、项目合作、科技引进"为抓手，坚持"产业引领、多元推进"，在脱贫攻坚过程中以产业扶贫为基础，多点开花，将产业扶贫、科技扶贫、文旅扶贫、就业扶贫和消费扶贫等协同推进，极大地增强了受援地区的自我发展能力。通过产业扶贫，促进了当地产业的转型升

级，特色产业成为舟曲县的经济支柱，促进了当地经济增长和农民收入的稳定提升。同时，科技扶贫、生态扶贫、文旅扶贫、就业扶贫和消费扶贫等为当地经济提供了丰富的人力资源、生态资源和销售资源，为当地脱贫致富和产业振兴提供了有力的要素支撑。另外，"和舟协作"过程中还加强了公共服务保障，完善了交通、通信、水利等基础设施，这些都在很大程度上提高了贫困地区的生活品质和发展潜力。

因此，"产业引领、多元推进"是协调和共享新发展理念在脱贫攻坚中的具体实践，打破了舟曲县经济起飞过程中的各种瓶颈，有力地推动了舟曲县领域的协同发展和人民收入水平的稳定提升。和舟协作的"产业引领、多元推进"成功经验也将为全国其他地区的乡村振兴工作提供有益的借鉴和参考。

四、结论与启示

（一）主要结论

通过以上分析，本研究的结论如下：

第一，政府主导下，通过搭建协作扶贫平台和创新"联席推进"工作机制，实现了双方精准沟通、互通有无、互利共赢的扶贫模式转变，极大地提升了协作效率，为外部资源参与贫困治理和乡村振兴发展提供了路径和资源保障。

第二，激发群众内生动力是打赢脱贫攻坚战的关键。通过精神认同激发主体意识，有助于激发贫困群众的脱贫意识、信心和积极性，使其依靠自身努力改变贫困状态。

第三，共建多元扶贫产业是增强受援地区造血功能的核心手段。产业协作作为经济增长的驱动力，在东西部扶贫协作中发挥了核心作用，结合技术转移、社会文化交融和就业帮扶等多维度措施，推动了受援地区的全面发展。同时，"和舟协作"通过构建"产业引领、多元推进"的发展模式，有效促进了当地产业的转型升级和经济增长，同时加强了公共服务保障，提升了贫困地区的生活品质和发展潜力。

（二）启示

第一，以优势互补、互利共赢为方向，实现"协作"向"共同体"的转变。巩固拓展脱贫攻坚成果，进一步完善东西部协作制度，需要坚持优势互补、互利共赢的原则，深化产业合作、人才交流、科技创新、基础设施建设等方面的合作，加强政策支持和协作机制建设，实现从"协作"向"共同体"的转变，推动东西部地区的共同发展和繁荣。

第二，以多维贫困理念为指引，实现单一的经济帮扶向多维提升转变。多维贫困理论和能力贫困理论都强调贫困不仅仅是经济层面的收入低下，而是基本可行能力被剥夺，包括受教育水平、健康状况、个人发展机会等多个方面。在相对贫困阶段，这种多维度的贫困问题会更为突出。因此，对于具有多维特征的贫困治理，需要采取多维度协同推进的方式，不仅要解决物质层面和经济层面的贫困问题，也要关注软环境层面的贫困问题。多维度的扶贫策略是多维贫困理论的生动实践。它不仅解决了贫困人口的经济问题，更从多个维度出发，全面提升了贫困地区的发展质量，为该地区经济社会的持续、快速发展奠定了坚实的基础。

　　第三，加强人才交流，健全帮扶机制。推动乡村振兴全面发展，人才是持续发展的核心驱动力。虽然目前舟曲县已经补齐教育、医疗、科技、文化等领域的短板，但仍需进一步扩大交流规模，提高交流质量。进一步完善人才交流与培养机制需要政府、企事业单位和社会各界的共同努力和协作。通过扩大交流规模、创新交流形式、加强人才培养合作、优化激励机制、加强政策支持和资金保障以及建立长效合作机制等措施，推动人才资源的共享和优化配置，为东西部地区的协调发展提供有力的人才保障。

参考文献

陈立群，2020. 扶贫扶智先扶志：让民族地区孩子享有更好的教育 ［J］. 中小学管理（5）：13-16.

洪名勇，娄磊，龚丽娟，2022. 中国特色贫困治理：制度基础与理论诠释 ［J］. 山东大学学报（哲学社会科学版）（2）：23-37.

李小云，2017. 东西部扶贫协作和对口支援的四维考量 ［J］. 改革（8）：61-64.

李祯妮，金浩，2023. 东西部扶贫协作视角下铸牢中华民族共同体意识研究：基于宁夏闽宁镇的调查 ［J］. 北方民族大学学报（2）：61-68.

史婵，王小林，2024. 迈向共同富裕的东西部协作机制演进与行动路径：以1996年至2022年间闽宁协作为例 ［J］. 西北大学学报（哲学社会科学版）（1）：55-68.

汪晓东，宋静思，崔璨，2021. 历史性的跨越新奋斗的起点 ［N］. 人民日报，02-24（001）.

王军，黄筱阡，2023. 多维项目制与民族地区县域现代化：以贵州省榕江县为例 ［J］. 西北民族研究（6）：57-73.

王士心，刘梦月，2019. 东西部协作扶贫须做好资源跨区域分配 ［J］. 人民论坛（3）：62-63.

王伟杰，2021. "外嵌型悬浮"：新时代资本下乡的空间张力及优化策略研究 ［J］. 现代经济探讨（9）：127-132.

吴国宝，2017. 东西部扶贫协作困境及其破解 ［J］. 改革（8）：57-61.

习近平，2017. 决胜全面建成小康社会夺取新时代中国特色社会主义伟大胜利——在中国共产党第十九次全国代表大会上的报告 ［J］. 党建（11）：15-34.

习近平，2017. 在深度贫困地区脱贫攻坚座谈会上的讲话 ［J］. 党建（9）：4-9.

新华社，2016. 关于进一步加强东西部扶贫协作工作的指导意见 ［EB/OL］. https://www.gov.cn/zhengce/2016-12/07/content_5144678.htm.

许悦，陈卫平，2020. 资本下乡如何嵌入本地农村社区？——基于117家生态农场的实证研究 ［J］. 南京农业大学学报（社会科学版）（2）：69-80.

杨锦秀，刘敏，尚凭，等，2023. 如何破解乡村振兴的内外联动而内不动：基于成都市蒲江县箭塔村的实践考察 ［J］. 农业经济问题（3）：51-61.

张远新，董晓峰，2021. 论脱贫攻坚的中国经验及其意义 ［J］. 浙江社会科学（2）：4-10.

张跃平，李靳，2021. 对口帮扶政策下连南瑶族自治县经济内生发展动力实证分析 ［J］. 中南民族大学学报（自然科学版）（6）：650-653.

邹璠，周力，2023. 均衡视角下东西部协作与县域经济高质量发展：以脱贫攻坚时期结对帮扶为例 ［J］. 南京农业大学学报（社会科学版）（6）：77-90.

RAY C, 2000. Editorial. The eu leader Programme: Rural Development Laboratory [J]. Sociologia Rura-
lis (2): 163-171.

ROSENSTE I N, RODAN P N, 1943. Problems of Industrialization of Eastern and South-Eastern Eu-
rope [J]. The Economic Journal (210/211): 202-211.

社会资本的整合与重塑：非遗引领农户脱贫增收
——基于阳坡村银铜器技艺的传承与发展研究

一、问题提出

青海省人文历史悠久，非物质文化遗产众多，但发展文化产业的条件一直以来相对较差，与东部发达地区相比，起步较晚，各项文化产业发展相对滞后。党的十九大提出实施乡村振兴战略，其中实现产业振兴是推动全面实现乡村振兴的重要目标之一。2021 年文化和旅游部印发的《"十四五"非物质文化遗产保护规划》也明确指出"推动非遗助力乡村振兴工作"。阳坡村银铜器加工技艺在湟中地区已有 300 多年历史，是湟中银铜器加工的重要技艺，以其形薄如纸、光亮如镜、质地纯净、工艺精湛而著称，其产品精美优良、工艺精湛、造型逼真，每一件作品都蕴含着深厚的藏族文化精髓与佛教艺术魅力，不仅在国内市场广受好评，还远销海外，赢得了"青海银铜器看湟中，湟中银铜器看阳坡"的美誉。于 2011 年入选第三批国家级非物质文化遗产名录。

阳坡村位于青海省西宁市湟中区鲁沙尔镇南部半脑山地区，距县城 3 千米，有藏、土、汉三族共居此处，总人口为 1 820 人，少数民族 186 人。阳坡村以塔尔寺为邻，风景秀丽、环境优美，村民们主要以银铜器加工、种植业、劳务性收入为主。作为青海省第二批乡村旅游重点村，阳坡村充分利用周边丰富的旅游资源，如青海藏文化博物院、南滩古城墙、群加国家森林公园、下石城遗址、药水滩温泉等，构建起了集文化体验、自然观光、休闲度假于一体的乡村旅游体系，为村落的可持续发展注入了强大动力。

本研究聚焦于湟中区阳坡村，以其独特的银铜器加工与销售产业作为驱动引擎，成功引领当地民众走出贫困、迈向小康的生动实践。通过深入细致的调研，本研究旨在总结并提炼阳坡村如何巧妙融合非物质文化遗产的深厚底蕴，在脱贫攻坚与产业振兴的伟大征程中，实现文化的传承与创新发展的宝贵经验。

二、文献回顾与分析框架

（一）文献回顾

非物质文化遗产作为各民族历史文化的重要组成部分，近年受到了广泛的关注和研究。在学术界的努力下，非遗的定义逐步清晰，并被细化为多个类别。根据联合国教科文组织（UNESCO）的《保护非物质文化遗产公约》，非遗被定义为"被各社区、群体，有时是个人，视为其文化遗产组成部分的各种社会实践、观念表述、表现形式、知识、技能以及相关的工具、实物、手工艺品和文化场所，包括口头传统和表现形式、表演艺术、社会实践、礼仪、节庆活动、有关自然界和宇宙的知识和实践、传统手工艺等"。我国于2004年加入该公约，并依据国务院办公厅发布的《国家级非物质文化遗产代表作申报评定暂行办法》对非遗进行界定和分类，认为非遗可分为传统文化表现形式和文化空间两个范畴，具体涵盖了口头传统、传统表演艺术、民俗活动、礼仪节庆、传统手工艺技能等。

　　非物质文化遗产具有多重价值。首先，它承载着各民族的历史记忆、历史传统和文化基因，是民族身份认同、情感记忆、生活支撑和文化自信的重要来源。其次，非遗在增强社会凝聚力、促进和谐社会建设方面发挥着重要作用。最后，非遗还具有丰富的文化价值、科学价值和经济价值，能够丰富中华民族的文化内容，推动相关产业的发展。近年，我国在非遗保护方面取得了显著成就。政府加大了对非遗的挖掘、整理和保护力度，建立了较为完善的非遗保护体系。然而，非遗保护仍面临诸多挑战，如非遗保护出现路径依赖之困、保护内生动力不足、保护对象出现片段化。随着现代化进程的加速，非遗的传承环境也发生了变化，许多非遗项目面临失传的风险。针对非遗保护的现状和挑战，学者们提出了多种保护措施。一是从总体上提出保护举措，如树立保护意识、发挥政府主导作用、逐步实现产业化发展等。二是从立法或习惯法方面提出保护举措，通过制定和完善相关法律法规或习惯法来保障非遗的传承和发展。三是从保护主体的视角提出针对传承人的保护举措，加强对传承人的培养和扶持。此外，还有学者提出了新媒体赋能和数字化保护等新型保护措施。

　　"非遗＋扶贫"模式，作为文旅融合背景下的创新扶贫策略，旨在深度挖掘并高效利用本土非物质文化遗产的丰富资源，从而驱动产业繁荣与振兴。学者们对这一模式进行了理论化构建，其核心在于以非遗的保护、传承与发展为基石，依托非遗文化衍生的独特产品，借助"互联网＋"平台的强大力量，实现非遗内容的创意设计、产品转化、科学管理以及精准营销。这一过程不仅促进了非遗技艺传承人的经济增收，还赋予了传统文化新的生命力与商业价值。此概念深刻融合了当代社会的科技元素与文化趋势，精准把握了时代发展的脉搏，既强调了非遗传承的核心价值，又为精准扶贫工作的高质量推进及产业振兴路径提供了战略指引。在此基础上，学者们进一步拓宽了非遗扶贫的实践边界，结合公共资源优化配置与社会性产品供给侧结构性改革的宏观目标，提出了非遗活化、非遗扶贫开发、非遗融合设计三大创新路径。为深化非遗扶贫模式的探索与实践，学术界积极倡导"非遗＋"的多元化发展，聚焦于民族地区，结合当地非遗资源助力精准脱贫的生动实践，创新性地提出了"非遗＋旅游""非遗＋生产""非遗＋演出"三种开发模式，旨在通过跨界融合激发非物质文化遗产的无限潜能。在此基础上，有学者进一步总结出"非遗＋互联网""非遗＋品牌"等模式类型，进一步丰富了非遗扶贫的实践框架。上述模式的不断探索与实践，"不单单是对非物质文化遗产的保护问题，也是地方经济发展、扶贫就业、民生稳定的重要方式"。对于推动地方经济转型升级、助力产业发展中的独特价值有深远意义。

（二）分析框架

社会资本的概念及其研究范式为贫困地区的有效减贫与乡村振兴开辟了新的洞察视角。作为社会或群体内部资源整合的集合体，社会资本与物质资本、技术资本及人力资本等共同构成了资本的要素。它不仅涵盖了促进社会效率的规范、信任网络等无形资产，还有助于促进群体之间的协同合作，形成互惠共赢的非制度规范，深刻影响着区域乃至国家的经济增长与社会进步。社会资本是行动者在社会网络中自然嵌入并可利用的重要关系资源，对推动减贫工作、乡村振兴与社会发展具有不可估量的价值。

贫困议题备受关注，在脱贫攻坚的过程中，政府和社会各界付出了巨大的努力。脱贫目标的实现，不仅为全面建成小康社会作出了关键性贡献，也为实现乡村振兴战略奠定了坚实的基础，乡村振兴亦是对脱贫攻坚成果的进一步巩固和发展。二者的有机结合和有效衔接意味着要保持对脱贫地区和脱贫群众的持续关注和扶持，增强其内生动力，确保贫困群体不会再次返贫。

研究表明，社会资本在减缓贫困方面展现出双重效应：它不仅直接惠及低收入群体，通过直接干预减轻其贫困状况；更深远地，它通过作用于个人及家庭的劳动力流动、融资借贷、职业发展与风险共担等多个维度，间接地为个人与家庭铺设了通往改善生活的便捷之路，从而有效缓解了贫困问题。具体而言，社会资本凭借其独特的社会网络架构，构建起一个促进信息畅通与资源高效共享的平台。不仅促进了人力资本的提升与积累，还显著增强了个体在资源获取方面的能力，进而对提升就业机会、增进家庭福祉及改善贫困面貌产生了深远的影响。

社会资本视角下，阳坡村银铜器发展进程中，坚持党委领导，秉持"工匠引领、产业驱动"的核心战略，充分利用东西部协作计划的政策红利，打造阳坡村银铜器产业园，这一创新举措不仅促进了传统技艺与现代市场的有效对接，还探索出了一条"产业园区引领、家庭作坊支撑、农户广泛参与"以及"政府宏观指导、区域协作助力、合作社桥梁纽带、农户直接受益"的多元共治、互利共赢的发展路径。这不仅有效促进了非遗保护与资源开发，极大地激发了村民的内生动力，提升了银铜器产品的市场竞争力与品牌影响力，为当地实现产业振兴提供有力支持，形成"以非物质文化遗产项目主导的实体经济，又是对非物质文化遗产'活态'的传承和保护"。阳坡村的典型案例，为周边地区提供了可复制、可推广的产业振兴范例，为乡村振兴战略的实施贡献了智慧与力量，展现了非物质文化遗产在促进经济社会发展中的独特魅力和无限潜力。

三、案例选择与案例呈现

（一）研究方法与案例选择

本研究选取湟中区阳坡村非物质文化遗产——银铜器在脱贫攻坚与乡村振兴过程中的发展作为案例分析对象，具体来说：首先，研究的典型性。湟中区阳坡村的非物质文化遗产——银铜器的制作及鎏金技艺历史悠久，不仅见证了湟中地区多民族文化的交融与发展，是青海地区传统文化的重要组成部分，更是中华优秀传统文化的重要组成部分。作为国家级非物质文化遗产，其历史渊源深厚、技艺精湛、蕴含丰富的文化特色，为后人留下了宝贵的文化遗产。同时，银铜器制作技艺也为当地群众提供了就业机会和增收途径，推动了乡村振兴和经济发展。其次，研究的可行性。调研组长期以来关注西部农村社会发展，通过实地调研，积累了大量一手资料。

在实地调查过程中，主要针对湟中区阳坡村非遗传承人进行了参与式观察与深度访谈。在获取第一手翔实的田野调查资料基础上，通过对湟中区有关脱贫攻坚与乡村振兴衔接的相关政策文件、档案资料以及相关政府部门网站报道、新闻报道等二手资料进行搜集与整理，进行补充，力求全面、完整地呈现案例实践内容。

（二）案例呈现

阳坡村党支部依托着独具特色的银铜器制作及鎏金工艺，大力发展本地区特色产业，全力打造银铜器加工基地。凭借阳坡村银铜器产业的发展壮大，阳坡村银铜器加工从业者由 200 多人增至 300 多人。

为深度挖掘国家级非物质文化遗产项目"湟中银铜器制作及鎏金技艺"的发展潜力。2021 年，鲁尔沙镇利用家庭式生产、园区化发展经营的理念，以东西部协作为动力，整合全镇 26 个村，通过"股份合作社、基地与农户"的模式经营，投资共计 6 700 万元，分别为栖霞区互助资金、乡村振兴局拨款和村民自筹的 380 万，分三期在阳坡村打造了"阳坡村银铜器产业园"，目前一期已运营多年，二期与三期工程也已建成。阳坡村经济合作社以"加工、生产、销售、旅游、体验、观光与扶贫"为产品销售模式，将"阳坡村银铜器产业园"打造成为全省最大的银铜器生产销售基地，并对应注册了"艺河湟"商标。

阳坡村的银铜器生产深深植根于本土的家庭小手工作坊之中，形成了独具特色的"前店后院"产业园区生产模式。各家庭工作室以其独特的技艺和风格，精心打造并出售着各自作坊的标志性产品。这些产品既有日常所需的民用产品，如精致的银杯银壶、典雅的挂件首饰以及充满地方风情的湟中暖锅，也有承载着深厚宗教文化的法器及仪式用品，两类产品交相辉映，共同构成了阳坡村银铜器的丰富面貌。当前，阳坡村的家庭手工作坊大多选择租赁产业园区内的专业作坊作为创作与生产的基地，如知名的"多杰工作室""王富邦工作室"等，它们成为展示与传播阳坡村银铜器文化的窗口。对于部分规模较小或尚未广为人知的家庭作坊，工匠们则依然坚守在自家宅邸中，继续着这份古老而神圣的手工艺传承。技艺的传承是阳坡村银铜器产业生生不息的关键。这里主要通过师徒相传的方式，将精湛的技艺一代一代地传递下去，共同守护着这份宝贵的非物质文化遗产。

四、案例分析

（一）党委领导

湟中地区曾是西部贫困的显著缩影，阳坡村尤为突出，村民长期以来主要依赖单一的种植业和劳务输出维持生计，传统银铜器加工从业者寥寥无几。至 2016 年初，阳坡村总人口虽不足千人（970 人），其中贫困户为 41 户，占比 4.2%，且这些家庭普遍由老弱病残成员构成，脱贫任务之艰巨，堪称当地扶贫工作的难点与重点，亟须强有力的措施与支持来打破贫困的桎梏。

阳坡村党支部深谙非遗传统技艺的潜力，巧妙融合本区域银铜器制造的悠久传统，创新性地提出了以银铜器精加工为引擎，驱动全村脱贫致富的宏伟蓝图。他们不仅为本地工匠提供了坚实的政策后盾，还精心构建了银铜器加工与销售的综合性产业链，拓宽市场边界，显著增强了村集体经济的实力与活力。同时，党支部充分发挥党建的引领与凝聚作用，在阳坡村推行了"文化＋旅游＋扶贫"的复合产业模式，深入挖掘并展现当地百年传承的银铜器制作文化与丰富的旅游资源，有效促进了产业的多元化与可持续发展。

针对过去银铜器加工普遍存在的个体作坊式、散兵游勇式的生产状况，阳坡村在村支书韩发启的带领下，于2018年牵头成立了村集体股份经济合作社。这一举措彻底打破了阳坡村集体经济产业空白的局面，通过土地流转、入股分红等灵活机制，极大地激发了村民的参与热情，成功吸引了众多银铜器加工者主动加入合作社，形成了资源共享、协同发展的良好局面。合作社内部，成员之间相互协作，共同推动银铜器生产向规模化、专业化迈进，为阳坡村集体经济的蓬勃发展注入了强劲动力。

鲁尔沙镇党委以党建为引领核心，充分发挥党员先锋模范作用，并广泛动员工匠艺人积极参与，构建起以扶贫为首要目标的创新型生产销售体系。依托湟中银铜器制作及鎏金技艺的璀璨光环，鲁尔沙镇精心规划并建立了阳坡村银铜器产业园，这一举措不仅弘扬了传统文化，更实现了银铜器制售与旅游观光的深度产业融合，大量农民从田间地头到技术工匠的身份转变，他们的收入来源也从传统的低附加值种植业跃升至高附加值的手工艺领域。这一产业模式的转型升级，从根本上提升了居民的收入水平，显著提高了阳坡村的人均收入，为西部偏远地区解决贫困问题探索出了一条切实可行的路径。更为重要的是，阳坡村在这一过程中不仅摆脱了贫困的束缚，还开创了一条独具特色的西部乡村发展之路。这条道路不仅注重经济效益的提升，更强调了对传统文化的传承与创新，展现了乡村振兴的多元价值与无限可能（图3-12、图3-13）。

图3-12　调研组参观调研阳坡村
产业加工基地

图3-13　调研组与阳坡村村委会书记
韩发启合影

（二）工匠领衔

1. 金维达

作为国家级非物质文化遗产"银铜器制作及鎏金工艺"的区级杰出传承人，金维达已深耕银铜器加工艺术超过三十五载，其技艺精湛，精通掐丝、传统铸造、土法鎏金等技术，尤其擅长打造佛塔、佛像等银器作品，其每一件作品都蕴含着深厚的文化底蕴与艺术价值。作为阳坡村银铜器加工产业园经济合作社的先锋成员，金维达不仅承袭了世代相传的精湛技艺，更秉持着家族中对传统文化的坚守与传承。其女金广芝，自幼便对银铜器加工制造展现了浓厚的兴趣，这份热爱在她心中生根发芽，直至大学毕业后，她毅然返回家乡，加入阳坡村经济合作社，跟随父亲学习银铜器的制作加工工艺，共同守护与发扬这份宝贵的文化遗产。在金广芝的协助下，父女二人不仅传承了传统技艺的精髓，更勇于探索，将现代审美与工艺融入古老的银铜器制作之中，不断推动非遗技术的创新与发展。他们精心设计的银铜器产品，既保留了传统文化的韵味，又符合现代人的审美需求，成功吸引并拓展了青年群体对现代日用品市场的关注。通过他们的努力，阳坡村的银铜器——这份来自古老村落的艺术瑰宝受到越来越多的现代青年人的了解和喜爱。金维达与金广芝父女，以实际行动践行着对传统文化的尊重与传承，同时也在不断创新中赋予了阳坡村银铜器新的生命力。

2. 王富邦

工匠王富邦，作为"银铜器及鎏金技艺"的区级传承人及省级一级工艺师，已在银铜器加工领域深耕近三十年，其技艺之精湛，于 2017 年青海省工艺美术创意大赛中荣获银奖。王富邦不仅是阳坡村银铜器加工界的翘楚，更是技艺传承的引路人。他主动承担起培养后继人才的重任，广开师门，积极传授自己多年积累并改良的精湛技艺，包括篆刻、鎏金以及镶嵌的经验、工序和技艺。在他的悉心指导下，众多原本以农耕为生的村民得以转型为技艺精湛的工匠，他们通过学习，能够独立完成传统图案的设计与制作，不仅极大地丰富了个人技能，也显著提升了家庭的经济收入，有效解决了当地农民学技术的现实难题。

2015 年，王富邦带领阳坡村的银铜器制作工匠们，共同创立了银铜器加工合作社，为村民铺设了一条致富之路，他也成了这一行业在阳坡村的领头人。随着鲁尔沙镇阳坡扶贫产业园的崛起，王富邦更是以产业基地负责人的身份，借势脱贫攻坚与乡村振兴政策的东风，引领湟中银铜器走上了品牌化发展的康庄大道，以个人声誉与技术实力为品牌赋能，铸就了地区性的知名品牌，极大地提升了阳坡村银铜器加工产业的知名度与影响力，促进了村民工匠收入的全面增长。截至目前，阳坡村的产业基地已成为推动地方经济发展的强大引擎，它成功助力了全镇 2 600 余名农民转型为技术工匠，实现了加工销售产值高达 1.5 亿元的壮举，人均年收入更是跃升至 5 万元以上的新台阶。

（三）特色产业支撑

"银铜器制作及鎏金工艺"，作为湟中地区璀璨的国家级非物质文化遗产，蕴含着巨大的开发潜力与强大的文化传播力。湟中地区的阳坡村更代表着该地区银铜器及鎏金工艺的最高水平,不仅承载着技艺的精湛与文化的厚重,更成为带动当地经济发展、促进农民增收的重要引擎。

阳坡村,通过整合各类资源、广泛吸纳散户参与,有力地团结了村落中的社会资本和群众力量,共同铸就了独树一帜的特色产业。该村在党委的坚强领导与领衔工匠的卓越引领下,从资金扶持到技术传授,双轮驱动,激发了当地农民向工匠的华丽转身,农户也顺势转型为商户,掀起了一股前所未有的创业热潮。村党委深谙"传承不守旧、创新不忘本"的道理,巧妙地将阳坡村悠久的传统优势与现代技术优势相融合,进一步成立了阳坡村银铜器产业园区,将阳坡村打造成为青海省最大的银铜器加工与销售基地。

阳坡村紧邻塔尔寺、青海藏文化博物院等风景名胜。这些景区的强大吸引力与文化传播力,不仅为阳坡村注入了源源不断的发展活力,更为其构筑了文旅深度融合的坚实基石。阳坡村抓住了这一时代机遇,将文创元素巧妙融入银铜器产业,不仅极大地提升了产业园区的经济效益,更实现了村民收入水平的跨越式增长,展现了民族地区特色产品的独特魅力与无限潜力,补充了乡村振兴的西部经验(图 3-14、图 3-15)。

图 3-14　调研组与银铜器手工工匠交流　　图 3-15　调研组参观调研特色手工艺产品

(四)东西协助

2016 年,青海省西宁市湟中区与江苏省南京市栖霞区进行了新一轮的东西部扶贫协作,南京市栖霞区斥资 1 000 万元专项用于阳坡村银铜器产业园的发展资金,这笔资金的投入,成为产业园区顺利崛起的坚实基石,其贡献率高达项目总投资的 50%。

得益于东部地区的鼎力相助,阳坡村不仅成功筑起了扶贫产业的新高地,更落成了"江苏青海协作阳坡村银铜器加工扶贫车间"。这一合作典范,构建起了一个集生产、技术、培训于一体的现代化产业园区。该园区集中了当地银铜器加工作坊,为村民们提供了良好的工作环境和技术指导,有力带动农民投身于银铜器制作加工,不仅传承了千年的工艺精髓,促进了当地居民的就业与增收,更在创新中找到了脱贫致富的新路径,为今后乡村振兴战略的深入实施奠定了坚实的产业基础。

五、可持续发展面临的问题

（一）成本攀升，合作社规模萎缩

阳坡村银铜器产业基地，汇聚了众多家庭手工作坊与小微银铜器加工销售企业，形成了以经济合作为主的合作社网络。这一独特的合作社经济模式，根植于深厚的手工技艺土壤。然而，银铜器加工产业原材料成本的急剧攀升，严重影响产品的制售。大约三四年前，当地银铜器加工家庭平均每户能达到年收入 30 余万元，然而，随着全球金属矿石市场价格的持续走高，使得大多数家庭作坊的经营状况急转直下，不少家庭的收入缩水至往昔的一半。

随着银铜器加工工厂的崛起，不仅标志着生产模式的转型，也引发了人力成本的大幅跃升。阳坡村传统的银铜器加工技艺需要进行 3～5 年的学习才能基本掌握，然而，在现代化工厂内，银铜器的生产已逐步迈向半自动化时代，这一变革直接推高了工人的薪资水平，普遍达到月薪 6 000 元左右。受限于工匠资源的稀缺性与培养成本的高昂，许多作坊难以承受起支付新学徒工资的负担，导致多数产业园区内的手工作坊不得不做出艰难抉择——暂停收徒。少数坚持传承的作坊，即便收门徒，也往往面临徒弟在技艺初成后便转投工厂怀抱的尴尬境地，他们被更高的薪资和相对轻松的工作环境所吸引，这无疑给家庭手工作坊带来了人才流失的严重损失，进一步加剧了其生存与发展的困境。

（二）创新不足，市场有限

1. 技术创新难度大

阳坡村经济合作社的银铜器加工领域，家庭工作坊与小微银铜器企业构成了其加工主体的核心力量。然而，各户之间缺乏直接的技术交流机制，如同一道道无形的壁垒，使得银铜器加工及鎏金工艺技术在不同工作坊与工匠之间呈现出显著的差异性。这种差异性不仅体现在作品风格上，更深刻地影响着技艺的传承与发展。技能高超的工匠往往通过师徒相传的方式，将自己的毕生所学与独到见解传授给下一代。师傅的个性化风格与独特技艺，自然而然地烙印在每位徒弟的技艺之中，形成了技术传承中的多样性与复杂性。然而，这种以师徒传承为主导的模式，虽保留了技艺的纯粹与深度，却也无形中增加了技术创新的难度，因为每一次的创新都可能意味着对传统框架的突破与挑战。更为值得注意的是，作为从农民转型而来的工匠群体，深受"小富即安"传统思想的影响。当银铜器制造行业的收入水平显著高于本地区其他行业时，这种满足感往往让工匠们倾向于保持现状，而非冒险投身于技术与工艺的深度钻研与改进之中。长此以往，技术创新的步伐放缓，甚至可能出现技术衰退或技术淘汰的风险，对阳坡村银铜器加工产业的可持续发展构成了潜在威胁

2. 款式发展的滞后性

藏传佛教的深厚底蕴曾为阳坡银铜器的加工和销售开辟了广阔的市场，宗教器物的需求旺盛极大地促进了湟中地区银铜器锻造技艺的传承与发展。然而，随着近年藏传佛教寺院需求趋于稳定及藏族民众生活方式的日益汉化，传统藏传佛教银铜器市场的增长空间显

得愈发有限。为突破这一瓶颈，阳坡村银铜器产业积极转型，将目光投向了实用性更强的日常生活器具市场，如精美的铜锅、铜碗等。然而，面对消费者对银铜器外观美感的高标准严要求，工匠们普遍感受到了款式创新的巨大压力。尤其是那些从农民转型而来的工匠群体，他们在审美创新能力上的不足，成为制约款式创新的一大障碍。传统银铜器样式已难以满足新时代的发展需求，成为制约阳坡村银铜器产业进一步发展的瓶颈。

3. 销售模式单一，创新力量薄弱

在网络店铺和网络直播这一新兴的在线销售模式的冲击下，传统产业园与实体店所依赖的熟人网络和中介桥梁式销售模式，显著加剧了消费者与生产者之间的交易成本负担。相比之下，网络交易以其直接、高效的特点，极大地缩短了交易双方的时间成本，并有效削减了中间环节的交易成本。互联网作为一个无界限的展销平台，不仅为商品提供了零成本的展示与销售平台，还极大地促进了商品交易量的攀升。然而，阳坡村产业基地位于西北内陆，这一地理位置的局限性使得其难以触及东部沿海地区的头部流量与成熟市场。更为关键的是，该地区缺乏专业的网络运营人才与高效的营销团队，这直接导致了新型销售模式在西北地区的缺失与滞后。加之银铜器日用市场本身规模有限、物流运输成本居高不下、人口密度相对较低以及地区经济活力不足等现实困境，阳坡村产业园区在探索与拓展多元化销售模式时显得力不从心，面临着重重挑战。

（三）人才匮乏，本地人才流失

阳坡村地处西北偏远省份，制约尤为严重。湟中地区及阳坡村内的银铜器加工工匠群体，其主体多由农民转型而来，这一现状导致工匠队伍整体素质的提升空间较大，特别是具备扎实文化知识基础的人才相对稀缺。这种知识结构的局限性，致使其创新能力不足，使得其在成为大师级非遗传承人的道路上步履维艰，难以引领当地银铜器产业迈向更高层次的发展。

人才短缺的症结尤其体现在管理与经营人才的匮乏上。尽管传统工艺的传承在村民中尚能得到一定程度的维系，但管理与经营层面的专业人才需求却远非传统工匠所能满足。这些由农民转型而来的银铜器制造者，在面对现代企业管理与市场经营时，往往显得力不从心。即便少数工匠展现出了一定的管理经营能力，其能力范围与深度仍难以支撑阳坡村银铜器产业未来发展的需求。当前阳坡村的家庭作坊大多采取工匠自产自销或子女辅助经营的模式，这种非专业化的管理结构在面对市场挑战时显得尤为脆弱。因此，吸引并培养一批既懂管理又善经营的专业人才，成为阳坡村银铜器产业转型升级、实现可持续发展的当务之急。

六、发展建议

（一）塑造知名品牌，精准品牌定位，提升产品市场附加值

面对日用型银铜器产业化的生产浪潮及东部地区家庭手工银铜器工坊网络化运营的双重挑战下，阳坡村银铜器产业若想脱颖而出，塑造并强化知名品牌已刻不容缓。在市场的营销过程中，品牌效应往往是关联发展程度的一大决定性因素。为此，阳坡村需整合产业

园内商家资源，充分利用合作社的平台优势，摒弃以往零散、自主的销售模式，转而实施合作社引领下的标准化运营：统一市场价格、规范订单管理，并以园区核心品牌"艺河湟"为纽带，集中展示并推广各手工作坊的精品银铜器，实现品牌标识的统一与市场力量的汇聚。同时，加大对地区非遗技艺与工艺品的宣传力度，充分利用社交媒体及互联网平台的广泛影响力，全方位、多角度地推广"艺河湟"品牌，提升其市场认知度与美誉度。

在此基础上，产业园应广泛吸纳社会资本，整合社会资源，通过二期、三期等后续工程建设，不仅限于银铜器领域，更将"八瓣莲花"等非遗产品纳入园区体系，构建集观光旅游、生产制作、市场销售于一体的综合发展模式。此举旨在将阳坡村产业园转型升级为一个多元化、综合性的非遗文化产业园，不仅展现银铜器的独特魅力，更汇聚湟中地区丰富的非物质文化遗产资源与产品，形成强大的品牌合力与产业集群效应，打造地区性知名品牌，提升产品附加值。

（二）丰富银铜器款式，开拓销售渠道

阳坡村银铜器产业园所生产的银铜器，作为当地特色产品，长久以来聚焦于宗教法器及传统生活器具，如酒杯、碗碟、暖锅等，其消费群体相对固定，市场容量有限，难以实现显著扩张。然而，随着市场趋势的演变与消费者审美的多元化，传统银铜器的款式已难以满足新兴市场需求，这促使阳坡村银铜器产业向融合现代审美元素的新方向转型。阳坡村产业基地坐拥得天独厚的旅游资源，紧邻塔尔寺等风景名胜，这一优势不仅赋予了银铜器产业超越传统手工艺制造范畴的文创属性，更使其成为旅游纪念品市场中不可或缺的一部分。通过深入挖掘银铜器与本土旅游资源的文化联结，阳坡村可以创新设计一系列轻便、特色鲜明的小型银铜器旅游纪念品，为阳坡村银铜器产业注入新的活力与增长点，实现了从传统手工艺到现代文创产品的华丽转身。

阳坡村产业园应积极拓展网络销售渠道，可以通过网络直播这一形式，将银铜器的制作工艺流程与景区的旅游宣传深度融合，让广大观众在享受视觉盛宴的同时，深刻感受到阳坡村银铜器的独特魅力与文化底蕴。通过这一方式，不仅能够拓宽阳坡村产业园内家庭作坊和小微企业的银铜器销售渠道，还能显著提升产品销量，助力阳坡村银铜器产业实现更加蓬勃的发展。

（三）优化人才队伍，提升传承人能力，构建高素养人才体系

当前，掌握核心技艺的大师们面临后继无人的困境，现有接班人多为当地村民及大师后代，其技艺水平参差不齐。为避免非遗技艺因人才断档而退化乃至消亡，阳坡村应着手建立传承人名录，以严格的技艺水平作为选拔与考核标准，通过定期的技术评估与竞赛，激励并促进当地工匠不断提升自身技艺。同时，产业园应构建开放的人才引进体系，积极吸纳来自艺术院校及职业技术学院的专业人才，为阳坡银铜器制作及鎏金工艺注入新鲜血液。从中重点培养并筛选出具有卓越天赋与潜力的后备人才，作为技艺传承的重要力量，从而推动本地区银铜器加工技艺的持续发展与进步。

为促进工匠的个人成长与产业的长远发展，产业园应致力于搭建一个学习与交流的平

台，为生产经营者提供系统性的经营管理培训机会。这不仅能让工匠们深入了解市场动态，掌握先进的经营策略，还能在互动交流中激发他们的创新思维，从而提升自身的综合管理能力。同时，产业园区及地方政府应携手合作，加大对产业经营者招贤纳士的支持力度。利用产业园区的品牌影响力和资源聚合效应，为家庭手工作坊和小微企业广开才路，吸引外部优秀的管理经营人才。通过建立长效的人才引进与培养机制，确保产业园持续拥有充满活力与创造力的人才队伍，为阳坡村银铜器产业的繁荣发展奠定坚实的基础。

参考文献

董杰，张效娟，王得芳，2018.非物质文化遗产视角下青海湟中银铜器发展研究［J］.青海师范大学学报（哲学社会科学版）（1）：65-69.

福山，2002.大分裂：人类本性与社会秩序的重建［M］.北京：中国社会科学出版社.

甘代军，高唯唯，2024.非物质文化遗产保护的现代性困境及其突破［J］.云南师范大学学报（哲学社会科学版）（3）：109-117.

广东省非物质文化遗产名录图典编辑委员会，2010.广东省非物质文化遗产名录图典.一［M］.广州：广东世界图书出版公司.

黄捷，2024.我国非物质文化遗产传承人法律保护制度运行检视与本土化构建［J］.学术论坛（3）：137-148.

黄永林，2024.非物质文化遗产文化基因的结构特征和保护利用［J］.中央民族大学学报（哲学社会科学版）（2）：114-123.

黄永林，2024.中国非遗传承保护的四重价值［J］.人民论坛·学术前沿（1）：76-83.

姜恩松，2022.平度草编助力脱贫攻坚、推动产业振兴探究［J］.中国民族博览（19）：100-103.

刘魁立，2005.从人的本质看非物质文化遗产［J］.江西社会科学（1）：95-101.

萨蠡荣贵，2024.非物质文化遗产保护中习惯规则的价值探析［J］.贵州民族研究（2）：171-176.

孙亚强，2013.跨越时空的动力：非物质文化遗产保护的当代价值［J］.黑龙江史志（2）：56-58，76.

王丹，2020.非物质文化遗产服务民族地区精准扶贫的实践模式［J］.中南民族大学学报（人文社会科学版）（5）：64-69.

王光杰，官波，2024."非遗"代表性传承人保护对策：以云南省为例［J］.经济研究导刊（9）：54-56.

王建华，刘龙堰，2022.乡村振兴战略下非物质文化遗产扶贫的现状及发展策略［J］.浙江艺术职业学院学报（3）：124-130.

王建彦，2024.非物质文化遗产数字化保护与传承的技术路线与体系构建［J］.内蒙古科技与经济（11）：29-32，38.

王文章，2006.非物质文化遗产概论［M］.北京：文化艺术出版社.

许朝军，2018."非遗扶贫"是个好主意［N］.中国质量报，01-26（4）.

许平，2017.非遗活化·扶贫开发·融合设计［J］.群言（10）：4-7.

杨亮，张纪群，2017.非物质文化遗产的价值及价值结构问题：中国非物质文化遗产研究的方法论思考［J］.理论导刊（8）：89-92.

袁钺，2024. 场景理论视阈下新媒体赋能非物质文化遗产保护策略研究 [J]. 南宁师范大学学报（哲学社会科学版）（1）：21-35.

张茜茜，喻晓玲，王军，等，2021. 非物质文化遗产服务民族地区精准脱贫的实践模式：以喀什地区塔什库尔干塔吉克自治县为例 [J]. 安徽农业科学（24）：260-261，268.

张兆林，束华娜，2021. 传承人、民间手工技艺与非物质文化遗产：以东昌府木版年画保护为例 [J]. 东方论坛（4）：9.

BOURDIEU P，1985. The Social Space and the Genesis of Groups [J]. Theory & Society（6）：723-744.

COLEMAN J S，1988. Social Capital in the Development of Human Capital：The Ambiguous Position of Private Schools [J]. Catholic Schools（5）：234.

产业引领，融合发展：折桥村农家乐"质"的蜕变

一、引言

乡村振兴战略旨在化解社会主要矛盾，加速全面建设社会主义现代化国家的进程。实施此战略不仅是解决人民日益增长的美好生活需要和不平衡不充分的发展之间的矛盾的必要举措，更是实现全体人民共同富裕的必然选择。在此背景下，产业发展是乡村振兴的基石，确保了乡村经济的稳固增长，直接关联着农民收入与生活品质的提升，是实现乡村全面振兴的必由之路。产业融合策略通过深化农村一二三产业的综合发展，有效延长农业产业链，提升了农业附加值，拓宽了农民增收渠道，促进农村经济的多元化与韧性发展，提高了其抗风险能力。

随着社会发展和居民生活水平的提升，乡村旅游作为一种新兴产业形态，凭借乡村社会独特的自然风光、丰富的文化资源及贴近自然的原生态生活体验，逐渐成为推动农村产业升级和乡村振兴的重要力量。农家乐产业模式，作为乡村旅游的一种典型形态，因其亲民的价格、浓郁的乡土风情和便捷的交通条件，受到了广泛欢迎，为农村经济发展注入了新的活力。农家乐主要以农户为经营主体，依托乡村自然环境、田园风光和民俗文化，为游客提供集餐饮、住宿和娱乐于一体的全方位服务。质朴、简单、原生态是农家乐产业的核心竞争力。因此，农家乐吸纳的劳动力不需要太多的工作技能，仅凭勤劳认真的工作态度就足以胜任多数工作岗位，促进了农户再就业的能力。然而，尽管农家乐展现出巨大的发展潜力，但其发展仍面临诸多挑战。乡村旅游产品的同质化日益严重，导致市场竞争加剧，价格战频发，影响了农家乐的品牌形象和营利能力。此外，乡村基础设施建设的相对滞后以及乡村旅游人才的匮乏也是制约农家乐产业进一步发展的重要因素。因此，未来需注重产品差异化创新，加强基础设施建设与人才培养，以推动农家乐及乡村旅游的可持续发展。

针对农家乐产业模式的发展困境，亟须从多维度寻找破局之道。一方面，深入挖掘乡村文化资源，打造具有地方特色的旅游产品和服务品牌，以此增强市场竞争力，避免同质化竞争。另一方面，加强乡村基础设施建设，优化交通网络与信息环境，为农家乐市场发

展提供支持。本研究聚焦于甘肃省临夏回族自治州临夏市折桥镇折桥村，紧扣乡村振兴与产业深度融合发展的核心理念，探索如何因地制宜促进乡村产业发展。通过深入分析和研究，旨在为农村地区产业发展提供参考和借鉴，助力农村经济实现持续、健康、高质量的发展。

二、案例呈现：从贫困到振兴的蜕变

（一）折桥村概况

折桥村，得名于明代所建的一座标志性桥梁——折桥，曾是河州（今临夏回族自治州）通往金城（今兰州市）的主要官道枢纽。该村地理位置优越，属温带大陆性气候，四季分明，冬无严寒，夏无酷暑，为当地居民和游客提供了舒适宜人的生活环境。大夏河自西南向东北蜿蜒流过，交通网络四通八达，刘临路、折达路等主要道路穿村而过，折塔路更是直接贯通南北，极大地方便了村民出行。折桥村下辖 12 个社区，721 户家庭，总人口为 4 033 人。其中，常住人口为 685 户，共计 3 831 人。村庄辖区面积约为 3.6 千米²，拥有耕地面积 1 147.69 亩。社会经济状况方面，全村共有低保户 96 户，共 377 人；农村特困户 6 户，共 6 人；全村残疾人 124 人。折桥村各民族和谐共处，以东乡族、汉族和回族为主。村民以种植业、养殖业、务工、经商以及经营农家乐为生。该村现有农家乐 138 家，是当地经济发展的一大特色，涵盖了美食体验、民宿及花之约花卉博览园等多元化乡村旅游项目。

（二）折桥村农家乐的初期探索

折桥村，不仅景色宜人，还蕴藏着深厚的民俗文化宝藏，从古朴的传统建筑到独特的风俗习惯，再到精湛的民间艺术，为村庄的稳定发展提供了有力保障。1982 年，折桥村开办了第一家农家乐，至今已四十余载。从最初的单个农家乐到如今 138 家农家乐的蓬勃发展，致使折桥村经济面貌发生了显著变化。曾经的折桥村，村道两旁杂草丛生，部分农户住宅破败不堪，夏季恶臭弥漫。后因其地理位置优越、拥有口耳相传的美食佳肴，使此地农家乐迅速走红，激发了村民们的创业热情，尝试通过开办农家乐改善生活面貌。

然而，作为曾经的深度贫困地区，折桥村面临着自然条件限制、历史文化底蕴挖掘不足、资源分布不均、发展基础薄弱及对外开放程度有限等多重挑战。诸多因素交织，不仅导致了工作机会与收入水平分布不均，也进一步加剧了城乡、发达地区与欠发达地区、不同区域乡村之间的发展差距，以及村民收入低下的问题。这些因素共同制约了折桥村经济产业的发展，农家乐产业的初期发展之路异常艰难，资金短缺成为首要难题，仅有少数经济基础较为雄厚的农户有能力投资农家乐。即便开业成功，家庭式的烹饪和管理方式在应对旺季大量客流时也显得力不从心，菜品创新不足、烹饪技术参差不齐、服务标准难以统一、厨房效率低下、出餐速度慢等问题接踵而至，严重影响了顾客的用餐体验。部分农家乐因此倒闭，使得村民对投资农家乐持谨慎态度，为致富之路蒙上了一层阴影。

三、案例分析

（一）强保障、筑基础，乡村振兴引领发展新方向

1. 政策保障与资金投入

随着乡村振兴战略的深入推进，国家和地方政府纷纷推出一系列惠农政策与资金扶持措施，为农村产业振兴铺设了坚实的政策基石。在这一背景下，折桥村紧紧抓住这一历史机遇，充分利用精准扶贫贷款、专项奖补资金及"农家贷"等多元化金融工具，有效缓解了农家乐产业发展初创期的资金难题。这些政策的精准实施，不仅为折桥村村民提供了开办农家乐的启动资金，更激发了其脱贫致富的内生动力，为折桥村农家乐产业的蓬勃发展奠定了坚实的经济基础。

2020年，随着脱贫攻坚战的全面胜利，折桥村迎来了新的发展机遇。折桥村党支部积极争取各类资金4 226万元，完成了折桥湾乡村旅游基础设施建设一期项目。遵循"一巷一特色"的工作思路，对村内巷道进行了风貌改造，盖碗巷等巷道被成功打造为村内独特的旅游景点。同时，按照市政建设标准，对1 600米的折塔路进行了燃气、电网线、污水管网等设施的地下化改造，大幅提升了村庄的现代化水平。此外，主干道沿线的墙体彩绘、文化广场、彩色沥青路等美化工程，以及排水渠（1.2千米）、消防安防设施的完善，旅游厕所（3座）与大型生态停车场（占地25亩）的增设，共同构建了一个既保留乡土韵味又兼具现代便利的旅游环境，增强了折桥村的游客承载量。尤其是通过土地流转（251亩）引入的河州"花之约"田园花海综合体和渔乐湾—水上游乐园项目，不仅为折桥村农家乐产业增加了保障，也进一步丰富了乡村旅游业态，推动了"魅力折桥湾"旅游品牌的建设。

在乡村振兴战略的推动下，折桥村的乡村旅游产业实现了与乡村振兴战略的协同发展，实现了深度交融、相互促进的良性循环。一方面，乡村旅游产业的快速发展，不仅为折桥村带来了可观的经济收益，成为乡村振兴的重要经济支柱，还促进了农业、文化、旅游等多产业的融合发展，为乡村注入了新的活力与动能。另一方面，乡村振兴战略的深入实施，为乡村旅游提供了更加广阔的发展空间与资源支持，推动了乡村旅游产品与服务的不断升级与创新，进一步巩固了折桥村在乡村旅游领域的领先地位。

2. 党建引领与组织保障

在乡村振兴战略的实施过程中，折桥村党支部发挥了至关重要的战斗堡垒作用。通过加强基层党组织建设，提升党员素质和能力水平，为农家乐产业的发展提供了坚强的组织保障。村"两委"在产业发展中深入开展"以德扶贫"的核心理念，深入农户，针对有条件、有资源，但不敢冒险、怕风险的困难群众，通过示范带动和大量宣传引导，逐步摒弃"等、靠、要"的思想，增强群众的内生动力。同时，村党支部主动作为，积极争取各类项目资金，推动乡村旅游基础设施的完善与升级，为农家乐产业的发展奠定了坚实的基础。

2018年3月，农业农村部"三区三州"产业扶贫对接会召开后，脱贫攻坚战全面打

响，利用支持当地特色产业发展当地经济成为重要举措。临夏市委、市政府抢抓国家支持"三区三州"和建设旅游大环线的政策机遇，扎实推进旅游扶贫战略，努力探索出一条乡村旅游助推脱贫攻坚和乡村振兴的新路子。在此背景下，折桥村的"农家乐"成为临夏市旅游产业链上一颗耀眼的明珠。临夏市、折桥镇两级党委、政府把发展壮大农家乐产业作为实现富民增收、提升群众幸福感和获得感的重要渠道，不仅提供了强有力的政策扶持，还营造了良好的发展环境。此外，临夏市的节会经济也为折桥村的发展插上了腾飞的翅膀，乡村旅游大环境的持续优化为折桥村的发展创造了先决条件，让当地群众共享到了实实在在的发展红利。

3. 治理培训，持续助力

在推进农家乐产业发展的过程中，折桥村注重治理创新和管理提升。为此，村庄致力于构建一套完善的农家乐产业发展管理制度与监管框架，确保产业运行的规范有序。同时，加强对农家乐经营者的系统培训与个性化指导，旨在提升其规范化经营能力与服务品质，为游客创造更加舒适满意的体验。为持续推动农家乐产业迈向高质量发展阶段，折桥村积极组织各类培训和学习交流活动。临夏州政府积极组织策划了"农家乐"经营户、村"两委"成员远赴贵州、陕西等地进行实地考察学习互动，借鉴其成功经验与运营模式。此外，还在村内开设烹饪技术、经营管理等专题培训班，不断提高农家乐的规范化经营水平。据不完全统计，全村已有百余人次参加各种培训学习和观摩考察。这一系列举措，不仅显著提升了农家乐的硬件设施与服务环境，更在深层次上改变了经营者的经营理念与服务态度。村民们不仅掌握了专业的技能与知识，更增强了市场洞察力与创新思维，能够在激烈的市场竞争中灵活应变，持续推出符合市场需求的特色产品与服务，折桥村实现了农家乐产业的全面升级与长足发展。

（二）培优势、建品牌，多元产业融合促发展

在乡村振兴战略的指引下，折桥村勇于探索，积极推进产业融合发展，取得了显著成效，荣膺国家文化和旅游部首批全国乡村重点村殊荣。农家乐产业在此地蓬勃兴起，不仅规模持续扩大，更成为引领群众增收致富的强大引擎。通过建立农民与二、三产业之间的紧密利益联结机制，折桥村将旅游与农家乐产业深度融合，不仅使农民增加了收入，促进了产业的发展，还显著改善了农村人居环境，加快了美丽乡村的建设步伐。折桥村农家乐产业的发展历程，经历了从"量"的扩张到"质"的提升的转变过程。初期，依托其独特的乡村风光和民族文化资源，大力发展"农家乐＋旅游"，吸引了大量城市游客前来体验乡村生活。然而，随着游客需求的多样化和市场竞争的加剧，折桥村并未止步于现状，而是果断转型，力求品质与竞争力的双重飞跃。为此，折桥村双管齐下，一方面引入现代管理智慧与服务标准，对农家乐的硬件设施进行提档升级，服务水平亦随之攀升至新高度；另一方面，深入挖掘本土文化资源，打造具有地方特色的旅游产品和体验项目，让游客在品味地道乡村风情的同时，也能感受到文化的深厚底蕴。这一系列措施不仅增强了农家乐的吸引力和市场竞争力，还带动了相关产业链的发展，推动其从单一的餐饮住宿模式向多元化、综合性旅游服务的转变。

1. 旅游与农家乐产业融合

折桥村以其得天独厚的自然资源和深厚的农耕文化底蕴为基石，将旅游产业与农家乐产业紧密结合，成功打造了具有地方特色的乡村旅游品牌。游客在此可以享受到美味的农家美食，欣赏到秀美的田园风光，感受乡村生活的宁静与美好。这种创新的融合发展模式，不仅极大地丰富了游客的旅游体验，也为农家乐带来了更多的客源和可观的收益增长。

此外，折桥村不断深化乡村旅游与农业产业的融合实践，积极探索新型农业发展模式。通过发展观光农业、体验农业和生态农业等新型农业形态，将传统的农业生产过程转化为引人入胜的旅游体验项目。例如，一些农家乐推出了采摘、垂钓等农事体验项目，使游客能够亲身参与到农业生产中，感受劳动的乐趣。同时，这些农家乐还注重营造乡村氛围，提供舒适的住宿环境，使游客在享受美食的同时，能够放松身心，能够全方位感受乡村生活的独特魅力与惬意（图 3-16）。

旧面貌 新气象

图 3-16 折桥村巷道新旧面貌对比

2. 饮食文化与旅游融合

折桥村的饮食文化是其独特的魅力所在，它不仅是多民族长期交融发展的产物，更是一种独具特色的文化现象。该村饮食以"爆炒草鸡"和"四大名菜"（东乡土豆片、肉末粉条、醋熘白菜、手撕甘蓝）为代表，同时还包括了撒饭、油香、发子面肠等各式各样的农家饭菜。这些美食不仅味道鲜美，而且蕴含着丰富的文化内涵，成为吸引游客的重要因素。

为深化饮食文化与旅游的融合，折桥村举办了一系列丰富多彩的美食节活动，这些活动不仅是对当地特色美食的一次集中展示，更是为游客打造了一场场味觉与文化的双重盛宴。游客们在此不仅能大快朵颐，而且能深入了解这些美食背后的文化故事，感受折桥村独有的饮食风情。同时，农家乐还注重菜品的创新和提升，将传统美食与现代烹饪技术相结合，推出了一系列既保留传统风味又符合现代人口味的新菜品，极大地满足了游客的多样化需求。此外，折桥村还加强了对饮食文化的宣传和推广，通过制作美食宣传片、举办美食文化讲座等方式，让更多的人了解折桥村的饮食文化，进一步提升折桥村的知名度和美誉度。这一系列举措不仅促进了折桥村旅游业的蓬勃发展，更为当地经济注入了新的活力与机遇。饮食文化与旅游的深度交融，让折桥村在乡村振兴的道路上迈出了更加坚实的步伐。

3. 资源整合与创新驱动

在资源整合方面，折桥村展现出非凡的前瞻性，与周边乡村携手并进，通过构建跨区域的旅游合作网络，开发旅游资源打造连贯的旅游线路。这种合作模式不仅实现了资源的优化配置与共享，还促进了区域旅游业的协同发展，形成了优势互补、互利共赢的良好局面。为进一步提升旅游设施和服务水平，折桥村积极吸引社会资本参与旅游项目的开发和建设，通过公私合营等多元化投资方式，有效提高了旅游基础设施的质量和旅游服务的专业水准，为游客带来了更加舒适、便捷的旅行体验。在创新发展方面，折桥村充分利用互联网技术，开展网络营销活动，推广乡村旅游产品。借助社交媒体的广泛传播与在线旅游平台的精准对接，折桥村的乡村旅游产品迅速走出乡村，走向全国乃至世界，品牌影响力与知名度实现了质的飞跃。此外，折桥村紧跟时代步伐，积极探索智慧旅游的发展路径。通过建设旅游信息平台、引入智能导览系统等前沿科技手段，不仅为游客提供了更加丰富、精准的旅游信息，更让旅游体验变得更加便捷、高效。这些创新举措不仅极大地提升了游客的满意度与忠诚度，更为折桥村乡村旅游业的可持续发展奠定了坚实的科技基础与市场竞争力。

（三）抓形象、拓渠道，产业转型升级保就业

1. 农家乐产业带动脱贫致富

在经济转型和增收渠道的拓展方面，折桥村取得了显著的成效。该村通过发展农家乐产业、强化品牌效应与推动产业升级等一系列创新举措，不仅成功引领了村民脱贫致富，还促进了经济的可持续发展。农家乐产业在推动精准扶贫和实现群众稳定增收致富的过程中发挥了关键作用。过去，折桥村的贫困发生率较高，2013年达到了26.3%，经济发展面临严峻挑战。然而，在精准扶贫战略的精准指引下，村"两委"凭借敏锐的洞察力和坚定的执行力，将产业优势转化为脱贫动力，深入实施了"以德扶贫"的工作模式。这一模式不仅聚焦于物质层面的帮扶，更重视精神层面的激励，通过树立典型、广泛宣传，有效激发了贫困群众的内生动力，帮助他们克服心理障碍，勇于探索自我发展的新路径。在党的坚强领导与村"两委"的不懈努力下，折桥村农家乐产业蓬勃发展。近年，已有10户建档立卡贫困户在政策的扶持下，成功开办了自己的农家乐，实现了从贫困到富裕的蜕变。这一变化，不仅极大地提振了村民的自信心，更为整个村庄的经济发展注入了新的活力。截至2020年，折桥村的贫困发生率已锐减至1.65%，成绩斐然。其中，村民张某的故事尤为感人。作为曾经的建档立卡贫困户，他在村"两委"的悉心指导下，通过参加农家乐经营培训，掌握了烹饪技术与经营管理知识。随后，他利用自家院落，结合地方特色，推出了"爆炒草鸡"等招牌菜品，迅速吸引了众多游客的目光。几年的辛勤耕耘，让他的农家乐声名远播，家庭收入也随之增长，彻底摘掉了贫困的帽

子，步入小康生活。张某的蜕变，是折桥村经济转型与增收渠道拓展成功实践的生动写照（图 3-17、图 3-18）。

图 3-17　调研组参观调研折桥村党群服务中心

图 3-18　折桥村盖碗巷风情

2. 品牌建设与市场拓展

折桥村的农家乐产业，以"爆炒草鸡"这一招牌菜享誉四方。该菜品精选当地农户自家院落养殖的草鸡，现宰现烹，沿用古朴的大灶台与厚重铁锅，以传统技法精心炒制，每一口都是对"家味"的深情诠释，令人回味无穷。经过多年的发展，折桥村农家乐产业已初具规模，其"爆炒草鸡"品牌不仅赢得了良好的口碑和赞誉，还成为临夏市独具特色的一张"名片"。在市委、市政府的引导下，农家乐协会应运而生，担当起品牌塑造与市场拓展的重任。成功注册了"魅力折桥湾"这一富有地域特色的商标，并推行统一标识的餐具、纸巾等用品，以细节彰显品质，提升整体形象。同时，借助临夏葫芦雕刻、蛋雕、泥塑等特色手工艺，开发了一系列富有文化底蕴的旅游纪念品，进一步丰富了农家乐的文化内涵，提升了农家乐的经营层次和对外形象。为紧跟时代步伐，农家乐协会还积极与网络销售平台建立深度合作关系，实现了网络订餐、智能导航等现代化服务功能的全覆盖。这一举措不仅极大地拓宽了市场边界，让"魅力折桥湾"的品牌影响力跨越地域限制，更通过线上线下的无缝对接，为游客提供了更加便捷、高效的消费体验，进一步提升了品牌知名度与美誉度。品牌建设与市场拓展的双轮驱动，为折桥村农家乐产业带来了前所未有的发展机遇。游客纷至沓来，不仅数量显著增长，消费能力亦大幅提升，为当地农户带来了更为可观的经济收益。更重要的是，品牌化经营使得农家乐的附加值显著提升，农户们从中获得了更高的经济回报，生活品质得到了实质性的改善，真正实现了"绿水青山就是金山银山"的美好愿景。

3. 产业升级与就业增加

乡村振兴背景下，折桥村以其敏锐的洞察力和务实的行动力，通过借鉴城市先进产业发展经验，并紧密结合本村实际，开创出一条独具特色的发展路径。村干部们积极引导农家乐产业向现代化、品质化转型，通过优化就餐环境、引入智能点餐结算系统、实施清洁能源供暖及厨余垃圾规范化处理等措施，彻底改变了外界对乡村农家乐的传统认知，树立了"绿色、健康、高品质"的新形象。在政府相关部门的大力支持下，折桥村筹集资金300万元，建设了一座占地2亩的现代化盖碗茶生产加工车间。该车间不仅巩固了"魅力折桥湾"品牌盖碗茶的市场地位，还通过产品创新与文化创意的深度融合，极大提升了农家乐产业的整体价值。目前，该车间年收入可达12万元，直接创造就业岗位17个，员工月均收入超过2 500元，成为促进当地经济发展的重要引擎。此外，折桥村充分利用东部帮扶资金100万元，依托专业团队的科学规划，将资金精准投向扩大再生产，购置了先进的洗碗机流水线及6万套餐具，旨在进一步丰富经营品类，发展村集体经济，提升服务效率。该项目完成后，预计吸纳15名以上劳动力，为村集体经济年增收贡献超过10万元，展现了强大的发展潜力和良好的社会效益。

这一系列产业升级措施，推动折桥村的农家乐产业实现了跨越式发展。经济效益的显著提升，直接带动了就业市场的繁荣。截至目前，折桥村共有农家乐130余家，从业人员约1 200人，解决当地就业问题1 000余人，年营业额接近1.2亿元，纯收入达到5 000万元，户均增收10万～20万元以上，实现了经济发展与民生改善的良性循环。

四、案例讨论：经验总结与规律探索

（一）坚持乡村振兴战略引领，推动农村全面发展

折桥村的发展充分证明了乡村振兴战略的核心价值与实践成效。在乡村振兴战略的引领下，折桥村通过政策扶持、资金投入、产业融合发展等创新性综合措施，实现了从贫困到振兴的蜕变。这一成就不仅是折桥村自身努力的结果，更为其他地区树立了可资借鉴的典范。

面对"三区三州"这一自然条件严酷、地方产业发展滞后、经济基础薄弱、贫困程度严重的挑战，折桥村并未被困境所束缚，反而在国家政策的扶持下，积极寻找破局之路。值得注意的是，尽管政策扶持如同"甘霖普降""雪中送炭"，但折桥村并未陷入"等、靠、要"的惰性陷阱。相反，它以一种积极主动的姿态，将政策优势转化为发展动力，避免了"懒汉病"的滋生，也规避了政策执行中的形式主义倾向。

折桥村的成功秘诀，在于其精准把握政策机遇与自身实际的高度契合。无论是精准扶贫的精准施策，还是乡村振兴战略的全面铺开，折桥村都能灵活应变，将政策精神内化为自身发展的动力源泉。通过深入挖掘与利用本土资源，成功打造以农家乐为核心的乡村旅游品牌，不仅吸引了八方游客，更激活了乡村经济的内在活力，实现了农户收入的稳步增长与自我发展能力的显著提升。因此，在乡村振兴的道路上，既要坚持战略引领，又要注重因地制宜；既要充分利用政策优势，又要激发内生动力；既要发展特色产业，又要注重文化传承与创新。只有这样，才能推动农村在经济、社会、文化等多个维度上实现全面、协调、可持续的发展。

折桥村的发展实践表明，坚持乡村振兴战略引领是推动农村全面发展的关键，结合自身实际情况，制定科学合理的发展规划，才能确保乡村振兴战略的精准落地。同时，充分发挥自身优势，加强产业融合，完善基础设施，注重制度逻辑的协同作用，激发村民的内

生动力，是实现农村经济、社会、文化等全面发展的重要途径。

（二）加强产业融合发展，提升农村产业竞争力

产业融合发展是当今农村经济发展的重要趋势，对于提升农村产业竞争力、实现农村经济可持续发展具有重要意义。折桥村以其前瞻性的视野和创新的实践，通过多维度、深层次的产业融合策略，成功塑造了农村产业发展的新典范，为其他地区提供了宝贵的经验借鉴。

从折桥村首家农家乐的诞生到其数量的激增，使得同质化问题日益凸显，导致市场竞争加剧，产业特色模糊，竞争力显著下滑。面对这一挑战，折桥村自 2010 年起，在政策扶持下，果断调整策略，将重心转向农家乐的差异化发展与品质提升。为打破同质化困局，折桥村精选出一批具有鲜明特色、经营有方的农家乐作为示范点，通过经验分享、学习交流，激励和引导其他农户探索符合自身条件的经营模式和装修风格，力求在保持地方特色的同时，实现个性化发展。同时，对于经营遇阻的农家乐，折桥村也积极提供指导与帮助，鼓励其总结经验，调整策略，实现转型升级。尤为重要的是，折桥村深刻认识到产业融合对于提升竞争力的关键作用。特别是旅游与农家乐的深度融合，不仅让游客在领略自然风光之余，还能深度体验当地的饮食文化与民俗风情，极大地丰富了旅游产品的内涵与层次。这种融合不仅为农家乐带来了稳定的客源与可观的收益，更促进了整个乡村经济的多元化发展，提升了农村产业的整体竞争力。

资源整合与创新并进，激发乡村发展新活力。在追求发展的过程中，折桥村积极调动自然资源、人力资源与文化资源的潜力，实现了资源的优化配置与高效利用。折桥村的成功实践表明，深入挖掘本地资源优势，强化产业之间的互动与融合，是构建特色鲜明、附加值高的农村产业体系的关键。这不仅有助于提升农村产业的市场竞争力，还能为乡村振兴战略的实施提供坚实的产业基础。在此过程中，政府的政策引导与支持同样不可或缺。通过制定科学合理的政策措施，为产业融合发展营造良好的外部环境与条件，政府能够激发社会各界参与乡村振兴的积极性与创造力。唯有各方携手并进，共同努力，方能推动农村经济实现高质量发展，为乡村振兴战略描绘出更加辉煌的蓝图。

（三）注重品牌建设与市场拓展，提高农产品知名度和附加值

品牌建设在提高农产品知名度和附加值方面发挥着至关重要的作用，是推动农村经济发展和增加农民收入的关键举措。折桥村通过注册"魅力折桥湾"商标、推行统一的品牌形象标识，并携手网络销售平台，构建起全方位的品牌推广网络，成功实现了品牌影响力的跨越式提升与市场版图的显著拓展，为业界树立了典范。

在乡村旅游和"农家乐"产业发展过程中，特色与创新是持续吸引游客、避免同质化竞争的关键。缺乏独特韵味与本土文化深度挖掘的乡村旅游项目，往往难以摆脱短期繁荣、后劲乏力的命运，极易被后来居上的竞争者所取代。折桥村对此有着清醒的认识，并在实践中展现出卓越的智慧。他们深知，家庭型乡村旅游的发展需要注重特色塑造和独一无二的体验。因此，折桥村每户农家乐的建筑风格都各具特色，不可复制，从而进一步巩固了折桥村在乡村旅游市场的领先地位。

折桥村是一个东乡族、回族、汉族等多民族杂居的民族村。优越的地理位置为折桥村提供了得天独厚的自然条件，多元的民族文化背景为农家乐的发展提供了丰富的资源，为建筑风格和民族餐饮注入了独特的元素，成为折桥村发展的有力支撑。折桥村有多处泉眼和百年古柳，为其发展乡村旅游提供了得天独厚的禀赋。如今，折桥村的农家乐产业已步入蓬勃发展的快车道，不仅成为当地农民增收致富的重要途径，更成为展示乡村魅力、传承民族文化的重要窗口。未来，折桥村将继续秉持创新发展的理念，不断探索乡村旅游的新模式、新路径，让这颗多元文化交融下的璀璨明珠绽放出更加耀眼的光芒。

五、结论与政策启示

折桥村在乡村振兴战略的引领下，通过产业融合发展等举措，成功实现了从贫困到振兴的蜕变，其成功经验为其他地区提供了重要的借鉴。通过以上分析，本研究的结论如下：

第一，坚强的党建引领在乡村振兴中至关重要，折桥村充分发挥基层党组织的战斗堡垒作用，通过党建工作统筹规划、组织引导和政策落实，激发了村民的内生动力，为农家乐产业的发展提供了坚实的组织保障和政策支持。

第二，折桥村以农家乐产业为载体，通过深度挖掘本土民族文化与自然资源，实现了从单一农家乐向多元化、综合性旅游服务的转型升级。

第三，在精准扶贫贷款、专项资金投入及现代化基础设施建设等政策扶持下，农业、旅游和文化等产业实现了深度融合，构建了从资源整合到品牌推广的全链条发展模式，有效推动了从贫困到振兴的经济和社会双重转型。

基于上述结论，本研究提出以下对策建议：

第一，应坚持党建引领，进一步强化基层党组织建设。各级政府和基层党组织须高度重视农村党建工作，通过优化党组织结构、选拔和培养高素质党员干部、加强党内教育和培训等举措，充分发挥党组织在统筹规划、组织引导和政策落实中的核心作用。同时，应建立健全激励与监督机制，畅通党群沟通渠道，及时回应群众关切，确保各项惠农政策和发展措施落到实处，从而为产业发展和乡村振兴提供坚实的组织保障和思想动力。

第二，应加大政策支持力度，优化产业发展环境。应进一步深化乡村振兴政策，增设专项财政资金和优惠信贷，针对农村产业特色推出灵活多样的金融产品，以切实解决资金短缺问题。同时，加强科技服务体系建设和产学研合作平台的搭建，吸引农业科技专家和引入现代管理理念，提升农民经营管理水平和技术能力，推动农业、旅游和文化等产业的深度融合，为农村产业转型升级创造有利条件。

第三，应整合本土特色资源，着力加强品牌建设与市场推广。充分挖掘乡村本土文化、自然景观和乡土风情，打造具有地域特色的农产品和乡村旅游品牌。同时，通过严格的质量监管和标准化管理，提升产品附加值和品牌信誉。

参考文献

高丽媛，2023.乡村振兴背景下乡村旅游对福建南靖县农村居民收入的影响［J］.农村经济与科技（6）：93-95，103.

郭言歌，2020."三区三州"农业特色产业发展困境与对策［J］.北方民族大学学报（5）：13-19.

韩学伟，2017.基于智慧旅游的新一代农家乐建设初探［J］.中国农业资源与区划（3）：202-207.

亢霞，2023.原深度贫困地区"三州"推动特色产业发展的成效和对策建议［J］.中国粮食经济（4）：19-21.

李红娟，2023.乡村振兴战略下农业经济发展现状与优化研究［J］.河南农业（20）：16-18.

孟玉智，2023.乡村旅游让偏远"方寸之地"变集体"增收宝地"［J］.农村财务会计（10）：22-24.

牛胜强，李婷婷，2023.深度贫困地区创新发展现代农业的现实路径与主攻方向［J］.吉林工商学院学报（5）：5-10.

邱天，龙圣锦，2024.农家乐消费模式在农村经济发展中的应用与优化路径［J］.农业经济（2）：138-140.

王阅，2023.家庭型乡村旅游发展问题与对策研究［D］.重庆：重庆三峡学院.

翁贞林，鄢朝辉，谌洁，2022.推进农民共同富裕：现实基础、主要困境与路径选择［J］.农业现代化研究（4）：559-567.

颜毓，覃智，2021.广西休闲农业与乡村旅游经营主体现状调查分析［J］.中国集体经济（2）：5-7.

一碗拉面连四方　劳务输出富万家
——青海省海东市化隆回族自治县拉面产业带动劳务输出脱贫的实践探索

一、引言

就业帮扶对于增加农民收入、巩固扶贫成果、夯实乡村振兴基础具有重要意义。2020年我国消除绝对贫困之后，国家的工作重心已经从决胜脱贫攻坚转向全面推进乡村振兴，而加大就业帮扶，让农村剩余劳动力充分就业，是乡村振兴的关键任务。2021年8月，人力资源和社会保障部、国家发展改革委等20部门联合印发《关于劳务品牌建设的指导意见》，对"十四五"期间劳务品牌建设进行规划，提出了市场化运作、规范化培育，技能化开发、规模化输出、品牌化推广、产业化发展的总体要求，《意见》要求为农村剩余劳动力提供充足优质的就业岗位，从而巩固拓展脱贫攻坚成果，增强乡村振兴动能，为全面建设社会主义现代化国家奠定基础。

培育县域劳务经济，有效引导和组织农村剩余劳动力有序转移就业是促进经济发展、拓宽就业渠道、提升农民收入的一条重要途径。在脱贫攻坚的伟大斗争中，县域劳务经济的发展不仅起到了提供就业渠道、增加居民收入的重要作用，还让贫困人口转变了观念、拓宽了视野、积累了经验、学到了技术，为减少贫困的代际传递和进行下一步乡村人才振兴奠定了坚实的基础。

然而，民族地区县域劳务经济发展具有特殊性。与其他地区相比，民族地区劳务输出过程中，存在劳动力综合素质偏低，培训意愿和接受能力不强；劳务输出的组织化程度较低，培训与就业缺乏有效衔接；语言和文化与输入地差异较大，输出后产生劳动力生活适应和社会融入能力不足等困境，导致民族地区劳务输出过程中存在"输得出、稳不住"、劳务输出成效不稳定等问题。脱贫攻坚阶段，青海省海东市化隆回族自治县（以下简称化隆县）凭借以拉面产业为载体的一整套劳务输出模式快速脱掉了贫困县的帽子，被确定为首批"劳务输出示范县"和"2019 年度脱贫攻坚先进集体"，其在劳务输出方面的典型做法和成功经验，可以为乡村振兴阶段民族地区甚至全国其他县域劳务经济发展提供有益借鉴。因此，本研究将化隆县列为研究对象，总结其在脱贫攻坚过程中县域劳务经济发展的一些典型做法和成功经验。本研究主要从以下三个方面展开：一是探索在劳务输出过程中化隆县是如何解决贫困人口劳务技能缺失及其培训意愿不强、接受能力不足的问题；二是探索在劳务输出过程中化隆县如何满足民族地区人口特殊的生活需求，解决其在输出地的生活适应和社会融入问题；三是在劳务输出后化隆县是如何帮助劳务输出人口保障自己的各项权益。

二、案例描述

（一）立足优势，劳务富县

化隆回族自治县地处青海省东部的黄土高原与青藏高原交汇地带，海东市南部属青藏高原东部干旱区，是国家六盘山集中连片特困地区扶贫开发工作重点县。由于自然环境恶劣、基础设施落后、生态系统脆弱，农业"十年九旱"、工业企业发展滞后，化隆县经济社会发展相对滞后。截至 2015 年底，全县共有 6 个深度贫困乡，占全县乡镇的 35%，精准识别的贫困村达到 144 个，占全县行政村总数的 39.8%，建档立卡贫困人口 9 640 户，共 36 327 人，占全县总人口的 12.1%，贫困范围广、程度深是化隆县的基本县情。

从 1988 年第一批化隆人到厦门开办第一家拉面店起，化隆人便开始了不分民族的"传帮带"的共同致富历程。脱贫攻坚阶段，化隆县以拉面产业为载体，大力发展县域劳务经济，一批批化隆人通过开拉面馆的形式外出务工，实现脱贫增收的同时探索出了一条通过拉面产业促进劳务输出和农民增收的有效途径，一跃成为远近闻名的劳务输出大县。截至 2019 年，化隆县全县已有 12 万人在全国 271 个大中城市开办了 1.5 万家拉面店，实现总产值近 100 亿元，其中拉面收入占农民人均纯收入的 53%，有 200 余名经纪人在义乌、广州等地长期与中东、中亚等 40 多个国家从事国际贸易活动，拉面经济已成为化隆县农民群众脱贫致富的重要支撑。

拉面产业是一个劳动密集型产业，对劳动力的需求大，以开拉面馆带动劳务输出是化隆县群众脱贫增收的重要方式。"开一家拉面馆，一般得有三个厨师，两个服务员。我们这个地方的饮食习惯跟他们不太一样，所以，这些工作一般就介绍给咱们化隆同乡。这些人要么是亲戚邻居，要么是朋友，这样一来，只要有一个化隆人到外面开店，就能带动 4~5 个人出去工作"。村民马建国介绍道。

通过开拉面馆带动劳务输出、促进脱贫增收的做法也很快引起了当地政府的重视。2002年，化隆县委、县政府就提出了"劳务富县"的发展思路，并采取如免费提供技能培训、发放贴息贷款、办理《劳务输出证》和设立驻外办事处等一系列措施鼓励贫困农牧民外出发展拉面经济。2004年，为了扩大"化隆拉面"的品牌效应，化隆县政府注册了"西北化隆拉面"商标。自2006年开始，化隆县财政每年拨出2 000万元作为贴息贷款，专门用于支持贫困农民外出发展拉面经济。此外，化隆县还通过财政贴息、鼓励和发动全县干部职工提供工资担保等方式发放拉面经济担保贷款，有效解决了群众外出发展拉面经济和经营规模扩大过程中面临的资金短缺问题。

2015年脱贫攻坚战全面展开前夕，青海拉面服务中心在西宁市挂牌成立。服务中心通过向全国各地拉面馆发布与拉面产业发展相关的政策和信息、配送清真食材和供应餐具厨具以及提供就业培训和创业资金借贷等，推动了拉面产业的转型升级，也为脱贫攻坚阶段化隆县劳务输出的全面展开奠定了坚实的基础。在政府的有效引导和能人的带动下，大量化隆县贫困农民走出家乡，前往全国各地的拉面馆打工创业，以拉面产业带动劳务输出成为脱贫攻坚阶段化隆县扶贫、脱贫工作的重要抓手。

（二）"带薪在岗实训＋创业"，激发内生动力

习近平总书记在2016年全国两会召开期间参加青海代表团审议时，对贫困群众通过青海拉面脱贫致富的做法给予了肯定。2016年3月，为深入贯彻落实《中共中央办公厅、国务院办公厅印发〈关于创新机制扎实推进农村扶贫开发工作的意见〉的通知》精神，促进更多村民通过从事"拉面经济"实现脱贫增收，化隆县结合当地实际，在总结梳理已有经验的基础上，出台了《化隆县精准扶贫拉面"带薪在岗实训＋创业"实施方案》，将精准扶贫与"拉面经济"有机结合，开创了"带薪在岗实训＋创业"的新型扶贫模式。这一模式是以全国化隆籍拉面店为实践平台，以拉面技能为核心培训内容，精准对接建档立卡贫困人口，通过建立"一对一"的帮扶机制，将贫困对象与拉面实训门店紧密结合起来。

"带薪在岗实训＋创业"模式是通过多级联动的方式实施。首先，贫困村第一书记、驻村工作队和村委会摸排并上报有意参加实训的贫困人员信息，经乡镇确认后提交至县就业局。县就业局核对信息后，将符合条件者的信息提供给拉面电商服务中心，由驻外办事处联系外地拉面店收集用工信息，进行匹配。匹配成功后，电商服务中心对贫困人员进行2天岗前培训，随后与拉面店老板签订实训协议，进行为期一年的带薪实训。资金支持方面，贫困人员实训满一年且考评合格后，可获得拉面技能合格证书及10 000元奖励，分阶段发放。拉面店老板需按市场薪酬标准支付工资，确保年工资不低于30 000元，并承担食宿、交通费及购买人身意外保险。技能考核由驻外办事处和拉面店老板组成的评定小组进行，合格者发放技能证书。办事处还需不定期回访，建立贫困对象档案。创业支持方面，实训期满后，有意开店的贫困人员可获得1万～2万元开店扶持资金。实训超过一年、技能达标、被评为信用户者，可申请5万元三年全额贴息贷款。开店选址确定后，经驻外办事处确认，即可发放扶持资金及贷款。

高文强夫妇是化隆县"带薪在岗实训＋创业"模式的亲历者。他们在拉面店实训了一

年后上岗，两个人每个月能拿到 5 000 元工资。几年后，他们将这笔收入和以前打工攒下的钱用作创业发展资金，承包了化隆县医院食堂，每个月纯收入达到 1.8 万元。高文强说："我十几岁就跟着拉面老板在外面打工，从最简单的洗碗做起，到跑堂，再到学手艺，学会了拉拉面。当时家里弟兄多，想开一家拉面店很难。如今，有了党的好政策，才有了我的今天。"

2016 年，化隆县凭借突出的扶贫成效，被评为全国返乡创业试点县，其下辖的群科镇被评为拉面特色小镇。为强化产业支撑，化隆县在群科镇建成了全省扶贫拉面培训服务中心，承担技能培训、设备供应、用工对接、产业推广以及文化活动组织等工作，进一步提升了拉面经济的脱贫效益。2017 年，青海省人民政府转发省人力资源社会保障厅等部门《关于进一步推动青海拉面经济发展促进就业创业的实施意见》，为"拉面经济"模式的品牌化、特色化、连锁化发展提供了政策支持，进一步发挥了"拉面经济"在农村劳动力转移就业方面的重要作用。2018 年，化隆县持续推进"带薪在岗实训＋创业"计划，完成了 1 000 多名贫困群众的"带薪在岗实训"，大幅提升了贫困群众的工资性收入水平。

"带薪在岗实训＋创业"项目是 2016 年化隆县结合县域发展的实际情况制定出台的，从 2016 年开始到 2019 年结束，历时 4 年，共实训 3 885 人次，发放补助 3 518 万元，贫困户自己开办的拉面店达到 111 家（图 3 - 19）。

图 3 - 19　化隆县进城务工人员拉面技能培训班现场

（三）有效开展合作，解决生活适应问题

"带薪在岗实训＋创业"项目实施只是化隆县劳务输出工作的一部分，民族地区劳务输出工作面临的另一大问题是少数民族外出务工人员在语言、饮食和宗教文化信仰等方面与输入地存在较大差异，劳务输出后，如何解决这些外出务工人员的生活适应和社会融入问题成为劳动力能否"输得出、稳得住"的关键，也是巩固劳务输出成果的关键所在。为此，包括化隆县在内的青海省各级地方政府主动与流入地统战、民宗、公安等部门沟通，先后与全国 20 个省（自治区、直辖市）签订《少数民族流动人口服务管理跨区域联动协作协议》，将少数民族务工人员纳入网格，最大程度上解决少数民族务工人员的后顾之忧。

在饮食问题上。一方面，化隆县与劳动力流入地积极合作，以城市民族工作为平台，推动公共服务覆盖少数民族劳务输出人员，重视少数民族劳务输出人员的生活适应问题。其中，广州市还特别设立了清真食品专项扶持资金，用于建设完善清真食品基础设施，以解决劳务输出人员"入口"的需求。另一方面，化隆县协同流入地开展饮食文化交流活动，邀请少数民族劳务人员现场展示家乡特色烹饪技法，增进流入地居民对其饮食文化的了解。

在宗教需求问题上。化隆县联合劳务输入地在星期五聚礼、开斋节、古尔邦节会礼期间，协调事项、维护秩序，解决了务工群众"入寺"的需求。部分输入地依照化隆县劳务输出人员需求规划建设回民公墓，解决了务工群众"入土"的需求。同时，化隆县还联合输入地加强跨地区宗教事务管理协作，教育引导少数民族务工人员"入乡随俗"，自觉接受当地宗教团体的教务指导，尊重当地伊斯兰教传统和仪规，促进劳务输出人员在流入地能遵循熟悉的宗教仪规，避免因信仰差异产生困扰、隔阂，减少与当地人因宗教习俗不同引发的摩擦，加快融入当地生活。

在文化融入工作问题上，化隆县各部门也立足实际，多措并举，解决劳务输出人员在全国范围的生活适应和社会融入工作问题。一是广泛动员，联合县民宗、公安等部门先后与18个省（自治区、直辖市）签订了《少数民族流动人口服务管理跨区域联动协作协议》和《警务协作协议》，并在拉面人集中的苏州、深圳、东莞、武汉等大城市连续开展"民族团结一家亲、同心共筑中国梦"等活动。流动党支部的党员也积极组织和引导遍布全国各地的化隆拉面人开展和参与各类公益活动，积极塑造化隆拉面人民族团结、创业脱贫的正能量形象。二是与输入地省市县党委、政府密切合作，坚持"软引导"和"硬约束"并重，在教育引导、关心帮助的同时，坚持不懈地强化依法管理，督促少数民族劳务输出人员不断自我调适、转变思想观念，提升自身素质，主动适应和融入城市。通过不懈努力，化隆县全县11万拉面人顺利融入全国22个省（区、市）280个大中城市和11个国家中，部分从业者还积极参与社会公益，为输出地和输入地社会的和谐稳定贡献了自己的绵薄之力（图3-20）。

图3-20 调研组与化隆县劳务输转人员交谈

（四）多措并举，解决权益保障问题

要想"输得出、稳得住"，巩固拓展劳务输出成果，除了解决生活适应问题外，还需要保障劳务输出人员的各项权益。

在劳务输出人员子女教育方面。化隆县成立了劳务输出及创业促就业工作领导小组，在全国 48 个大中城市设立了驻外办事机构，主要帮助解决化隆县劳务输出人员在开办拉面馆之余遇到的困难。为解决劳务输出人员子女的入学问题，领导小组一方面积极整合教育、人社、民政等多部门资源，定期与输入地政府、企业对接，精准掌握劳务输出人员分布及子女入学需求，依各地入学政策简化入学流程，定制入学方案；同时，还设立了专项教育帮扶资金，补贴困难家庭子女书本费、校服费，缓解经济压力。另一方面，领导小组还联合驻外办，充分结合精准扶贫拉面"带薪在岗实训＋创业"计划、拉面店基础数据调查、智能收单 POS 机推广等重点工作，对劳务输出人员子女的就读和辍学情况进行摸排统计，对于不履行《中华人民共和国义务教育法》的监护人一律不予享受精准扶贫方面的优惠政策。

在就业权益保障方面，化隆县人力资源和社会保障局根据平安建设"十个一"工作要求，关注欠薪等民生热点问题。一方面，依据《中华人民共和国劳动争议调解仲裁法》《劳动保障监察条例》等法律法规及有关规定，建立调解仲裁与监察执法协调联动工作机制，高效快捷地处理劳动关系矛盾纠纷。另一方面，还开展了劳务输出人员工资保证金专项检查、根治欠薪"制度全覆盖"等专项行动，对工资支付情况进行全程监控预警。截至 2024 年，共核处全国欠薪线索平台投诉 120 件，涉及 186 人 528.3 万元。除此之外，化隆县还通过劳务输出人员工资争议速裁庭，为劳务输出人员仲裁维权开通"绿色通道"，切实维护劳务输出人员的合法权益。

在医疗保障方面，化隆县按照青海省人力资源和社会保障厅关于《青海省基本医疗保险跨省异地就医住院医疗费用直接结算实施意见》和《青海省基本医疗保险异地就医结算暂行办法》，确保劳务输出人员可以在化隆县社保局"金保"医疗报销系统中做"跨省异地就医住院直接结算"备案，减少了报销环节和往返报销费用负担，使得劳务输出人员在全国各省、自治区、直辖市各级医院的住院医药费能够及时得到报销，有效解决了广大劳务输出参保患者在医药费报销过程中出现的周期长、手续多等问题。

在方法创新方面，化隆县还充分利用拉面电商等优势资源，打造了化隆县智慧拉面信息化服务大数据平台。平台按照群众需求，设置了招聘求职、转让需求、拉面社区等模块，以线上的方式解决了劳务输出人员的许多问题。劳务输出人员除了可以通过网络平台学习拉面制作技能、经营管理知识、法律常识和购买清真食材、厨具餐具外，还可以通过异地就医模块完成异地就医报销的各类手续。据工作人员介绍，该平台到 2020 年已连接1.74 万家拉面实体店，拉面网电商平台注册企业和个人用户超过 5.5 万人，覆盖包括 42个贫困村在内的全部乡镇，有效实现了异地政务服务和营业数据抵押、撬动金融贷款等功能。化隆县地方品牌产业培育促进局副局长马建国说："新冠疫情期间，各地符合条件的拉面店主，都可以在 App 上直接申报补助，不用亲自回来办理。这样一来，就帮助在外

的 600 多家拉面店节约往返费用约 1 000 万元。"

三、成功经验总结

(一) 带薪在岗实训，提升职业技能

人力资本是体现在人身上的资本，是蕴含于人身上的各种生产知识、劳动与管理技能以及健康素质的存量总和。对贫困人口进行教育和技能培训等人力资本开发不仅有助于增加其在正规劳动力市场获得稳定工作和工资收入的机会，而且还有助于改变贫困人口落后的思想观念，从根本上打破贫困的代际传递。然而，实践中，民族地区贫困人口在就业技能培训中往往面临着培训对象思想保守，技能培训参与意愿不强和素质普遍较低，技能培训接受能力不足等问题。化隆县"带薪在岗实训＋创业"模式则很好地解决了这一问题。

首先，"带薪在岗实训"模式大幅提升了贫困群众的技能培训意愿。由于脱贫攻坚中的许多劳动技能培训主要采用开展知识学习和技能观摩的形式，培训期间无法产生经济收益，使得许多受训贫困群众的家庭生活保障问题无法得到有效解决，导致其参与意愿不强。化隆县"带薪在岗实训＋创业"模式的以下做法有效地解决了这一问题。一是实训期内，拉面店老板不仅要向贫困人员提供 3 万元以上的年薪，还需要承担其食宿费用及往返路费，并为其购买保险。贫困对象通过考核，取得技能认证后，还可以领取政府发放的现金奖励，这些措施使得参与培训的贫困群众在培训期间也能获得相应收入，有效解决了贫困群众实训期间家庭成员的生活保障问题，多数参与实训的贫困对象在实训期间就能实现脱贫，大幅提升了其培训意愿。二是"带薪在岗实训"模式实现了培训即就业，解决了民族地区技能培训中培训与就业缺乏有效衔接，培训对象在接受培训后无法找到合适工作或工资收入水平低下等问题。三是带薪在岗实训两年后，通过考核的实训对象可获得政府的创业扶持资金，开设自己的拉面店，最终实现创业。"带薪在岗实训＋创业"为培训对象提供了良好的发展愿景，接受培训的贫困群众不仅在实训期间可以实现脱贫，更有机会在政府的帮扶下实现全家创业，进而实现富裕增收的美好愿望，这些也都在很大程度上提升了贫困群众参与就业技能培训的内生动力。

其次，"带薪在岗实训＋创业"模式大幅提升了贫困群众的接受能力。拉面在青海有着悠久的历史，源自 4 000 年前的"喇家面"文化，为青海省的"拉面经济"提供了深厚的历史底蕴和丰富的文化内涵。由于培训的内容是贫困农户在日常生活中十分熟悉的拉面，培训方式又采用的是实训模式，避免了枯燥的"理论学习"，贫困群众在拉面实训门店跟随专业拉面师傅学习掌握拉面技能的同时，还能在营业高峰时段兼职餐饮服务工作，这种"干中学"的培训方式使其能够很容易上手，学到拉面技能和与拉面店经营管理相关的各项技能。实践证明，通过一年的实训，多数贫困对象基本都能掌握与拉面相关的各项技术和经营管理技能。

化隆县"带薪在岗实训＋创业"模式有效地解决了就业技能培训过程中培训对象意愿不强和接受能力不足的问题，为解决民族地区乃至全国劳动力输转过程中的就业培训问题提供了有益借鉴，也为乡村振兴阶段各地区提升农村人力资本、实现乡村人才振兴提供了

有力抓手。

（二）完善合作机制，推动社会融入

在马斯洛需求层次理论中，社交需求处于第三层次。由于地域文化和民族文化的差异性，西部地区少数民族群众与其他地方居民存在一定的文化和社会距离，如果这些习俗在新的环境中得不到尊重，在劳务转移初期可能会因为冲突而产生社交障碍，进而导致他们在社会交往上的自我隔离。因此，在劳务经济发展过程中，许多少数民族贫困人口会因对转移后的社交环境存在担忧，如害怕语言不通无法交流、担心受到歧视等，而对劳务输出产生抵触情绪。即便输出后，很多劳务输出人员也会选择重新返回输出地，从而阻碍脱贫攻坚进程的整体推进。化隆县群众在劳务输出过程中也同样在饮食、文化适应和社会融入等方面面临着许多困难，通过加强与输入地的沟通交流和积极完善各项合作机制，化隆县有效地解决了这一问题。

首先，在饮食问题的解决上，民族地区的劳务输出人员在饮食上存在特殊需求，因此，保障劳务输出人员清真饮食成为巩固拓展化隆县劳务输出成果的最关键一环。化隆县的以下做法解决了这一问题：一是"带薪在岗实训＋创业"模式巧妙地化解了这一难题，实训的清真拉面店通过与化隆当地食品供应商深度合作，组建清真食材供应链，这一机制使在拉面店务工的劳务输出人员随时能食用正宗清真菜品。二是化隆县政府主动外联输入地主管部门，详述劳务输出人员的饮食诉求，完善合作机制，广州等输入地为了劳务输出人员能够有效融入，以清真食品规范新建屠宰场，使劳务输出人员有放心的清真食品可食用，帮助劳务输出人员尽快适应当地生活。三是化隆县联合输入地举办饮食文化交流活动，让输入地居民了解清真饮食文化中的禁忌，减少因饮食误解引发的矛盾，使劳务输出人员能够更快地适应新生活。

其次，在宗教需求问题的解决上，化隆县一是立足劳务输出实际，组建专项联络小组，通过与输入地统战、民宗等部门沟通，完善合作机制，将少数民族劳务输出人员纳入网格，定期赴输入地交流，与当地统战部门研讨民族群体融入政策，与民宗部门对接宗教活动的规范引导，满足了劳务输出人员"入口、入寺、入土"等特殊需求，促进劳务输出人员在生活、工作、心理等方面全方位地融入输入地。二是在开斋节、古尔邦节期间，化隆县积极与输入地沟通，依网格布局，维持会礼期间周边秩序，平衡宗教习俗与公共秩序，使劳务输出人员宗教信仰得到尊重。三是化隆县联合输入地强化跨区域宗教事务协作，遏制偏激主张传播，引导少数民族劳务输出人员"入乡随俗"，确保劳务输出过程的安全有序，从源头把控宗教事务，减少因宗教问题引发的劳务纠纷、群体矛盾，使输入地用工更安心，确保劳务输出的连贯性、稳定性，减少劳务输出人员回流、失业。

最后，在文化融入问题的解决上，化隆县积极谋划、多方联动，通过与相关部门专程协调对接，不断完善合作机制，解决文化障碍问题，确保民族地区贫困人口外出务工能够顺利、舒心。一方面，化隆县在培训期间设置了文化交流课程，模拟异地生活场景，提升劳动者沟通、应变能力；另一方面，化隆县联合输入地社区，在教育引导、关心帮助劳务输出人口的同时，坚持不懈地强化依法管理，帮助少数民族劳务输出人员提升自身素质，

在自我调适、转变思想观念的同时消弭文化隔阂，促进输入地与输出地的双向接纳。

化隆县积极解决劳务输出人员的社会融入问题，不仅是对个体需求的悉心呵护，更是对多元文化和谐共生理念的坚定践行。通过全方位举措消除劳务输出人员与输入地的隔阂，促进民族交流交融，树立起以人文关怀推动社会进步、以民族融合助力伟大复兴的光辉旗帜，为各地处理类似事务提供了可资借鉴的经验，彰显了我国在民族政策与社会治理方面的智慧与成效。

（三）多项措施并举，保护群众权益

保障劳务输出地贫困人口各项权益的目的，是通过各种制度手段，保障贫困人口各项权利的平等，使其最终获得自我维持和发展的能力，安心地在输入地工作生活。民族地区劳务输出人群多为中低收入人口，数量众多且法律意识淡薄，对法律法规了解不多，自我保护能力较弱。化隆县秉持以人民为中心的理念，通过在就业权益保障、子女教育权益保障和医疗权益保障等方面多措并举，全方位守护群众权益，推动县域劳务经济和谐发展。

首先，教育是孩子成长成才的重要途径，保障他们受教育的权利，不仅可以使劳务输出人员安心工作，还可以从源头上避免贫困的再次发生。因此，化隆县重视劳务输出人员子女的教育问题：一方面，由劳务输出小组牵头，整合教育、人社、民政等相关部门资源，搭建起紧密协作的工作网络。教育部门发挥专业优势，梳理县域内外优质教育资源信息库；人社部门利用劳务人员就业登记数据，精准定位劳务输出群体就业城市、岗位分布；民政部门则负责筛查困难家庭，为经济薄弱的劳务输出家庭子女准备教育帮扶专项资金和物资，防止因贫失学。另一方面，化隆县劳务输出及创业促就业工作领导小组还联合驻外办，逐户摸排劳务输出人员子女就读及辍学情况，保障劳务输出人员的合法权益。

其次，劳务输出是欠薪问题的重灾区，在劳务输出人员就业权益保障方面，化隆县一方面密切关注欠薪民生热点问题，建立调解仲裁与检察执法协调联动工作机制，多部门高效协同，关注劳务输出人员的切身利益和家庭生计，办案流程紧凑，高效处理劳动关系纠纷。另一方面，充分利用智慧拉面信息化服务平台，定期更新法律法规解读、雇佣合同解读等信息，使劳务输出人员能够通过平台上分享的相关法律知识提升保护自身劳动权益的意识和能力，从源头上筑牢权益防线，拓宽发展空间。

最后，在劳务输出群众医疗保障方面，化隆县社保局"金保"医疗报销系统中做了"跨省异地就医住院直接结算"备案，系统对接全国异地就医结算平台，精准匹配就医地医疗机构信息，确保患者身份、医保权益精准识别，就医体验极大优化，报销环节减少，往返报销费用负担降低。同时，化隆县在智慧拉面信息化服务平台设有异地就医模块，其中异地就医备案和异地就医定点医院两个子模块为在外地从事拉面经济的群众提供了很多的便利，避免异地无法报销而不远千里返乡就医的问题，精准消除了群众的就医顾虑，提升了外出务工底气。

化隆县对于民族群众劳务输出权益保障问题方面的解决措施，是推动社会全面进步、防止脱贫群众返贫复贫的关键之举。这不仅是对民族平等原则的深度诠释，更是为脱贫攻

坚和乡村振兴有效衔接注入强劲动力。化隆县的成功经验促进了民族交流合作之路，彰显了我国民族政策优越性与治理现代化的高度融合，为构建多元一体的和谐社会格局提供了新经验。

四、主要结论与启示

（一）主要结论

通过案例分析得出主要结论如下：

第一，民族地区劳务经济发展的前提是技能培训对贫困人口产生的推力，而增强就业技能培训效果的关键在于提升贫困人口的培训意愿和接受能力。

第二，民族地区劳务输出要重点考虑劳务输出人员特殊的饮食、宗教和生活需求，劳务输出地要与输入地密切沟通，完善合作机制，促进输入地与输出地的双向接纳，解决输出人员的社会融入问题。

第三，民族地区劳务经济成功发展离不开保障贫困人口的权益，政府要站在劳务输出人员的角度，急其之所急，多措并举，为劳务输出人员在薪资、医疗及子女上学等方面权益保障提供便利，使其无后顾之忧，能够安心在外务工，确保"输得出、稳得住"。

脱贫攻坚阶段，民族地区劳务经济的成功发展对贫困人口脱贫增收起到了十分重要的作用。乡村振兴阶段，如何激发贫困人口的内生动力，防止其返贫复贫，为后续乡村振兴提供有效借鉴值得深入探讨。化隆县以拉面产业为载体发展劳务经济，是民族地区县域劳务经济发展的一次有益尝试，为解决民族地区乃至全国劳动力输转过程中的就业培训问题提供了有益借鉴，也为乡村振兴阶段各地区提升农村人力资本、实现乡村人才振兴提供了有力抓手。

（二）启示

通过总结，本研究得到如下启示。

第一，进一步研究乡村劳务产业，拓展培训渠道，提升培训质量。人力资本是提升贫困人口内生动力的重要组成部分，是生产力中最具创新性的要素，通过增加贫困人口的人力资本，使其有机会从事更高收入的工作，有更多就业选择，有助于贫困人口在动态的经济环境中保持竞争力，助力乡村劳务产业的整体效益获得提升。因此，在脱贫攻坚和乡村振兴有效衔接阶段，化隆县更应该掌握脱贫群众的心理，了解其脱贫思维，拓宽培训渠道，利用互联网平台提供丰富的课程资源，方便脱贫群众随时随地学习，并经常邀请行业专家、技术能手来担任培训教师，让脱贫群众学习理论知识的同时提升实际操作能力。

第二，进一步完善输出地与输入地的合作机制，精准对接，提升劳务输出群众社会融入感。劳务输出群众成功融入社会可以稳定就业提升其生活质量，为其自身发展获取资源和机会提供新的台阶，对输入地来说有助于形成稳定的劳动力供给，减少社会矛盾。因此，在脱贫攻坚和乡村振兴有效衔接阶段，化隆县应该与输入地政府建立动态的劳务信息平台，涵盖岗位信息、薪酬待遇等让劳务输出人员能直观了解的内容，同时能够让化隆县与输入地双方掌握劳务输出人员的流动信息，保证双方的精准对接，并且建立就业跟踪服务，确保在培训完成后劳务输出人员能够成功找到工作，防止返贫情况的发生。

第三，进一步保障劳务输出人员权益，建立联合监管机制，强化监督体系。贫困源于发展权利被剥夺所引致的资本积累路径受阻，通过保障劳务输出人口公平权益，有助于提升劳务输出人员的生活质量和发展潜力，拓展其职业发展空间，为劳务经济的发展提供重要支撑。因此，在脱贫攻坚和乡村振兴有效衔接阶段，化隆县应该与输入地政府建立联合监管机制，对劳务输出过程进行监督，构建多层级的监督网络，对涉及劳务输出人员权益的项目，加强监管，并设立专门的权益反馈机制，确保群众的问题能够及时调查处理，形成有效的沟通闭环。同时，对于存在违法违规行为的企业，两地联合处罚，增强监管威慑力。

参考文献

贺立龙，刘丸源，2021. 决战脱贫攻坚、决胜全面小康的政治经济学研究［J］. 政治经济学评论（3）：78-104.

姜枫，魏下海，李胡建，2024. 精准帮扶政策如何缓解家庭能源贫困？［J］. 当代财经（11）：1-13.

梁燕，郭永辉，2023. 新疆少数民族务工经商群体社会融入实证研究：以浙江省义乌市某辖区为例［J］. 民族学论丛（2）：89-96.

刘凤芹，苏彬，2024. 乡村振兴差异化金融服务模式：农村家庭返贫防范性治理研究［J］. 贵州财经大学学报（6）：28-37.

钱力，倪修凤，2020. 贫困人口扶贫政策获得感评价与提升路径研究：以马斯洛需求层次理论为视角［J］. 人文地理（6）：106-114.

汪三贵，黄奕杰，郑丽娟，2022. 中国共产党贫困治理的演进历程与未来取向：基于"赋能、赋权—资本积累"的贫困治理分析框架［J］. 中国人民大学学报（2）：40-51.

温士贤，2023. 民族交往交流交融：东西部劳务协作的价值内涵与时代使命［J］. 思想战线（5）：65-74.

杨强，2021. 反贫困法治的中国道路［J］. 法律科学（西北政法大学学报）（3）：120-130.

姚先国，冯履冰，2021. 劳务派遣中的劳动者权益保护与实现路径［J］. 浙江学刊（1）：98-105.

张学英，2024. 统筹教育、培训和就业：内在逻辑、典型特征与职业教育行动路向［J］. 中国职业技术教育（24）：3-11.

党群联动谋发展　产业融合促振兴
——班彦村脱贫攻坚与乡村振兴有机衔接的创新之路

一、引言

易地搬迁是摆脱贫困的关键一步，也是脱贫攻坚"五个一批"的重要组成部分。易地搬迁不仅是指从一个地方搬到另一个地方，而是既要"挪穷窝"，又要"换穷业""拔穷根"。2018年10月习近平总书记在广东考察时指出，产业扶贫是最直接、最有效的办法，也是增强贫困地区造血功能、帮助群众就地就业的长远之计。因此，做好易地扶贫搬迁后续产业发展工作，推进产业扶贫与产业振兴有序衔接是实现农业农村现代化和共同富裕的重要指南。

扶贫搬迁工作的推进，需要政府、企业和搬迁群众多元主体的协同参与。在这一过程中，既要充分发挥政府统筹协调功能，调动市场主体活力，广泛吸纳社会资源参与，形成优势互补的协作格局，同时又要尊重群众的主体地位，激发其主动脱贫的自主意识和内生动力。然而，在具体实践过程中，各地区易地扶贫搬迁工作还面临着诸多问题，尤其是在其后续产业发展过程中还存在项目选择盲目、农户话语权缺失、产业发展不协调等问题。因此，还需要发挥党和政府的引导作用，发挥农民的主体性，实现产业多元联动发展。

基于以上分析，本研究以青海省海东市互助土族自治县五十镇班彦村为研究对象，以绿色、协调、创新、共享等新发展理念为指导，总结提炼脱贫攻坚阶段班彦村在产业发展中的成功经验和典型做法，以期为乡村振兴阶段"三区三州"实现巩固拓展产业扶贫效果同产业振兴有机衔接提供经验借鉴。本研究主要从以下三个方面展开：一是研究班彦村是如何做到干群齐心，发展特色产业助脱贫的；二是研究在产业扶贫过程中班彦村是如何转变扶贫思路，立足农户资源禀赋发展扶贫产业的；三是研究在产业发展过程中班彦村是如何实现统筹规划，多元联动，融合发展的。

二、案例描述

班彦村坐落于我国唯一的土族自治县——青海省海东市互助土族自治县，平均海拔达到了 2 800 米，被青海省认定为省级重点贫困村。班彦，在土族语里有幸福、富裕之意。但长期以来，班彦村一直与"贫困"二字密不可分。这里的村民住的房子是土担梁，屋外下雨屋里漏，"晴天一身土，雨天两脚泥"，出行、吃水、看病、上学、务工、娶亲六大难题十分突出，贫困率高达 56%。

面对"一方水土养不活一方人"的状况，2016 年 4 月，经当地政府研究决定，开始启动易地扶贫搬迁工程，对山上村民实施集中安置，村里 129 户 484 人从 2 800 米的高山上搬到了山下 7 千米外海拔 2 500 米的平川，开启了新生活。新村土地平整，交通便利，距离 102 省道、镇中心小学更近，距县城也只有 10 千米，家家户户通水通电通天然气，生活区、服务区、休闲区应有尽有，柏油路也延伸至每户村民的门口。自此，班彦村的历史翻开了崭新的一页，几代人"出深山、斩穷根"的夙愿成为现实。

（一）党员带动，干群齐心，特色产业助脱贫

村民能不能富，关键在于党支部；村子能不能强，关键在于"领头羊"。一个敢想敢干的村"两委"班子，在凝聚人心、推动发展上可以发挥关键作用。在班彦新村，广大村民和干部普遍认同一个观点：村"两委"领导班子是引领群众摆脱贫困的核心力量，也是推动共同富裕的先锋队伍。在易地搬迁和产业发展过程中，村"两委"严格遵循规定流程，确保在房屋分配、项目执行以及资金收益等关键问题上保持透明、公正和公平，以此赢得村民的信任。村内的 47 名党员都积极参与农民讲习所的讲座和每月的"固定党日"

活动。在村民大会开展时，村民们也都踊跃发言，担心错过表达自己意见的机会。村干部们一致认为，通过加强组织的凝聚力，同时发挥好党员的引领作用，可以有效改善干部与群众的关系，从而推动村庄各项工作顺利进行。"新村建设要同发展生产和促进就业结合起来，同完善基本公共服务结合起来，同保护民族、区域、文化特色及风貌结合起来"。习近平总书记语重心长的话语言犹在耳。围绕"搬得出、稳得住、能致富"的目标，在脱贫攻坚的关键时期，班彦村在党的引领下，成功孵化了一系列地方特色产业。随着乡村振兴战略的深入推进，班彦村也成功打造出了一批批具有地方特色的知名品牌。

张卓麻什姐自幼生活在山上，她对周围的一草一木都怀有深厚的情感，当得知需要搬迁的消息时，她最初有些拿不定主意。作为一名资深老党员，班彦村党支部书记仲关因保承担了此次搬迁动员的任务。那段日子里，他频繁穿梭于山间的木棚之间，逐一走访每户人家，耐心讲解搬迁政策。村民们也纷纷表达了自己的担忧："在山上，我们还能种些庄稼，这一下山，我们又能做些什么呢？还不如继续守着自家的那片田地""在山上，交通不方便、吃水很困难、看病不容易、上个学也很困难……咱们一定得想办法，搬出这里，让自己和下一代过上好日子"。仲关因保劝说："党和政府始终和我们在一起，一定会想办法让大家找到脱贫致富的路子的。"

搬迁之后，为了真正实现"搬得出、稳得住、能致富"的目标，在村党支部的带动下，村民们齐心协力，发展起了一批脱贫攻坚产业。

1. 特色产业——酩馏酒

搬迁后，摆在村党支部面前的就是后续产业发展和搬迁居民的生计问题，班彦村通过党员会议讨论出要依托本地资源和文化特色，发展酩馏酒产业。班彦村党支部和村委集思广益，积极筹措资金，投资200多万元建成了班彦酩馏酒坊，该酒坊采用原始土法技艺酿造，加以现代流行元素包装，使得古老的青稞酒散发出了现代气息，展现出了新的生命力；在酒坊展示区的中央，陈列着金、黑、红三款"8·23"系列白酒，其包装设计独具匠心，镌刻着"一杯品三口，一口苦二口甜、三口感恩在心间""您喝的不仅是班彦的酩馏酒，更是班彦的感恩和幸福""班彦酩馏酒———一瓶有故事的青稞酒"等宣传标语。一杯醇厚的酩馏酒，不仅体现了悠久的酒文化，更传递出深沉的感恩之意。后来为拓宽销路，班彦村党支部还积极完善网络、通信等基础设施，鼓励、引导和培训村民通过网络直播带货等方式，拓宽销售渠道，进一步推动了酩馏酒产业的发展。

通过发展班彦酩馏酒品牌，班彦村成功帮助10户酿酒家庭实现了增收，年销售额突破180万元，村集体收入达到5万元。此外，该项目还为20多名村民提供了就业机会，每人月均收入超3 000元。班彦村的酩馏酒产业不仅为村民提供了稳定的收入来源，还带动了整个村的经济社会发展，使班彦村成为"全国脱贫攻坚楷模"。

2. 民族特色——盘绣

盘绣是土族传统文化的代表。2006年，土族盘绣被列入国家级非物质文化遗产名录。搬迁后，班彦村党组织立足本村实际，充分挖掘当地民族文化特色，投资发展了盘绣制作特色产业。一方面，班彦村党支部积极发挥能人作用，加强绣娘培训。不仅投资建设了盘绣园，还建立了"公司—基地—带头人—农户"的运营管理模式。当时的驻村第一书记袁光平找到了村里的绣娘张卓麻什姐，邀请她来担任盘绣园的负责人，负责园区的日常经营管理与培训。盘绣园先后共吸纳产业户145户，培训绣娘370余人。这种模式不仅为绣娘们提供了稳定的收入来源，还使传统的盘绣技艺得到了传承，使得班彦村的盘绣技艺在新的历史时期焕发出了新的生命力。

另一方面，班彦村党组织还积极引导村民通过注册商标、加强宣传推广和与品牌企业合作等措施，提升盘绣产品的品牌价值和市场竞争力。例如，盘绣园接受唯品会、妈妈制造等品牌企业的订单，取得了订单收入213.5万元，村集体年均增收6万元，绣娘人均每年增收1.5万元的可喜成绩。

（二）转变思路，精准扶贫，产业发展稳农户

搬迁到山下后，班彦村最初只能根据政府自上而下安排的产业项目进行种植和养殖，农户缺乏话语权，自身特长无法有效发挥，项目参与积极性不高。面对这一困境，班彦村的党支部书记仲关因保做的第一件事便是组织党员干部和村民召开会议，广泛听取各方意见，共同探讨发展路子。驻村第一书记袁光平一语中的，他指出："产业发展的关键在于结合本地实际，致富的钥匙其实就掌握在我们自己手中。"经过集体商议，班彦村统一了思想，转变扶贫思路，在扶贫工作中充分尊重村民的主体地位。在充分调研的基础上，班彦村党支部从村民的实际需要和禀赋出发，针对每家每户的不同情况，制定了村庄产业发展实施方案和"一村一策、一户一策"的精准扶贫实施方案。

为助力村民实现脱贫增收，当地政府实施了多元化的发展策略。一方面，依托本地区域资源优势，重点培育了传统手工艺盘绣、地方特色酩馏酒酿造、高附加值农作物种植以及优质八眉猪养殖等特色产业项目。另一方面，通过构建生态保护补偿机制、推进光伏发电扶贫工程、组织劳务输出等多种扶贫措施帮助村民们脱贫致富。

1. 张卓麻什姐发展盘绣，成为致富带头人

搬迁后，根据上级政府部署，班彦村要求村民积极发展养殖业。但那时的张卓麻什姐却高兴不起来，她回忆道："一袋饲料就有几十斤重，孩子们都在外面打工，我一个人搬不动，看到周围人都那么忙，总感觉自己赶不上趟。"第一书记袁光平得知这一情况后就过来拜访张卓麻什姐，询问她是不是擅长盘绣。张卓麻什姐说："当时我就来了兴趣，跟他说，我从小就学习刺绣，无论是云纹、菱形，还是其他各种图案，我都会绣。"鉴于盘绣是土族的传统工艺，村里会盘绣的妇女不在少数，在实地调研和充分征求村民的意见后，袁光平和村党支部就行动起来积极筹措资金建设盘绣产业园区，并与文化企业建立合作关系，推行"企业＋村级党组织＋盘绣生产基地＋农户"的产业化经营模式，将农村妇女闲暇时制作的手工艺品转化为实际的现金收入。张卓麻什姐介绍："小型盘绣作品售价50元，较大尺寸的可达200元，每人每日还可获得20元的工作补贴。"

2. 吕有金发展酩馏酒产业，脱贫致富

村民吕有金自幼便跟着爷爷学习酩馏酒的酿造技艺，很早就掌握了这一传统工艺。随着村里环境的改善、交通的便捷以及信息的畅通，吕有金便萌生了开设酒坊的念头，这一

愿望日益强烈。吕有金回忆道："当时我心里还有些没底，村里都已经有一家酩馏酒厂了，心想着他们还会支持我吗？"然而，他的疑虑很快就被打消了，村党支部明确表示：只要有好的致富点子，村里一定会全力支持。在村党支部的帮助下，他开始扩建自家的院子，建起了两层小楼，并配备了消毒间、储藏间、发酵间等设施，还购置了全套酿酒设备。2019 年，他成功取得了生产许可证，"吕有金酩馏酒"正式挂牌营业，酒坊的发展逐渐步入正轨。如今，吕有金的年收入稳定在 10 万元以上。

3. 吕志伟养殖八眉猪，成为养殖大户

搬迁之初，上级政府为班彦村搬迁农户争取到每户 5 400 元的产业扶持资金，村集体利用该笔资金建设了 129 间养殖棚舍，并向每户困难家庭发放了 1 吨饲草料。起初，村民按照政府的产业规划养殖了大白猪，但因其是外来品种，村民并没有完全掌握其养殖技术，而且种猪只能靠政府给，村民养殖积极性不高。贫困户吕志伟家擅长养殖八眉猪，但由于受条件限制，养殖的规模很小。村党支部得知他有多养一些八眉猪的想法后，充分尊重了他的意愿，并在饲料采购等方面积极给予帮助。2018 年吕志伟养的 23 头八眉猪卖了 20 头，挣了 1 万多元。吕志伟感叹道："我们贫困户真是沾了政府的光啊，那时候外面的饲料都要卖 150 元一袋，给我们却只要 30 元，我们这才养得起那么多啊，养得多挣得也就多嘛，还得感谢党的好政策。"

4. 兰公却承包温室大棚，发家致富

兰公却最初在村中的蔬菜温室工作，得知温室将对外承包后，他与家人商议，认为有政府免费提供种子和技术指导就不怕种不好，于是就产生了申请承包一个果蔬大棚、发展特色种植的想法。他的想法得到了村党支部的支持和肯定。于是，兰公却家就承包了一个生态农庄节地型日光节能温室大棚，种植了圣女果、小油菜和萝卜等农作物，长势喜人。尤其是果蔬大棚里的七彩番茄，在他的精心照料下不仅长得好，成熟后味道也很好，受到游客和市场的青睐和欢迎。2018 年单靠种植番茄，兰公却家就赚了 28 000 元。

（三）多元联动，统筹规划，产业融合促脱贫

易地扶贫搬迁之初，班彦村的第一产业发展滞后，只能靠第三产业增收。不仅收入来源单一，而且规模小，经营分散，基础薄弱，"产、加、销"融合发展链条没能建立起来，农特产品加工转化率较低，价值功能开发不充分，严重制约了当地产业的发展和农民增收。面对这种情况，在各级党组织的领导下，班彦村转变发展思路，因地制宜，统筹规划，通过挖掘优势资源、调整产业结构实现了产业之间的互联互动，形成了以乡村旅游为引领，盘绣制作、酩馏酒酿造、光伏发电、特色养殖等产业多元联动、协同发展的新局面。

1. "特色养殖＋生态农庄"循环农业为乡村旅游发展提供了有力支撑

班彦村依托特色养殖和生态农庄，形成了循环农业的发展模式。特色养殖为生态农庄提供了优质的有机肥料，提高了农作物的品质和产量。同时，生态农庄也为特色养殖提供了优质的饲料来源，形成了闭环的农业生态系统。一方面，养殖八眉猪为生态农庄提供了优质的有机肥。班彦村八眉猪养殖采取"公司＋农户"的模式，公司按不低于市场价的标准统一收购八眉猪，并提供优惠价仔猪、技术支持和防疫服务。这种模式激发了农户养殖的积极性，促进了八眉猪的规模化养殖，从而产生了大量猪粪。这些猪粪经过收集和处理后，可以转化为优质的有机肥，用于生态农庄的土壤改良和植物生长。另一方面，生态农庄种植了大量的玉米、燕麦、苜蓿、有机蔬菜和牧草等作物，为八眉猪养殖提供了优质的饲料来源。"特色养殖＋生态农庄"循环农业的发展不仅实现了农业的多功能化，提升了农业的附加值，同时也为班彦村开展以农业生产过程、农村风貌、农民劳动和生活场景为载体的乡村旅游活动提供了有力支撑。

2. 光伏产业为乡村旅游发展奠定了生态基础

班彦村地处高原地区，阳光强烈，日照时间长，发展光伏产业具有得天独厚的优势。为改善班彦村村容村貌、解决村民日常生活中的能源问题，班彦村党支部把目光聚焦在太阳能上，不仅在村东侧发展起了光伏项目，还在村民家屋顶上、猪圈边铺满了光伏板。光伏项目一方面为村民提供了稳定的收入，村民们通过云平台——手机客户端"光伏云"，能够清晰地看到每年光伏发电多少、收益多少，该项目每年能够给村民户均带来 2 500 元的发电补贴收益（可享受 20 年），相当于搬迁之前在山上种 10 亩地的净收入。另一方面，光伏项目的实施还改变了村民生活的能源结构和农村生态环境，为乡村旅游发展奠定了生态基础。班彦村 2 社的村民李生福回忆道："过去冬天我们都是依赖自家煨的土炕取暖，炕洞里烧的是牛羊粪、木柴和秸秆，这种取暖方式不仅不安全，而且还有味。"自 2018 年 1 月起，班彦村通过中国国家电网青海省电力公司实施的"煤改电"和"柴改电"清洁供暖项目，成功安装了 805 个电热炕。从烟熏火燎的土炕到现代干净整洁的电热炕，这一转变不仅提升了村民生活质量，还为乡村旅游业的发展奠定了良好的生态基础，是易地扶贫搬迁成果在民族地区的生动展示。

3. 非物质文化遗产盘绣为乡村旅游发展奠定了文化基础

盘绣是互助土族自治县土族的传统手工艺，有 1 000 多年的传承历史。班彦村通过将国家级非物质文化遗产——盘绣融入乡村旅游和文化创意产业，推动了当地的旅游产业振兴和传统文化传承。游客不仅可以通过村史馆和盘绣园展示的优秀作品感受土族的服饰文化和非物质文化遗产的独特魅力，还可以通过观看绣娘制作盘绣，参与青绣、香包比赛等活动，亲身体验盘绣的制作过程。通过将盘绣融入乡村旅游，班彦村不仅展示了土族的文化特色，还为本村旅游产业发展注入了浓厚的文化色彩，为当地乡村旅游业的发展奠定了坚实的文化基础。

4. 直播带货为乡村旅游提供了宣传媒介

电商平台作为旅游资源的传播平台，也在班彦村旅游业的发展中起到了重要作用。村民吕桑吉四郎回乡创业做电商直播宣传班彦村的旅游产品，如盘绣、酩馏酒等特色产品。"各位朋友，大家好！我是农人四郎，今天继续为大家介绍我们互助地区的独特旅游商品——特色药材、酩馏酒以及高原牛羊肉等。"在班彦农村电商服务中心，村民吕桑吉四郎登录了自己在各大平台的账号，开启了一天的直播。与此同时，他的搭档闫海邦正在旁边的货架上整理和摆放非遗盘绣、牦牛肉干、蜂蜜、冬虫夏草以及农家酩馏酒等土族特色旅游商品。"网络直播带货已成为线上购物的新潮流，借助这一机遇，我们班彦村也在积极探索旅游业的创新发展新路子，并通过'直播带货'助力农民增收。班彦酸奶、班彦甜醅、'8·23'感恩酩馏酒等都是不可多得的旅游特色产品，打造网络直播带货平台，尽快让旅游产品上线是当下第一要务……"五十镇党委副书记、班彦村包片领导李玮在村"两委"会议上说。

5. 乡村旅游反哺其他产业

班彦村以文塑旅、以旅彰文，积极打造"钟灵五十·幸福班彦"主题村，使旅游业成为拉动班彦村产业发展的龙头。生态农庄是乡村旅游必去之处，这里已经建成了集红色研学、农事体验、休闲观光、采摘、水上乐园于一体的红色旅游经典景区，村里60多人在这里务工，在顾上家里农活的同时，还能有收入。当游客们在班彦新村游玩时，都会到村史馆和盘绣园展厅参观和体验一下盘绣这一土族非物质文化遗产的独特魅力，都会到酩馏酒坊品尝一杯这一具有民族特色的佳酿。当游客们进入农家乐消费时，村民们会将自家养殖的八眉猪作为一道特色美食给客人们品尝，进而带动了八眉猪养殖业的发展；当游客们参观完新村返回时，时常还会买上一些酩馏酒和盘绣等具有当地民族特色的产品，使之成为班彦村的旅游名片。班彦村充分利用自己的民族文化资源发展旅游产业，以旅游业为龙头，多产业联动、融合发展，推动了本村居民的快速增收，仅用三年的时间就成功实现了脱贫（图3-21、图3-22）。

图3-21 班彦村绣娘展示亲手制作的香包

图3-22 调研组参观调研班彦村生态农庄

搬迁后，在村"两委"带动下，班彦村陆陆续续发展了大大小小10项具有民族特色的产业，酩馏酒酿造、盘绣制作、特色种植和养殖等产业项目如雨后春笋般涌现。2017年班彦村人均可支配收入达到7 309元，实现了整体脱贫摘帽，村集体收入也实现了零的突破。2020年班彦村人均纯收入达到了11 419元，比搬迁之前的2015年提高了4倍以上，村集体经济首次突破百万元。

三、主要经验

（一）坚持党的领导，党员带动特色产业，带领村民脱贫致富

干部群众牢记习近平总书记的嘱托，因地制宜发展特色产业，是推动乡村振兴和实现

共同富裕的重要途径。各地干部群众在习近平总书记的关怀和指导下,因地制宜地发展特色产业,不仅能够促进地方经济的发展,还能够改善农民的生活条件,实现乡村振兴的目标。这种发展模式充分体现了习近平总书记关于"乡村振兴要靠产业"的重要指示精神,各地通过发挥自身优势,走出了一条具有地方特色的乡村振兴之路。一方面,党的指导能为扶贫产业的选择提供政治方向和思想保障。有党和政府为扶贫产业保驾护航,可以确保扶贫产业的选择符合国家的发展战略和总体要求,避免偏离正确的政治方向。另一方面,坚持党的全面领导能够凝聚人心,形成合力。在扶贫产业的选择和发展过程中,通过加强党的领导,可以激发广大党员干部和群众的积极性、主动性和创造性,形成扶贫工作的强大合力,这种合力能够推动扶贫产业的快速发展,为贫困地区带来实实在在的经济效益和社会效益。

脱贫攻坚阶段,贫困地区产业发展往往陷入政府部门对当地资源了解不足,产业选择不合理;基础设施薄弱,保障能力不足;产业规模太小,发展后劲不足;资金管理不透明,使用效率低下等发展困境,导致产业发展面临"有决心缺资源、有资源缺规划、有规划缺资金、有资金缺技术"等诸多问题,这些问题的存在不仅影响了特色产业的发展速度和质量,也制约了乡村产业振兴进程的整体推进。班彦村在党的带领下,在政府政策大背景支持以及村委干部带头下,统筹规划,结合资源禀赋、特色优势和产业基础,重点推进乡村旅游、盘绣制作、酩馏酒酿造、光伏发电、特色养殖等八项富民产业的融合发展,在保证个人温饱的同时增加收入,由此形成良性循环。

首先,班彦村党支部书记、老党员仲关因保在易地扶贫搬迁过程中,对不理解搬迁政策的农户一一上门做工作,使得易地扶贫搬迁工作得以顺利开展,使得搬迁前产业发展的资源禀赋受限问题得到了解决。其次,班彦村党支部积极完善村民用水用电和交通、通信等基础设施,为搬迁后新村的产业发展提供了良好的发展条件。再次,班彦村通过党建引领,统筹规划,依托本地资源和文化特色,确立了以乡村旅游为引领,盘绣制作、酩馏酒酿造、光伏发电、特色养殖等产业多元联动、协同发展的产业发展思路,打开了新时期贫困地区多产业融合发展的新局面。最后,班彦村党支部通过完善村务议事制度等,转变扶贫思路,充分尊重了村民在产业发展中的主体地位和首创精神,极大地激发了村民发展产业、脱贫致富的内生动力。

通过党指导特色产业发展的各种实践探索,班彦村委抓住发展契机,依托本村资源优势,形成了具有地方特色的产业发展模式,这种在党员的带动下,形成的特色产业发展模式成为班彦村脱贫攻坚的"活招牌",为全国乃至全球的经济发展提供了有益的经验和示范。

(二)转变扶贫思路,提升农户主体意识,激发内生动力

传统的扶贫方式通常是政府主导,群众被动接受,而新的扶贫思路则强调农民的主体性,强调由政府和社会帮助,贫困群众主动参与。这种转变要求政策执行者从"大水漫灌"向"精准滴灌"的思路转变,通过精准扶贫来提高扶贫工作的识别准度和帮扶准度。习近平总书记指出,要注重扶贫同扶志、扶智相结合,把贫困群众的积极性和主动性充分调动起来，引导贫困群众树立主体意识，发扬自力更生精神，激发改变贫困面貌的干劲和决心。这不仅有助于从"要我脱贫"转变为"我要脱贫"，变"输血"为"造血"，还能使贫困群众在思想上摆脱贫困。

在脱贫攻坚实践中，外来帮扶主体常常忽视当地群众的主体地位，将受助者置于被动接受的位置。这种帮扶模式未能充分重视贫困人口自身的发展潜能，使其在脱贫进程中处于相对边缘化的状态。与众多扶贫模式相比，班彦村的产业扶贫策略独具特色，其核心在于解决了扶贫主体的内在驱动力问题，始终将动员群众积极参与扶贫活动作为重点，并将激活农民参与扶贫的内生动力作为扶贫工作的关键一环。

首先，班彦村党支部书记仲关因保在搬迁后做的第一件事就是召集村干部和村民们开会，共商出路。通过集思广益，群策群力，商讨出了一条因地制宜的致富旅游路，使得班彦村的产业发展从单一农业产业结构变成了一二三产业多元联动、协同发展的产业发展格局。其次，在具体产业发展过程中，尊重村民的主体地位和首创精神，根据村民的发展意愿和资源禀赋，扶持其逐渐走上自力更生、自主发展的脱贫致富道路。一是发现村里会盘绣的妇女很多，班彦村党支部主动争取资金，建设了盘绣园，并与文化企业合作，推行"企业＋村党支部＋盘绣基地＋农户"的运营模式，推动盘绣产业发展，将妇女们农闲时的手工活转化为实际收入。二是发现村民吕有金有祖传的酿酒手艺和建设酩馏酒坊的想法，班彦村党支部充分尊重了吕有金的想法，积极为其协调资金和办理生产许可证，使得吕有金拥有自己的酩馏酒坊的想法得以实现。三是在得知贫困户吕志伟想多养一些八眉猪的想法后，充分尊重其意愿，在饲料采购等方面积极给予帮助，使得吕志伟靠养殖八眉猪，成为远近闻名的养殖大户。四是在得知兰公却想申请承包一个果蔬大棚，村党支部就给予支持和鼓励，让兰公却家圆了承包一个生态农庄节地型日光节能温室大棚的梦想，并依靠温室大棚实现脱贫致富。

转变扶贫思路，通过提升农户主体性和参与度，激发内生动力，是扶贫工作的重要举措。班彦村从群众需要和资源禀赋出发，发展具有本村特色的扶贫产业，是中国共产党群众路线在脱贫攻坚工作中的生动实践，也为乡村振兴阶段其他地区乡村的产业振兴指明了方向。

（三）加强统筹规划，推动多元产业联动，实现融合发展

统筹规划、多元联动和全产业融合发展是实现区域经济一体化和产业升级的重要策略。通过系统性的规划和协调，可以有效促进各产业之间的资源共享、优势互补和协同发展，从而推动经济的高质量发展。产业扶贫的核心在于产业建设，通过有效利用区域特色资源，激活闲置资产，培育乡村产业新形态，推动多产业协同发展。2015年《国务院办公厅关于推进农村一二三产业融合发展的指导意见》中也强调"推进农村一二三产业（以下简称农村产业）融合发展，是拓宽农民增收渠道、构建现代农业产业体系的重要举措，是加快转变农业发展方式、探索中国特色农业现代化道路的必然要求"。

在乡村产业发展的进程中，目前仍普遍存在着一二三产业之间总体布局失衡的问题。总体上，当前农村地区的第一产业发展取得了显著进步，然而工业和服务业发展相对滞

后，新兴经济形态和商业模式尚未充分发育。尤其是推动乡村多产业协同发展的基础设施和制度体系尚不完善，导致产业之间的融合深度不足，乡村经济的整体带动能力较弱。班彦村在产业发展中的最大特色就体现在产业的融合发展上，全村在党支部的坚强领导下，加强总体布局与规划，最初以农业为核心的单一经济模式已发生显著改变。在特色养殖和生态农业等基础产业的支撑下，当地逐步拓展了酿酒工艺、传统手工艺品等加工制造业，并最终实现了向乡村文化旅游服务业的跨越式发展。这种多元化的产业结构促进了产业之间的良性互动和协同发展，构建起了产业之间相互支撑、融合发展的新型发展体系。一方面，特色养殖与生态农庄互联互动，生态农庄的种植业为特色养殖提供优质饲料来源，养殖业为生态农庄提供有机肥，实现种植业和养殖业的融合发展；另一方面，乡村旅游与其他产业互联互动，光伏产业为乡村旅游奠定生态基础、非物质文化遗产盘绣为乡村旅游奠定了文化基础、直播带货为乡村旅游提供了传播媒介，乡村旅游反哺于其他产业，游客在旅游途中参观生态农庄、酩馏酒坊、盘绣园以及在农家乐的民宿里吃特色美食——八眉猪，带动了其他产业的同步发展。

班彦村因地制宜发展旅游业、特色养殖、盘绣制作、酩馏酒酿造、光伏发电等多元化产业，成功解决了产业结构单一和生态环境破坏等问题，打造出了多元联动的产业结构，使其成为民族地区产业联动发展的典范，为下一阶段进一步推动乡村产业振兴、实现共同富裕提供了有益的经验借鉴（图 3 - 23）。

搬迁前　　　　　　　　　　　　　　搬迁后

图 3 - 23　班彦村搬迁前后村貌对比图

四、结论与启示

（一）结论

通过以上分析，本研究探讨了班彦村产业发展三方面的内容：

第一，在发展特色产业中，党的领导作用是不可替代的。坚持党领导一切，可以确保当地产业的发展不偏离正确的轨道，并为其保驾护航。

第二，产业扶贫过程中，要积极转变自上而下的"一刀切"扶贫思路，要充分尊重群众的发展诉求和创新精神，激发农民自我发展、脱贫致富的内生动力。

第三，发展产业不能单打独斗，而应注重产业之间的互联互动与融合发展，通过多元化的产业布局和协同作用，提升产业的协调性和竞争力。

（二）启示

乡村振兴和巩固拓展脱贫攻坚成果两项战略的目标是一致的，都是为了解决新时代我国发展不平衡、不充分的问题。这两项战略的有机结合，不仅能够有效解决当前农村存在的相对贫困问题，也能够为未来农村发展提供长远的保障。脱贫攻坚与乡村振兴有效衔接的关键在于产业的振兴，在脱贫之后，必须使产业持续发展，才能实现乡村振兴，因此得出以下三点启示。

第一，坚持党领导一切，推动特色产业振兴，是乡村振兴战略实施的重要途径之一。通过加强党组织对扶贫产业的领导和管理，可以推动建立健全的治理体系和管理机制，提高扶贫产业的规范化、专业化、信息化水平，这有助于确保扶贫产业的健康发展，为贫困地区的脱贫攻坚和可持续发展提供有力支撑。所以，在下一步乡村振兴过程中，班彦村应进一步深化党的制度建设、组织建设和作风建设，进一步提升党组织的向心力和战斗力，通过深化党的领导作用，壮大特色产业，助力产业振兴，让班彦村在乡村振兴的道路上更上一层楼。

第二，进一步提升农户的主体性，激发农户的内生动力，是脱贫攻坚与乡村振兴有效衔接的关键因素。提升农户的主体性和激发内生动力不仅是脱贫攻坚与乡村振兴有效衔接的重要路径，也是确保乡村长期可持续发展的关键措施。所以，在下一步乡村振兴阶段，班彦村应该进一步深化改革，转变思路，通过加大宣传培训、拓宽参与渠道、绘制共同蓝图、完善利益联结和激励约束机制等提升乡村居民的主体意识和主体能力，引导村民共同参与到乡村振兴和中华民族伟大复兴的事业中来。

第三，进一步提高产业的融合度，促进产业协调发展，是脱贫攻坚与乡村振兴有效衔接的关键措施。因此，在下一步乡村振兴过程中，班彦村一方面应通过培育新兴产业，为产业振兴注入新活力；另一方面，还要通过调整产业布局、提高生产效率、促进产业协同以及优化区域资源配置等多方面举措，深化产业之间的联动与合作，借助产业融合的深入推进实现产业兴旺、生态宜居、乡风文明、治理有效、生活富裕的发展目标。

参考文献

曹倩，陈文胜，2022. 农村"三变"改革与农村产业融合发展：理论逻辑和现实路径 [J]. 中国国情国力 (10)：67-72.

陈敬胜，2019. 南岭走廊产业扶贫的行动逻辑及运行机制 [J]. 江淮论坛 (4)：35-39.

李宁慧，龙花楼，2022. 实现巩固拓展脱贫攻坚成果同乡村振兴有效衔接的内涵、机理与模式 [J]. 经济地理 (4)：1-7.

刘建文，张佳林，2016. 易地扶贫搬迁的后续产业问题研究：以株洲市炎陵县为例 [J]. 现代经济信息 (11)：118-119，121.

毛斑斑，谭经伦，2024. 湖南巩固拓展脱贫攻坚成果与乡村振兴有效衔接的机制构建 [J]. 福建轻纺 （10）：60-63.

彭飞，2023. 把特色优势产业做强做大 [N]. 人民日报，12-20 (6).

秦宣，张镭宝，2023. 新中国成立以来"党领导一切"的历史沿革、发展特征与经验启示 [J]. 世界社 会主义研究（12）：21-34，117-118.

沈慧，2021. 比较优势战略下产业扶贫发展状况研究：以河南省两个不同地区的贫困村为例 [J]. 农村 经济与科技（13）：146-147，150.

汪晓东，宋静思，崔璨，2021. 历史性的跨越新奋斗的起点 [N]. 人民日报，02-24 (001).

习近平，2021. 毫不动摇坚持和加强党的全面领导 [J]. 求知（10）：4-10.

徐霞，张倩华，2024. 东西协作背景下产业扶贫效应研究：基于"闽宁模式"的思考 [J]. 中共福建省 委党校（福建行政学院）学报（2）：134-142.

杨长锋，2024. 矛盾分析法视域下乡村振兴促进共同富裕的实践路径 [J]. 农村科学实验（1）： 196-198.

种下特色产业之花，收获乡村振兴之果
——四川省雅安市汉源县富庄镇陈河村大樱桃的"甜蜜之旅"

一、引言

党的二十大报告提出，"加快建设农业强国，扎实推动乡村产业、人才、文化、生态、组织振兴"。以更有力的举措、汇聚更强大的力量来推进乡村振兴，要始终把产业振兴作为乡村振兴的重中之重，科学合理优化乡村产业布局，拓展乡村产业链条，培育乡村新产业新业态，促进农民农村共同富裕，为建设农业强国作出新的更大贡献。

自乡村振兴战略实施以来，推动农业农村发展取得了历史性成就，农业农村部明确了主攻方向，加强指导、加大投入，全力推进乡村产业发展，夯实乡村振兴的物质基础，取得了明显成效。然而，当前农产品领域面临的一大挑战在于全产业链条开发的不足，尤其是精深加工产品的缺失，这直接导致了整体技术含量的提升受阻。农业品牌意识不强，尽管大部分地区都有自己独特的优质农产品资源，但生产经营者往往忽视了在品牌、商标、包装、信誉等无形资产的投入与塑造，致使品牌创建工作存在严重短板，产品品牌效应微弱，知名度难以提升，进而影响了农产品在市场上的流通与销售。这些难题，在一定程度上成为现代特色农业产业发展的桎梏。

发展特色产业作为实现乡村振兴的重要途径之一，主要依靠当地优越的自然环境、充足的土地和水资源、适宜的气候条件、特殊的地理环境造就本土的优质产业，发展适合农村的产业，让环境可承受、让产业可持续、让农民有奔头。特色产业的核心在于"特"，即立足区域特有资源开发名优产品，构建差异化、专业化发展格局，增强农业比较优势。需通过拓展农业多功能、挖掘乡村多元价值实现效益增长，以一二三产业融合为抓手，推进强链补链、业态创新与品牌建设，推动全产业链升级，提升市场竞争力和可持续性。本研究以四川省雅安市汉源县富庄镇陈河村大樱桃产业为例，提炼特色产业发展经验，服务乡村振兴。研究聚焦三方面：一是分析陈河村特色产业优势，结合区位条件、资源禀赋与大樱桃特色，总结"以特兴产、以产促农"的振兴路径；二是剖析社会主体参与机制，研究企业、合作社、农户等在产销环节的协作模式，明确各方角色与作用；三是探索产业创新方向，围绕技术升级、品牌延伸与一二三产业融合，提出经济成果惠农、产业提质增效的路径，为巩固特色产业成果、激发乡村发展动能提供策略支撑。通过案例研究，为同类地区特色产业培育与乡村振兴提供实践参考。

二、案例呈现：从引进到丰收的甜蜜之旅

（一）汉源县陈河村概况

汉源县位于四川省雅安市西南部，属亚热带季风性气候，四季分明，利于作物生长。2020年末，全县耕地总面积42.8万亩，其中旱地占82.53%，水田占17.47%。汉源县总面积2 215.34千米^2，辖21个乡镇（含5个少数民族乡），108个行政村和15个社区，总人口28.5万，含汉、彝、藏、回等26个民族，少数民族人口约占10%。全县农村居民生活安定，社会和谐有序。

陈河村位于富庄镇北部，2020年由陈河村与合江村合并而成，总面积14.6千米^2，辖6个村民小组，户籍人口1 680人，常住人口1 430人。全村耕地面积5 800亩，人均耕地3.57亩，林地面积6 154.738亩，森林覆盖率35%。主要产业包括甜樱桃、苹果、花椒和李子，现有梨树300余亩、甜樱桃3 000余亩、苹果2 000余亩，综合产值超5亿元。养殖业以生猪、土鸡为主，综合产值达200万元。村内有22个农民专业合作社，2023年集体经济收入7万元。近年，陈河村通过种植樱桃等带动农户就业，收回产业扶持资金36.8万元发展集体经济。同时，探索新型农业经营主体培育，与中国邮政集团有限公司四川省汉源县分公司合作，在农资服务、贷款、销售渠道等方面达成合作，提升甜樱桃品质与收益，形成"政府＋邮政＋合作社＋农户＋企业"的全链条合作模式。

（二）汉源县贫困问题概述

汉源县是典型的山区农业县，总人口33万，农业人口占90%。由于农业缺水、工业缺电、运输缺路、财政缺钱，农民群众增收乏力，2010年贫困发生率高达22.6%，一度是贫困县的典型代表。

汉源县贫困村主要存在基础设施建设滞后、社会事业不发达、产业发展步伐缓慢等方面的因素。汉源县民族地区农户散居，公路长且等级低，地质复杂，多泥巴碎石路，通行力有限，四级及以下公路难以满足交通需求，通村公路硬化仅达村委会，30%主道及分支仍为泥碎石路，39个组未通路，65%群众仍受交通不畅困扰。生产生活用水方面，受冰雪天气和自然条件影响，山区原安装的管道基本被冻裂，加之受"5·12"汶川特大地震、"4·20"芦山强烈地震影响，原水源点多数渗漏或枯竭，管道需更换，网管需建设。

由于历史原因，少数民族多聚居于高海拔、艰苦的贫困地区，本土教育资源匮乏使得少数民族教育资源缺失，由此产生因基础教育薄弱、高等教育资源不足、民族文化差异而

导致的融入问题以及对经济发展的制约等多方面问题。汉源县虽通过产业调整，改善了民族地区群众的生活，解决了温饱问题，但受市场波动影响，群众收益低，加之普遍没有积蓄引进新品种，推广和区域连片发展步伐缓慢，抗旱能力低，靠天吃饭问题突出，耕地之间几乎没有机耕道，一定程度影响了产业规模化形成、发展、效益。社会力量参与扶贫时，往往流于形式，未能真正发挥其应有的作用，导致扶贫效果不佳。此外，汉源县在推进贫困地区脱贫攻坚过程中，存在劳动力流失的问题，大量劳动力外流导致农村或欠发达地区缺乏足够的劳动力，影响了当地经济的发展。

在上述背景下，多方面针对性脱贫是关键。本研究立足汉源县脱贫攻坚过程中的经济性支柱产业大樱桃这一特色产业的发展和其助力脱贫的成效做出总结。

（三）汉源县大樱桃的种植历程

汉源县在脱贫攻坚与产业振兴进程中，种植业领域成就斐然。汉源县位于四川西南部横断山脉北段东缘。此地海拔 550～4 021 米，地貌以高、中山为主，地质构造复杂，土壤多样，以紫色土、石灰岩土为主，pH 6.0～8.0，土质疏松肥沃，保水保肥能力强，水资源丰富且水质优。属亚热带季风湿润山地气候，垂直地带性明显，冬暖夏热，"聚宝盆"地势与大落差海拔带来"积温"与"梯度成熟"条件，果实供应期长达 70～80 天。在脱贫攻坚的关键阶段，当地政府和人民充分挖掘并利用这些自然优势，将发展种植业果断确立为脱贫攻坚的核心举措，旨在借助种植业的蓬勃发展。

在脱贫攻坚前期，汉源县便立足本地的自然条件，全方位摸查土壤特质、气候规律，为种植业发展谋篇布局。在高寒山区，引导农民种植高山蔬菜，为当地脱贫户带来稳定收入。一方面，改良传统农作物种植技术，推广科学施肥、精准灌溉，大幅提升粮食作物产量，保障农户基础收益，成功稳住脱贫根基。另一方面，积极探索特色种植路径，众多蔬果产业逐步兴起。脱贫攻坚取得胜利后，汉源县种植业持续发力，迈向产业振兴新征程。在品种培优上成果显著，长期与四川农业大学、四川省林业科学研究院等科研机构合作，培育出众多优良品种。例如，为丰富水果品种、提高农业经济效益、促进农民脱贫增收，汉源县于 20 世纪 80 年代从山东引进了 24 个甜樱桃品种。经过多年的观察、示范和推广，富庄镇陈河村紧跟汉源县的发展步伐，40 余年的发展路途中，陈河村建立了一系列甜樱桃标准化栽培管理技术措施，并将这些技术广泛推广给农户。这些严格而专业的种植管护技术，使得所产樱桃个大，果面紫红色有光泽，皮薄肉嫩、汁多味甜，含铁、含糖量高，对外享有"果中珍品"美誉，确保了汉源甜樱桃的高品质。除了樱桃自身具有的高经济效益之外，陈河村在产业发展模式上积极创新，推广"公司＋合作社＋农户"模式。在樱桃产业中，各单位与企业携手开展爱心助农公益活动，整合"新农人"队伍、乡村干部等力量，发挥党组织核心引领作用，支持合作社等完善产业链条，对樱桃种植大户、致富能手统一管理、统一销售，搭建"线上直播＋线下销售"双平台，利用微信、淘宝等多渠道推广。陈河村的大樱桃产业经过多年的耕耘，已实现跨越式的增长，漫山的樱桃树也象征着已经构建起强大的产业根基。

三、案例分析

（一）优化品种布局，升级种植技术，提升樱桃产量

一是优化品种布局。陈河村的主导樱桃品种为"红灯"。鉴于樱桃种植中品种之间不宜混种的原则，该村广泛而统一地选择了"红灯"品种进行大规模栽培。为进一步提升樱桃的种植技术，四川农业大学园艺学院教授每年都会率领团队深入陈河村进行果树修剪技术的专业培训。汉源县农业农村局紧密结合山区县不同海拔地区的自然条件，也会根据山区县不同海拔的实际情况，科学合理地选择适宜的樱桃品种，并加大对甜樱桃优良品种的选育研究力度，成功打造出了汉源甜樱桃的标准示范园区与示范基地，为樱桃产业的发展树立了新的标杆。

二是强化技术规范体系。为全面提升甜樱桃产业的综合竞争力，汉源县专门制定了《汉源县甜樱桃生产技术规程》。该规程对甜樱桃种植户提出了明确要求，包括实行标准化生产、规范化采摘以及合理化运输等一系列流程。此举不仅能够有效增强汉源甜樱桃在市场中的竞争优势，还能深度促进当地樱桃产业的可持续健康发展，为果农们带来更为稳固且丰厚的经济回报，助力乡村振兴与农业现代化进程。果农丁某告诉调研组，自从县里制定技术规程，建立标准化示范田之后，引进了很多的新技术，她的樱桃园从最初的几棵树苗变成了如今上百棵成品樱桃树，许多商客从外地赶来收购，每年的樱桃根本就不够卖，收入也逐年增加，好的时候一年能够收入 20 多万元。通过种植樱桃她家不仅脱了贫，还盖起了新房。樱桃产业的发展也改善了村里的基础设施，现在路修好了，车子都可以直接开到樱桃园里。

三是深化技术指导服务。四川农业大学组织了一支高素质的专业技术队伍，通过"科技下乡"与"技术上门"等一系列活动，为村民们提供甜樱桃生产管理的前沿技术、优新技术的实地培训。四川农业大学的专家团队，长期扎根汉源基层，对当地甜樱桃的种植进行了全面而深入的科学指导。他们不仅成功引进并选育出多个适宜汉源独特环境生长的新品种，还自主研发了多项高效实用的栽培技术，并获得了多项专利技术认证。此外，四川农业大学的专家团队还通过举办培训、现场指导等方式，将先进的种植技术和管理经验传授给当地种植户，帮助他们解决栽培管理中存在的技术难题，提升种植水平，实现增产增收。

（二）完善监管监测技术，建设冷链物流，创新开发樱桃周边产品

一是强化质量监管与精密检测体系。为确保每一颗甜樱桃都达到卓越的品质标准，汉源县实施了一系列严格的质量监管措施。通过采用先进的检测技术，对甜樱桃进行全面而细致的检验，确保所有樱桃的农药残留指标均严格符合国家食品安全标准，从而全方位保障消费者的健康与安全。在此基础上，该县进一步加大了联合执法的力度，构建了一张覆盖广泛、反应迅速的监管网络。针对违规使用化学农药、非法添加生长调节剂等行为，相关部门展开了一系列专项整治行动，从源头上切断可能影响甜樱桃品质与安全的不良因素。这一系列举措不仅彰显了政府对食品安全的高度重视，也为汉源甜樱桃赢得了市场与

消费者的双重信赖。

二是加速冷链物流体系建设。汉源县在核心产区着力提升并精心打造数字经济产业聚集区，以此为契机，新建并升级了农产品冷链物流中心等一系列现代化设施，从而极大地完善了冷链物流网络布局。这一系列举措确保了甜樱桃从采摘、运输到储存的每一个关键环节都能在最适宜的温度与湿度条件下进行，最大限度地保留了樱桃的新鲜度与原始风味。通过这些努力，汉源县不仅极大地提升了甜樱桃的市场竞争力，让这一特色农产品在激烈的市场竞争中脱颖而出，而且有力地推动了当地农业经济的转型升级与可持续发展。

三是推动樱桃周边产品的创新与多元化发展。为了进一步提升樱桃的价值并延长其产业链，果农与加工企业积极探索，将部分樱桃精心加工成丰富多彩的加工品，如樱桃酱、樱桃干、樱桃酒等，这些产品不仅有效延长了樱桃的保鲜期，还大幅度增加了其附加值。在此基础上，果农与加工企业还勇于尝试制作以樱桃为主要原料的创意饼干，通过提取樱桃中的有益成分，开发出一系列健康保健品，进一步丰富了樱桃产品的种类与层次，这一系列创新与多元化的举措，不仅为消费者带来了更多样化的选择，更为果农与加工企业带来了更为广阔的市场空间与可观的经济收益，有力地推动了樱桃产业的升级与繁荣，为乡村经济的振兴注入了新的活力（图3-24、图3-25）。

图3-24　农户自家的樱桃树

图3-25　果农晒的樱桃干

（三）政府支持助力，拓宽销售渠道，加大宣传力度

一是协同推进产业链与销售平台建设，构筑高效市场运作体系。汉源县甜樱桃产业的崛起，首先得益于其创新的"公司＋基地＋农户"运营模式。这一模式通过公司、基地与农户之间的紧密联结，形成了一条集种植、管理、销售于一体的高效协同产业链。在此框架下，公司负责提供技术指导、市场信息和销售渠道；基地作为生产中枢，确保甜樱桃的高品质与规模化产出；而农户则直接参与种植作业，共享产业链增值带来的丰厚回报。陈河村与百果园、沃尔玛等超市合作，拓宽甜樱桃销售渠道，保障农户收益。同时，与中国邮政、顺丰等物流合作，开通速递专线，48小时内送达消费者。这些举措拓宽了销售，提升了物流效率，为汉源县甜樱桃产业繁荣注入动力。

　　二是深度融合宣传推广乡村旅游，共塑特色旅游品牌。陈河村巧妙运用传统媒体与新兴媒体平台，广泛推送预售信息及特色宣传内容，同时精心策划并执行了一系列推介活动以此吸引广大游客亲身体验樱桃采摘的乐趣。樱桃成熟季节，大量游客涌入汉源，不仅带动了甜樱桃的销售，还促进了当地乡村旅游的发展。游客们在享受采摘乐趣的同时，还会购买村里的花椒、李子和苹果等其他农产品，为村民带来了额外的收入。为了应对游客季节性增加带来的挑战，汉源县加宽了道路，成立了合作社，提供更加便捷、优质的服务，进一步提升了游客的满意度和忠诚度。这一系列举措不仅巩固了汉源甜樱桃的品牌地位，更为推动当地乡村旅游的可持续发展奠定了坚实基础。

　　三是政府全面助力樱桃产业发展，营造良好发展环境。在陈河村甜樱桃产业的发展历程中，政府扮演了至关重要的角色。为了从根本上改善基础设施条件，政府不仅为村庄接通了水管和电网，还铺设了光纤网络，极大地便利了村民的灌溉作业、农药精准施用及信息通信需求。这些举措不仅显著提升了汉源甜樱桃的品牌知名度和美誉度，更为陈河村甜樱桃产业的持续健康发展奠定了坚实基础。村民任某对调研组说道："由于政府为我们村连通了电网和水管，铺了水泥路，我们现在在村里生活其实和镇上没有多大区别，铺了路之后陈河村的发展步入了快车道，越来越多的人在樱桃采摘的季节来村里消费，品尝樱桃，体验乡村生活的乐趣。"

（四）打造品牌化形象，提升品牌化知名度和认可度

　　一是塑造品牌化形象，铸就特色产品。在品牌打造中，果农们注重统一特色包装与挖掘文化底蕴。包装设计融合自然风光，展现产地特色。商标结合樱桃外形与传统民俗，体现地域文化与品牌韵味，包装盒也分层分格，确保樱桃完好送达客户手中。精美手提袋提升了市场辨识度，彰显品牌高端形象。这些举措有效提升了产品的市场竞争力与品牌影响力。为了进一步提升产品形象和市场竞争力，当地政府还成立了"汉源甜樱桃营销工作领导小组"，并安排了专项资金用于统一品牌包装和宣传推广。

　　二是强化品牌知名度，打造樱桃文化盛宴。在大樱桃成熟的黄金时节，陈河村精心策划并举办樱桃采摘节，为游客们打造一场集乐趣、美味与文化于一体的文化盛宴。活动现场，游客们不仅能够亲身体验采摘的乐趣，享受大自然赋予的喜悦，还能品尝到以樱桃为核心原料精心制作的各种美食。此外，活动还巧妙融入了文艺表演环节，欢快的音乐与优美的舞蹈交织在一起，为采摘节注入了活力，成为吸引游客驻足观赏的亮丽风景线。这些文化活动不仅挖掘了樱桃丰富的文化内涵，还极大地丰富了品牌的文化底蕴，为樱桃产业注入了新的活力。

　　三是深化品牌认可度，强化品质保障与形象塑造。政府积极实施"汉源红"区域公共品牌集体商标的授权与监督机制，并全面推行了食用农产品合格证制度，旨在从根本上增强农产品质量安全意识，树立行业高标准。为确保农产品质量安全，政府构建了涵盖监管体系、监测体系及追溯体系的全方位、多层次管理体系，实现了从田间到餐桌的全程监管。在此过程中，政府严格明确了乡镇属地责任、行业部门的监管责任以及市场主体的首要责任，形成了责任清晰、监管有力的良好局面。此外，政府创新推行甜樱桃销售实名

制，并健全了"红黑榜"管理制度，对诚信经营、品质卓越的企业给予表彰，对存在问题的企业进行警示，有效维护了"汉源红"品牌的良好信誉（图 3-26、图 3-27）。

图 3-26　陈河村农户为调研组讲解
樱桃树的品种

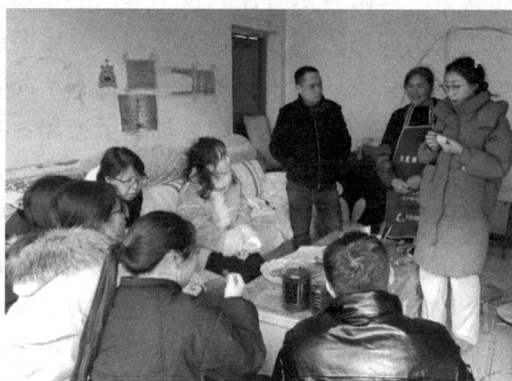

图 3-27　调研组在陈河村农户家中实地调研

四、案例讨论：经验总结与规律探索

（一）立足技术创新，构建绿色生态，推动特色产业的可持续发展

一是聚焦于品种选育与科技攻关的核心战略，汉源县通过坚定不移地将品种优化与科技创新视为推动产业高质量发展的首要驱动力。通过构建"产学研用"协同创新体系，强化产业链技术突破，精准解决产业升级障碍。目标培育生态适应性强的种源，奠定产业可持续发展基础。针对技术难题，该县重点研发绿色高效栽培技术，力求关键技术突破，提升果实品质与产出效益。通过"科研院所＋示范基地＋新型经营主体"机制，推动良种良法结合，加速成果转化，实现从粗放管理向精细化、智能化生产的根本转变，促进产业可持续发展与效益提升。

二是深入践行绿色生态理念，促进经济的可持续发展，利用科技创新，将绿色生态理念贯穿产业全生命周期，构建科学规范的生态种植体系。在绿色防控技术的应用上，汉源县集物理防治、生物防控与生态调控的优势，打造出一套环境友好的生产模式，显著降低了对化学投入品的依赖，实现了生态保护与产品品质提升的双赢。同时，该县积极探索农业废弃物资源化利用的新路径，建立"种植—加工—还田"的闭环循环链条，有力推动了农业生产与生态系统的协同发展，为产业可持续发展筑牢根基。汉源县始终坚持生态优先、系统治理，统筹推进节水灌溉、水土保持与生态修复工程，全面提升农业资源利用效率。

（二）紧抓变革机遇，延伸全产业链价值，实现一二三产业深度融合

一是秉持全产业链的发展思维，全面统筹产业的协同发展。汉源县致力于通过深化加工增值、强化品牌效能以及推动农业与旅游的深度融合。在产业链纵向延伸方面，汉源县集中力量突破初级农产品附加值偏低、市场辐射范围有限的瓶颈问题。为此，该县规划并

建设了一系列高标准产业园区，引导各类资源要素向精深加工领域汇聚，致力于开发多元化、高附加值的产品系列。这一系列举措有力地推动了产业从传统的单一生产模式向"种植—加工—服务"复合型模式转型升级。在此基础上，创新农旅融合发展路径，整合农业资源与生态文化优势，打造集观光采摘、科普研学、休闲度假于一体的乡村文旅业态，以节庆活动、文化为载体扩大产业辐射力，促进农业功能拓展与价值叠加，实现生态资源向经济收益的高效转化，带动农民深度融入产业链增值分配，构建"以农促旅、以旅兴农"的良性循环。

二是紧抓数字经济与冷链物流技术变革机遇，构建"线上线下一体、生产消费直连"的现代流通体系，破解农产品流通损耗高、供需对接难的痛点。通过构建先进的数字化营销平台与智能化的冷链仓储系统，汉源县打造了一个贯穿生产、流通至消费端的全链路服务体系，确保了从田间至餐桌的精准对接与高效流通。该县深化了"电商＋商超＋社区"立体营销网络布局，积极探索直播带货、社群团购等新业态，有力推动了传统销售模式向数字化、精准化方向的转型升级。依托全产业链的布局，汉源县成功将大樱桃产业塑造为富民强县的支柱产业，彰显了产业链延伸在推动乡村振兴中的核心支撑作用，为农业的持续发展注入了强劲动力。

（三）政府引领，多元主体协同，共促产业发展

一是立足共同富裕目标，创新构建"政府统筹、企业引领、合作社纽带、农户主体"的多元协同发展机制，破解小农户分散经营与现代农业规模化、市场化之间的矛盾。通过强化政策引导与制度设计，推动龙头企业、新型经营主体与农户形成紧密利益共同体，建立"风险共担、收益共享、责任共担"的联动模式。汉源县推行契约化利益分配机制，以订单农业为基础，多种方式保障农民产业链收益。同时，延伸就业链条，挖掘分拣包装、冷链物流、乡村旅游等岗位，吸纳低收入群体和留守劳动力。这些举措形成"技能提升—就业扩容—收入增长"良性循环，激发乡村内生动力，为乡村振兴注入新活力。

二是深入推进农村要素市场化改革，积极探索资源整合与资本联结农户的新路径，力求实现"资源变资产、资金变股金、农民变股东"的转型突破。汉源县创新金融支农服务模式，开发特色金融产品，降低融资门槛，引导社会资本投入农业。同时，推行土地入股、资产量化分红等机制，整合农民资源为产业发展资本。这些制度创新实现了产业增效与农民增收同步，解决了"小生产对接大市场"矛盾，培育了可持续发展动力。这些成功经验为西部山区探索共同富裕提供可复制、可推广范式，彰显"发展为了人民、发展依靠人民"的乡村振兴理念。

（四）注重品牌化战略，整合特色优势，凸显农民主体性地位

一是以品牌化战略为核心引领，通过标准化体系构建、文化价值挖掘、市场精准定位三位一体推动产业升级，实现从传统农业向品牌农业的跨越式转型。汉源县聚焦全产业链品质管控，建立覆盖品种选育、绿色种植、分级加工的标准化生产体系，强化质量追溯与认证管理，夯实品牌价值根基。在此基础上，该县积极实施区域公用品牌战略，以统一标识、统一标准、统一营销为支撑，构建品牌授权使用与动态监管机制，通过精准的高端市场定位与差异化营销策略，显著提升产品溢价能力与市场竞争力，构建"以品牌为纽带、以产业为依托、以生态为底色"的发展格局，使品牌化成为驱动农业现代化、增强市场竞争力的核心引擎。

二是坚持以农民为主体，通过制度创新、能力提升、利益共享激发内生动力。构建"政府引导不包办、市场主导不越位、农民自主不失位"的协同机制，建立农民参与规划、分配、监督的制度化通道。培育懂技术、善经营的高素质农民队伍，推动传统农户转型。创新适配农业的普惠金融产品与风控体系，破解融资难题。同时，弘扬"勤劳致富、协作共赢"的乡村文化，引导农民实现从"被动参与"到"主动作为"的观念转变，强化主体意识与发展活力。通过政策支持、资源整合与文化重塑，形成农民深度参与、共享发展成果的可持续机制。

五、结论与政策启示

通过对汉源县富庄镇陈河村大樱桃产业发展的深入分析，本研究得出以下结论：

第一，陈河村大樱桃产业作为当地的主要经济支柱，对于促进农民增收、推动乡村振兴具有重要意义。随着种植技术的不断进步和品种的持续优化，大樱桃的产量和质量均实现了显著提升。这不仅满足了日益增长的市场需求，也为当地农民带来了可观的经济收益。经济效益的显著增长进一步激发了农民种植大樱桃的积极性，推动了产业规模的持续扩大，促进了农业结构的优化升级，为乡村振兴战略的实施提供了有力支撑。

第二，汉源县大樱桃在市场上具有较强的竞争优势，得益于独特的地理环境和先进的种植技术，此外，汉源县高度重视品牌建设和市场推广，通过一系列的品牌塑造和营销活动，成功打造了具有地域特色的品牌形象，在国内市场享有较高的知名度，提高了汉源县大樱桃的市场竞争力，为汉源县大樱桃产业的持续发展奠定了坚实基础。

第三，汉源县大樱桃产业在快速发展的同时，也面临着资源约束、环境压力和市场变化等挑战。为实现可持续发展，汉源县采取了多项有效策略。一方面，加强科技创新和人才培养，引进和推广先进的种植技术和管理模式，提高资源利用效率，降低生产成本，增强产业竞争力。另一方面，注重生态保护和环境治理，推广绿色生态农业理念，减少化肥和农药的使用量，保护生态环境，实现经济效益与生态效益的双赢。

基于上述的研究结论，在推进乡村振兴的进程中，为确保脱贫攻坚成果的巩固同乡村振兴的有效衔接，应着重加强以下三方面的工作：

第一，强化政府的引领作用，构建全产业链协同发展新格局。坚持党对乡村振兴的全面领导，深化"政府＋产业链"融合机制，推动基层政府积极嵌入生产、加工、流通等关键环节，发挥其核心作用。在此过程中，统筹科研院所、龙头企业、合作社等主体资源，制定全产业链发展规划。特别针对精深加工、冷链物流等短板领域，强化技术攻关与设施配套的力度，力求实现突破。通过打造"标准化种植—文化品牌塑造—生态旅游开发"一体化平台，提升产业链附加值，为乡村振兴注入了新的活力与动力。

第二，深化农村综合改革，构建共同富裕长效机制。立足大樱桃这一特色产业，以共同富裕为导向，创新"资源—资本—收益"转化路径，积极推广土地经营权入股、集体资产量化分红等模式，将农户分散资源转化为产业发展资本。健全普惠金融支持体系，开发适配农业特色的信贷产品，扩大政府风险补偿基金规模，构建"财政补贴＋商业保险＋社会救助"三重风险缓释机制，为农户提供全方位的风险保障。同时，实施高素质农民培育工程，联合高校构建多层次培训体系，推动传统农户向现代产业主体转型，为农村经济的发展注入新的活力。

第三，积极践行"两山"理论，打造生态品牌协同发展标杆。制定高标准绿色生产规范，强制推行有机肥替代化肥、生物防控替代化学农药等技术，构建"生态种植—循环利用—低碳流通"的全链条绿色生产体系。在此基础上，积极探索生态资源市场化转化路径，开发碳汇计量模型，推动果园固碳量纳入全国碳交易市场，从而有效激活生态资源的经济价值。同时，强化区域公用品牌建设，深度挖掘生态文化内涵，参与制定国家级生态农产品评价标准的制定工作，打造具有国际影响力的生态品牌。通过"生态产业化、产业生态化"双轮驱动，推动生态优势转化为品牌溢价能力，为全国农业绿色低碳发展提供实践样板。

参考文献

"四川农产品供应链现代化对策研究"课题组，2023. 农产品供应链现代化建设：四川例证 [J]. 中国西部（2）：55-64.

韩超，雷琼，2024. 乡村振兴背景下绿春县农产品新媒体营销策略研究 [J]. 中国产经（20）：32-35.

黄健毅，2024. 中国式民族教育现代化的内涵、议题及路径 [J]. 青海民族大学学报（社会科学版）（4）：154-161.

黄兴亚，方寅，2024. 少数民族国家通用语言能力的嬗变与提升：以独龙族国家通用语言能力现状及脱贫前后对比为中心 [J]. 江汉学术（5）：92-102.

黄耀龙，2023. 甘肃省经济作物产业联农带农机制浅析 [J]. 甘肃农业（9）：42-46.

贾书丽，曲美彩，2023. 世界知名农产品区域品牌建设经验及启示 [J]. 烟台果树（3）：22-24.

李海莲，周海英，2025. 农业合作社在推动农业经济发展中的作用 [J]. 中国集体经济（3）：13-16.

李滢，马如霞，2025. 乡村振兴战略下保定市农村特色产业的四维发展模式 [J]. 经济论坛（2）：75-81.

罗兴雷，王松，2020. 农村基层干部公共服务动机与工作投入研究 [J]. 农村经济与科技（5）：279-280.

尚旭东，叶云，2021. 平台型农业产业化联合体：资源要素整合、管理技术创新与成员相互成就——四川省三台县代代为本麦冬产业化联合体发展之路 [J]. 中国农民合作社（11）：64-67.

索寒雪，2022. 乡村振兴战略取得历史性成就 [N]. 中国经营报，07-04（A04）.

唐双福，2021. 积极推进乡村产业振兴奋力开创重庆农业现代化发展新局面 [J]. 重庆行政（3）：31-33.

王琳，2025. 山东荣成发展村级产业促进农村集体经济增长调研 [J]. 农业开发与装备（1）：97-99.

徐方伟，杨润德，崔莉霞，2021. 稻花香里说丰年 [N]. 太原日报，08-17（002）.

杨富兰，2024. 乡村全面振兴背景下农文旅产业融合发展路径：以巴中市巴州区界牌村为例 [J]. 四川省干部函授学院学报（4）：38-44.

叶大凤，王思彤，2024. 特色农业联农带农机制优化路径探讨：基于桂北 R 县的个案分析 [J]. 广西经济（4）：48-59.

张斐男，2024. 生态现代化视域下中国绿色农业之路：以"北大荒"生产生活实践为例 [J]. 南京工业大学学报（社会科学版）（6）：87-98，120.

第四章 坚持绿色发展

坚持绿色发展。在生产领域，"三区三州"充分立足地区独特的资源禀赋，积极推动产业结构转型，在一些拥有丰富太阳能资源的地区，大力发展光伏发电产业，建设规模化的光伏电站，不仅实现了能源的清洁生产，还带动了周边地区的就业和经济发展；在生态环境良好、森林资源丰富的区域，发展林下经济，培育中药材种植、特色种植养殖等产业，既保护了森林生态，又创造了经济价值。在生活层面，充分发挥党建引领和党员模范带头作用，积极开展村庄环境综合整治行动，引导村民养成良好的卫生习惯。

党建引领促发展，生态环境展新颜
——以甘肃省甘南藏族自治州合作市勒秀镇麻木索那村为例

一、引言

改善农村人居环境，是实施乡村振兴战略的重点任务，事关广大农民根本福祉和美丽中国建设。自 2018 年我国开展针对农村人居环境的三年深度整治行动以来，我国乡村风貌得到了极大改善，农村人居环境治理取得了显著成效，但当前农村人居环境依旧存在区域治理不均衡不充分的现实问题。因此，为了推动农村人居环境整治效果和效率的进一步提高，党中央从全局战略高度出发，颁布了诸多政策法规来加强农村人居环境整治。2021年中共中央办公厅、国务院办公厅印发《农村人居环境整治提升五年行动方案（2021—2025 年）》强调到 2025 年，我国农村人居环境显著改善，生态宜居美丽乡村建设取得新进步。之后 2022 年《中共中央、国务院关于做好 2022 年全面推进乡村振兴重点工作的意见》中又提出，接续实施农村人居环境整治提升五年行动，推动乡村振兴取得新进展。由此可见，农村人居环境整治工作的重要性。

农村人居环境作为一个复杂的生态系统，其公共物品属性使得政府在治理过程中扮演着至关重要的角色。同时，农民作为农村生产生活的主体，既是农村人居环境的保护者，但在某些情况下，他们还可能成为农村人居环境的破坏者，其行为对农村生态环境产生着不可忽视的影响。因此，在人居环境整治过程中基层组织的领导能力和群众参与环境治理的内生动力至关重要。青藏高原是我国的水系源头区和生态屏障区，生态地位十分重要，然而，由于经济、历史和文化等因素的影响，当地农村人居环境治理中组织领导能力不足，村民文化水平和环保意识较低，参与环境治理内生动力不足，"政府干、百姓看"等现象屡见不鲜，如何通过提升基层组织的领导能力和激发群众的内生动力实现当地生态环境的协同治理成为改善青藏高原生态环境质量的关键。基于上述背景，为更好地巩固生态扶贫成果，提升基层政府环境治理能力和激发农民参与农村人居环境改善工作的主动性，本研究以甘肃省甘南藏族自治州合作市勒秀镇麻木索那村为研究对象，总结提炼脱贫攻坚阶段其在生态环境治理中的主要做法和经验，以期为乡村振兴阶段当地农村实现巩固拓展生态扶贫效果和实现与生态振兴有机衔接提供经验借鉴。本研究主要从以下三个方面展开研究：一是研究麻木索那村如何在人居环境整治过程中通过加强基层党组织建设充分发挥基层党组织的战斗堡垒作用；二是研究麻木索那村党员干部如何发挥示范动员作用来激发农民参与农村人居环境改善的主动性；三是研究麻木索那村如何通过发展经济来提高农民改善人居环境的内生动力。

二、案例描述

勒秀镇麻木索那村，坐落于合作市的东南一隅，其藏语名称寓意着"放羊的三岔路口"，象征着这片土地与牧业活动紧密联系。麻木索那村距离合作市区约 20 千米，交通便利，国道 316 线横贯全境，使得该村与外界的联系更为紧密。同时，麻木索那村是一个典型的半农半牧区，土地总面积达到 6 千米^2。其中，可利用的草场面积约 0.8 万亩，为当地畜牧业提供了丰饶的资源；而耕地面积则达到 645 亩，主要种植青稞、油菜和燕麦等高原特色农作物，这些作物不仅滋养了当地人民，也形成了独特的农业景观。在人口结构上，该村共有 30 户家庭，总人口数为 212 人。过去该村的经济发展并不尽如人意，2013年该村被认定为贫困村，建档立卡的贫困户共有 5 户，涉及 31 人。

作为典型的半农半牧区，长久以来，麻木索那村的经济支柱主要依赖于传统的畜牧业。这种"靠天吃饭"的生产方式使村民们深受自然条件的制约，形成了强烈的依赖心理，缺乏主动创新和发展的动力。由于收入来源的单一性，村民们往往过度依赖畜牧业，导致草原超载过牧，进而对生态环境造成了不可忽视的破坏。同时，由于经济条件的限制，村民们无法承担修建单独养殖大棚的费用，以实现人畜分离。因此，上住下畜、人畜混居的现象在该村十分普遍。这种落后的生产生活方式不仅加剧了生态环境的恶化，也严重影响了村民的居住环境。以传统畜牧业为主的单一产业结构，加之人畜混居的生产生活方式，使得麻木索那村陷入了"远看山水美、近看脏乱差"的尴尬境地。冬天的尘土飞扬，夏天的泥泞不堪，都是村民们居住环境的真实写照。这种局面不仅严重影响了村民的生活质量，也制约了村庄的可持续发展。

（一）加强组织建设，凝聚党员力量

长期以来，特定环境下形成的生产生活方式往往具有深厚的惯性和稳固的延续性，它们如同根深蒂固的习俗，难以在短时间内自然转变，特别是在缺乏外界强有力干预的情况下。以麻木索那村为例，要彻底改变其村落的落后面貌，需要党和政府等外界力量的积极介入和强力推动。

在这个过程中，基层党组织的战斗堡垒作用至关重要。然而，目前当地基层党组织却

面临着诸多挑战。首先，缺乏有效的组织管理，导致党组织的凝聚力和战斗力不足；其次，党员意识薄弱，部分党员缺乏应有的责任感和使命感；最后，组织软弱涣散，无法有效发挥党组织在推动当地经济发展和改善环境中的先锋模范作用。王潇是该村的党支部书记，他向调研组反馈了他刚上任的时候麻木索那村党支部的建设情况。他说："我刚到这个村子的时候，村里连党员花名册、党员档案都没有，组织党员开会，根本就叫不过来，对党组织的'两学一做''三会一课'活动不积极参加，经常以各种理由和借口能躲就躲。"

为了解决该村组织性较差，党员作用缺失的问题，麻木索那村决定先从组织建设着手，发挥党支部的作用。王潇首先从完善党员资料着手，通过入户来完善党员资料，并在此过程中为党员普及了基层党员的权利与义务，努力提升党员思想觉悟和组织意识。其次，为了让该村党员养成积极参加支部会议的良好习惯，王书记在接手工作伊始每次开会时都会挨家挨户地通知党员开会，并结合当地实际为党员讲解各类政策和会议精神，使各类会议不再流于形式。在他的不懈努力下，该村的党员组织意识大幅提升，他们也开始积极参加各类会议讨论，为壮大村集体经济、带动农民脱贫致富建言献策。最后，在党员意识提升之后，该村党组织也积极开展各类丰富多彩的主题党日活动。刚开始的时候，活动内容主要集中于该村环境卫生的集中整治，后来，该村党支部通过开展地企联建活动，让平常开会、议事比较积极的优秀党员、老党员有机会到红色圣地去参观学习，这也在很大程度上激发了党员参加各类活动的热情。

通过一系列的基层党组织建设工作，该村党员组织意识不断提升，支部的战斗力不断增强，为下一步产业结构转型和人居环境整治工作的推进提供了坚强的组织保障（图4-1、图4-2）。

图4-1 调研组与麻木索那村村干部合影

图4-2 麻木索那村村干部与调研组分享经验

（二）高举生态旗帜，坚持绿色发展

随着基层党组织力量的日益增强，麻木索那村积极发挥党员的先锋模范作用和基层党组织的战斗堡垒作用，着手解决传统畜牧业发展对当地生态环境造成的负面影响以及"冬天一身土、夏天一身泥"的人居环境困境。在产业发展上，该村在村党支部的有力领导下，坚定地高举生态旅游的大旗，致力于推动产业结构从传统畜牧业向生态旅游业转型升

级。通过不断的实践探索，成功构建了"党建引领、集体经济驱动、农户参与"的产业发展新模式。

在推动文化旅游业的发展进程中，该村采取了以下两大策略：首先，以"支部引领、党员示范、群众参与、服务优质"为工作重点，深入挖掘乡土、农耕和建筑三大元素。为此，精心打造了包括游客服务中心、藏家民宿等十大特色文化旅游点，成功构建了合作市南大门文化旅游度假区。其次，该村充分利用了其所独有的丰富的自然草原资源、畜牧资源、文化资源和群众的传统手工艺，积极扶持民俗作坊的发展，生产藏香等特色产品，并通过旅游景点进行销售。同时，还通过建设马队驿站的方式，弘扬了马背文化，吸引了众多游客的参与和体验。

产业结构转型过程中，麻木索那村独具匠心地推行了"党建＋集体经济＋农户"的发展模式。该模式以党建为引领，借助政府帮扶资金的驱动，鼓励农牧民群众入股，并通过村集体经济分红的方式，聚焦打造"产能带动区、民俗体验区、休闲娱乐区"三大支柱产业。村庄坚持走特色发展道路，巧妙地将资源转化为资产，艺术转化为资金，文化转化为收入，持续壮大村集体经济规模。

随着村集体经济的蓬勃发展，村里将经济收益与项目资金用于改善村民的生产生活条件。先后投资 200 万元用于生态文明小康村的建设。其中，基础设施建设投入 98 万元，包括建设了 27 座 120 米^2 的养殖暖棚，实现了"人畜分离"的现代化养殖方式。同时，还进行了住房的民俗特色化风貌改造，包括 1 929.6 米的外墙改造，249 米^2 的改圈改厕，810 米的院落围墙改造，并修建了一处 20 米^2 的公厕。此外，主干道和巷道得到了硬化，共计 2 400 米^2 和 891 米^2，同时新建了 1 020 米^2 的文化活动广场，涵盖乡村大舞台、篮球场和宣传栏等设施。

这一系列项目的实施，极大地改善了村民的生产生活条件，让他们从生态环境保护中获得了实实在在的利益，从而极大地激发了农户参与生态环境治理的积极性。这不仅为当地发展生态旅游业提供了坚实的群众基础，也为实现乡村生态振兴注入了新的活力（图 4-3、图 4-4）。

图 4-3 调研组与来到麻木索那村的游客进行交流

图 4-4 调研组参观调研麻木索那村村民住所

（三）发挥党员作用，动员群众参与

在产业结构转型取得显著成效之后，麻木索那村面临另一项挑战——人居环境的改善。这项挑战中最棘手的部分，便在于需要引导村民改变长期形成的生活习惯。过去，村民的房屋普遍存在人畜共居的现象，这不仅导致居住环境恶劣，还增加了村民感染各类疾病的风险。因此，如何有效地转变这一根深蒂固的生活习惯，成为改善人居环境的关键所在。

自 2015 年启动"环境革命"工作以来，麻木索那村便着重强调党员在此过程中的模范带头作用。然而，初期阶段面临的一个主要挑战是党员意识普遍不强，未能充分发挥应有的模范带头作用。为了克服这一难题，麻木索那村党支部采取了一系列强有力的措施。首先，党支部严格执行"三会一课"制度，定期召开组织生活会、党员大会、支部委员会和党小组会，确保党内生活的规范化和制度化。其次，积极邀请市委组织部领导、包村领导和支部书记为党员们讲授党课，提高党员们的政治觉悟和环保意识。最后，为了加强与党员的沟通交流，党支部还通过入户走访、电话联系、微信聊天等多种方式，与全体党员进行谈心谈话，了解他们的思想动态，解答他们的疑惑，激发他们的积极性和创造力。以上措施的实施，有力调动了麻木索那村基层党员的积极性，他们不仅带头清扫自家垃圾，还主动走进村民家中，帮助他们擦玻璃、倒垃圾。这不仅展现了党员的模范带头作用，还激发了村民们的环保意识和参与热情。

随着时间的推移，越来越多的村民开始理解并支持环保工作。从最初的观望和不理解，到后来的积极参与和主动维护，村民们的态度发生了根本性的转变。仅仅用了两年时间，麻木索那村就从干部带头参与清扫，转变为了村民自觉维护环境的良好局面。如今，村里已经确定了统一的清扫日，生活垃圾也得到了集中统一的无害化处理。人居环境得到了极大的改善，村民们的生活质量也得到了显著提高。这些成果的取得，离不开党员们的模范带头和不懈努力，也离不开全体村民的积极参与和共同努力。

麻木索那村经历了一场震撼人心的蜕变，这背后是基层党组织由疲软不振向坚如磐石的转变，群众的思想观念由封闭守旧向开放包容的跨越，村庄的环境面貌由混乱不堪蜕变为优美宜居，产业发展也由单一乏力转变为多元繁荣，基层治理则由分而治之迈向了和谐共治的新格局。如今，以包容、和谐、美丽为标签的麻木索那村，在新时代乡村振兴的浪潮中，以她独特的魅力和优美的环境，展示着"青藏之窗·雪域羚城"羚南第一村的绚烂风采，成为乡村振兴道路上的璀璨明珠。

三、主要经验

（一）加强基层党组织建设，充分发挥基层党组织战斗堡垒作用

农村基层党组织在脱贫攻坚中发挥着核心领导作用，如同"主心骨"和"领头雁"一般引领前行，同时，它也是加强农村党的领导、推动乡村治理现代化以及实现乡村振兴的重要战斗堡垒。在推进农村人居环境治理的工作中，基层党组织同样发挥着不可替代的作用。首先，基层党组织能够在农村人居环境治理中起到引领和推动的作用。农村人居环境

的各项政策要依赖农村基层党组织落实，基层党组织通过深入学习和理解政策精神，能够确保各项政策准确、全面地传达给村民。其次，基层党组织还可以通过宣传教育，提高村民的环保意识和素养，进而提升其参与农村人居环境治理的积极性。最后，基层党组织还可以利用其强大的组织动员能力，利用各类活动和组织形式，组织动员村民自觉参与农村人居环境治理活动，动员村民自觉改善居住环境，共同维护乡村美丽宜居。因此，在推进农村人居环境改善的过程中，坚持党建引领，不仅可以为人居环境整治工作的顺利推进提供坚实的组织保障，还能极大地激发农民群众的参与热情与积极性。2021年中央1号文件《中共中央、国务院关于全面推进乡村振兴加快农业农村现代化的意见》中详细规划了农村人居环境整治提升五年行动计划，并特别强调了在此过程中基层党组织所扮演的关键角色和重要性，凸显了其在推动农村环境改善中的领导与核心作用。

为了更有效地实现党建引领，麻木索那村首先聚焦于基层党组织的建设。通过细致完善党员资料、确保会议内容务实有效以及开展丰富多样的党员活动，该村成功地激发了党员的党性意识，显著提升了党组织的向心力、凝聚力和战斗力。这些举措为村庄后续各项工作的顺利开展提供了坚实的组织保障。在构建起坚固的战斗堡垒之后，麻木索那村的基层党组织积极担当，充分利用农牧村党员对当地情况的深入了解以及他们扎根基层、身处一线的群众优势。这些党员们引领群众激发内在动力，共同在党组织的领导下，齐心协力推动产业结构转型和人居环境整治。他们巧妙地将党建工作与资源整合相结合，灵活利用各类资源，凝聚起推动农村改革发展的强大动力。

针对群众在人居环境整治中参与的内生动力不足的问题，麻木索那村的基层党组织采取了积极的措施。他们组织村干部上门宣传，强调人畜分离的重要性，并引导群众积极实施这一举措。同时，他们还将人畜分离作为村规民约的一部分，通过这一制度来约束养殖户，培养他们合理的养殖意识。这一措施逐渐改变了他们过去不良的环保习惯，从而在潜移默化中提升了整个村庄的环保水平。

针对人居环境整治中组织领导能力薄弱的问题，麻木索那村基层党组织实施了分级负责的策略。由村"两委"班子率先垂范，带领村民小组组长、保洁员及公益性岗位人员，根据各自负责的区域开展卫生整治工作。通过充分发挥村干部的引领作用，包村干部深入村民家中，监督并参与院落、厨房、旱厕的卫生整治，以及房前屋后、房顶杂物的清理工作。这种逐户宣传教育和示范带动的模式，有效地激发了村民们对环境保护的积极性，进而促进了村内人居环境的显著改善。

面对村内环境基础设施建设和公共服务不足的挑战，麻木索那村党组织采取了两方面措施。一方面，他们敏锐地抓住了政策机遇，依托生态文明小康村改造提升项目和乡村振兴示范区产业提升项目，利用国家资金，致力于村内环境基础设施的全面升级，实现了改水、改厕、改路和改房等工程的全覆盖，同时庭院、道路和村旁区域也实现了全面绿化。另一方面，麻木索那村党组织也充分发挥了村集体经济的力量，将村集体收益投入养殖大棚建设、住宅外墙改造、畜禽养殖设施升级以及道路硬化等环境基础设施项目中，极大地改善了村民的生产生活条件。此外，他们还雇用了保洁员，负责维护农村巷道、河道、水渠和绿化带等公共区域的日常卫生。为了进一步提高村民改善家庭居住环境的经济能力，麻木索那村党组织还鼓励村民入股村集体企业，吸纳他们就业，从而增加村民的收入。这样，村民们不仅能够从村集体经济的发展中获益，还能够有更多的经济能力去改善自家的居住环境。

在脱贫攻坚的征程中，麻木索那村见证了党组织从曾经的软弱涣散状态到如今的坚强有力、党员意识从曾经的党性淡薄到如今的党性觉悟明显提升、村庄环境从曾经的杂乱无序到现在美丽宜居的华丽蜕变，这一切都是该村始终坚持党建引领，充分发挥基层党组织战斗堡垒作用的显著成果。这些宝贵的经验，必将为乡村振兴阶段的民族地区人居环境整治工作的顺利推进提供有力的借鉴和支撑。

（二）发挥党员先锋模范作用，激发群众内生动力

农村党员不仅是脱贫攻坚工作的先行者和生力军，更是农村基层工作中不可或缺的中流砥柱。脱贫攻坚工作严峻考验着农村基层党员干部的"先锋模范"作用，新时代呼唤着干部队伍必须紧密团结，共同担当起农村脱贫攻坚战的核心支柱与领航者角色。党员先锋模范作用的发挥对于激发群众参与农村基层治理的内生动力具有积极影响。2019年6月中共中央办公厅、国务院办公厅印发《关于加强和改进乡村治理的指导意见》中，特别强调并明确了党员在乡村治理中应充分发挥其先锋模范作用的重要性。在农村人居环境治理中，党员的先锋模范作用同样重要，他们了解群众的实际需求，积极组织并动员群众参与环境治理活动，不仅是行动的引领者，更是群众意愿的传递者和汇聚者。这种"党员带头、群众参与"的模式，有效营造了共同为美好家园努力的良好氛围。在党员的积极引导和有力带动下，群众能够更加热情地投身于环境治理工作中，形成强大的合力，共同致力于提升农村人居环境的质量。

在脱贫攻坚的征途上，麻木索那村高度重视发挥农村基层党员的先锋模范作用。面对村民在农村人居环境改善方面内生动力不足的难题，村庄首先聚焦于提升基层党员参与环境治理的积极性。通过精心策划和组织一系列主题党日活动、党课讲授以及深入的沟通交流，基层党员们逐步展现出对改善人居环境的强烈责任感和主动性。在党员们的模范引领下，村民们也逐渐受到启发，纷纷加入到人居环境改善的行动中来。麻木索那村通过激活基层党员的积极性，不仅有效带动了群众参与，还激发了他们改善人居环境的内生动力，共同推动了村庄环境质量的显著提升。

充分发挥党员先锋模范作用，以此来激励农民参与农村人居环境改善工作的内生动力，不仅是麻木索那村在脱贫攻坚期间实现农村人居环境改善的一条重要经验，同时，也为下一步乡村振兴阶段实现生态宜居、和美乡村奠定了基础。

（三）坚持在保护中发展，以经济发展激发保护动力

绿色发展理念的核心在于追求保护与发展之间的和谐共生。秉持这一理念，坚定不移地走绿色发展之路，不仅是推动产业结构转型升级的关键，更是实现经济可持续发展的必由之路。在脱贫攻坚工作中，通过协调经济发展和生态保护的关系，可以实现经济效益与生态效益之间的和谐统一。具体来看，首先，绿色发展是巩固提升脱贫攻坚成果的根本保

障。通过贯彻新发展理念，以绿色发展为抓手，走资源高效利用和环境友好的可持续扶贫道路，可以有效防范返贫、致贫风险，而且还有助于确保贫困地区实现稳定脱贫和可持续发展。其次，绿色发展对于激发贫困地区的内生动力具有重要意义。绿色发展可以通过统筹贫困地区经济、生态、社会各方面发展，提高贫困地区生态要素的利用率，因地制宜培育出具有发展潜力和前景的循环经济和生态产业，从而有效激发贫困地区的内生动力。

在脱贫攻坚的征程中，麻木索那村充分利用资源、区位和政策优势，坚定不移地践行绿色发展理念，采取"农旅结合"的发展模式，构建了一个集观光、旅游、体验于一体的产业模式，以打造独具特色的乡村生态旅游观光业。同时，该村结合政策项目的实施，以高质量发展为导向，采用"生态＋"的发展策略，以党建为引领，积极塑造"生态家园·红色驿站"这一党建品牌，致力于建设"产能带动区、民俗体验区、休闲娱乐区"三大功能区域，努力营造一幅"景中有村、村中有景"的和谐生态画卷与宜居家园。通过这一系列努力，麻木索那村在保护生态环境的同时，实现了经济的蓬勃发展。随着生态旅游产业的繁荣，村集体经济实力不断增强，农民收入稳步提高，农民的生产生活条件得到显著改善，进一步激发了他们改善人居环境的内生动力。最终，麻木索那村实现了生态产业与环境保护的相互促进，以经济发展推动了人居环境的全面提升。

脱贫攻坚阶段，麻木索那村坚持在保护中发展、在发展中保护，巧妙地将区域优势转化为经济优势，又将经济优势转化为群众收入，进而激发群众保护生态环境内生动力的做法，为乡村振兴阶段民族地区通过产业绿色转型实现产业兴旺与生态宜居提供了有益的经验借鉴。

四、结论与启示

通过以上分析，本研究的结论如下：

一是组织建设是基层党组织充分发挥引领作用的先决条件，只有将基层党组织建设得更加坚强有力，才能充分发挥基层党组织在农村人居环境治理中的战斗堡垒作用；

二是在农村人居环境治理过程中要注意发挥基层党员的模范带头作用，激发群众主动参与农村人居环境治理工作的内生动力；

三是要坚持绿色发展理念，在保护中发展农村产业，以发展激发农村人居环境保护的动力。

立足以上研究结论，在乡村振兴阶段，为促进巩固拓展脱贫攻坚成果同乡村振兴有效衔接，应进一步做好如下工作：

第一，注重党建创新，以人才振兴驱动乡村全面振兴。麻木索那村应持续聚焦党建引领，以发展、民生、和谐为工作重心，构建"党组织＋党员＋群众"的联动机制，广泛动员农民群众共同投身于美丽家园的建设之中。在乡村振兴的征程中，麻木索那村应进一步强化党组织建设，有计划地从未就业大学生、退伍军人、致富带头人中吸收和培养党员，为乡村振兴提供坚实的人才支撑。同时，应不断加强党员教育，确保全村党员严格遵守党的政治纪律，并通过开展党员先锋岗、党员示范户等模范带头活动，激励党员们在打造

"五无甘南"、创建"十有家园"的实践中发挥先锋模范作用，始终站在乡村振兴的第一线。

第二，通过产业转型实现绿色发展与生态保护。麻木索那村凭借其得天独厚的区位优势和资源优势，在推动产业结构由第一产业为主向产业融合的方向转变具有显著优势。因此，在下一步乡村振兴阶段，麻木索那村应深入挖掘本地独特的草场资源、文化资源和畜牧资源，积极把握政策红利，大力发展乡村旅游业，进一步实现产业结构转型升级，通过实施"农旅结合"的绿色发展模式，以观光、旅游、体验为市场导向，构建生产、生活、生态和谐共生的现代化村庄，进一步实现在保护中发展，在发展中保护。

第三，进一步推进人居环境与绿色家园建设，以生态振兴驱动乡村全面振兴。在脱贫攻坚的攻坚阶段，该村基层群众在村干部的模范引领下，踊跃参与到人居环境整治的行动中，村庄的面貌因此得到了显著的改善。然而，生态振兴对于麻木索那村实施乡村振兴战略十分重要，这仍然是该村工作的核心。因此，麻木索那村应持续深化人居环境的改善工作，全面提升村庄的整体形象。加大环境卫生综合整治的督查力度，确保农村脏乱差现象得到根本性整治。同时，倡导并促进村民共同遵守爱环境、讲卫生、守秩序、促和谐的准则，努力打造出一个天空湛蓝、草地翠绿、水源清澈的绿色生态家园，为全面推进乡村振兴提供坚实的生态支撑和持续的动力。

参考文献

白启鹏，2024. 党建引领乡村治理的多元联动作用研究［J］. 理论视野（1）：77-83.

卞素萍，2020. 美丽乡村建设背景下农村人居环境整治现状及创新研究：基于江浙地区的美丽乡村建设实践［J］. 南京工业大学学报（社会科学版）（6）：62-72，112.

陈佳敏，霍增辉，2020. 长江经济带沿线区域绿色发展水平的评价与比较［J］. 科技管理研究（1）：244-249.

黄海玲，2021. 从《一个都不能少》看农村题材电视剧创作［J］. 电视研究（1）：95-96.

李冬青，侯玲玲，闵师，等，2021. 农村人居环境整治效果评估：基于全国7省农户面板数据的实证研究［J］. 管理世界（10）：182-195，249-251.

李明堂，罗佳玲，2023. 贵州民族地区党建引领基层治理的实践经验研究［J］. 贵州民族研究（1）：98-104.

刘祖云，刘传俊，2018. 后生产主义乡村：乡村振兴的一个理论视角［J］. 中国农村观察（5）：2-13.

齐琦，周静，王绪龙，等，2021. 基层组织嵌入农村人居环境治理：理论契合、路径选择与改革方向［J］. 中国农业大学学报（社会科学版）（2）：128-136.

孙翔，黄秋蓉，董战峰，2024. 海域养殖公共资源治理困境与制度创新：以中国最大天然蚝苗繁育基地钦州湾为例［J］. 生态经济（2）：195-202.

王凤臣，刘鑫，许静波，2022. 脱贫攻坚与乡村振兴有效衔接的生成逻辑、价值意蕴及实现路径［J］. 农业经济与管理（4）：13-21.

向玉琼，赵焱鑫，2024. 嵌入—激发：农村人居环境治理中社会动员促成合作行动的逻辑［J］. 农业经济问题（6）：118-131.

许敬辉，2023. 农村人居环境评价指标体系构建与实证［J］. 统计与决策（19）：97-101.

杨骞，祝辰辉，2024. 乡村振兴的中国道路：特征、历程与展望［J］. 农业经济问题（2）：4-17.

张露露，2019. 新时代农村基层党建与精准扶贫的互动及协同推进析论［J］. 理论导刊（6）：75-79.

张鸣鸣，杨理珍，刘钰聪，2024. 农村人居环境整治的农民参与水平及影响因素研究［J］. 农村经济（1）：133-144.

张子健，王思力，2024. 动态能力视角下环境战略转型影响企业高质量发展的机理研究：以江西铜业为例［J］. 管理案例研究与评论（1）：123-148.

中华人民共和国中央人民政府，2021. 中共中央办公厅、国务院办公厅印发《农村人居环境整治提升五年行动方案（2021—2025年）》［EB/OL］. https://www. gov. cn/gongbao/content/2021/content_5661975. htm.

以林兴民、以绿促富的特色产业发展之路
——基于四川省凉山彝族自治州会东县鲹鱼河镇松露产业园的调查

一、引言

2013年11月，习近平总书记首次提出"精准扶贫"这一重要理念，作出"实事求是、因地制宜、精准扶贫"重要指示。2015年，在中央扶贫开发工作会议上，习近平总书记提出实现脱贫攻坚目标的总体要求，提出并推进扶持对象、项目安排、资金使用、措施到户、因村派人、脱贫成效"六个精准"的策略，实行发展生产脱贫、易地搬迁脱贫、生态补偿脱贫、发展教育脱贫、社会保障兜底脱贫"五个一批"方案，发出打赢脱贫攻坚战的总攻令。2017年，在党的十九大报告中，将精准脱贫作为三大攻坚战之一，全面部署了相关工作，锚定全面建成小康社会的目标，聚力攻克深度贫困堡垒，决战决胜脱贫攻坚。2020年，习近平总书记在决战决胜脱贫攻坚座谈会上指出，农村贫困人口全部脱贫"必须如期实现，没有任何退路和弹性"，要求全党全国以更大的决心和更强的力度，做好"加试题"，打好收官战，信心百倍向着脱贫攻坚的最后胜利进军。党的十八大以来，以习近平同志为核心的党中央将脱贫攻坚摆在治国理政的突出位置，作为实现第一个百年奋斗目标的重点任务，纳入"五位一体"总体布局和"四个全面"的战略布局，作出一系列重大部署和安排，全面打响脱贫攻坚战，困扰中华民族几千年的绝对贫困问题得到了历史性的解决，脱贫攻坚成果引起了全球的瞩目。在打赢脱贫攻坚战、全面建成小康社会后，我国要在巩固拓展脱贫攻坚成果的基础上，继续推进乡村振兴这一"大文章"，接续推进脱贫地区发展，提高群众生活质量。

产业振兴是乡村振兴的重中之重。2024年中央1号文件《中共中央、国务院关于学习运用"千村示范、万村整治"工程经验有力有效推进乡村全面振兴的意见》明确提出，提升乡村产业发展水平的切实路径，预示着乡村产业正步入一个全面升级与拓展的新阶段，充满了无限的可能与广阔的发展空间。产业发展是乡村振兴的物质基础。产业振兴，

一头连着农村的发展，一头连着农民群众的幸福生活，是乡村振兴的重中之重。农业不仅是乡村产业体系的根基所在，也是农村地区最为关键的产业之一，农村一二三产业融合发展，必须紧密围绕农业这一基础产业展开。农业产业化发展，通过推动主体融合、要素优化、产业链延伸和新型业态的培育，为农村一二三产业的融合发展奠定了坚实的基础，并成为推动其发展的关键环节。

根据中央 1 号文件的指引，凉山州委、州政府高度重视林下经济发展。产业扶贫作为凉山州实现稳定脱贫的根本之策，旨在通过深化林下种植与加工业，将大凉山塑造成为全国特色种植产业基地，这一宏伟蓝图不仅是凉山州委、州政府既定的战略目标，更是该地区决战脱贫攻坚、决胜全面小康的关键战役。四川省凉山彝族自治州会东县鲹鱼河镇松露产业园的实践案例生动展示了"龙头企业＋专业合作社＋农户"这一创新经营模式的强大生命力，以及依托国家储备林建设项目，全方位推动林下产业多元化发展的积极探索。本研究聚焦于凉山州会东县鲹鱼河镇的松露产业园，基于"绿水青山就是金山银山"的理念，探索经济发展和生态保护协同共生的可持续发展路径，为实现共同富裕，助力乡村振兴贡献力量。本研究将从以下三方面展开：一是研究如何挖掘金山银山的潜在价值，通过大力发展林下经济，有效实施产业扶贫战略；二是探索"龙头企业＋合作社＋农户"的发展模式如何促进生态资源保护与乡村振兴的协同并进，以及如何进一步拓宽当地群众的增收致富渠道；三是剖析特色产业可持续发展的具体路径和机制，旨在发挥产业的示范引领作用，激发产业振兴乃至乡村全面振兴的活力。

二、案例呈现

（一）鲹鱼河镇概况

凉山彝族自治州，作为我国最大的彝族聚居地之一，坐落于四川省西南部，不仅是四川省的三大林区与三大牧区之一，更是国家"三区三州"深度贫困地区的关键组成部分，凉山州幅员辽阔，面积 6.04 万千米^2，具有耕地面积大、山地面积大和生物多样性丰富的土地资源优势，全州总人口 515 万，具有农村富余劳动力和人口结构相对较年轻的人力资源优势。会东县以其独特的地理优势，成为中国松露的最早发现地及最大产区。全县范围内，83 万亩华山松林为松露的生长提供了得天独厚的环境条件，年产量稳定在 80 吨以上，享誉全国。

鲹鱼河镇，作为会东县的行政与经济中心，其历史可追。该镇原隶属于会理市鲹鱼区鱼格乡，历经多次行政区划调整，于 1952 年设立云塘乡，1981 年更名为鲹鱼公社，再到 1984 年正式建制为会东镇。2019 年，随着区划调整的深入，鲹鱼河镇进一步扩大了其管辖范围，下辖包括秧发村、水塘子村、普发村等在内的 22 个行政村，镇人民政府新址设于新云街 1 号。鲹鱼河镇位于会东县西北部，总面积 87 千米^2，人口约 1.2 万。境内交通便捷，会（理）葫（芦口）公路穿境而过，会（东）新（田）、会（东）发（箐）等公路连接各乡镇。乡镇企业涉及商贸、建筑等多个领域。农业方面，水稻、玉米、小麦、烤烟及蚕茧是主要农作物。

（二）会东县鲹鱼河镇松露产业园的由来

松露，英文名 Truffle，学名 Tuber，因其外形呈块状，所以又称块菌，是一种生长在土层下面 3～15 厘米，与松树、栎树、橡树共生的珍稀食用菌。其生长环境的要求极为苛刻，除对温度、湿度、光照、海拔、纬度有特殊要求外，对空气质量的要求亦特别敏感。近些年，全球松露产量不断下降，致使其非常珍稀。松露的品种约有几十种，但常见且较珍贵的有 6 种，在众多种类中以黑松露与意大利产的白松露为最佳。黑松露在欧洲被称为"地下黑钻石""厨房里的黑珍珠"，白松露被称为"白钻石""白珍珠"，均被视为珍宝。同时，松露也是高档西餐常用的奢侈食材，被誉为传说中的"菌中之王"，且其衍生产品不断增加，如松露酒、松露化妆品和松露巧克力等，是四川有名的特产。

地处大山深处的会东县，不仅是中国最早发现松露的地方，更是中国目前最大的松露产区。那么，会东县与松露之间究竟是如何结缘的呢？作为一种珍稀的食用菌类，松露在欧美国家备受食客推崇，被誉为"地下黄金"。四川省食用菌研究所栽培与生理研究中心主任李小林在接受中新社采访时表示，会东县松露种类繁多，不同种类、不同颜色的松露分别有不同香味，其中黑松露占据了主导地位。据市场反馈，会东县松露的市场价格主要分为两档：普通黑松露的市场价为每千克 100～500 元，而优质黑松露则能卖到每千克 500～1 000 元的高价。更为珍贵的是，一些稀有品种，如白松露，其价格可达每千克 5 000 元。在北京、上海等一线城市，会东县出产的黑松露平均售价可达到每千克 3 000 元。然而，会东县并不了解这种"地下黄金"的珍贵价值，当地人在偶然挖到松露后，甚至将其视为无用之物，用来喂养牲畜。直到松露研究逐渐深入，松露文化得到普及，人们才开始意识到黑松露的珍贵之处，其价格也随之水涨船高。

松露的生长周期始于夏季，而最佳的采摘和食用时节则集中在每年的 11 月至次年的 3 月。在这段黄金时期，会东县的松露以其独特的香气和珍贵的价值，成为国内外食客争相追捧的美味佳肴。据统计，会东县每年的松露产量约 150 吨，占全国总产量的 80%，占世界总产量的 20%，为当地经济发展注入了强劲动力。那么，会东县究竟为何能产出大量黑松露呢？对此，李小林给出了专业解答。他指出，会东县之所以能产出大量的黑松露，主要得益于其得天独厚的气候与地理优势。一是该地区拥有适宜的土壤地形与湿润气候，其土壤质地多为富含矿物质的石灰质土壤，排水性能优良，加之当地降水充沛，干湿分明与大量的石灰岩，为黑松露的生长提供了理想的环境条件。二是会东县海拔较高，通常在 1 000 米以上，处于低纬度，高海拔地区的气候条件对于黑松露的生长尤为有利。三是会东县的光照条件温和且充足，阳光强度适中，年温差小，日温差大，光照时间长，既保证了松露生长所需的光合作用，又避免了过强光照可能带来的不利影响。四是会东县植被繁茂，生态环境优越，其中丰富的华山松和云南松为黑松露提供了理想的寄主和充足的养分。松露生长在土里 5～15 厘米，与松树、栎树、橡树等植物共生，偏好碱性土质，高品质的松露主要出产于石灰质地形区内，如意大利的阿尔巴、法国佩里哥，中国的四川、云南等地。松露的养分来自附着的树根和土壤，一个地方如果生长过松露，土壤和植物的养分会被松露吸收始尽，周围的草就会渐渐枯萎。此外，会东县政府与当地居民对松露资源的保护与管理工作功不可没。自 2016 年以来，会东县委和县人民政府高度重视，在国内首次制定并实施了松露资源保护的法律法规和行政执法措施。会东县高度重视松露资源的可持续利用，通过实施人工抚育促繁等措施，有效提升了松露的产量与品质。为引导松露产业绿色发展，会东县还出台了《关于加快培育松露产业发展的实施意见》，明确提出以市场需求为导向，通过提升品质、升级加工、培育龙头企业、打造知名品牌、开拓市场等一系列举措，充分发挥会东的自然优势，加快培育和发展松露产业，推动其成为当地经济的重要支柱（图 4-5、图 4-6）。

图 4-5　刚出土的松露　　　　　　　　图 4-6　调研组了解松露的相关知识

三、案例分析

（一）提升绿水青山"颜值"，深挖金山银山价值

党的二十届三中全会再次强调"绿水青山就是金山银山"的核心理念，这一理念深刻彰显了党对生态环境保护和生态文明建设的高度重视。"绿水青山就是金山银山"不仅是新时代生态文明建设的核心指导思想，更深刻反映了人民群众对美好生态环境的追求，科学阐释了经济发展和生态环境保护之间的和谐共生关系，符合时代发展的需要，以高品质生态环境支撑高质量发展，为美丽乡村建设提供了行动指南。近年，会东县委、县政府深入践行习近平生态文明思想，牢固树立"绿水青山就是金山银山"的发展理念，大力推进国家储备林建设，坚定不移走生态优先、绿色发展之路。

2023 年中央 1 号文件《中共中央、国务院关于做好 2023 年全面推进乡村振兴重点工作的意见》着重强调，构建多元化食物供给体系，树立大食物观。2024 年中央 1 号文件《中共中央、国务院关于学习运用"千村示范、万村整治"工程经验有力有效推进乡村全面振兴的意见》进一步深化了这一理念，提出"树立大农业观、大食物观，多渠道拓展食物来源"。在此背景下，凉山彝族自治州作为全国林草资源大州，林地面积占全州总面积的 67.17%，有着巨大的资源开发潜力与优势。特别是在森林粮食生产方面，凉山州拥有得天独厚的条件与广阔的发展前景。因此，当地政府正致力于优化顶层设计、培育特色产业，以推动林下产业的规模扩张、品质提升与效益增长。据会东县林业和草原局透露，会东县已成功跻身凉山州国家储备林试点示范县的行列。在推进国家储备林建设的过程中，会东县充分利用自身的生态资源优势，遵循"五有"原则，即"有大径级木材培育、有工业原料林、有景观林、有经济林、有林下种养"，持续完善生态补偿与产业发展政策体系。依托储备林项目，会东县积极开展华山松森林质量的精准提升工程，拓展林下空间，进行松露保育与促繁工作，大力发展林下经济，在广袤的森林中挖掘出蕴藏着的无尽绿色宝藏与财富。

（二）多元主体携手并进，共筑乡村振兴新篇章

走进松露产业园林下经济示范点区域，一片片华山松林下，蕴养着颗颗"餐桌上的钻石"——松露。迄今为止，会东县现已发现的松露品种多达 20 余种，包括珍稀的夏松露、白松露及中华松露等。这片占地 500 余亩的松露产业园，建于 2020 年，预算投资 200 万元，以保育松露、培育林菌为主。园区采用"龙头企业＋合作社＋基地＋农户"的创新发展模式，打造林下珍稀食用菌仿野生种植示范基地。政府通过积极引导，致力于构建稳固的联农带农机制，强化资本与技术的双重支撑，不断深化对合作社的指导与服务。通过倡导农户带林入股，劳务收入、效益分红等渠道，充分调动群众积极性，带动周边 200 余户农户致富增收。不仅拓宽了农户的收入来源，还有效提升了林地综合利用率，走出一条"山地增绿、林农增收、林业增效"的绿色可持续发展之路。

会东县松露产业园依托通过国储林建设项目，全面发展林下产业，每亩林地为国家储备了 15 米^3 优质大径材，同时年产木材 10 米^3；每亩每年产出松露 0.2 千克，食用菌 200 千克，有效盘活了生态资产。该产业园年销售收入超过 200 万元，显著提升了林农的经济收益，促进了林区经济的转型发展，为乡村振兴注入了强劲动力。在践行"绿水青山就是金山银山"的绿色发展理念中，会东县积极探索促进生态资源保护与乡村振兴协调发展的双赢之策，将林业产业发展与乡村振兴紧密结合起来，进一步帮助当地群众增收致富（图 4-7）。

图 4-7　甘肃农业大学师生深入会东县鲹鱼河镇松露产业园调研

（三）以林兴民、以绿促富，构筑生态发展新路径

会东县鲹鱼河镇松露产业园内，不仅是松露保育促繁的示范基地，更是林下珍稀食用菌仿野生种植的示范基地。近年，凉山林草系统在科学规划与精心引导下，积极探索林下

经济的发展之道，既有效建设了森林"绿色粮仓"，又成功实现了绿水青山到金山银山的转变。在这片充满希望的土地上，绿色不仅是自然的底色，更是富民强村的希望之光，照亮了会东县鲹鱼河镇迈向全面振兴的康庄大道。

松露产业园示范点采取"留优去劣、采密留疏"的采伐方式，林下松露保育与林菌培育并行不悖，不仅促进林木生长，还有效降低了火灾隐患，实现了绿色产业发展与森林草原防灭火有机结合。2023 年，凉山州累计实施了 60 个重点区域生态修复治理项目，完成了 40.69 万亩的营造林建设，并对 130.2 万亩草原进行了生态修复治理。同时，火灾受害率和损失率连续 3 年呈现下降趋势，森林草原火灾综合防控水平得到了显著提升。会东县致力于打通"绿水青山"与"金山银山"的双向转换通道，探索出一条以林兴民、以绿促富的生态发展之路。

（四）优化与创新发展模式，完善长效保障机制

2023 年 12 月，四川省政府正式颁布《建设"天府森林粮库"实施方案》，提出依托全省可利用林地空间，着力构建多元化食物供给体系，切实维护粮食安全。积极投身"天府森林粮库"建设，凉山州在这一宏伟蓝图中展现出充分的自信与潜力。其中，凉山州森林覆盖面广，且森林蓄积量高达 3.56 亿米³，发展林粮前景广阔。凉山州还致力于探索"藏粮于林"的创新路径，旨在通过科学合理地利用林地资源的独特优势，增强粮食供给能力的同时促进绿色防火体系的完善，为凉山州的长远发展奠定坚实的生态基础，并逐步形成一套行之有效的长效保障机制。综上所述，凉山州在参与"天府森林粮库"建设中，不仅具备充足的资源与潜力，更是符合其可持续发展的现实需求。

据了解，凉山州鼓励各县积极探索创新，着力打造有区域竞争力的林下经济特色产业。发展林下经济，不仅可以充分利用林下资源、提高土地利用效率，还可增加农林副产品种类和数量，进一步调整和优化农村产业结构，增加产品附加值与社会经济效益。依据凉山州"天府森林粮库"的整体规划，到 2026 年，全州林粮经营面积将达到 1 000 万亩，年综合产值有望突破 140 亿元。通过一系列项目建设的推进，将优化林分结构，构建生物阻隔带，增强森林自身的防火能力，从而实现绿色、可持续的防火目标。

四、经验总结

（一）强化党建引领，壮大产业发展规模

党的十九大报告提出实施乡村振兴战略，要求农村发展围绕"产业兴旺、生态宜居、乡风文明、治理有效、生活富裕"为目标。在此过程中，凉山州高度重视并充分发挥党建引领的核心作用，紧紧围绕"产业兴旺"这一关键环节，通过构建"支部建在产业链上、党员聚在产业链上、农民富在产业链上"的发展模式，充分发挥党组织示范引领和服务产业发展的关键作用，有力推动了特色产业的持续壮大。此外，凉山州通过积极支持并帮扶镇村、企业及农民专业合作社，助力其做强特色产业，致力于将产能优势转化为产业竞争力，地缘优势转化为区域影响力，资源优势转化为资产增值力，形成更为强大的协同发展效应。在此基础上，将特色产业培育成具有显著市场竞争力、强大风险抵御力和坚实经济

支撑力的支柱型产业。

凉山州，位于四川省西南部，自古以来便是西南边陲的重要通道和"南方丝绸之路"必经之地。进入新时代，凉山人民牢记使命、艰苦奋斗，成功打赢了脱贫攻坚战。如今的凉山，已迈入了现代化建设的新征程。

（二）秉持规划先行，优化产业发展蓝图

"产业兴旺"必须坚持科学规划为先导，要求立足现有经济运行态势和产业发展现状，编制科学系统的产业发展规划，明确产业发展的基础条件、重点任务、阶段目标和行动方案，为"产业兴旺"引路导航，确保每一步都稳健而精准地迈向既定的目标。

在经济层面，乡村地区产业经济的可持续发展在于乡村产业的本地根植性，即是否依赖本地的自然资源、历史文脉和人力资源等独特的资源禀赋。近年，会东县松露产业的崛起已引起了凉山州各级领导的高度重视，该县更把松露产业视为提升全县产业经济价值的战略重点。为此，有专家建议成立"国家松露工程技术研究中心"，旨在通过制定松露相关标准，开发新产品，提高松露附加值，全面促进该产业的繁荣发展。通过多方努力，当地实现了系统地把松露的科学开采、保护、修复、促繁、深加工及国内外市场有效结合起来，使松露资源得到保护的同时，通过合理开发为山区贫困农民带来极大的效益，使松露产业持续稳定发展，成为具有含金量的重要名片，从而确保松露产业长远性、持续性、持久性发展。

同时，做大做强种植产业，是凉山州高质量脱贫、高质量发展的战略之举。为此，凉山州政府出台了一系列旨在扶持农林特色产业发展的优惠政策，支持引导种植基地、深加工企业落户凉山，实现了全州特色产业的全面发展。这得益于这些精心策划的政策与举措，凉山州林下种植产业以最优品质、最优品牌为目标，打造全国特色产业基地典范，推动凉山州在生态优先、绿色发展的道路上越走越宽广。

（三）坚持市场导向，深化产业融合发展战略

特色产业之所以能够实现快速发展，关键在于适应市场需求。这就要求要时刻瞄准市场，积极推进一二三产业融合发展，在产业链、价值链、供应链上做足文章，全力推进松露产业向更大规模、更高层次发展。农产品精深加工是连接农业、农村与工业、市场的桥梁，是乡村振兴的支柱。在产品层面，通过追求精致化，通过延伸产业链来增强产业竞争力，把打造农产品精深加工作为农业发展的核心驱动力，致力于提升农产品附加值，有效延伸产业链。同时，推广产业融合模式，在质量认证、品牌建设、绿色发展、标准化生产、一二三产业融合等方面持续发力，推动产业实现高质量发展。

会东县在推动松露产业园深加工进程中，大力推广"松露＋"产业融合模式，延长松露食品链、加工链、康养产业链，从而拓宽松露产品的受众市场，激发各类消费者的探索兴趣与购买意愿。为了打响品牌，提升价值链，会东县深知只有塑造品牌形象，确立市场地位、积累口碑与美誉度，才能更好地吸引消费者，提高消费者信任度及市场占有率。为此，会东县致力于创新产品品牌，丰富"松露＋"系列产品，强调企业的研发主体地位，鼓励企业紧跟市场趋势、开拓市场前景，不断推出松露相关新品，力求实现松露产品的差

异化与优势化，打造一批"人无我有、人有我优"的、独具地方特色的松露产品，提升松露品牌的整体影响力与价值链。同时，会东县着力强化平台支撑，壮大供应链。通过高标准建设景区型松露产业园，构建"五位一体"现代农业产业园发展格局，搭建综合性服务平台，提供"一站式"办理所有与松露产业相关的优质服务。此外，为进一步改善营商环境，确保松露产业项目高效落地与投产。会东县以科技创新推进产学研深度融合，构建现代化产业体系，从而完善松露全产业供应链。

作为一种特色农产品，松露具有食用价值、市场价值、经济价值、养生价值等多重价值。作为一种食品，松露驱动了食品工业的蓬勃发展，而食品工业作为最古老的行业，其发展潜力巨大，前景广阔。立足农业资源优势、工业制造优势，会东县充分发挥龙头企业的引领作用，带动全产业链上下联动、融合发展，提升品质、打响品牌知名度，加速以会东松露产业振兴为引擎，助推乡村全面振兴的步伐，持续谱写凉山州高质量发展的新篇章。

五、结论与政策启示

通过以上分析，本文的结论如下：

第一，挖掘当地特色产业的经济价值。会东县松露产业园通过发展林下经济，实现了多品类的产出和销售。例如，在保育松露的同时，还可以培育林菌，包括金耳、猴头菇、高原雪蘑菇等珍稀菌类，有效盘活了生态资产，增加了绿色生态产品供给能力，大幅度增加了林农收益，有力带动了基地周边农户参与林下经济发展，农民的收入大幅增加。

第二，坚持生态保护与产业发展的有机结合。采取"留优去劣、采密留疏"的采伐方式促进林木生长，同时减少了森林中的可燃物载量，实现了绿色产业发展与森林草原防灭火的有机结合。这种模式为当地传统林业向现代林业、高效林业的转型提供了示范，推动了林业产业的升级，增加了绿色生态产品供给能力。

第三，支持龙头企业发展。对于提高农业组织化程度、加快转变农业发展方式、促进现代农业建设和农民就业增收具有十分重要的作用。因此，要因地制宜，发挥产业的示范带动作用。松露产业园作为林下经济示范点，为会东县乃至其他地区的林下经济发展提供了可借鉴的模式和经验，对推动区域经济发展和林业现代化具有重要示范意义。

在乡村振兴阶段，为促进产业发展，应进一步做好如下工作：

第一，制定区域的产业发展规划。发展特色农业产业需从省级和地方两个维度协同发力。一方面，省级层面需发挥统筹作用，根据不同产业和产品特性，精准定位特色农业的空间布局。通过编制乡村特色产业的总体规划以及针对种植、养殖等领域的专项方案，进一步优化产业分布，激发区域发展潜力，并推动农业与加工、服务等产业的深度融合。另一方面，地方层面要立足自身资源和优势，聚焦特色农业产业集群的建设。通过加大对优势产业集群和农业强镇的支持力度，整合资源、优化配置，进一步提升特色农业产业的市场竞争力和区域影响力。

第二，协同推进产业链融合发展。产业融合发展是农村产业发展与居民增收的重要路径，也是实现一二三产业融合发展和经济社会高质量发展的关键。要聚焦产业协同与增值，优化产业链布局。一方面，建设具有区域特色的农产品生产中心，吸引社会资本向特色农业产业集聚，推动产业集群的合理规划与协同发展。另一方面，政府需加强对市场主体的引导，鼓励其探索特色农产品的多元价值，将原本单一的"土特产"转变为功能更完善、形态更丰富的"增值型"产品，以适应消费者不断变化的需求。在此基础上，建立健全产业链各环节的利益平衡机制，促进产业生态的可持续发展。

第三，提升农民能力与组织化程度。农民专业合作社在加速农业现代化进程、提升农民收入及促进农村社区全面发展中发挥着核心作用。要鼓励并助力合作社、农业企业以及各类社会化服务组织健康发展，建立特色农产品全链条服务体系。在此基础上，通过壮大经营主体、拓展产业环节，促进农业与二三产业有机结合，实现全产业链的协同发展。通过"龙头企业＋合作社＋农户"等组织方式，将千家万户的小农生产引入现代农业发展轨道，成为农业发展、助农增收的生力军。

第四，发挥产品核心优势，打造优质农产品。要抢抓机遇、主动作为，大力发展富民兴村产业。要聚焦"独特性"这一核心要素。在发展特色农业时，必须紧紧抓住"独特性"这一关键，重点在于挖掘地方的个性化特征、发挥本地的资源优势，并融入乡土情怀与文化底蕴。一方面，要充分依托本地的自然资源条件；另一方面，要注重情感与文化的内涵表达，根据实际情况打造具有创新性的产品亮点。要精准定位优质产品，明确优势产业发展方向，筑牢特色农产品的品质根基，完善全产业链条，形成从生产到销售的闭环体系。要注重品牌建设，以特色产业为支撑，深挖地域文化内涵，打造具有独特个性和市场竞争力的品牌矩阵，为品牌发展找准方向。

◤参考文献◢

包月洪，邓天钦，洪冬玲，2024. 冕宁林草生态打底为高质量绿色发展赋能 [N]. 凉山日报（汉），11-14（003）.

毕松杰，2024. 恩平市沙湖镇和平村：把优势特色产品做出品牌、做大规模 [N]. 江门日报，10-10（A02）.

曹俐，杨晨，2025. 农村产业融合、生态环境治理协同与农村居民收入 [J]. 生态经济（2）：128-135.

陈晨，杨贵庆，徐浩文，等，2021. 地方产业驱动乡村发展的机制解析及规划策略：以浙江省三个典型乡村地区为例 [J]. 规划师（2）：21-27.

郭晓霞，2024. 乡村振兴视域下农村集体经济产业模式发展研究 [J]. 中国集体经济（30）：13-16.

韩树伟，王鹏飞，2024. 落实"绿水青山就是金山银山"理念的四个着力点 [J]. 中共济南市委党校学报（4）：7-14.

李海莲，周海英，2025. 农业合作社在推动农业经济发展中的作用 [J]. 中国集体经济（3）：13-16.

李玺家，2024. 平山县农业特色产业发展情况 [J]. 现代农村科技（11）：19.

李艳波，2020. 农业产业化龙头企业带动乡村振兴升级发展 [J]. 农家参谋（16）：17.

刘浩，胡钢，2024. 脱贫攻坚与乡村振兴有效衔接问题探析：以陕西省 S 县 Y 镇为例 [J]. 山西农经（20）：62-66.

罗晨，2022．"藏粮于林，藏技于林"不是梦想［N］．中国食品报，03-29（001）．

黔西南州巩固拓展脱贫攻坚成果同乡村振兴有效衔接改革专项小组，2024．巩固拓展脱贫攻坚成果全力推进乡村全面振兴［N］．黔西南日报，10-31（001）．

王彬彬，母丹丹，2024．树立大农业观大食物观的历史必然、现实必要、基本要义和实践进路［J］．农村经济（8）：1-8．

王亚华，苏毅清，2017．乡村振兴：中国农村发展新战略［J］．中央社会主义学院学报（6）：49-55．

吴斗鹏，2024．凉山统筹做好"三篇大文章"全面推进"三大强州战略"［N］．凉山日报（汉），05-15（001）．

于险峰，张仁军，2024．因特而胜以产兴农［N］．农民日报，10-31（001）．

张锐，2024．农业产业化促进农村一二三产业融合发展的机理与模式［J］．中国农村科技（9）：25-28．

赵欢，2024．"绿水青山就是金山银山"理念引领美丽乡村建设路径探析［J］．今日财富（26）：5-7．

第五章 坚持"一核多元"协同治理

坚持"一核多元"协同治理模式是以党组织为核心，通过选优配强村"两委"班子，充分发挥党组织在基层治理中的引领作用。同时，通过制度嵌入、组织嵌入、资源嵌入和观念嵌入等方式，精准制定帮扶计划并切实落实帮扶措施，推动多元主体共同参与基层治理，形成共建共治共享的治理格局，提升基层治理效能和群众满意度。该模式充分激发社会各方的参与积极性，增强群众的主体意识和获得感，促进社会和谐稳定。同时，它推动治理方式从传统向现代化转型，优化资源配置，提升公共服务水平，为基层治理现代化提供重要路径。

双轨并进，坚守振兴
——四川省凉山彝族自治州会东县姜州镇移民新村
脱贫振兴的实践分析

一、引言

习近平总书记强调，"脱贫攻坚取得胜利后，要全面推进乡村振兴，这是'三农'工作重心的历史性转移""要坚决守住脱贫攻坚成果，做好巩固拓展脱贫攻坚成果同乡村振兴有效衔接"。打赢脱贫攻坚战后，巩固拓展脱贫攻坚成果、不发生规模性返贫，这是习近平总书记和党中央关心关注的一件大事，也是各级各部门必须扛起的政治责任。

在消除绝对贫困的进程中，部分区域面临"一方水土养不好一方人"的困境，国家提出易地扶贫搬迁的重要举措，该举措旨在通过将生活在自然条件恶劣、生态环境脆弱、基础设施落后地区的贫困人口搬迁到适宜发展的区域，从根本上改善其生存和发展条件。易地搬迁"挪穷窝、换穷业、拔穷根"，帮助贫困人口摆脱地理环境束缚，实现可持续发展。自该政策实施以来，全国累计搬迁贫困人口约960万人，搬迁群众人均纯收入从2016年的不足3 000元增长到2020年的10 000元以上，彻底摆脱了"环境性贫困"，同时也促进了区域协调发展、生态保护和修复、社会公平、奠定了乡村振兴的基础。统筹做好有效衔接各项工作，让易地搬迁群众能够真正地"搬得出、稳得住、能发展、共致富"，不断推进乡村全面振兴，让脱贫地区和脱贫群众在乡村振兴道路上不掉队，确保退出的贫困村、脱贫户脱贫质量持续巩固，薄弱村、贫困村均衡发展。

凉山彝族自治州深入贯彻落实党的十九届五中全会精神和习近平总书记重要指示批示

精神，全力推动巩固拓展脱贫攻坚成果同乡村振兴有效衔接。凉山州将"易地搬迁"作为核心举措，2016—2020 年凉山州累计完成易地扶贫搬迁 35.32 万人（占四川省总搬迁量的 40％以上），其中深度贫困县占多数。搬迁群众实现了"两不愁三保障"，通过易地搬迁，率先使一批群众脱贫，打破了"就地扶贫"的高成本与低效率，搬出大凉山阻断了贫困的代际传递，增强了社会凝聚力和民族团结，促进彝族等少数民族群众与外界交流，巩固边疆民族地区社会稳定。如今，全面推进乡村振兴的号角已经吹响，紧紧围绕着移民安置区美、移民富的目标，广大搬迁安置工作者和移民群众正在描绘一幅全新的美丽库区画卷。本研究聚焦于四川省凉山彝族自治州会东县姜州镇移民安置点，将从以下三个方面展开研究：一是探索如何强化党组织建设在实现乡村振兴中的引领作用；二是如何加快发展特色产业让搬迁群众真正富起来；三是如何通过开发当地特色文旅资源，让凉州乡村"火"起来。

二、案例呈现

（一）姜州镇概况

姜州镇，地理位置处于会理、会东县城中间位置。镇政府驻地，距会东县城 21 千米。姜州镇由姜州、中心、小坝三乡合并而来，面积 216.04 千米^2，辖 26 个行政村及 1 个街社区居委会，人口 8 661 户 32 493 人。姜州镇紧邻国道 G353，宜攀高速纵贯姜州镇境内，会（理）葫（芦口）公路横贯境内，另有姜（州）香（炉山）矿山公路，交通条件十分便捷，更成为连接内外、促进发展的经济命脉。境内大部分地区属河谷平坝，主要以农业生产为主。

（二）姜州镇移民安置点概况

姜州镇移民安置点所在的会东县是"一县挑两站"的金沙江水电移民大县，境内有乌东德、白鹤滩两个水电站。按照乌东德移民搬迁安置规划，会东县将建设 6 个移民安置点（鲹鱼河镇小岔河安置小区、鲹鱼河镇鱼山居民点、鲹鱼河镇官发居民点、姜州镇姜州新村安置点、小坝乡小坝新村居民点以及大崇镇四家村居民点）。

姜州镇移民安置点地处姜州村一组，紧邻镇区和 G353 国道，距在建的宜攀高速出口 2千米、规划机场 10 千米，区位交通优势突出。该社区由原铁柳镇三村移民为支持乌东德水电站建设迁入，与原村委会合并管理，形成"镇—村—社"三级模式。规划用地 960 亩、投资 4 009.8 万元，现辖 5 个居民小组 153 户 702 人（含 15 名党员、7 名社区干部）。社区秉持"群众无小事"理念，聚焦居民需求，统筹推进基层治理与服务（图 5-1、图 5-2）。

（三）姜州镇移民安置的主要举措

1. 基层党组织积极沟通，解决群众"不愿搬"的难题

移民安置工作面临诸多挑战，情况错综复杂，执行难度颇高。这一系列问题的解决，离不开广大基层党员干部的辛勤付出与无私奉献。在姜州镇移民搬迁安置的进程中，就遭遇了群众不愿搬、不想搬，搬迁后难以融入新环境等诸多难题。若这些问题不能得到解决，后续工作将无法顺利推进。

图 5-1 调研组与姜州镇移民社区居民交流

图 5-2 调研组在姜州镇移民社区居民家中调研

调研过程中，姜州镇移民社区张书记坦言，要克服上述困难，必须由基层党员干部深入群众家中，通过上门入户的方式与老百姓面对面沟通交流，做好移民群众的思想疏导工作。在入户走访中，部分不愿搬迁的群众反映，新安置点距离原居住地较远，有 30 千米之遥，且群众担心离开熟悉的环境，难以融入由其他三个村村民组成的新社区。由于地理位置的隔阂，这三个村子在历史上少有交集，群众担心无法适应新的生活环境和社会关系，也就难以安心生活。

为破解群众不愿搬、不想搬的难题，张书记带领其他基层干部逐户走访、上门沟通，耐心向群众宣讲搬迁政策，介绍新的生活环境。同时，姜州镇政府及移民管理局的相关基层人员也协同作战，反复为老百姓分析搬迁的优势和便利性。他们告诉村民，搬迁后交通更加便利，以往需要走 4 小时山路才能到达的镇中心卫生医院，现在仅需 10 分钟即可到达。此外，新的安置点在教育、医疗、就业以及公共基础服务等方面都具备显著优势。安置点不仅通水通电通网，还设有 10 个垃圾回收点和 45 个垃圾桶，垃圾被统一送往垃圾发电站处理。安置点内道路整洁美观，环境优美宜人，村容村貌清洁美观，焕然一新。

由此可见，在基层党组织的不懈努力下，原本不愿搬迁的群众逐渐改变了看法，最终全部顺利如期搬迁至安置点，从此，踏上了奔向美好生活的新征程。

2. 聚焦群众日常，开展移风易俗治理工作

为不断提升安置点的"凝聚力""驱动力""内生力"，安置点党组织通过广泛收集并研判群众在移风易俗方面反映强烈的问题和线索，扎实开展高价彩礼、大操大办等重点领域突出问题专项治理，形成以组织建设为保障，以宣传引导为抓手，以整治查办为重点，以基层自治为核心的工作特点。

2022 年，凉山州出台《凉山彝族自治州移风易俗条例》，为基层干部在移风易俗工作上提供了明确的抓手和依据。张书记介绍说，在条例出台前，移民老家的红事、白事以及老人的"满十酒"（即 60、70、80 岁的寿宴），按习俗必须大摆筵席，场面越大越能彰显自己的家庭的社会地位，花销极大且浪费严重，对脱贫工作的开展造成了深刻影响。但条例出台后，严格规定只允许红事、白事举办酒席，其他酒席一律不予审批，更不准办理。办酒席需上报审批，并按照规定的桌数办理。对于彩礼也做出硬性规定，不允许超过 10 万，鼓励选择吉利数字如 6 万 8 千元、9 万 8 千元等，有效遏制了高价彩礼的现象。

为此，党员干部深入基层，开展了家庭家教家风等各类主题实践活动 100 余场次，"三入"宣讲 500 余场次，发放了大量宣传资料，并签订了 5 万余份移风易俗承诺书。同时，张贴了 2 万余份移风易俗举报二维码和举报电话，评选出了县级移风易俗示范乡镇（街道）4 个、示范村（社区）20 个、示范农户 300 个，以及县级"好家规、好家训"10 条、"好家风故事"11 个。通过积极引导广大群众自觉摒弃大操大办、索要高价彩礼等陈规陋习，全力推动城乡逐步形成新时代乡风文明的新风尚。

3. 建设宜居宜业和美乡村安置点，群众搬迁入住新房子新环境

水电站建设的核心挑战在于妥善解决移民搬迁安置问题，其中，确保群众顺利搬迁入住成为关键所在。乌东德水电站姜州移民安置点——姜州镇移民新村，已成功安置了 153 户乌东德水电站移民。进入姜州镇的移民安置点时，调研组看到的是一排排新房子，彰显着移民安置点焕然一新的风貌。为了激励搬迁安置工作的顺利进行，当地政府出台相应的奖励政策，在规定时限内主动搬迁至安置点的家庭，每人可获得 2 000 元的经济奖励，截至调研组调研时，该政策已全面落实到位。搬迁之后，从外部环境到内部发展，姜州移民安置区正加速向乡村振兴的目标迈进。

谈及安置点建房资金的分配问题，张书记提到，虽然政府财政提供了一定支持，但大部分费用仍需由移民个人承担。他解释道："2016 年调查显示，搬迁安置政策中政府按建筑结构提供补贴，即砖混房 100 元/米^2、钢架房 200 元/米^2。宅基地分配标准为：3 人及以下户型 90 米^2（建筑面积 158 米^2）、4 人户型 120 米^2（建筑面积 206 米^2）、5 人及以上户型 150 米^2（建筑面积 266 米^2）。张书记介绍，政府负责建房主体，移民需自行承担装修费用，其中 3 人户型约 21 万元、4 人户型 29 万元、5 人户型 32 万元左右。"为方便群众就医，社区在党群服务中心内设立了便民卫生室。此外，由于社区距离姜州镇较近，移民子女的教育均在镇中心学校完成，这既是对教育资源的合理利用，也确保了孩子们能够接受更高质量的教育。

调研过程中，调研组有幸走进一位搬迁村民新居进行参观。这位村民安居在一座三层"小洋楼"中，女主人热情地向调研组介绍道："搬迁到这里真好，新社区交通便利，购物便捷，孩子们的教育条件也大大改善。家里的大孩子高中毕业后在成都工作，小的在会东县城念初中。就医也很方便，去镇卫生院不再像过去那般艰难。家庭收入主要靠孩子父亲开大车跑物流，而我则在分配的土地上种植玉米。搬来这里后，我们的生活真是越过越好。这一切都离不开党的好政策，我们内心充满了对党和政府的感激。"与这位村民家一样，为支援水电建设而搬迁的 153 户村民均已乔迁至姜州安置区内一座座美丽的"小洋楼"里。回忆起家乡的老房子，张书记说："以前我们住的都是土坯房，每逢雨季便漏水，居住条件十分艰苦。现在，我对新家园最满意的就是水电设施。"在党群服务中心一层，设有医务室和农家书屋。张书记每天都会在书屋值班，他提到，来这里看书借书的大多是村里的养殖户来学习养殖知识，还有务工人员希望通过阅读提升职业技能，增强竞争力以谋取更好的收入。安置点的建设充分考虑了村民的生产生活需求，旨在为搬迁居民营造一个优质的生活和生产环境。

4. 搬得出，稳得住，更要能发展

产业扶贫致力于解决农业发展问题，解决城乡之间发展不平衡不协调问题，从社会的主要矛盾来讲是解决人民日益增长的美好生活需要和不平衡不充分的发展之间的矛盾问题。新村建设在改善社区环境保障移民安居的同时，着力培育产业经济，通过增强内生动力推动脱贫成果同乡村振兴有效衔接，实现可持续发展。

安置点配备了约600亩土地资源，其中，部分村民虽种植辣椒，但规模有限且缺乏统一性。相比之下，大规模的辣椒种植基地则坐落于姜州镇上。鉴于安置点紧邻镇中心，每年均有大量劳动力选择在附近的辣椒基地务工。社区内部流转的200余亩土地主要种植玉米和烤烟。剩余的400余亩土地则由移民个人耕种，人均耕地面积为0.87亩。由于这些土地多为山地，水源条件受限，土壤质量亦非上乘，因此主要适宜种植适应性强的粮食作物，如玉米。得益于村民对玉米种植技术的熟练掌握，群众在新社区能够迅速开展农业生产活动。为激发乡村的内生动力，确保群众能够稳得住、能发展，姜州移民新村计划从仅距安置点6千米的立岩水库建设一座太阳能小型提水电站。该提水站将水引入安置点，从而确保土地耕种拥有稳定的水源。该项工程建成后，耕地的水利条件将得到显著改善。在此基础上，村委会计划在安置点内建设蔬菜大棚，用于种植蔬菜等经济作物。此外，安置点距离高速公路入口仅1千米，交通条件极为便利，为蔬菜的快速运输提供了有力保障。

除种植业外，在村庄后的山丘上，姜州移民新村还建起一座小型养猪场，村民们将其称为"集中养殖场"。由政府投资500万元建设，推行"人畜分离、集中养殖"模式。每户分配6米^{2}养殖间（可养4~6头猪），社区153户中已有100余户参与，其中十余户规模化养殖达七八十头，多数保持十余头规模。依托政府支持与村民勤劳，新村正通过产业多元化加速实现小康目标。

为实现群众的长久致富目标，会东县坚持高标准规划移民新村，因地制宜地发展特色产业，大力推动乡村的全面振兴。以姜州新村为例，这里不仅规划了蔬菜大棚等产业的发展，还借助姜州古镇的打造，积极发展乡村旅游，不断为村民们拓宽收入来源。针对部分缺乏劳动力的农户，当地政府积极引入产业龙头企业，通过土地流转的方式，使村民们获得稳定的收入。

在调研过程中，张书记说："我们计划在水利条件得到妥善配置后，将土地统一流转给种植大户进行规模化经营，这样村民们就可以到种植大户那里打工赚钱。"他进一步解释道："土地的适度规模经营不仅效益高、管理方便，还适合机械化作业的开展，从而有效提高生产效率并节约成本。目前，我们村里已有20多个大棚流转给了种植大户，主要种植番茄、白菜、茄子、海辣椒等经济作物。只要这种经营模式能够带来经济效益，我们就计划将全村的土地都进行流转，让村民们通过土地租金获得比单纯种植玉米等作物更高的收益"（图5-3、图5-4）。

图5-3　调研组与移民社区张书记调研访谈

图5-4　调研组到姜州镇移民社区党群服务中心调研

三、案例分析

（一）强化党建引领，提升移民安置治理质效

乡村振兴离不开党建引领，抓好农村基层党建工作，既是党的建设新的伟大工程的重要任务，也是推动乡村振兴的核心引擎。

姜州村党委积极践行"一帮到底"的服务理念，提供全程结对帮扶。在调研中，安置点的移民对搬迁后的新生活深感满意。在建设安置点之初，村委会党员干部深入群众，实地摸排调查居民需求，将群众的需求和真实心声逐级上报。上级负责移民工作的党员干部认真倾听群众意见，采纳合理建议，按照群众需求进行安置点建设，全心全意推进移民易地搬迁安置工作。起初，部分群众对搬迁持犹豫态度。为确保易地搬迁工作一个老乡也不能少，县委、镇移民专干、村委会党员包户工作人员多次深入群众家中，耐心讲解搬迁的利弊，给予群众坚定的信心。最终，在姜州安置点，153户均顺利搬入新居。为更好地服务移民搬迁安置群众，会东县成立了县级移民搬迁安置指挥部，并配套制定了政策研究、项目建设、信访维稳、宣传引导、党建助推、纪律作风、后勤保障7个工作方案，形成了"1+7"工作体系，犹如人体的大脑，依托6个迁入乡镇、18个安置点，成立了24个临时党组织，专注于解决征地、建房、生产用地筹措等难题。借助"城乡党建结对共建"模式，拓展了脱贫攻坚"五个一"帮扶模式，10名县领导挂点联系18个安置点，在26个重点村选派第一书记，66家部门结对联系8700余户移民户，从搬迁动员到后期发展"一对一"服务。基层村干部如同移民工作的器官，共同构建了县、镇、村（社）三级移民搬迁安置工作机制和体系。这一体系确保了上级关于移民工作的安排和政策部署能够迅速传达至基层群众，同时，群众对移民工作中遇到的问题或政策执行的反馈也能直接上传至县委移民工作指挥部，实现了上下联动，确保了移民工作的有效开展。

为健全组织管理模式，会东县成立了姜州安置点党支部，并在安置点的治理工作中坚持将组织管理与群众自治相结合，确保了各项工作的规范有序开展。姜州安置点积极组织党员群众参与到安置点的治理中，得到了其他群众的广泛配合与支持，并顺利融入新家。同时，会东县将水电移民集中安置点的组织体系建设纳入了村级建制调整改革的整体布局中，调整后不仅强化了党支部的作用，还在村委会下增设了社长一职，作为对村两委工作的进一步延伸。姜州安置点探索建立了以党组织为核心，涵盖党员之家、红白理事会、纠纷调解室、政策咨询站及便民服务中心的"1＋5"工作模式，并下派了1名第一书记来指导基层治理工作。安置点所在村实现了的"一肩挑"，有8名移民党员群众进入了"两委"班子，并且安置点每年都会发展一名年轻、有知识、有文化的新党员加入工作班子，为乡村的全面振兴储备优秀的干部人才。此外，安置点按月召开党建月会和联席会议，引领各类组织参与安置点的建设、管理和服务工作，实现了党建共商、事务共管、难题共解的协同治理模式。

乡村振兴战略是新时代做好"三农"工作的总抓手，其核心在于激活乡村内生发展动力，作为乡村社会的主体力量，农民既是乡村振兴的实践者，也是成果的共享者。乡村振兴工作的复杂性和任务的艰巨性，这决定了乡村振兴参与力量的多元化。为健全群众自治模式，姜州安置点将三个村的村民划分为5个居民小组，并选配了5名移民党员和群众担任小组长。同时，成立环境卫生、矛盾调解、红白理事、文明乡风4个志愿服务小组，有16名党员定岗定责，并邀请13名有威望、热心公共事务的群众参与到安置点的管理工作中。他们定期入户开展政策宣传、民意收集、医疗就学摸底等工作，实现了安置群众的自我管理、自我服务和自我监督。

同时，安置点通过定期召开村干部会议，让党员干部学习最新的国家政策和会议精神，之后按照"县镇村（社）"三级模式，将最新的工作部署和有关精神层层传达到每一位村民。此外，姜州移民安置点创新了"智慧＋"服务管理模式，充分利用现代网络信息技术。每个村社都建立了一个微信群，用于发布相关政策和工作情况，确保政务的公开透明。社区还设置了"书记信箱"，实时收集社情民意，推动党员干部与移民群众实现"点对点"的零距离沟通服务。

（二）加快发展支柱产业，注重特色产业培育

产业扶贫作为政府进行贫困治理的有效策略，其逻辑在于通过政策扶持的方式培育乡村产业带动贫困户有效脱贫。姜州镇坚持党建引领，聚焦三类地开发利用、土地整理等重点工作任务，以党支部领办合作社为抓手，积极打造富民产业，壮大集体经济，做好村庄融合发展的新篇章，带动群众增收致富，为乡村振兴注入强劲动力。产业兴旺是乡村振兴的基础，姜州镇紧紧围绕特色产业种植，积极引进新品种、新技术、新产业，种植石榴50 000余亩，建设5 000余亩蓝莓产业园区，着力打造美丽乡村示范样板，带动辖区群众家门口增收致富。姜州移民安置点距离姜州镇中心仅有1千米，位于姜州镇经济增长的辐射带动区内。在发展过程中，该安置点能够就近为村民提供就业机会，增加其收入。加之交通便利，安置点内村民充分利用地理位置优势，就近进入姜州镇经商或去镇上的蓝莓、辣椒等特色产业园中务工。全安置点共有700余名居民，其中近半数人口外出务工，进一

步拓宽了增收渠道。

姜州镇的螺丝椒特色产业种植基地目前种植出来的头茬辣椒销路稳定，价格可观，二茬辣椒主要销往各大批发市场。姜州镇之所以选择将螺丝辣椒作为特色产业进行重点打造，是因为辣椒种植属于劳动密集型产业，从最初的育苗移栽到中后期的管理及采摘，均需要大量劳动力投入。这种大规模、劳动密集型的种植模式为安置点内的搬迁群众提供了更多就业机会，并带来了相对稳定的收入。随着辣椒产业的蓬勃发展，辣椒种植面积不断扩大、产量日益提升，需要工人的数量也随之增加。这不仅为种植户带来了可观的经济收益，更为当地群众开辟了一条增收的新途径。据统计，在辣椒基地务工的人员，每日可获得130元的收入。此外，安置点周边还分布有蓝莓、石榴等种植基地。会东县作为中国石榴之乡，种植面积大，种植技术优质，种植经验丰富。安置点上的村民去石榴基地务工，主要从事石榴的人工采摘和运输工作，平均工资每人每天约300～400元。这些种植基地从育苗、种植、管理到采收全过程，均需要大量务工人员参与，为安置点的村组留守妇女、老人提供了宝贵的就业机会。目前，上述种植基地已累计带动周边村组近千人实现务工增收。

（三）加快特色文旅产业发展，促进乡村振兴

姜州移民安置点用活用好浙江"千万工程"经验，与安置点实际结合起来，在人居环境整治、和美乡村建设方面持续发力。良好的生态环境是乡村的最大优势和宝贵财富。曾经，姜州安置点居民未搬出大山时，由于缺乏环保意识和科学规划，那时人们的生活习惯是垃圾随意丢弃、污水肆意排放，日常居住在脏乱差的环境之中。如今，易地搬迁后，加快农村人居环境综合治理工作，把建设宜居宜业的和美乡村作为实现乡村振兴的重点工作。把安置点居住环境治理好、保护好，让群众生活在一个优美的环境中，让乡村的天更蓝、山更绿、水更清。更为重要的是，通过建设生态宜居的美丽乡村，不仅能为乡村居民提供舒适的生活环境，还能吸引更多的人才和资源回流乡村，为乡村发展注入新的活力。

文化传承有序是目的，乡村文旅产业是文化和旅游产业深度融合的新兴产业，也是乡村文化旅游事业的重要组成部分，是实施乡村振兴战略的重要力量，在加快推进农业农村现代化、城乡融合发展、贫困地区脱贫攻坚等方面发挥着重要作用。姜州安置点作为支援乌东德水电站建设的易地搬迁安置村落之一，拥有独特的资源禀赋。通过建立水电移民历史展览室，生动展现水电移民的历程及其深远意义，为公众提供了宝贵的学习与参观平台。然而，要最大化其潜力，还需获得更为广泛的政策扶持，并结合各县乡特色，精心打造具有鲜明地域特征的乡村文旅品牌，将特色文旅资源转化为文旅资本，从而更有效地推进乡村振兴。坐落于凉山彝族自治州会东县姜州镇的姜州安置点，拥有得天独厚的条件去挖掘彝族文化的独特魅力，开发专属社区的彝族文化旅游项目。这需要充分利用姜州移民社区的经济优势与地理位置，强化乡村旅游与乡村振兴之间的协同效应，实现两者之间的良性互动与共同发展。联动地方政府挖掘少数民族文化资源，优化县域资源配置，实现文旅、经济融合共进。

四、案例讨论：经验总结与规律探索

（一）强化乡村基层党组织建设，打造乡村振兴"桥头堡"

乡村振兴，党建引领是根本。乡村基层党组织是党在农村全部工作和战斗力的基础，是乡村振兴的"主心骨"，在新时期，要继续推进乡村治理体系和治理能力现代化，为有效衔接乡村振兴提供切实保障。新时代背景下，通过开展形式多样的学习教育活动，提高党员干部的政治素质和思想觉悟，使其在乡村振兴中始终保持正确的方向，带领广大农民群众坚定不移地走中国特色社会主义乡村振兴道路。坚持党建引领，积极推动党建与乡村振兴深度融合，培育党建主心骨，在基层班子队伍建设上下足功夫，优化队伍结构，对致富带动力不强、组织动员力弱的村党组织书记进行及时补课充电，全面提升农村基层党组织的整体能力，努力走出一条聚力量、富群众、添动力的党建引领乡村振兴新路径。

会东县坚持以基层党建为引领、依托新时代文明实践为主阵地，完善"党建引领＋移风易俗＋群众自治"工作模式，不断提升移风易俗凝聚力、驱动力和内生力，积极发挥党员引领示范作用，成立移民安置点党群服务中心 18 个，配套基层治理经费和安置点集体经济扶持资金 3 607 万元，保障移民后续发展，6 个安置点道路、电力、给排水、公共服务设施、通信及广播电视等基础设施建设全面完成并投入使用，后期扶持项目正按规划推进实施，针对移民群众提出的问题，当地党委也正积极协调。通过优化体制机制、聚焦群众需求、创新服务载体、宣传示范带动等方式，以系统思维着力构建"乡不漏村、村不漏组、组不漏户、横向到边、纵向到底"的乡村善治共同体。

（二）突破贫困枷锁，发展特色产业才是出路

乡村振兴战略是新时代"三农"工作的总抓手。乡村振兴战略有效巩固了脱贫攻坚成果，扮靓了人居环境，致富产业如雨后春笋般苗壮成长，会东城乡发生了翻天覆地的变化。

产业振兴是乡村振兴战略的核心驱动力。姜州镇，作为一个历史悠久的农业重镇，拥有丰富的农副产品资源，如石榴、蓝莓、辣椒等经济作物，具备转化为显著经济效益的潜力。关键在于，如何让丰富资源优势变成产业优势，进而带动当地群众实现增收致富。精准定位特色产业，并准确把握产业发展方向，是破解政府与农户之间脱节难题的关键所在。在产业甄选过程中，面对贫困地区普遍存在的产业基础薄弱和技术瓶颈问题，姜州镇坚持从实际出发，精选那些具有地域特色、农民技术基础扎实且市场前景广阔的产业方向。尽可能构建起完整的产业体系，考虑好产业的纵向延伸和横向发展，为扶贫产业的持续发展做好基础。姜州移民安置点，因其毗邻镇中心的优越地理位置，自然成为姜州镇产业发展的理想舞台。

姜州镇的实践智慧在于，秉持"多元化产业融合发展"的战略导向，推动产业集群化布局，精心培育了烤烟、石榴、蓝莓、青花椒、核桃、华山松等一系列特色产业。其中，石榴产业尤为突出，种植面积已扩大至 2.05 万亩，预计产值可达 1.312 亿元，不仅成为镇上的支柱产业，更吸纳了大量安置点内女性劳动力，助力她们在家门口实现就业增收。

此外，姜州镇还积极拓展蓝莓、蜜桃等特色水果种植，通过政策激励、专业培训和技术指导，全方位提升农产品的品质与市场竞争力。在探索粮经复合套种模式上，姜州镇创新实施了"石榴＋"策略，即在石榴林下套种旱稻等粮油作物，这一举措不仅有效提高了土地利用效率，还显著增加了农户的经济收益，加速了农业机械化的步伐。姜州镇致力于打造特色产业品牌，不断提升产业的质量与效益，以期发挥更大的经济、社会与生态效益。同时，紧跟时代潮流，大力发展电子商务，利用电商平台拓宽特色农产品的销售渠道。电商的蓬勃兴起，不仅削减了中间环节，让农民直接受益，还极大提升了农产品的品牌影响力和市场竞争力。

（三）推动文旅融合，促进乡村振兴

在社会主要矛盾变化、社会经济发展转型以及国民旅游需求转变的背景下，乡村价值被广泛关注重视，乡村文旅融合作为推动乡村转型与振兴的重要方向得到快速发展。文旅融合发展，不仅旨在重新激活并提升农村闲置资源的价值，实现资源的优化配置与高效利用；而且通过构建循环互动机制，有效促进了乡村旅游产品的输出与城镇优质资源的"逆向流动"，即向乡村的渗透与融合。在文化旅游与乡村旅游深度融合的引领下，农村地区的资源流动速度将显著加快，发展活力与强度亦将大幅增强。具体而言，乡村文旅融合是以旅游产业为核心，巧妙融合传统农业、手工艺、农产品加工以及现代服务业等多领域、多行业，形成协同共生的发展新格局。乡村旅游的融合对于农村产业的革新与发展有如下影响：第一，推动旅游产业的整合，整合农村产业发展的各种因素，将已有的产业资源进行整合和改造，使其与旅游深度结合。第二，实现产业的转型，乡村文旅融合发展推动了农村产业从一种产业到多种产业的转变，从以传统农业为主到以非农产业为主，从生产性产业为主到多功能产业并存发展。

五、结论与政策建议

通过以上分析，本研究结论如下：

第一，党建引领基层治理的质效。以高质量基层治理促进乡村走向振兴。

第二，发展特色产业。以特色产业为支柱盘活劳动力、土地、资本和科技等要素，要素盘活后形成产业、文化、生态、社会和治理的结构适配，从而更好地带领群众走向致富的新天地。

第三，要坚决巩固拓展脱贫攻坚成果，确保不发生规模性返贫，压实各级责任党政同责，同时脱贫攻坚任务完成后要接力奋进加快做好与乡村振兴的有效衔接问题。

立足以上研究结论，在乡村振兴阶段，为促进巩固拓展脱贫攻坚成果同乡村振兴有效衔接，应进一步做好如下工作：

第一，通过强化党建引领作用做好基层治理。基层治理是国家治理的基石，推进乡村治理体系和治理能力的现代化，就是夯实乡村振兴的基层治理基础。党建必须坚持底线思维防止规模性返贫，健全以"三农"大数据平台为依托的信息化监测体系，通过该体系监测对象分类落实帮扶措施，坚决守住不发生规模性返贫底线。在党的政策引领下，深入推

进定点帮扶和"万企兴万村"行动，东西部协作模式。深化分配机制，兜底兜牢低收入群体民生保障。以财政转移支付为主，充分保障低收入群体特别是特殊群体的生活保障，通过惠民惠农财政补贴帮助困难群众，通过多举措实现脱贫群众收入增长。

第二，注重乡村人才振兴工作。易地扶贫搬迁是一个系统工程，在这个系统过程中需要解决"愿意搬—搬得出—稳得住—能致富—好融入—有保障—协同化"等问题，而解决这些问题的核心是人才。为此，地方政府作为区域政策体系的主要制定者，应加快制定并发布相关人才培养及人才引进政策和有关规定，并明确各项人才政策的施用范围以达到吸引不同层次人才的目的。为实现乡村振兴战略，必须提高对"三农"青年人才的主体地位和重视程度，协调各部门利益，充分整合各部门的资源要素，突破行政壁垒以促进政策协同，进而实现政策效果最优化，以吸引更多的外部人才。在吸引外部人才的同时，也应加快培育乡村内部的人才资源，加强对搬迁群众自身素质的培养，尤其是职业技能培训，结合村民的兴趣以及他们自身原有的技能、经验等，为其量身定制个性化的职业技能培训方案。支持搬迁群众从事商贸、餐饮、家政以及民族手工业，增强自我发展能力，同时对自主创业的村民提供免费的创业指导或者银行提供一定的小额免息贷款，帮助搬迁群众增收致富。

参考文献

阿力只发，2024. 党建引领脱贫攻坚有效衔接乡村振兴实践路径研究：以四川省凉山彝族自治州为例 [J].乡村论丛（2）：54-61.

白永秀，宋丽婷，2023. 易地扶贫搬迁安置区从脱贫攻坚到乡村振兴有效衔接的政策创新 [J]. 西北大学学报（哲学社会科学版）（1）：23-35.

曹怡沛，2023. 相对贫困地区驻村干部胜任力对当地产业发展的影响研究 [D]. 成都：四川农业大学.

陈珂，2020. 四川会东：让移民群众搬得出、稳得住、能发展 [J]. 中国报道（10）：100.

陈星仪，2022. 巩固拓展凉山脱贫攻坚成果同乡村振兴有效衔接的路径探讨 [J]. 乡村论丛（2）：100-109.

方向萍，王华春，陈旭，2022. 搬得出稳得住能发展会致富 [N]. 云南法制报，09-19（004）.

会宣，2021. 四川会东：山清水秀、业兴财旺促乡村振兴 [J]. 中国报道（10）：75.

蒋卓晔，2018. 乡村振兴，人才是关键 [J]. 人民论坛（19）：62-63.

李雨殊，2023. 凉山彝区乡村治理现状、问题及对策研究 [D]. 成都：四川农业大学.

凉山州决策咨询委员会课题组，2022. 巩固拓展脱贫攻坚成果同乡村振兴有效衔接的思考 [J]. 决策咨询（2）：18-20.

刘宇翔，尹金华，2021. 凉山彝族自治州乡村振兴与文旅产业耦合关联度及演化分析 [J]. 农业展望（8）：113-119.

吴春来，2021. 产业扶贫与产业振兴有效衔接初探 [J]. 西南民族大学学报（人文社会科学版）（12）：180-189.

夏银平，汪勇，2021. 以农村基层党建引领乡村振兴：内生逻辑与提升路径 [J]. 理论视野（8）：80-85.

肖顺畅，2021. 四川凉山会东县：幸福生活在前方［J］. 中国报道（3）：104.

尹业兴，熊昕若，2022. 地方政府推进脱贫攻坚与乡村振兴有效衔接的政策供给特征：基于四川省的实证［J］. 统计与决策（11）：21-25.

周永伟，李彦霖，2023. 新时代农村基层党建引领乡村振兴：价值意蕴、现实困境与实践进路［J］. 宁夏社会科学（2）：66-73.

"驻"进心里、"帮"出成效
——记甘肃省甘南藏族自治州合作市那吾镇麻岗村第一书记华丹多吉

一、引言

贫困问题不仅关乎个体福祉，更关系到国家整体发展和社会稳定。反贫困自古以来便是治国理政的核心议题之一，无论国内还是国外，都深受重视。党的十八大以来，党中央以实施综合性扶贫策略回应了发展中国家扶贫问题的复杂性和艰巨性等世界性难题，为此出台了一系列超常规、原创性、独特性的制度政策。2015 年 4 月，中共中央组织部等多部门联合印发《关于做好选派机关优秀干部到村任第一书记工作的通知》，从全国层面部署推动选派第一书记工作。习近平总书记以新时代中国乡村面临的实际问题为出发点，提出继承和发扬干部和群众同吃、同住、同劳动的群众工作优良传统，选派一批思想好、作风正、能力强的优秀年轻干部和高校毕业生到贫困村工作，确保各项强农、惠农、富农政策更好地落实到贫困村和贫困户。驻村第一书记制度也为打赢脱贫攻坚战提供了坚强的政治保证。

从脱贫攻坚战的实际成效来看，第一书记驻村扶贫在基础设施、基层党建、产业发展、为民服务及乡村治理等方面都做出了重要贡献，尤其是在解决了贫困群众的基本生存问题上发挥了重要作用。然而，在取得这些成绩的同时，我们也必须正视在实践过程中出现的治理困境。由于第一书记作为外来力量置身于复杂的乡村治理结构之中，可能产生权责不匹配、重形式轻内容、难以有效提升农村内生发展动力等治理困境，导致这一制度在改善党的领导、优化资源配置等方面的独特优势未能得到最大限度发挥，尤其是在"三区三州"深度贫困地区更加突出。因此，需要对这一问题进行深入思考，寻找更为有效的解决方案，以确保驻村第一书记制度能够更好地服务于"三区三州"的长远发展，为乡村振兴阶段进一步发挥好驻村第一书记的作用提供经验借鉴。

本研究基于嵌入性理论，以甘肃省甘南藏族自治州合作市那吾镇麻岗村驻村第一书记华丹多吉为研究对象，通过分析脱贫攻坚阶段华丹多吉的工作情况，深入分析并总结成功经验，为乡村振兴阶段民族地区驻村第一书记制度的完善及其作用发挥提供经验借鉴。本研究将从以下三个方面展开：一是研究驻村第一书记如何改善党的领导，实现党建引领基层治理能力提升；二是驻村第一书记如何以外力嵌入激活贫困村的内生动力；三是研究驻村第一书记帮助贫困村脱贫致富的实践路径。

二、案例描述

麻岗村位于海拔 3 000 米的甘南高原，自然环境恶劣，生活条件艰苦，距合作市城区 5 千米，全村共有 75 户 493 人，是合作市典型的半农半牧区，当地农牧民主要依靠养殖业和劳务输转作为主要经济收入来源，其中养殖业收入占比最高，达到 40%，劳务输出收入占比为 30%，种植业收入占比为 20%，国家政策性收入占比为 10%。由于当地农牧民的思想保守、观念落后，加上基础设施落后且地质灾害严重，导致农作物种植成本高昂，产量有限，如青稞每亩成本达 160 元，但平均亩产仅 200 多斤。同时，受草畜平衡政策制约，牛羊养殖规模受限，每户仅可养殖羊 5 头、牛 2 头，致使村民年年入不敷出，麻岗村也成为远近闻名的贫困村。2013 年通过农户申请、摸底调查、民主测评、村民评议、公示公告，确定建档立卡贫困户 32 户共 213 人，贫困面为 41.6%，被认定为省级深度贫困村。

华丹多吉，藏族，甘肃民族师范学院教师，2017 年 9 月作为第一书记入驻那吾镇麻岗村，身兼第一书记与驻村帮扶工作队队长双重职务。上任伊始，华丹多吉随即对麻岗村展开了深入且全面的调研工作。通过实地考察与村民访谈，华丹多吉对村里的自然环境、经济社会状况以及村民的生活困境有了清晰的认识。

调研结果显示，麻岗村面临多重发展困境。一是传统落后的生产方式和生活方式限制了麻岗村的经济发展。尽管麻岗村成立了养殖农民专业合作社，但由于养殖规模有限、草畜平衡问题以及养殖技术落后，该产业并未形成规模效应，无法有效带动村民增收。同时，大部分劳动力被束缚于放牧等传统生产方式中，缺乏多元化的收入来源，导致经济增收渠道狭窄。二是自然环境恶劣，发展资源匮乏也是麻岗村贫困的重要根源。麻岗村位于海拔 3 000 米的甘南高原，自然环境恶劣，生活条件艰苦。由于种植条件恶劣，亩产极低（平均亩产 200 多斤），村民生活长期处于贫困状态。三是基层党组织老龄化和领导力不足也是导致麻岗村贫困的重要因素。村党委成员普遍年龄偏大，老龄化严重，且多数成员接受新鲜事物和理解政策的能力有限。这导致领导班子缺乏战斗力和凝聚力，对村集体的发展缺乏长远规划和战略眼光。因此，扶贫政策在麻岗村的实施过程中遭遇了诸多困难，贫困问题难以得到根本解决。

华丹多吉在深入了解了麻岗村发展状况后，精准地识别出制约麻岗村发展的症结所在，并决定将加强基层党组织建设和因地制宜发展特色产业作为麻岗村脱贫攻坚工作的重要抓手。

（一）深化组织嵌入，提升基层治理水平

调研中，华丹多吉深刻认识到了民族地区党组织建设的极端重要性。在村"两委"换届之前，通过广泛征询党员和村民意见，深入了解了村"两委"换届工作的关键所在，并据此设定了候选人选拔标准，特别注重选拔年轻、富有活力且具备创新思维和执行力的候选人。在换届过程中，华丹多吉组织党员进行集中学习、交流讨论，提高党员的政治素质

和思想觉悟；设立党员先锋岗、责任区，发挥党员的模范带头作用；实行公开透明、公正公平的选举程序，让党员和村民充分了解候选人的情况；并对选举过程进行监督，确保选举结果的合法性和公正性。

经过精心组织和周密部署，华丹多吉成功推动了村"两委"的换届工作，新一届村支书由才让扎西担任，班子成员的平均年龄大幅下降，文化水平和工作能力显著提升。新一届村"两委"班子成员上任后，华丹多吉开始积极推进基层党组织建设，切实把党的领导落实到基层，他带领新一届领导班子切实制定和落实了民主生活会制度、组织生活制度和党员学习制度，同时明确了各项村务的办理流程，使得党支部和各项村务有章可依，支部运行井然有序，组织力和战斗力明显增强，为村庄发展和脱贫攻坚各项工作的开展提供了坚强的组织保障。

（二）加强观念嵌入，激发强劲内生动力

在党员观念嵌入方面，新一届村"两委"上任后，华丹多吉立即着手推进基层党组织的思想建设，确保党的各项理论和政策在基层能够得到有效落实。一方面，他带领新一届领导班子严格落实了"三会一课"制度，确保民族地区广大党员能够深刻领会国家的各项脱贫攻坚政策精神。另一方面，除形式多样的主题党日活动外，还特邀专家和领导开展多样党日党课，邀请藏族学生党员与村民交流，运用信息设备拓宽视野，聚焦党建促脱贫，讲解形势政策，提升党员党性修养。

在群众观念嵌入方面，为宣传国家的扶贫政策，激发村民自我发展的内生动力，华丹多吉积极动用各方力量，宣传党的政策，转变群众观念。在麻岗村，村民主要以藏语为交流语言，汉语水平普遍有限。尽管华丹多吉身为藏族，能够用藏语与村民沟通，但单凭其个人力量难以全面覆盖村民群体。因此，华丹多吉一方面积极寻求当地宗教人士、老人和藏族学生的支持与合作，邀请他们作为党的政策的"传声筒"，让他们运用生动的例子和贴近生活的语言，将党的各项政策和文件精神深入浅出地传达给村民。另一方面，组织村民参与文化活动，用当地藏族群众喜闻乐见的方式宣传党的政策，激发群众自我发展的内生动力，不仅提高了村民对政策的理解，还深化了党群关系，赢得了村民的广泛认同和信任。

在华丹多吉和村"两委"的共同努力下，麻岗村党支部实现了从软弱涣散到坚强有力的转变，党组织的凝聚力、战斗力和治理水平得到了显著提升，麻岗村党支部在 2018 年荣获"基层党建工作先进党支部"称号。同时，村民的发展观念和思想认识也有了很大程度提升，为后续各项扶贫政策的实施和项目推进奠定了坚实基础。

有了基层党组织这一坚强的基层战斗堡垒和坚实的群众基础后，华丹多吉与党员干部和村民紧密协作，启动了脱贫攻坚的系列工作。在村民代表大会上，他提出了"筹资金、引项目、兴产业"的脱贫规划，该方案因其高度的可行性和前瞻性，获得了村民大会的一致通过。随后，华丹多吉积极联络行业部门领导，邀请他们到村进行实地调研，以期获得更多的资源支持和项目合作。在处理因村庄规划调整而产生的利益纠纷时，他采用"一事一议"的方式，通过召开村民代表大会进行公开决策，这种民主、透明的议事方式得到了

村民的广泛赞誉。在麻岗村村"两委"的坚强领导下，村庄成功实施了道路硬化、危房改造等一系列基础设施建设项目，村容村貌和基础设施条件得到了显著改善。

（三）谋取资源嵌入，合力共促发展

驻村第一书记的核心职责在于确保强农、惠农、富农政策在贫困村和贫困户中的精准实施，以及扶贫资源的优化配置和高效利用。在麻岗村的具体实践中，如何依托现有资源，结合当地实际，发展特色产业，进而提升农民收入，成为一个亟待解决的问题。

华丹多吉在深入探索麻岗村经济发展路径时，村支书才让扎西提出了种植唐古特大黄的建议。鉴于该药材在市场上备受青睐，且麻岗村的地理条件十分适宜其生长，才让扎西已先行尝试种植并取得初步成效。然而，推广种植唐古特大黄面临着资源不足和村民意愿不高的挑战。华丹多吉一方面积极争取甘肃省民族师范学院的支持。他向校党委副书记杨士钰汇报了麻岗村的现状以及发展大黄产业所面临的挑战。学院经过深入讨论，决定充分发挥自身优势，整合各方资源，全力支持麻岗村大黄种植项目。在学院相关院系、合作市相关部门及驻村工作队的共同努力下，麻岗村成功推广种植了唐古特大黄，并采用了"项目＋团队＋基地＋企业＋贫困户"的经营模式。这一模式以项目为基础，由学校专业团队负责建设实验基地，提供从选址、育种、施肥、病虫害防治到采收、加工等全链条的技术支持。合作市人民武装部作为那吾镇的包抓单位，积极筹措资金35万元，与甘南百草生物科技开发有限公司合作，与贫困户和合作社签订保底收购合同，确保优质优价，共同打造唐古特大黄品牌。另一方面，针对村民参与的疑虑，华丹多吉与村支书及村"两委"班子成员经过深入讨论，决定动用村"两委"的资源，采取由村"两委"干部率先试种80亩唐古特大黄的策略，以实际成效来消除村民的顾虑，并树立种植信心。随着时间的推移，村民们逐渐看到了种植唐古特大黄的商机，纷纷加入这一行列中。

2019年，村支书扎西才让引领的首批大黄喜获丰收，带来了近40万元的显著收益，这极大地激发了村民们的种植热情。华丹多吉开始成立合作社，整合各方资源。在这一过程中，他积极吸纳贫困户参与，通过土地流转等方式使他们获得收益。在驻村工作队的精准帮扶下75户贫困户成功与企业签订了入股分红协议，并与两家企业达成了帮扶合作关系。此外，他还成功促成了10家合作社组建联合社，进一步提升了产业规模和效益。在麻岗村集体产业的辐射效应下，联合社下辖的专业合作社数量增加至18个，社员人数也扩展至110余人。这些合作社不仅带动了周边乡镇300多户村民实现稳定增收，而且在采挖加工期间还吸纳了上百余人在基地务工，每人每天能挣得120元的收入（图5-5、图5-6）。

华丹多吉自任职以来，深入麻岗村，真情服务助脱贫，全心全意解民忧，脱贫攻坚工作取得了显著成效。麻岗村于2018年顺利通过国家第三方验收考核，实现整村脱贫摘帽。

图 5-5　调研组与麻岗村村干部合影

图 5-6　调研组参观调研那吾镇唐古特大黄种植基地

三、主要经验与启示

(一) 主要经验

华丹多吉驻村第一书记事迹的成功给我国脱贫攻坚工作积累了宝贵经验，同时也为我国全面推进乡村振兴阶段的民族地区驻村第一书记工作提供了借鉴经验。

1. 以制度嵌入为引擎，推动治理理念与政策有效落地

治理主体活动均处于制度环境之内，其发展意识和行为决策自然受到制度所带来的积极或消极的影响。当制度框架能够促使治理目标与各方利益达成一致时，它将成为推动治理发展动力提升的重要引擎。反之，若制度框架无法有效协调目标与利益，则可能导致治理主体的发展动力受到削弱。

从制度嵌入来看，驻村工作队制度是制度嵌入到乡土逻辑的成功典型。一方面，通过将国家力量嵌入村庄社会内部，可以实现国家基层治理意志；另一方面，通过外部力量的嵌入，可以解决农村内部单靠自治力量难以解决的问题与困境。

驻村第一书记制度通过选派优秀的党员干部深入农村，将国家的治理意志和方针政策直接传达给基层群众，确保政策的落地生根。华丹多吉作为第一书记派驻在麻岗村，将国家的治理理念和政策导向有效地嵌入到农村基层，他深入工作，积极作为，将外部资源、先进理念与农村实际相结合，推动农村基础设施建设、产业发展和公共服务提升，有效地解决了农村内部单靠自治力量难以解决的问题和困境。

2. 以组织嵌入为核心，发挥党建引领的重要作用

在中国政治结构中，政党和政府之间互相交融，政党与政府形成了"领导—执行"的关系，但在乡土社会中政党政治、政府行政和社会自治三者之间存在发展不平衡、不充分的情况，乡镇两级的党委在政治动员支持下，为行政执行加上了行政事务政治化的刚性约束，导致乡镇一级"中心工作"泛化，涌现出地方和部门党建工作形式化，以痕迹管理取代群众工作，政府与村民自治之间的权力边界不清致使农村基层面临着"悬浮化""碎片化""形式化"等困境。因此，重塑基层党组织治理秩序，是提升社会治理能力的关键。2021年《中共中央、国务院关于加强基层治理体系和治理能力现代化建设的意见》提出，要"坚持党对基层治理的全面领导，把党的领导贯穿基层治理全过程、各方面"，党组织建设成为政党发挥治理功能的关键抓手。

华丹多吉在他任职第一书记期间，不仅充分认识到党建工作的重要性，还将其以核心融入具体工作中。首先，注重党组织的制度建设。第一书记与村党委紧密合作，共同制定了详细的党组织工作制度，明确了党组织的职责、权力和工作程序。这确保了党组织工作的规范性和有效性，为第一书记的工作提供了坚实的制度保障，改善了基层党建悬浮化问题。其次，重视党员队伍的建设。他积极组织党员参加培训和学习，提高党员的政治素质和业务能力。同时，他还鼓励党员积极参与村里的各项活动，发挥党员的模范带头作用。这些举措不仅增强了党员的责任感和使命感，也提高了党组织的凝聚力和战斗力，解决了基层党建形式化的问题。最后，注重与村党委的沟通协调。他定期与村党委进行交流，共同研究解决工作中的问题。村党委也给予了华丹多吉巨大的支持和帮助，为他提供了必要的资源和指导。这种紧密的合作关系确保了第一书记的工作能够得到有效推进，解决了基层党建碎片化的问题。

因此，通过以党建引领为核心，是取得脱贫攻坚胜利的重要法宝。重塑人口较少民族地区的基层党组织的坚强战斗堡垒作用，加强党对脱贫攻坚的全面领导，通过抓党建促脱贫攻坚，贫困地区基层党组织得到加强，基层干部通过开展贫困识别、精准帮扶，能力水平明显提高，为巩固党在"三区三州"广大农村的执政基础积累了成功经验。形成贯彻党的决定、领导基层治理、团结动员群众、推动改革发展的内生动力，这是麻岗村得以顺利脱贫的成功经验。

3. 以观念嵌入为引领，激活民族地区党员和群众的自我发展的内生动力

在信息不对称的情况下，成员将在长期的经济活动中形成一定的"群体思维和群体认知"，贫困地区的农户经济发展动力会受到共有认知的影响。当村民对村庄经济有较高的认同，且对未来预期收入充满信心时，自我发展和推动村庄经济发展的动力也必然强烈；反之，认同感较低会挫伤村民自我发展和推动村庄经济发展的主体性，从而出现较为普遍的"搭便车"或"去集体化"现象。驻村干部代表国家权力嵌入村治场域，在政策宣传、资源输送等层面发挥重要作用。驻村第一书记制度突破了传统社会的熟人纽带，实现了对乡村社会的观念嵌入，有助于村庄社会资源的有效利用和村庄内生力量的有效激活。

从观念嵌入来看，华丹多吉通过党员学习制度建设和开展主题党日活动等强化了党员学习的自主性，激发了党员自我革新的内生动力。通过动员老人、宗教人士和藏族学生参与政策宣讲和组织开展形式多样、丰富多彩的文化活动，使村民开阔了视野、转变了观念，这些举措为乡村振兴注入了新的文化内涵和活力，激发了村民自我发展的内生动力。

因此，以基层党组织为核心的理性嵌入，通过观念嵌入，为乡村带来了新的发展机遇和内生动力，不仅加强了党与群众的联系，也促进了乡村社会的持续健康发展。

4. 以资源嵌入为策略，推动资源赋权与乡村振兴

资源依赖理论认为资源的稀缺性是组织合作的关键因素，合作的过程体现着资源的流动。贫困地区对驻村第一书记的资源依赖主要为物质资源依赖和政治合法性资源依赖。第一书记作为国家在村社组织的权力化身，是实现国家对村社组织资源赋权的重要执行者，国家通过项目、制度、经营等资源理性赋权的方式赋予村社组织可调配的资源与权力，从政治结构与价值理念上最大限度地保障农民群众分享乡村发展的资产权益与增值收益。

华丹多吉通过推广唐古特大黄种植项目，不仅引入了物质资源，改善了当地的生产条件，更通过项目、团队、基地、企业、贫困户的紧密结合，形成了强大的资源合力。这种合力不仅优化了资源配置，提高了资源利用效率，更为贫困户提供了稳定的增收渠道，推动了乡村经济的持续发展，展现了在资源依赖理论指导下，如何通过有效的资源整合和运营模式，实现贫困地区的发展和贫困户的增收。

因此，结合当地实际，通过驻村第一书记进行资源嵌入，同时探索更多有效的资源整合和运营模式可以为乡村振兴注入更多的动力和活力。

5. 以派人精准为抓手，促进"和合共生"的扶贫互动模式

"因村派人要精准"是精准扶贫的基本要义之一。在不同单位派出的驻村工作队形塑下的不同村庄治理形态是中国式脱贫攻坚实践的核心内容。驻村工作队组建由县驻村办统筹，挂靠县委组织部，选派人员需依据后盾单位的工作性质和资源实力与村庄对接，其作为农民脱贫与社区治理这一乡土治理场域当中的配置性力量，与作为基础性力量的村庄社会之间在扶贫场域的互动与行动过程，形成了以工作队为主的配置性力量与以村"两委"为首的基础性力量之间样态各异的互动模式。其背后的整体逻辑呈现出"和合共生"和"仪式展演"两种不同的逻辑链条，并由于不同的运作实践，导致驻村工作队在贫困治理场域中的治理效果也会有所差异。实际操作中，一些资源有限或工作繁忙的单位难以深入帮扶，导致驻村干部仅完成了规定任务，与村"两委"互动受到很大限制。因此，需优化选派机制，确保工作队能够发挥实效。以华丹多吉为代表的驻村工作队与麻岗村"两委"在脱贫攻坚过程中的良性互动是两种力量"和合共生"的典型。

一是华丹多吉，具有责任感强、作风优良、敢于吃苦、甘于奉献的精神，坚持党的群众路线、为人民服务。作为优秀少数民族中国共产党党员干部，其深入了解家乡情况，明确优势与短板，关心群众需求。凭借流利的藏语与群众沟通，传递家乡关怀，拉近与群众距离。无论田间地头还是群众家中，他都倾听民声、解决民困。

二是华丹多吉具有敢于开拓创新的意识。在脱贫攻坚过程中，在华丹多吉早期调研和后期推进产业转型的过程中利用自身对当地情况的了解和在村民中群众基础扎实的优势积极协助驻村工作队开展工作，以创新的"项目＋团队＋基地＋企业＋贫困户"经营模式带动村民主动配合驻村工作队和村"两委"的工作，让配置性力量与基础性力量产生良性互动，形成了"和合共生"互动模式。

三是华丹多吉熟悉党群工作。他通过村"两委"换届工作，强化基层党组织战斗堡垒作用。切实制定和落实了党的各项规章制度使得党支部运行井然有序，提升了基层治理能力。

因此，驻村第一书记的选拔与派用应当更加精准，才能形成以工作队为主的配置性力量与村"两委"为首的基础性力量达成"和合共生"的良性互动。只有这样，才能够确保扶贫工作的顺利开展，为乡村振兴贡献更多的力量。

（二）启示

派驻驻村第一书记作为一种扶贫机制，已经成为中国农民脱贫和农村社会治理的重要制度性安排，是乡村振兴背景下国家主动介入农村以推进治理有效的创新机制。借助国家强大的政治动员能力，由党政机关、事业单位和国有企业组建和派遣工作队伍下沉到贫困治理场域，整合输入可持续的脱贫资源，由此，工作队参与农村脱贫与乡村振兴的具体实践模式得以制度化、常态化运行。第一书记在乡村振兴中作用关键，既是政策执行者，又是基层引领者。加强基层党组织建设，为其工作提供组织保障，是确保第一书记发挥作用的关键。正如习近平总书记指出，"一些地方和部门还存在重形式轻内容、重过程轻结果、重数量轻质量的问题，看起来热热闹闹，实际效果却不佳，甚至与中心工作'两张皮'，没有什么效果"。驻村第一书记具备引领基层党组织组织力提升的重要外力资源。事实证明，派驻驻村第一书记对农村贫困地区基层治理能力有着显著提升的作用。

华丹多吉驻村第一书记的事迹成功地反映了中国在脱贫攻坚方面的显著成就。从中我们可以凝练出以下启示：

第一，制度优势转化为治理效能。中国特色的脱贫攻坚制度体系为减贫工作提供了坚实的制度保障。包括建立中国特色的精准扶贫精准脱贫的基本方略和脱贫攻坚制度体系，为脱贫攻坚提供了坚实的制度性保障。

第二，政策创新与执行力的重要性。中国政府通过一系列超常规、原创性、独特性的政策和举措，展现了强大的政策创新能力和执行力。这些政策不仅深入人心，更使得脱贫攻坚成为全社会的共同行动，体现了集中力量办大事的制度优势。

第三，坚持"中国道路"的必要性。脱贫攻坚伟大成就的取得是历史的必然，也是坚持"中国道路"的必然。驻村第一书记的首要任务是要发挥自身制度优势，凝聚各方力量，形成乡村全面振兴的合力。无论是多元共治还是协同共治，都强调吸纳村民、社工和企业等多方力量共同参与村庄治理。这条道路立足国情，强调政府主导、社会协同、公众参与，是实现国家发展和社会进步的有效途径。

四、主要结论与有效衔接乡村振兴的思考

（一）主要结论

通过以上分析，本研究的结论如下：

第一，通过以党建引领为核心，坚持中国共产党的领导是取得脱贫攻坚胜利的重要

法宝。

第二，以基层党组织为核心的理性嵌入，通过制度嵌入、组织嵌入、观念嵌入和资源嵌入，为乡村带来了新的发展机遇和内生动力。

第三，驻村第一书记的选拔与派用应当更加精准，才能以工作队为主的配置性力量与村"两委"为首的基础性力量达成"和合共生"互动模式。

（二）有效衔接乡村振兴的思考

第一，应继续强化党建引领的核心地位，精准选派与派用驻村第一书记。一是明确选拔标准。制定详细的选拔标准，包括政治素质、工作能力、群众基础等方面，确保选出的第一书记具备全面的素质和能力。强调第一书记在农业农村发展和扶贫等方面要有一定的专业知识和工作经验，确保其能够胜任村庄的贫困治理工作。二是考虑地区差异。在选派第一书记时，充分考虑不同地区的特点和需求，确保第一书记能够适应并融入当地的工作环境和文化。对于特殊地区或特殊需求的村庄，可以选派具备相关经验和专业知识的第一书记，以更好地推动村庄的发展。三是强化培训与教育。对选派的第一书记进行必要的培训和教育，包括农村政策、工作方法、群众工作等方面，提升其适应能力和工作水平。鼓励第一书记参与实地考察和学习，拓宽视野，增强实际操作能力，确保他们能够有效地将党的政策方针传达到基层，引领村民共同参与到乡村振兴的伟大事业中来。

第二，完善以基层党组织为核心的理性嵌入机制。在制度嵌入方面，要进一步细化驻村第一书记的工作职责和权力范围，确保他们能够在法律规定的框架内有效开展工作。在组织嵌入方面，第一书记应积极参与村"两委"的工作，推动村党组织与村委会的深度融合，形成工作合力。在观念嵌入方面，要通过举办培训班、开展文化活动等方式，提升村民的思想认识，引导他们树立正确的发展观念。在资源嵌入方面，第一书记要积极争取各类资源，推动项目落地，为乡村发展注入新的活力。

第三，深化"和合共生"的互动模式构建。在坚持党的领导这一核心原则下，驻村第一书记需与村"两委"建立紧密的协作关系，携手推进乡村治理体系和治理能力现代化进程。此外，还需积极引导村民广泛参与乡村治理，促进政府、社会组织和村民之间的良性互动，共同构建多元共治、和合共生的乡村振兴新局面。通过这一模式的深入实践，将有力推动乡村振兴事业持续健康发展。

第四，多元协同，凝聚乡村发展合力。一方面，积极吸收村民、社会组织和公益组织参与到"三区三州"乡村的治理工作中来。村民参与提升了政策的参与度和透明度，对提升乡村治理水平起到了监督和推动作用；社会组织参与为基层治理提供了重要的技术支持、教育培训、法律援助和志愿服务；公益组织的支教、支医等活动也为提升乡村治理水平提供了优质的服务保障。另一方面，立足"三区三州"实际，积极吸收"老人组织"、宗教人士等"权威主体"参与到民族地区的乡村治理中来，充分发挥习惯法体系下多元纠纷解决机制的作用，提升基层贫困治理工作的有效性和针对性。

参考文献

崔盼盼，2020. 第一书记制度实践的差异化类型及其形塑机制 [J]. 华中农业大学学报（社会科学版）（5）：92-99，172.

黄改，李斌，2023. 中国式脱贫攻坚实践：驻村帮扶工作队治贫的单位逻辑与行动策略研究：以湖南省 P 镇为例 [J]. 求实（4）：87-98，112.

姜秀敏，李月，2022. "非正式权威"塑造：社会组织嵌入社区治理的三重路径：对山东省 Q 市 F 组织开展社区服务的个案分析 [J]. 北京行政学院学报（2）：55-62.

况伟，2023. 精细化治理：脱贫攻坚与乡村振兴有效衔接的逻辑和路径 [J]. 东南学术（6）：113-121.

李丹阳，张等文，2021. 驻村干部和村两委的协同治理 [J]. 华南农业大学学报（社会科学版）（6）：98-107.

李军，龚锐，向轼，2020. 乡村振兴视域下西南民族村寨多元协同反贫困治理机制研究：基于第一书记驻村的分析 [J]. 西南民族大学学报（人文社科版）（1）：194-202.

唐任伍，2015. 习近平精准扶贫思想阐释 [J]. 人民论坛（30）：28-30.

王谦，2023. 从脱贫攻坚到乡村振兴：贫困的流动性治理反思 [J]. 贵州社会科学（8）：152-159.

王同昌，2024. 习近平总书记关于驻村第一书记重要论述的核心要义与实践要求 [J]. 学习论坛（2）：32-40.

魏来，徐锦杰，涂一荣，2023. 党建引领基层治理：实践机制与组织逻辑 [J]. 社会主义研究（1）：105-115.

吴高辉，汪文新，2022. 党建引领乡村社会治理现代化的中国经验与理论构建 [J]. 甘肃行政学院学报（2）：66-75，126.

谢宗藩，肖媚，王媚，2021. 农村集体经济组织嬗变：嵌入性视角下发展动力机制变迁 [J]. 农业经济问题（12）：92-103.

新华社，2016. 选得准下得去融得进干得好 [N]. 农民日报，2016-10-11（001）.

新华社，2020. 习近平在湖南考察时强调在推动高质量发展上闯出新路子谱写新时代中国特色社会主义湖南新篇章 [N]. 人民日报，09-19.

徐原，2020. 驻村"第一书记"治理困境和效能提升 [J]. 人民论坛（23）：106-107.

杨玉波，李备友，李守伟，2014. 嵌入性理论研究综述：基于普遍联系的视角 [J]. 山东社会科学（3）：172-176.

张建雷，席莹，2018. 基于嵌入性视角的新型农业经营主体发展研究 [J]. 改革（6）：115-126.

张龙，张新文，2023. 资源赋权、村社再造与乡村共同富裕：基于烟台党支部领办合作社的经验诠释 [J]. 南京农业大学学报（社会科学版）（2）：13-23.

张新文，张龙，2022. 政党整合、群众路线与村治创新：基于乡村治理典型案例的讨论 [J]. 华中农业大学学报（社会科学版）（2）：92-101.

中共中央党史和文献研究院，2019. 十九大以来重要文献选编．上 [M]. 北京：中央文献出版社．

钟海，2022. 超常规治理：驻村帮扶工作机制与运作逻辑：基于陕南 L 村的田野调查 [J]. 南京农业大学学报（社会科学版）（2）：64-74.

周忠丽，2023. 乡村组织振兴的实践路径创新：基于驻村第一书记的视角 [J]. 河海大学学报（哲学社会科学版）（3）：41-47.

党建引领促发展，协同治理谱新篇
——基于甘肃省甘南藏族自治州卓尼县尼巴镇 "尼江之争"的实践探索

一、引言

社会治理在国家治理体系中占据着举足轻重的地位，而基层则是社会治理工作最直接、最前沿的阵地。党的二十大报告指出，坚持大抓基层的鲜明导向，抓党建引领基层治理。坚持中国共产党的领导不仅是中国特色社会主义制度的最大优势，也是推动乡村治理和实现乡村治理现代化的最大优势。自乡村振兴战略实施以来，治理有效就成为推进乡村振兴战略的基础，推进乡村振兴战略需要以高效、有序和多元的治理体系作为保障，而该模式的建立需要激发各个社会主体积极参与，共同推动乡村治理结构的优化。

"一核多元"协同治理模式作为协同治理的主流模式之一，其核心在于坚持党组织的引领地位，同时积极吸纳各类社会主体共同参与社区治理。这种模式充分展现了共建共治共享的社区治理理念，通过党组织的统筹协调，各社会主体能够形成合力，共同推进社区治理工作的深入发展，实现社区的和谐稳定与可持续发展。然而，当前在我国乡村地区，由于治理主体缺位、人才资源匮乏、治理主体能力不足以及积极性不高等问题的存在，使得"一核多元"协同治理模式的实施效果不尽如人意。这些问题制约了乡村治理的深入推进，影响了乡村社区的和谐稳定与发展。尤其是我国西部农村地区的藏族聚居区，受民族宗教文化和风俗习惯的影响，基层党组织的引领作用缺失，基层治理失效，导致农村基层经常发生矛盾纠纷。治理失效成为我国西部民族地区农村经济社会发展的制约因素，也是导致贫困率较高的重要原因。

一个健康有序的社会治理体系，是广大人民群众得以追求美好生活的坚实基石与可靠保障。在深化社会基层治理的进程中，坚持党建引领，促进多元主体共同参与社会治理，确保政府出台的各项政策能够全面深入地渗透到基层治理当中，让广大人民群众能够切实感受到农村基层治理工作的成果，这无疑是乡村振兴背景下，我们面临的一个亟待解决且至关重要的课题。为更好地构建民族地区农村基层"一核多元"协同治理模式，为民族地区农村经济发展提供良好的社会治理秩序，本研究将甘肃省甘南藏族自治州卓尼县尼巴镇作为研究对象，基于嵌入理论和协同治理理论，探索如何充分发挥党组织在乡村治理中的引领作用，实现"一核多元"协同治理。本研究将从以下三个方面展开：一是研究如何提高民族地区基层党组织的执政能力，实现党建引领基层治理；二是研究社会组织参与基层治理的实现路径，以及参与基层治理的各个组织所发挥的作用；三是研究如何以经济发展带动基层治理。

二、案例描述

（一）草场争夺，治理失效

尼巴镇，坐落在卓尼县城西南 76 千米之遥的地方，地理位置独特。它的北界与刀告乡紧密相连，东部与喀尔钦镇相接，西部与碌曲县双岔乡毗邻，而南面则直接与四川省阿坝藏族羌族自治州若尔盖县接壤。江迭公路犹如一条动脉，横贯全镇，使得交通往来十分便利。

尼巴镇的平均海拔高达 3 500 米，全镇共辖有尼巴、江车、石巴、格拉 4 个行政村，下辖 15 个村民小组，共有 987 户居民，总人口达到 5 479 人。这里的居民们在这片土地上辛勤劳作，共同建设着和谐美好的家园。

完善的基层治理秩序对于确保当地经济的稳健发展至关重要。缺乏稳定的社会秩序，基层民众的生产生活将难以得到保障，从而可能导致陷入深重的贫困之中。尼巴镇的尼巴村和江车村便是这样一个生动的例子。这两个村子因争夺草场资源而纷争不断，长达 60 多年的打打杀杀，给两村的经济发展和社会治安造成了巨大的破坏。

尼江之争持续时间长，影响范围广，究竟是什么原因导致"尼江"事件得不到彻底解决呢？通过对当地干部进行访谈，调研组了解到，尼江之争之所以持续这么长时间，一是基层党组织建设乏力。当地干部做群众工作的方式和方法与实际的需要不相适应，很多干部患有"尼江恐惧症"，开展工作时往往不敢直面矛盾，只是以蜻蜓点水的方式，浅尝辄止，无法触及真正的问题，更谈不上解决问题。二是基层政府治理效率不高。在单独面对尼、江两村的牧民群众时，受民族地区基层社会治理特殊性的影响，政府单一主导的基层社会治理方式效果甚微。三是草场资源有限，收入来源单一。尼、江两村牧民主要依靠畜牧业，为了争夺有限的、赖以生存的草场资源，尼、江两村产生了旷日持久的草场纠纷。

脱贫攻坚工作是一个消除治理矛盾、应对治理挑战的过程，如何妥善处理尼巴和江车两个村庄之间的草山纠纷，使当地居民过上更加幸福美好的生活，已经成为尼巴镇历任党政领导的首要任务。

（二）党建引领，嵌入治理

组织建设作为基层党组织工作的基石，是实现结构嵌入与制度嵌入不可或缺的先决条件。通过加强组织建设，基层党组织能够稳固其组织架构，确保各项制度得到有效执行，从而为结构嵌入和制度嵌入奠定坚实基础。为更有效地将党组织融入基层治理工作，尼巴镇自 2013 年启动精准扶贫工作之初，便专注于基层党组织建设的强化。在此过程中，尼巴镇始终把思想政治建设置于首要地位，致力于党建工作的加强与改进，通过深入开展一系列主题教育以及党史学习教育，全面强化了党员干部为民服务的理想信念。同时，针对部分党员信念动摇、服务意识薄弱等问题，尼巴镇积极采取措施加以解决。通过这一系列努力，尼巴镇进一步凝聚了全镇上下攻坚克难、开拓进取的思想共识。

为了重构基层治理秩序，整合社会治理力量，尼巴镇通过结构嵌入带动基层党组织重塑，对带富能力不强、群众工作基础薄弱的村"两委"进行了调整，在干部推荐和评优选先方面做出了一定的努力，始终把政治纪律作为第一要求，大力培养和推荐一批对党忠诚、关键时刻敢于发声、具有较强群众工作能力和应对突发事件能力的党员干部，不断强化班子队伍，努力使每一名党员成为维护团结稳定、促进共同富裕的一面旗帜。尼巴镇通过一系列结构嵌入活动，强化了基层党组织的战斗堡垒作用和政治引领作用，使得每名党员都能成为维护社会团结稳定、推动共同富裕的表率，进而进一步巩固了党在民族地区的核心领导地位。

该镇通过组织建设使基层党组织的执政能力建设和先进性建设切实有效地得到了加强，为基层党组织实现结构嵌入和制度嵌入奠定了基础，也为下一步工作的开展提供了组织保障和引领作用。

（三）一核多元，协同治理

为解决政府主导的单一基层社会治理工作效果较差的问题，尼巴镇政府在基层社会治理中坚持党组织的领导，同时引入了民间组织和宗教组织进行协同治理。

1. 党组织领导下的工作组进驻

自 1995 年"尼江"事件暴发，直至如今两村恢复宁静的岁月里，党组织始终致力于向尼巴镇派遣工作组，深入实施制度嵌入。制度嵌入，这一策略的核心在于基层党组织在充分尊重社区非正式制度的前提下，构建起一套行之有效的正式制度，确保基层治理精准高效。

2013 年 1 月，时任甘南州委书记的俞成辉率"尼江"工作组进驻车巴沟，开展治理工作。2015 年，州委、州政府选派时任甘南州信访局副局长刘智勇任尼巴镇党委副书记，时任州发展改革委副主任才昂南杰任江车村第一书记，与镇党委政府协作，推进"尼江"工作。经过两年多努力，政府部门基于历史与现实，划定了两村的放牧范围，从而明确了草山权属，为两村和谐发展夯实了基础。历经半个世纪的纷争，2015 年"尼江"两村实现了和谐混牧。2016 年，尼巴镇政府实施草原承包到户政策，签订《草原承包经营权证》和《草原使用权证》，推行家庭承包责任制，明确责任、权力和利益，彻底解决草场纠纷。

"尼江"问题解决后，尼巴镇为助力牧民脱贫致富，在所辖四个村全面配备了帮扶工作队，并适时调整贫困村驻村工作队和帮扶责任人，确保帮扶工作深入到每个小组、每户家庭。通过压实各帮扶人员的责任，形成了点线面结合、职责明确、人员精干、行动迅速的工作队伍，为尼巴镇的持续发展注入了新的活力。

2. "老人组织"参与调解

"老人组织"是牧民自发形成的非正式社会团体，这个组织在尼巴镇协同治理方面取得了显著的成效。具体而言，"老人组织"借助其权威地位与社会网络关系以及民间宗教文化资源等优势，成为牧民之间有效地协调纠纷、化解冲突的重要纽带。在尼巴镇的草山争议调解过程中，"老人"这一调解者起到了决定性的作用。

在"尼江"两村，"老人组织"享有极高的声誉和威望，牧民对其极为信任，视其为精神依托。另外，"老人"熟悉两村放牧方式、家庭情况及经济收益，了解牧民对政府判决的反感情绪。因此，在情感上，牧民更容易与"老人组织"产生共鸣，在心理上更容易接受"老人组织"的调解建议。在处理"尼江事件"过程中，尼巴镇政府积极寻求村中"老人组织"帮助，发挥其在突发事件处理中的桥梁纽带作用。"老人组织"参与草场纠纷调解，不仅展现了其在社区中的深远影响，更体现了人文关怀，使调解更具人性化，效果显著。

"老人组织"在解决"尼江"冲突过程中充分发挥了其自身所具有的群众基础和经验优势，通过"老人组织"可以更有效地动员和组织村民参与农村基层治理，形成合力，共同推动农村的发展，也可以针对村民的现实需求，提出切实可行的治理建议。

3. 宗教人士发挥作用

在"尼江事件"的调解过程中，宗教人士展现出了极其关键且不可或缺的作用。源于悠久历史，当地独特的政教合一传统使得活佛至今保持着显著的威信。在"尼江"两个村庄的牧民心中，贡巴寺的活佛等宗教人士被赋予了极高的精神权威和神圣感。每当两个村庄的草场争端升级至亟待解决的紧张状态，政府部门往往会主动寻求贡巴寺活佛的帮助，邀请他介入以从中调解。

宗教人士在解决"尼江"冲突的过程中发挥了其自身所具有的文化优势，可以通过较强的组织能力和号召力，帮助基层党组织解决一些社会问题，减少社会矛盾和冲突，从而维护社会稳定发展。

尼巴镇在解决"尼江问题"时，坚持党组织领导，同时邀请"老人组织"和宗教人士参与调解，实现了"一核多元"协同治理，解决了单一政府主导的基层社会治理的弊端，为尼巴镇经济发展提供了良好的社会秩序（图5-7、图5-8）。

图5-7 村镇干部向调研组成员分享
治理经验

图5-8 调研组参观调研尼巴村易地
扶贫搬迁安置点

三、主要经验

（一）经济转型，根治矛盾

经济因素是保障民族地区社会和谐稳定的基础，唯有当民族地区群众的日常生活需求在物质层面得到充分且有效地满足时，社会的稳定性方可维系。尼巴镇草山争端的深层次原因主要是草场资源的极度短缺。如果草地资源充裕，并且社区牧民的物质生活可以通过非依赖草场收益的途径得到有效保障，那么尼、江两村之间极有可能避免产生纷争和冲突。草场资源的匮乏无疑是导致两村之间冲突的直接导火索，而多元化的利益满足则是化解这一矛盾的有效途径。尼巴镇为改善牧民经济状况，积极调整经济发展策略，拓宽牧民收入途径。自从 2015 年脱贫攻坚战役全面展开以来，当地政府实施了一项深远的"减畜减载、转产转业"民生项目。该项目的核心在于通过严格的畜牧业管控，鼓励放牧行为的适度减少，以支持草原生态环境的重建与保护。同时，对于积极采取行动，主动削减牲畜数量的牧民，政府提供了实质性的经济补贴，以保障他们的生活与长远发展。具体措施为：牧民在出售牛时，每头可享有高达 800 元的政府补贴；而对于羊，每只也有 200 元的补贴作为支持。此外，为了帮助那些选择减畜的家庭，政府特别设立了公益就业机会，确保他们在采取减畜措施的同时，其收入来源能得到有效保障。

与此同时，尼巴镇紧紧抓住车巴河流域项目实施的关键机遇，积极推动经济结构的战略调整，充分挖掘并依托车巴沟的丰富自然资源和深厚人文积淀，大力培育和壮大文化旅游业，以实现可持续的经济发展。政府积极推动牧区经济结构的多元化，积极倡导牧民投身于牧家乐、藏家乐以及地方特色农产品加工和交通运输等多元化的第三产业中。为了增强他们的就业技能和创业能力，特别为大约 600 名有志于转型的牧民提供了广泛的培训，旨在实质性地推动社区经济向更高层次转型发展。到 2018 年底，尼巴镇实现了 227 户 1 437 人脱贫，2 个贫困村摘帽，贫困发生率从 27.23% 大幅下降至 1.01%。到 2019 年底，全镇人均可支配收入达到 8 114 元，同比增长 8.26%，充分展示了尼巴镇在经济转型和脱贫攻坚方面所取得的显著成效。

尼巴镇通过转变经济发展方式，形成了一条经济发展推动基层治理的道路，不仅实现了农户的稳定增收，还化解了基层矛盾，为民族地区基层矛盾的解决提供了有益借鉴。

（二）坚持党建引领、嵌入治理，筑牢基层党组织在乡村治理中的核心地位

基层党组织作为国家政治力量深入基层社会的重要机制，在调和国家与社会的和谐共处、党与群众之间的紧密联系以及干部与群众之间的互动关系方面，发挥着不可或缺的重要作用。一方面，基层党组织积极嵌入并深度参与基层社会治理，可以成功地将党的政治影响力和组织资源有效地渗透至基层社会的各个角落。另一方面，基层党组织在基层治理中的深度嵌入还可以有效地激发党员作为积极行动者的潜能。党员们凭借其职责的充分履行和表率作用，显著地激励着基层社会中的多元主体积极参与。实践经验表明，强化党建工作在驱动贫困地区的经济脱贫和社会发展方面扮演了至关重要的角色，也是取得显著成效的重要经验。通过加强基层党组织建设，可以充分发挥其在农村基层社会治理中的引领作用，为贫困地区实现脱贫和全面振兴提供稳固的组织支撑。党建引领基层治理是"嵌入理论"在基层治理工作中的实际运用，自党的十八大以来，"以党建促脱贫"这一战略举措已成为深度挖掘贫困地区治理潜力的核心制度基石，其关键在于强化农村基层党组织的能力建设。自脱贫攻坚战打响以来，习近平总书记提出必须深入推动贫困地区农村基层党组织的建设，确保村党组织在脱贫攻坚战中发挥战斗堡垒作用，以此引领和推动贫困地区

的全面发展和脱贫致富。2021年4月，《中共中央、国务院关于加强基层治理体系和治理能力现代化建设的意见》，其中明确强调了"坚持党对基层治理的全面领导，把党的领导贯穿基层治理全过程、各方面"。这一表述凸显了基层党组织在推动乡村治理现代化进程中的领导核心地位，凸显了党建在提升基层治理效能、促进乡村社会和谐稳定中的重要作用。

首先，从结构嵌入角度看，基层党组织凭借其组织架构、规章制度以及资源储备，能够有效地渗透并融合于基层治理的多元体系之内。通过深度嵌入，能够有力地促进基层组织的有序运转，极大地提升基层党组织的内部团结与战斗力量，为构建高效、现代化且科学的基层治理体系赋予强大的动力与支持。为了重新构建社区治理的有序结构，并有效整合社会治理的各方力量，尼巴镇党委高度重视基层党建工作，针对基层党组织纪律涣散、功能失效的问题，尼巴镇首先通过群众路线教育和各类主题教育活动来强化基层党员为民服务的意识。其次，在选拔党员干部的过程中，将政治纪律作为核心标准，着重选拔敢于为民发声，工作能力强的党员干部。最后，为确保党在民族地区的引领作用，尼巴镇还选取民族干部，在民族地区开展工作，助力少数民族实现发展进步的关键在于培养具备专业素养和领导才能的民族干部。这些干部不仅熟悉本民族的文化传统和社会状况，而且具备现代治理能力和创新思维，能够引领民族地区实现可持续发展，促进民族团结和社会进步。

其次，从制度嵌入层面深入剖析，驻村工作队制度堪称是一个卓有成效地将制度与乡土文化逻辑深度融合的典范案例。该制度不仅显著地促进了各项政策的顺利贯彻与执行，而且在协调国家与社会的复杂关系中扮演了至关重要的角色，从而为基层社区的平稳发展与繁荣增添了强大的动力和创新活力。一方面，通过将国家力量深度嵌入村庄社会内部，可以确保国家基层治理策略得以有效贯彻，从而大幅增强乡村社会治理的效率与效果。另一方面，借助外部力量的嵌入，有助于破解农村自治中可能遇到的复杂难题，为乡村社会的平稳、持续发展注入强大动力和资源保障。在"尼江"问题的解决过程中，州委为下派驻村干部发挥了重要作用，正是在他们与当地村干部的积极协调和不懈努力下，尼、江两村才出现了和谐混牧的局面，也正是在他们的积极协调和不懈努力下，草原承包到户工作得以顺利完成，"尼江"问题得以彻底解决。

抓好党建是脱贫攻坚的重要保障，把基层党组织建设成为坚强战斗堡垒。这一成功经验不仅解决了尼江之争，也成为乡村振兴阶段民族地区农村实现基层治理现代化的关键所在。通过加强基层党组织建设，不仅可以有效提升党组织的凝聚力和战斗力，而且还可为推动贫困地区的全面发展和乡村和谐稳定提供坚强的组织保障。

（三）打破政府主导的单一基层治理模式，实现一核多元协同治理

政府主导的单一基层治理模式在某些情况下显得力不从心，尤其是在经济飞速发展、社会巨变的大背景下。受限于政府资源的有限性、能力的局限性以及沟通机制的不畅，这种治理模式往往导致基层政府治理效率低下。然而，"一核多元"协同治理模式为提升基层治理的整体效能提供了有效途径。在"一核多元"模式中，"一核"指的是将基层党组

织确立为领导核心。基层党组织凭借其强大的组织力和领导力,能够有效整合资源,协调各方力量,确保治理活动的有序进行。"多元"则强调治理主体的多样性。除了基层党组织,农村基层治理还广泛涉及社会组织、企业、村民等多个主体。这些主体在共同的目标和利益驱动下,能够形成强大的合力,共同推动农村基层治理的深入发展。通过这种协同治理模式,可以充分发挥各个主体的优势,实现资源的优化配置,提升基层治理的效能。同时,这种模式也有助于增强基层社会的凝聚力和向心力,促进农村社会的和谐稳定。

综上可知,"一核多元"协同治理模式在发挥各方优势、形成互补效应、提升治理效能方面展现出了显著成效,使得农村基层治理更为精准有力。因此,在新时代的背景下,基层社会治理应坚持党的领导,并积极引入多元治理主体,实现协同治理。基层治理模式也需从过去党和政府单一主导的自上而下模式,逐步转型为党政主导、社会协同、多元参与的综合治理模式。民族地区基层社会治理具有其独特性,主要体现在双重权威主体的存在上。这双重权威主体不仅包括了党组织这一权力主体,还涵盖了"老人组织"和宗教人士等威信主体。因此,在解决"尼江事件"这类问题时,最为关键的是在坚持党的领导下,铸牢中华民族共同体意识,对民族地区的风俗、习惯以及宗教信仰给予充分尊重。针对尼巴镇基层组织在单独处理"尼""江"两社区牧民群众事务时效果不佳的问题,尼巴镇采取了制度嵌入的方式,下派工作组驻村开展工作。在党的领导下,工作组积极联合民间组织和宗教人士,共同对"尼江"问题进行了调解。正是在这种由正规组织主导、非正规组织协同的多元治理模式下,各方力量共同发力,最终成功地解决了"尼江"问题,实现了社区的和谐稳定。

一核多元协同治理是基层治理现代化的必然要求,"尼江"问题的解决是一核多元协同治理理念在民族地区的成功实践,对于乡村振兴阶段我国建设一个"治理有效"的和美乡村具有十分重要的借鉴意义。

(四)用发展的办法解决基层矛盾冲突,从源头上解决问题

马克思主义发展观认为,发展是解决一切问题的总钥匙。只有通过发展,才能不断满足人民群众对美好生活的向往,才能为化解矛盾冲突提供物质基础和社会条件。因此,要用发展的办法解决基层矛盾冲突,推动经济社会可持续发展,为基层社会治理提供坚实支撑。民族地区的稳定发展离不开经济实力的提升与增强。考虑到大多数民族地区主要位于农村,这些地区的经济发展往往相对滞后,这也导致了经济利益方面的纷争常常成为触发社会冲突的导火索。为此,习近平总书记强调,中央这么重视民族工作,这么重视脱贫工作,就是要更好维护民族地区团结稳定,更好地加快民族地区发展,更好凝聚各民族智慧和力量。通过这样的措施,不仅能够促进社区的和谐稳定,还能为民族地区的长远发展奠定坚实基础。

在处理尼巴镇矛盾纠纷的过程中,党政干部深刻认识到"尼江"问题的根本原因是"因贫生乱",解决问题的根本出路在于发展。为此,尼巴镇积极把握政策机遇,重点解决交通不便、水利设施不足、住房条件落后等问题。通过一系列基础设施的完善和特色产业的发展,尼巴镇在经济社会事业发展方面取得了显著进步。同时,尼巴镇还秉持"跳出草

山谋发展"的理念，根据当地实际情况开展职业技能培训，并通过四种就业安置方式进一步推动群众转产就业，居民的生活水平得到了显著提升。如今的尼巴镇，乡村旅游业和特色农牧业飞速发展，"牧家乐""藏家乐"、食用菌种植和青稞油菜加工逐渐变成了当地居民新的收入来源，呈现出了一派欣欣向荣的繁荣景象。

随着尼巴镇经济的蓬勃发展，村民们实现增收致富的途径日趋丰富多样。那些昔日以放牧为生的牧民们，如今也学会了通过多元化发展来推动社区建设。村民们的发展观念在悄然间发生了转变，不再仅仅局限于对草场资源的争夺。因此，由草场纠纷所引发的"尼江"事件也得以圆满解决，为这一历史性的冲突画上了句号。尼巴镇的基层治理在这一过程中展现出了其历久弥新的魅力和活力。通过运用发展的方法来解决基层矛盾冲突，尼巴镇不仅积累了宝贵的经验，也为今后处理基层矛盾纠纷提供了一条重要思路（图5-9）。

旧面貌 　　　　　　　　　　新气象

图5-9　尼巴村新旧村貌对比

四、结论与启示

通过以上分析，本研究的结论如下：

第一，通过党建嵌入基层治理，可以充分发挥基层党组织的战斗堡垒作用，整合社会资源，重构社会秩序，解决基层矛盾。

第二，新时代的农村基层社会治理应该坚持党的领导，整合社会组织，形成"一核多元"协同治理，民族地区农村基层社会治理受宗教、习惯的影响，更应该打破传统政府主导的单一的基层治理模式，坚持"一核多元"协同治理。

第三，发展是解决一切问题的总钥匙，藏区农村应大力发展经济，增加农牧民的增收渠道，农牧民在利益驱使下才不会着眼于有限的草场资源而产生纠纷，从而有利于基层社会治理。

立足以上研究结论，在乡村振兴阶段，为促进巩固拓展脱贫攻坚成果同乡村振兴有效衔接，应进一步做好如下工作：

第一，坚持党建引领，选优基层干部队伍，以组织振兴驱动乡村全面振兴。尼巴镇是一个纯粹的藏族聚居区，这里的宗教信仰氛围十分浓厚，但由于历史、地理等多方面原因，居民的文化水平普遍偏低。这种特殊的社会环境对党员队伍的整体素质产生了一定影响，导致党员队伍的综合素质相对较低，基层党组织的引领作用也因此受到一定限制。因此，在乡村振兴的新征程中，尼巴镇必须充分认识到加强基层党组织建设的重要性。要深入摸底，发掘那些有潜力、有上进心的年轻人，建立后备干部台账，并根据他们的特点和需求进行有针对性的培养。同时，还应积极组织后备干部参与村级事务，让他们在实践中锻炼成长。为此，尼巴镇还需要在经费和人力上给予充分保障，并加强学习培训，使党建工作与村级发展紧密相连，同步推进。此外，还应加大对村委干部的考核力度，激励他们更好地履行职责。同时，基层干部的日常教育也是不可忽视的一环。要加大宣传力度，引导他们深刻认识自己的职责和使命，发挥作为一名党员干部的榜样作用，为尼巴镇的乡村振兴事业贡献自己的力量。

第二，进一步完善"一核多元"的协同治理机制，坚持因俗而治，依法而治，进一步提升政府治理效能。尼巴镇作为一个深受宗教文化影响的地区，其宗教信仰氛围极为浓厚。在这里，村民们对村内的"老人组织"和宗教人士抱有深厚的信任。鉴于这一特点，在乡村振兴的进程中，尼巴镇应继续坚持并深化"党组织主导、民间组织辅助调解"的纠纷解决机制。这一机制不仅符合当地的社会实际，更能有效利用村民对民间组织的信任，促进纠纷的有效解决。同时，为了进一步提升这一机制的效能和权威性，尼巴镇还可以考虑将多元纠纷解决机制进行立法化。通过立法，可以使得多元纠纷解决方式有章可循，确保调解过程的规范化、程序化和合法化。这样不仅可以提高调解的效率和公正性，更能增强村民对调解结果的信任度和满意度。因此，在乡村振兴的道路上，尼巴镇应继续发挥党组织的核心作用，同时充分利用民间组织的优势，通过立法化的手段，进一步推动多元纠纷解决机制的发展和完善。

第三，进一步加大产业扶持力度，真正实现治理有效。尼巴镇当前的产业格局主要依赖于畜牧业，其产品缺乏足够的附加值，因此在市场竞争中并不具备显著优势。然而，值得注意的是，尼巴镇位于"洛克之路"的重要通道上，拥有得天独厚的地理优势。鉴于此，在乡村振兴的下一阶段，政府应出台一系列扶持政策，加大支持力度，强化基础设施建设。在保护、开发和宣传工作中，应确保不损害原有的自然风貌和人文特色，逐步提升尼巴镇的知名度。通过经济发展，可以有效推动基层治理的改善，而治理有序的社会环境又能为产业的繁荣提供有力保障。这样就可以实现产业兴旺与治理有效的良性循环，推动尼巴镇经济、社会生态的持续健康发展。

参考文献

陈旭东、李永康，2019 共和国初期民族自治地方干部队伍建设的经验及启示 [J]. 云南民族大学学报（哲学社会科学版）（2）：34-40.

段妍，2021. 新时代农村基层党建引领脱贫攻坚的实践进路 [J]. 江西财经大学学报（1）：8-15.

葛宣冲，杨丽溶，2024. 欠发达地区新型农村集体经济治理现代化：逻辑定位与实践指向 [J]. 经济问题（4）：99-105.

郭根，梁豪，2024. 党建引领基层治理的历史逻辑、制度密码与实践样态：超越"国家—社会"范式的分析 [J]. 西南大学学报（社会科学版）（2）：73-84.

何慧丽，许珍珍，2023. 嵌入式动员：党建引领农村基层社会治理：以农村人居环境整治为例 [J]. 西北农林科技大学学报（社会科学版）（3）：43-51.

胡玉杰，李丽媛，彭徽，2020. 乡村治理现代化背景下我国农村公共产品供给机制的演变、经验及建议 [J]. 生态经济（10）：112-118.

况伟，2023. 精细化治理：脱贫攻坚与乡村振兴有效衔接的逻辑和路径 [J]. 东南学术（6）：113-121.

卢旭东，杨抒婷，2023. 中国共产党扶贫模式沿革的进路、动力及价值 [J]. 重庆社会科学（2）：32-42.

孙强强，2024. 关系再造：基层党组织引领社区治理共同体的运行逻辑 [J]. 中共天津市委党校学报（1）：78-87.

王冰丽，武艳敏，2022. 共同富裕视域下乡村治理能力提升的制约因素与破解路径 [J]. 贵州社会科学（9）：160-168.

王光森，韩镇业，2024. 习近平关于对党忠诚重要论述的哲学基础 [J]. 党政研究（1）：22-31，125.

王玉栋，2022. "一核多元"治理主体对城市居民社区归属感的作用机制：基于宁夏银川市 X 区的实证研究 [J]. 北方民族大学学报（6）：64-73.

魏程琳，2021. 双重嵌入与制度激活：第一书记推动基层协商民主的经验逻辑 [J]. 北京工业大学学报（社会科学版）（6）：11-22.

魏来，徐锦杰，涂一荣，2023. 党建引领基层治理：实践机制与组织逻辑 [J]. 社会主义研究（1）：105-115.

徐畅，2022. 基层社会治理中多元主体协同何以可能：公共政策执行的作用 [J]. 湖北社会科学（9）：36-44.

张贤明，段卓廷，2023. 社会治理共同体：国家安全的社会基础 [J]. 探索（3）：102-112，2.

张新文，冯林林，2023. 政社合作、结构嵌入与农村环境治理：基于 D 县 H 镇环境治理的案例考察 [J]. 农村经济（4）：65-72.

赵书文，2012. 国家权威阴影之下的宗教权威：以甘青藏区纠纷调解为例 [J]. 湖北民族学院学报（哲学社会科学版）（5）：116-121.

钟海，2022. 超常规治理：驻村帮扶工作机制与运作逻辑：基于陕南 L 村的田野调查 [J]. 南京农业大学学报（社会科学版）（2）：64-74.

周加来，2023. 推动多元主体协同治理 助力乡村振兴再上台阶：《乡村振兴多元主体协同治理效应研究》书评 [J]. 财贸研究（3）：110.

第六章　坚持发挥企业龙头带动作用

龙头企业在经济发展中具有关键的带动作用。它们凭借技术、品牌和资源优势，能够引领产业发展方向，提升区域经济竞争力；通过产业链整合和协同创新，带动上下游企业共同发展，促进产业升级；同时，龙头企业还能创造大量就业机会，推动区域经济繁荣，增强社会稳定性，是实现经济高质量发展的重要力量。"三区三州"地区由于产业基础薄弱、就业机会不足、人力资本缺乏以及资源开发和利用能力不足等问题，导致农户经营分散，难以有效对接扶贫资源和现代化大市场。在这种背景下，相较于财政资金，企业在资本管理、人才管理和市场对接等方面具有显著优势。因此，在脱贫攻坚过程中，"三区三州"积极引导企业参与脱贫攻坚工作，充分发挥其在产业发展、经营管理、人才队伍建设以及有效对接市场等方面的优势。企业在"三区三州"脱贫攻坚中发挥着重要作用，为当地经济社会发展提供了有力支持。

企群携手同发展、共繁荣
——甘肃华羚实业集团产业扶贫历程

一、引言

产业扶贫不仅是贫困地区摆脱贫困的根本策略，更是贫困户实现致富的有效路径。2020 年，我国农村地区，包括深度贫困的"三区三州"已经历史性地解决了绝对贫困问题，各族群众的生活水平和质量得到了显著的提升，兑现了"全面小康路上一个不能少，脱贫致富一个不能落下"的庄严承诺。党的十九大提出的乡村振兴战略，是解决新时代"三农"问题的重要决策部署，乡村振兴战略将"产业兴旺"放在首要位置，这表明产业发展是巩固提升贫困地区脱贫攻坚成效、实现经济增长的长效之策和根本之计。

产业扶贫作为中国特色扶贫制度的重要创新，对扶贫企业资源配置模式和资产结构质量具有内在影响。脱贫攻坚过程中，民族地区各类企业充分利用了自身的资金、渠道、信息和管理等方面的优势，围绕产业扶贫、就业扶贫等关键领域，勇于创新企业扶贫模式，在电商、旅游、消费等新兴业态中进行了积极探索，取得了显著成效。然而，民族地区在产业扶贫方面存在较多困境，尤其是在传统的"公司＋农户"产业发展模式下的订单农业中，企业作为市场主体，往往过于强调自身利益，却忽视了与农户之间双向奔赴的利益联结机制的重要性。农户在面对大市场时，由于组织性和规模性相对较弱，信息获取渠道有限，往往只能依赖有限的信息和以往经验来判断市场趋势，难以做到及时、有效地掌握市场信息，并做出科学的市场决策。在这种模式下，企业与农户之间的实力差距明显，市场地位不对等，往往导致农户成为利益受损的一方，而企业则可以获得巨额利益。因此，脱贫攻坚过程中，通过在公司和农户之间建立紧密型的利益联结机制和互惠互利、双向奔赴的农企关系，解决传统"公司＋农户"发展模式中农企之间的矛盾显得尤为迫切。通过优化利益联结机制，可以确保农户能够更好地融入市场，获得更多收益。同时，企业也能通过稳定的合作关系，确保原料供应和产品质量的稳定，从而实现可持续发展。

为更好地回应在乡村振兴背景下，公司如何带动农户稳步增收，实现巩固拓展脱贫攻坚成果同乡村振兴有效衔接这一重大社会现实需求。本研究将甘肃省甘南藏族自治州华羚实业集团（以下简称华羚集团）作为研究对象，基于产业融合理论、"共生理论"和信息对称理论，研究脱贫攻坚阶段华羚集团在产业扶贫方面如何带动牧民持续脱贫增收。本研究拟从以下三方面开展：一是研究企业是如何立足本地资源，实现产业结构升级的；二是研究企业是如何与农户建立起紧密的利益联结机制，并实现与农户的良性互动的；三是研究企业是如何帮助农户解决信息困境，实现与市场有效对接的。

二、案例描述

（一）走进华羚集团

1994 年 10 月，乘着改革的东风，华羚集团前身甘肃华羚乳品股份有限公司在甘南藏族自治州合作市的生态产业园区应运而生。该公司依托独特的牦牛乳资源，专注于生产高附加值的牦牛乳系列产品，现已成为业内的知名企业。先后被评为"农业产业化国家重点龙头企业""国家扶贫龙头企业""高新技术企业""全国民族团结进步模范集体""国家AAA 级工业旅游观光景区""甘肃省农产品出口创汇重点企业""甘南藏族自治州重点骨干企业""国家绿色工厂"等。

作为"国家扶贫龙头企业"，在脱贫攻坚中，华羚集团始终铭记自身肩负的社会责任，通过签订鲜奶和"曲拉"的收购协议、实施兜底收购和构建以"公司＋基地＋合作社＋牧户"为核心的产业化经营模式等方式与当地牧民建立了紧密的利益共享机制，并依托自身产业优势，从产业扶贫、就业扶贫等多个方面入手，带动甘南州 10 万余贫困户脱贫致富。一方面，华羚集团通过改进"曲拉"生产工艺，提升"曲拉"附加值，使"曲拉"收购价格从最初的 1.2 元/千克飙升到现在的 62 元/千克，促进了甘肃、青海、西藏、四川、云南五省（自治区）共计 53 万牧民的增收。另一方面，通过挖掘牦牛乳的市场价值提升牦牛乳的收购价格，牦牛乳的价格也从 7 元/千克提升至 13 元/千克，牦牛乳产业的发展拉动了五省（自治区）涉藏地区 60 万余人的增收。目前，牦牛乳产业对当地农牧民群众户均年纯收入的贡献率已达到了 45% 以上；且华羚集团产值每增长 10%，当地近万户牧民家庭收入就会增加 2%。

2022 年，由中国国际扶贫中心、中国互联网新闻中心、世界银行、联合国粮食及农业组织、国际农业发展基金、联合国世界粮食计划署、亚洲开发银行联合发起的第三届全球减贫案例征集活动中，"华羚牦牛乳产业助力牧民脱贫增收——公私伙伴关系助力甘肃牧区产业升级"案例入选第三届全球减贫案例征集活动最佳案例名单。

（二）产业带动，托起牧民脱贫新希望

作为一家民营企业，华羚集团是如何做到有效带动甘南州10万余贫困户脱贫致富的呢？

1. 推动产业结构升级，实现一二三产业融合发展

华羚集团最初是一家专注于"曲拉"和原料生产的单一企业，但在2015年成功转型为涵盖了奶粉、奶茶和旅游等多种产品的全链条生产企业。生产规模扩大和产业链的延伸不仅为当地农牧民提供了更多的就业机会，而且还通过产品附加值和收购价格的提升为农牧民带来了更多实惠。

在促进就业方面，公司每天处理鲜奶10吨，尽管企业生产流程已基本实现全自动化，但装箱工作还是雇佣当地牧民来完成。此外，华羚集团还建立了牦牛乳（曲拉）交易所，并在乡村设立了收购点，聘请当地牧民作为企业员工，统一收购"曲拉"。

在提升"曲拉"收购价格方面，华羚集团充分利用高原牧业纯天然无污染的优势通过市场推广提升"曲拉"和牦牛奶产品的市场价格，并通过提升收购价格让利当地牧民，使牧民深刻体会到了保护黄河上游生态环境的好处，不仅提升了牧民的经济收入，而且还培养了其环境保护的意识，实现了经济效益与生态效益的双丰收。

生态环境改善为当地旅游业的发展奠定了坚实的生态基础。华羚集团充分利用这一优势，在做牦牛乳产品生产、加工、销售的同时，还深度挖掘甘南州生态资源优势，不失时机地将公司的业务向生态旅游业延伸。公司新建的美仁大草原游客服务中心就坐落于国家AAA级工业观光旅游景区华羚集团所在的牦牛乳产业园，这里是每一位到访游客的第一站，也是游客们体验这片美丽草原的起点。服务中心以现代化的建筑风格融入草原的自然环境，为游客提供了全方位的服务。从服务中心出发，一条宽敞的步道蜿蜒向草原深处，步道两侧是连绵不绝的绿草如茵，点缀着各种野花，五彩斑斓，美不胜收。远处的牛羊群在悠闲地觅食，牧民的帐篷像是点缀在草原上的珍珠，散发着浓郁的民族风情。服务中心内，热情的工作人员会为游客提供详细的旅游指南，从草原的历史文化到当地的民俗风情，从特色美食到户外活动，无一不包。游客们还可以在这里租赁自行车、马匹等交通工具，以便更深入地探索这片神奇的土地。在这里，游客们可以感受到草原的宁静与壮丽，留下难忘的回忆。美仁大草原游客服务中心不仅是游客的集散地，更是他们与这片美丽草原建立深厚情感的桥梁。在这里，每一位游客都能找到属于自己的草原故事，留下一段难忘的旅程。该游客服务中心一年可接待游客3万余人次，为合作市周边贫困户提供30多个就业岗位。

甘南草原地区是一二三产业融合发展的典范。一二三产业的发展使当地农户真真切切体会到了草原生态环境的宝贵价值，进而增强了他们保护草原生态环境的自觉性。随着生态环境的不断改善，旅游业得以蓬勃发展，进一步拉动了当地经济的增长，促进了农户收入的增加。这一系列的良性循环产业发展模式充分展示了产业融合发展的巨大潜力（图6-1）。

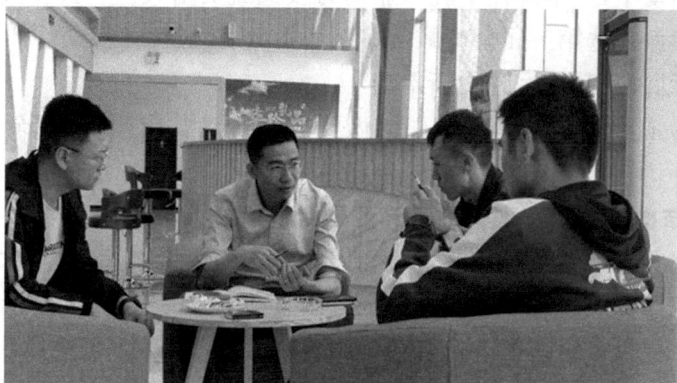

图 6-1 华羚集团部门领导与调研组分享扶贫经验

2. 建立紧密型利益联结机制，形成农户与企业的良性互动

与其他企业不同的是，华羚集团有意识培育双向奔赴文化，这从该企业的使命与愿景中可见一斑。华羚集团的使命与愿景是：在龙头企业的带动下，让牧民的奶渣子能够卖到像金子一样的价格；让 620 万藏族牧民走出创业致富新路子；牦牛奶守护了西北五代人的健康，让它去守护全世界人民的健康和坚持同广大牧民同发展、共繁荣。

华羚集团在发展之初制定企业发展战略时就将农户纳入考虑范畴，注重与农户之间构建紧密型的利益联结机制，在彼此合作中增强交流，建立信任，最终实现彼此的双向奔赴。为了解决牧民群众鲜奶交售难问题，保障企业奶源供给，公司与牧户建立了鲜奶收购双向机制，实现了企业生产与牧户增收共赢。

（1）入股分红促增收。华羚集团紧紧抓住农牧村"三变"改革的机遇，深入参与合作市及周边牧区的脱贫攻坚工作。华羚集团还与合作市的三个乡镇签订了扶贫合作协议，共同探索"三变"改革如何更有效地推动脱贫攻坚。根据这一协议，农村集体经济资金、牧户产业帮扶资金以及牧民个人的草场均可作为股份加入华羚集团的牧场。扶贫资金也集体入股公司，无论公司的盈利状况如何，确保每年都能获得 8％的分红，公司定期向牧民分配这些分红，帮助他们与国家的扶贫资金对接。扶贫资金与企业结合后，对于签订协议的贫困农牧户，公司提供优惠价格收购他们的产品。具体来说，鲜奶的收购价格比市场价高出 0.4 元/千克，"曲拉"则高出 0.2 元/千克。这一举措已经帮助 3 个乡镇、20 个行政村的 5 589 名建档立卡贫困户实现了稳定脱贫，为牧民群众脱贫致富开辟了新道路。

（2）高价收购稳销路。华羚集团在发展初期将农户纳入企业发展战略之中。为了解决牧民群众鲜奶交售难问题，同时也为了保障企业奶源供给，公司与牧户建立了鲜奶收购双向机制。

首先，在鲜奶和"曲拉"的收购上，华羚集团的做法远非简单的买与卖，公司在甘南州农牧局、合作市农牧局的协助下，在合作市那吾镇多河村，夏河县阿木去乎镇、博拉乡等地设立了长期固定的奶源收购站点，不仅建立了牦牛乳鲜奶收购责任制，还与当地村委会、乡政府签订了牦牛乳鲜奶收购合同，与牧民签订了鲜奶收购协议。这既有利于公司鲜奶收购的奶源保障，又方便了牧民足不出户就可以交售鲜奶，节约了人力成本和交通费用。

其次，建立了规范的收购程序。在鲜奶收购时使用三联票据，公司开具三联票据，牧民拿着票据，将票据上所需的鲜奶送到奶站，奶站再将鲜奶运送到企业仓库，之后牧民可以在牦牛乳（曲拉）交易所领取奶款。在牦牛乳（曲拉）交易所就能看到发放奶款期间牧民脸上抑制不住的喜悦。挂在"曲拉"交易大厅上一面面的锦旗就是牧民对公司认可和信任的最直接表达，也是牧民能够无条件按时按量地将家中牦牛奶送到奶站的动力来源。

最后，公司还通过提升收购价格让利于民。干酪素作为一种牛乳提炼产品，在造纸、皮革、纺织和保健食品等领域有着广泛的应用，国内外市场需求巨大。华羚集团通过自主技术研发，将"曲拉"提取加工制成高附加值的干酪素产品，销往世界各地。随着干酪素销路的打开和生产规模的不断扩大，公司主动提升了牧民"曲拉"的收购价格，草原上"曲拉"的收购价格一路上涨，收购价格从1.2元/千克达到了最高时的62元/千克。

如今，甘南州已经成为全国的"曲拉"交易中心，这里的"曲拉"收购活动惠及了2.95万牧户。原先的奶渣"曲拉"，在华羚集团的带动下，已经成为当地牧民脱贫增收的"金疙瘩"。

（3）技术扶持提品质。华羚集团一直致力于科技创新，组建了自己的技术研发团队，并与中国知名高校、科研院所等机构展开紧密的技术研发合作，坚持技术引领产品增值。华羚集团还拥有我国唯一一家专业研发牦牛乳酪蛋白的科研机构，被国家发展改革委等五部委认定为"国家级企业技术中心""国家地方联合工程研究中心""国家乳品技术研究分中心"，也是酪蛋白、酪朊酸钠等产品国家标准的起草单位。近年，该公司累计投入科研经费达8 000多万元，先后获得2项国家科技进步奖二等奖，20项科技成果，17项新技术新产品，32项发明专利，科技成果被列入国家火炬计划、国家星火计划、国家重点新产品。通过技术研发推动了乳产品的精加工，提高了产品附加值与牦牛乳、"曲拉"的收购价格。在技术扶持方面，公司从牧民的实际需要出发，对牧民的各种生产工具进行改进。公司对原始的纯手动打酥油传统工艺进行了改良，引进了手动式手摇分油机。同时还积极向贫困农牧户推广小型酥油分离机，教授他们新的"曲拉"制作工艺，不仅提高了产品品质而且还提高了生产效率，释放出更多的劳动力，使牧户能够从事其他工作，进一步拓宽了他们的增收渠道，增强了牧民的内生发展动力。

企业的发展带动了当地牧民收入的稳步提升，牧民也正面反馈了企业的付出。他们不仅无条件按时按量地将家中最天然的牦牛奶按时按点、保质保量地送到奶站，为企业提供了稳定的奶源保证，而且对企业的各种决策也给予了无条件地支持，二者之间形成了一种相互信任、互惠互利的双向奔赴关系（图6-2、图6-3）。

图 6-2　调研组参观小型酥油分离机

图 6-3　调研组参观华羚集团的产品展示室

3. 搭建交易平台，实现农户与市场有效对接

华羚集团深知周边五省（自治区）藏区牧民群众在畜产品交易和信息交流方面的需求，因此斥资近千万元，于产业园内精心打造了"甘南州牦牛乳（曲拉）西部交易中心"。这一中心不仅是一个简单的交易平台，更是一个集"互联网＋市场＋物流＋牧户"于一体的综合性服务平台。

走进交易中心，会被其现代化的设施和繁忙的交易场景所吸引。交易中心内部设有农牧业订单和现货市场交易平台，这里每天都有大量的牧民群众前来交易他们的牦牛乳和"曲拉"。市场行情接收和信息发布平台是交易中心的重要特色之一。借助这一平台，牧民们能够迅速掌握市场的最新动态和价格信息，从而做出更加明智的生产和销售决策。此外，平台还定期发布行业报告和市场分析，为牧民们捕捉市场机遇提供有力支持。值得一提的是，通过该平台的公众号，牧民们还能实时了解市场行情，这对于他们把握每年的原料价格上浮趋势，进而实现增收具有积极的意义。

除了交易平台，中心还建有仓储物流集散平台。在这里，新鲜的牦牛乳和"曲拉"经过严格的质检后，被送往全国各地的消费者手中。这不仅保证了产品的品质，也大大提高了物流效率，缩短了产品从生产到消费的时间。

三、主要经验

（一）立足本地资源禀赋，推动一二三产业融合发展

产业融合理论强调产业之间的渗透融合，注重一二三产业的融合发展，进而改变原有的耕作模式、生产模式及销售模式，延伸产业链。通过产业融合将农户有效地嵌在产业链上，使其能够分享到全产业链发展和产品附加值提高带来的收益，是未来农业现代化和农民实现可持续增收致富的重要手段。因此，推进农村一二三产业融合不仅是脱贫攻坚阶段提高中低收入农民的收入、促进农村贫困人口脱贫摘帽、助力脱贫攻坚战胜利的重要举措，也是新时期实现乡村产业振兴和农业农村现代化的重要战略抉择。我国"十四五"规划和2035年远景目标纲要也明确指出，要推进农村一二三产业融合发展，

延长农业产业链条，发展各具特色的现代乡村富民产业。脱贫攻坚阶段，华羚集团以一二三产业融合为重要抓手，大力发展特色产业，走出了一条符合自身特点的脱贫攻坚之路。

产业扶贫的实现路径具有多样性，必须因地制宜，综合考虑贫困地区的特色产业现状、市场空间、环境容量、新型农业经营主体的带动能力、产业覆盖面以及市场需求和农民意愿等因素，精准选择适合自身发展的特色优势产业。脱贫攻坚阶段，华羚集团立足牦牛乳特色优势资源，以新的市场需求为导向，以产业结构调整和转型升级为主线，以高质量发展为目标，以"大健康"市场为引领，以科技创新为引擎，丰富产业内涵，不断放大龙头企业的辐射带动作用。通过实施"科技兴产业、以产业保生态、以生态促旅游、以旅游带产业"的一二三产业融合新模式，华羚集团不仅实现了一二三产业的深度融合，成功构建了牦牛乳全产业链发展生态圈，同时也使广大农户通过鲜奶、"曲拉"供应和提供旅游服务等嵌入到产业链中来，成为助力农村脱贫攻坚和乡村振兴的有力抓手。华羚集团走出了一条适合自身发展的产业融合道路，不仅是脱贫攻坚阶段进行产业扶贫的重要经验，而且为下一步乡村振兴阶段实现产业兴旺提供了有益借鉴。

（二）在企业与牧民之间构建紧密型利益联结机制，实现双向奔赴

共生理论强调事物与事物之间的相互依存与不断进化，注重事物之间通过动态交互建立起共生关系，最终实现各种事物共同发展与繁荣。现代农业发展强调企业与农户之间建立一种紧密的共生关系，而不是简单的买卖关系。这种关系的建立，不仅有助于促进农业产业链的优化升级，提高农业生产效率和经济效益，而且还能实现企业与农户的优劣势互补，最终实现互利共赢。作为企业与农户之间共生关系的桥梁，紧密型的利益联结机制能够激发双方的责任感和合作积极性，进而促进资源的有效配置和利用，为互信关系的建立与合作的顺利开展提供了重要的支持和保障。

改革开放以来，农户利益联结机制问题一直受到重视。政府文件多次强调要在龙头企业与农户之间建立合理利益关系，鼓励发展混合所有制龙头企业，完善农业产业链与农民利益联结机制，让农民更多地分享产业增值收益。习近平总书记指出，要完善利益联结机制，让农民参与进来，形成企业和农户产业链上优势互补、分工合作的格局。

按照行为学的激励约束理论，利益联结关系是利益主体选择的结果，其紧密程度很大程度上取决于是否形成对行为人有吸引的激励效应。华羚集团注重在企业与农户之间紧密型利益联结机制的构建，进而形成对农户有吸引力的激励效应。首先，集团以"三变改革"为契机，与合作市的三个乡镇签订了扶贫合作协议，通过草场入股和扶贫资金入股建立了股份制利益联结机制；其次，通过建立统一的奶站收购体系和鲜奶收购双向机制，建立了合作制的利益联结机制；最后，集团还为农户提供了技术支持，不仅提升了奶产品的品质，而且还提高了奶产品的收购价格，实现了企业生产与牧户增收的共赢。由于紧密型利益联结机制为农户带来了切切实实的好处，使得牧民的收入得到了提升；反过来，牧民们也对企业的付出做出了正向反馈，他们无条件信任企业，按时将鲜奶和"曲拉"保质保

量地交付给企业，这种良好的企群共生关系为实现企业的可持续发展和农户的可持续增收奠定了坚实基础。

企群之间的良性互动是推动企业发展和农户增收的重要动力。华羚集团建立起的双向奔赴文化，不仅能使企业获得长远发展，群众从中受益，实现双方的互利共赢，而且也为下一步乡村振兴阶段产业振兴奠定了坚实的基础。

（三）搭建信息共享平台，促进农户与市场有效对接

随着全球农业市场化及国际经济一体化的推进，信息在农业生产和经营中发挥着日益重要的作用。对于企业而言，信息能够使企业知道自己生产的产品在市场中处于什么样的地位，还能够使得企业及时地调整自己的经营策略，制定合理的战略目标；对于农户而言，透明、对称的市场信息能够使农户及时、准确、全面地掌握市场未来的趋势走向，合理地调整生产规模和生产资料。信息经济学认为在市场经济活动中，各类人员对有关信息的了解是有差异的；掌握信息比较充分的人员，往往处于比较有利的地位，而信息贫乏的人员，则处于比较不利的地位。在农业产业化的进程中，"小农户"与"大市场"由于信息不对称，矛盾突出，为解决两者之间的矛盾，"公司＋农户"模式被认为是一种帮助农户与市场进行对接的行之有效的方式，备受青睐，成为我国农业产业化采用率最高的经营模式之一。在此过程中，企业利用自身的信息搜集优势，建立信息共享平台可以有效解决农户因组织化程度低、市场信息来源渠道有限和信息搜集与处理能力差等造成的信息不对称问题，进而使农户能够及时调整生产经营决策，生产适销对路的农牧产品。

民族地区居民生产经营更加分散，群众经营理念落后，文化水平低，市场信息搜集和处理能力更弱，信息共享平台的建立对于当地农户，尤其是贫困农户实现与市场的有效对接发挥着至关重要的作用。脱贫攻坚过程中，华羚集团成功创建了"甘南州牦牛乳（曲拉）西部交易中心"这一集"互联网＋市场＋物流＋牧户"于一体的综合性服务平台，使牧民能迅速把握市场动态及价格变动趋势，从而根据市场变化适时调整自身生产规模和产品质量，实现了与市场的有效对接。华羚集团搭建的信息共享平台不仅为公司和农户带来了便捷，确保了市场交易的公平性，而且实现了双方的互惠互利，为下一阶段乡村振兴的产品交易市场发展奠定了坚实基础。

四、结论与启示

（一）结论

通过以上分析，本研究详细探讨了脱贫攻坚过程中华羚集团是如何与农户建立起甘南牦牛乳产业同发展、共繁荣的局面的，研究得出的具体结论如下：

第一，坚持一二三产业融合，要立足区域资源优势努力延伸产业链，实现一二三产业有效融合和全产业链发展。在这一过程中，要从企业发展战略高度重视农户在企业发展中的重要作用，并将其有效地嵌入到企业的产业链中，使其能够稳定享受到产业融合带来的增值收益，实现稳定脱贫致富。

第二，坚持企农共生，构建紧密的利益联结机制，促进双方互相信任，双向奔赴，实现企业与农户的共生共赢。

第三，坚持以信息共享平台为载体，畅通市场信息传播渠道，通过龙头企业的信息共享平台建设解决当地农牧民信息搜集能力和来源渠道有限的问题，实现小农户与大市场的有效对接。

（二）启示

在后脱贫时代，巩固和提升脱贫攻坚成果对于推进乡村振兴战略有重要意义。从产业发展的维度来看，如何更有效地推动产业扶贫高质量发展，做好产业扶贫与产业振兴有机衔接，使得"公司＋农户"产业发展模式更加完善，已成为近期巩固拓展脱贫攻坚成果，长期探索建立稳定脱贫长效机制的重要内容。因此，得出以下几点启示：

第一，在当前的一二三产业融合推进过程中，农户的地位尚不够显著。为此，需要政府、企业以及农户三方共同努力，推动农户深度融入产业链的各个环节。首先，政府发挥引导作用，为农户融入产业链提供政策支持。一方面，可以通过制定相关法规和标准，规范农产品的生产、加工和销售环节，确保农产品的质量和安全；另一方面，政府可以对农户进行培训，提升他们的技术水平和市场意识。其次，企业应发挥桥梁作用，帮助农户更好地融入产业链。在与农户建立稳定的合作关系的过程中，引导农户参与农产品的深加工和品牌化建设，提高农产品的附加值和市场竞争力，实现资源的优化配置和产业链的协同发展。最后，农户自身也应积极提升能力，主动融入产业链。农户需不断学习新知识、新技术，提高自身的种植和养殖水平，主动关注市场需求和消费者偏好，调整种植结构和品种选择，以适应市场的变化。

第二，在构建利益联结机制的过程中，尽管企业作为主要的推动者，其关注点仍然主要集中在自身的盈利上，这导致农户的利益仍有较大的提升空间。因此需要在构建利益联结机制时更加注重农户的利益保障。首先，政府应发挥引导作用，通过制定相关政策法规，规范企业的行为，确保农户在利益分配中得到应有的份额。其次，企业应转变发展观念，将农户视为合作伙伴而非简单的劳动力提供者，通过技术支持、市场信息共享等方式，帮助农户提高生产效率和市场竞争力。同时，农户自身也应加强组织化程度，通过成立合作社、联合会等组织形式，提高在市场谈判中的地位和话语权。这样不仅可以更好地维护自身利益，还能促进农业生产的专业化、规模化发展。

第三，在搭建信息共享平台的过程中，还缺少对牦牛乳产品溯源地的信息共享。因此还需要企业利用科技手段，进行产品产地溯源，保障消费者的利益。这些高原生物在自然环境中自由放牧，要追踪它们的行踪，往往需要通过人工观察和记录，造成人力资源的浪费，因此，就需要相应的技术手段和设备支持来实现产地溯源；同时，政策应当在溯源方面给予一定的倾斜和扶持，在资金、技术和示范等方面发挥积极作用，帮助企业解决溯源工作中的困难和问题，推动食品安全溯源工作的健康发展。在这个过程中，不仅可以提高产品的质量和安全水平，保障公众的健康权益，还可以推动企业的转型升级和创新发展，提高整个行业的竞争力和可持续发展能力。

参考文献

曹立，王声啸，2020. 精准扶贫与乡村振兴衔接的理论逻辑与实践逻辑 [J]. 南京农业大学学报（社会科学版）（4）：42-48.

高阔，甘筱青，2012. "公司＋农户"模式：一个文献综述（1986—2011）[J]. 经济问题探索（2）：109-115.

葛继红，王猛，汤颖梅，2022. 农村三产融合、城乡居民消费与收入差距：效率与公平能否兼得？[J]. 中国农村经济（3）：50-66.

郭军，张效榕，孔祥智，2019. 农村一二三产业融合与农民增收：基于河南省农村一二三产业融合案例 [J]. 农业经济问题（3）：135-144.

郭芸芸，杨久栋，陈威，2023. 企农利益联结机制如何改善农业企业发展绩效？——基于农业企业调查数据的实证检验 [J]. 农村经济（4）：126-136.

贺雪峰，2023.《从深度贫困迈向乡村振兴："三区三州"样本》书评 [J]. 中南民族大学学报（人文社会科学版）（9）：189.

黄祖辉，陈露，李懿芸，2020. 产业扶贫模式及长效机制瓶颈与破解 [J]. 农业经济与管理（6）：25-32.

姜长云，2019. 新时代创新完善农户利益联结机制研究 [J]. 社会科学战线（7）：44-53.

匡远配，肖叶，2022. 农村三产融合发展的经济增长效应分析：基于2007—2019年的县域统计年鉴数据 [J]. 湖南农业大学学报（社会科学版）（2）：10-17，91.

李灿，2013. 基于共生理论的企业利益相关者关系研究：基本逻辑与演进机理 [J]. 湖南师范大学自然科学学报（6）：88-92.

刘红岩，2021. 中国产业扶贫的减贫逻辑和实践路径 [J]. 清华大学学报（哲学社会科学版）（1）：156-167，205.

农业行业观察，2023. 农业行业观察. 解读我国农村三产融合发展的四大意义 [EB/OL]. https://baijiahao. baidu. com/s？id=1768841517625675060&wfr=spider&for=pc.

彭建仿，2012. 新形势下龙头企业与农户和谐共生的逻辑路径 [J]. 华南农业大学学报（社会科学版）（2）：23-29.

吴丽丽，朱世友，吕永强，2024. 安徽省农村三产融合发展水平评价及优化路径 [J]. 中国农业资源与区划（3）：1-11.

吴重庆，张慧鹏，2019. 小农与乡村振兴：现代农业产业分工体系中小农户的结构性困境与出路 [J]. 南京农业大学学报（社会科学版）（1）：13-24，163.

新华社，2020. 中共中央关于制定国民经济和社会发展第十四个五年规划和二〇三五年远景目标的建议 [EB/OL]. http://www.gov.cn/zhengce/2020-11/03/content_5556991.htm.

杨莉，2023. 三产融合促进我国乡村振兴的路径研究 [J]. 农业经济（12）：119-120.

中国日报网，2019. 企业勇担时代责任，为脱贫攻坚工作做出巨大贡献 [EB/OL]. https://baijiahao. baidu. com/s？id=1629593268657297984&wfr=spider&for=pc.

新内生发展理论视域下：华丘村中藏药产业发展研究

一、引言

2019年国务院印发的《国务院关于促进乡村产业振兴的指导意见》提出要做精乡土特色产业。当前我国处于建设农业强国的重要阶段，产业振兴是乡村振兴的重中之重。产业振兴是增强农业农村内生发展动力的源泉，是乡村全面振兴的基础和关键。目前，随着乡村经济发展面临挑战的逐渐增多，传统的外源式与内生式发展模式已经难以满足现阶段乡村产业发展的需求。新内生式发展理论更加注重地方经济的内生增长潜力，提出在地方层面构建具有自主性、灵活性与可持续性的经济发展机制。不同于以上两种传统的发展模式，新内生式发展强调内生动力在区域经济和社会发展中的重要作用，主张地方要依靠自身的资源禀赋、文化特色和社会力量，探索出符合本地实际的可持续的发展道路。因此，内生性资源的合理利用、地方文化与产业的结合，以及社会资源的动员与组织，成为推动乡村产业发展的关键。

本研究梳理国内外学者对新内生发展理论的研究成果，以四川省甘孜藏族自治州九龙县呷尔镇华丘村中藏药产业为研究案例，通过对其发展过程中的外源力量（即政府政策、先进技术、多元主体、外部资金）与内生资源（即人力资源、自然资源、特色文化）进行深入分析，并探索内外资源整合驱动华丘村中藏药业发展路径，从而提炼新内生发展理论下，乡村产业发展过程中的实践路径。

二、文献综述与"新内生发展理论"分析框架

新内生发展理论是在对传统外生发展理论和内生发展理论进行反思和整合的基础上形成的。传统的外生发展理论强调外部力量和资源的推动，而内生发展理论则注重地方内部资源和能力的开发。然而，片面强调外部因素或单纯依赖本土因素都难以实现乡村的可持续发展。因此，新内生发展理论应运而生，它主张在整合乡村社区内部资源的基础之上，根据乡村社区发展的实际需要链接整合外部资源，构建上下联动、内外共生的乡村发展路径。

随着我国乡村振兴战略的深入实施，农村产业发展成为实现乡村振兴的重要途径。然而，农村产业发展面临着诸多挑战，如内生发展动力不足、资源利用效率低、产业结构不合理等。因此，在新内生发展理论的指导下，探索农村产业发展的新模式和新路径具有重要意义。

（一）新内生发展理论的兴起与发展

第二次世界大战后，欧美发达国家工业经济繁荣发展，加快了现代化、城市化进程，城乡差距拉大，贫富矛盾激增，各国纷纷采用政府和资本提供援助的外源型发展策略，来

解决乡村地区的贫困问题。"外源发展"（exogenous development）是以城市为轴心，以市场为导向，政府实施自上而下的扶持和干预政策，鼓励资本、技术、项目等要素下乡的发展模式。外源力量的侵入给乡村发展来了极大活力，注入新鲜血液，但同时也给乡村发展带来了负面影响。有学者认为，以生产主义导向的外生发展模式在提高农业生产率、粮食供应以及确保广大农村人口收入提高方面是一个"成功的故事"，但是这种重区域轻地方、重农业轻农村以及诉诸新古典经济学的分析框架忽视地方差异性的发展模式根本无视农村发展的可持续性，更为严重的是，奢侈的外生干预政策不仅不能解决持续存在的农村问题，以中心主导的发展项目还可能会破坏现有的社会结构，从而蚕食掉农村经济社会结构的独立性。

由于外源发展在乡村发展过程中的不尽如人意，内生发展应运而生。1975 年的联合国特别经济会议报告中，"内生发展"理论被认为是"另一种发展"模式（another development），主张发展要从社会内部推动，重点关注地方如何利用各种本土资源，实现区域性发展，强调发展应该是内生的和以人为本的，即在形式上要从内部出发，为人服务为目的。村庄在发展过程中，立足本土资源禀赋，充分挖掘自身力量，以村庄内源动力实现村庄产业振兴。尽管有些学者认为内生发展摒弃了依附性发展的现代化教条，强调地方团体积极参与决策过程和在自主方面的重要性，赋予了地方行动者更大自由裁量权。但是纯粹的内生发展模式并非一劳永逸地解决了农村发展问题。大部分村庄往往由于基层管理组织建设不足，底子薄弱，执行能力较弱，且村民意识不足，从而无法激活内部资源，使村庄整体发展动能不足。因此，以当地资源为特征的内生发展并不容易辨析，在缺乏向外创造"开放"的经济和社会的潜力的前提条件下追求发展，其可持续可能会受到阻碍。

基于"外源发展"与"内生发展"的局限性和片面性，"新内生发展"在弥合内外发展动力极化割裂的基础上诞生。21 世纪初期，Ray（2001）从混合决定论视角首先提出了新内生发展这一概念。它批判狭隘的、片面的、二元对立的发展观念，倡导以上下互动、内外协调的发展方式促进地方发展转型，激发乡村社会活力。概括来说，它是一种植根于当地，但面向外部，以当地和更广阔环境之间的联通为特征的农村发展方法。总的来看，新内生发展并非另起炉灶，而是在纯粹内生模式力有不逮之时以及外围环境不断变化的样态下发展出的一种新的农村治理思路。它关注地方利益的同时，重拾了外生因素的重要性，将新的农村发展视为"在任何地域的表现都是上、中两级资源与地方资源相互作用的各种组合的结果"。

随着乡村振兴战略的实施，国家与政府愈发强调"村民自主性"，"坚持农民在乡村振兴中的主体地位"，充分调动内外资源，这与新内生发展理论相契合。

近些年新内生发展理论也受到了国内学者的关注，在乡村发展中得到广泛应用。例如，张文明等（2018）则在介绍新内生发展过程中，提出"资源、参与、认同"三大环节；刘晓雯等（2020）认为要以农民的视角与需求为导向，结合外部力量持续投入经济性、社会保障性、政治性资源，构成乡村发展能力建设体系等；在具体实践中，王兰（2020）则通过乡村振兴实践，建构了新内生发展理论下的"认同、赋权、创新、合作"

四要素结合模式。文军等（2022）提出"上下联动、内外共生"的新内生发展模式化解"外生—内生"的实践张力。

（二）分析框架

通过上文对文献的梳理，发现国内外学者为新内生发展理论的研究提供了丰富基础，也为其在农村产业发展实践提供了大量的案例参照。既往研究大多集中于中部、东部等资源较丰富地区，基于以往研究案例的有限性，本研究将目光聚焦于资源匮乏地区，引入四川省甘孜藏族自治州九龙县呷尔镇华丘村中藏药产业发展案例。华丘村在中藏药业发展过程中依托独特的自然资源，引入龙头企业，将内生资源与外源动力进行整合，发展壮大村庄特色产业。文章采取理论分析与田野调查相结合的研究方法，基于"新内生发展理论"，即"外源动力—内生资源—资源整合"的分析框架，分析华丘村中藏药业发展的实践，对其自然资源、特色文化、多元主体等要素进行梳理，以讨论乡村新内生发展的动力，进而发现乡村产业振兴的路径（图6-4）。

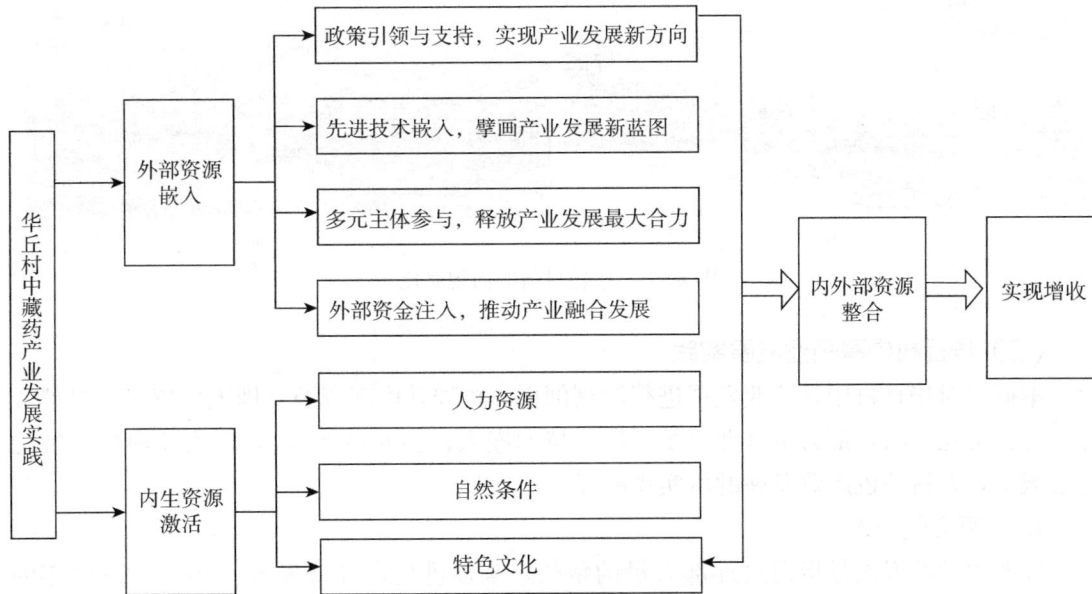

图6-4 华丘村中藏药产业发展分析框架

三、产业发展的外源力量与内生动力：华丘村产业发展的实践

（一）案例简述：华丘村基本情况简介

华丘村位于呷尔镇西南方向5千米处，华丘村，藏语意为"鹏背上的山乡"，是个藏汉彝多民族聚居的村庄，全村面积107千米^2，平均海拔2 984米。有耕地1 500余亩，林地2.1万亩，草地8.2万亩，退耕还林845亩，全村辖3个村民小组，农户494户1 812人。华丘村有着丰富的文化积淀和独特的风景。这个村子位于山脚下的一片绿色山间盆地中，四周群山环绕，蔚为壮观。村里保留着古老的藏族传统，以前这里因交通闭塞、地理

位置偏僻，全村人都过着半农半牧自给自足的生活，以种植玉米、土豆为生，几乎没有其他增收渠道，是名副其实的穷山村。

华丘村依托独特的气候优势、环境优势、区位优势、资源优势，引进龙头企业来进行培育发展，发挥龙头企业示范引领作用，构建科技引领型中藏药产业形态，推行"数字化研发—精品化种植—集约化加工—多元化销售的中藏药产业发展模式和农旅融合——一二三产业联动—整村推进"的产村融合发展建设模式，全力打造华丘观光休闲农业综合体。从闭塞落后的小山村到如今的青山绿水环绕，藏式新居错落有致，得益于"农旅经济"的融合发展（图6-5）。

旧面貌　　　　　　　　　　　　　　　　新气象

图6-5　华丘村新旧面貌对比

（二）华丘村中藏药业发展实践

本研究对华丘村中藏药业发展进行深刻剖析，梳理其内部资源（即人力资源、自然资源、特色文化）与外部力量（即政策支持、技术嵌入、多元主体等），探索新内生发展理论视域下，农村特色产业发展的可实现路径。

1. 外源力量嵌入

外源力量的嵌入是指通过外部力量的帮扶，来促进村庄经济发展。2016—2022年的中央1号文件都提出"激活农村发展内生动力"的要求，但中国各地乡村发展进度不一、资源禀赋差异显著，在实践中仅强调内生发展面临诸多限制，外资引入和政策驱动为乡村特色产业发展提供外源性动力。华丘村中藏药业得以快速发展的外源性动力有三点：第一是政府政策的引领与支持，第二是龙头企业引入带来的新技术，第三是多元主体的参与。

（1）政策引领与支持，实现产业发展新方向。民族要复兴，乡村必振兴。"有政府政策真好，华丘村的发展离不开党和政策的支持，感谢党和国家让我们过上好日子，是乡村振兴的春风加速推进了我们老百姓的致富螺旋桨。"华丘村村民如是说道。甘孜根据《甘孜州乡村振兴"双百工程"建设实施方案》，全面启动乡村振兴，华丘村也围绕各级政府乡村振兴战略的相关要求，因地制宜，与自身特色相结合，发展中藏药产业，开创了自己的致富道路，在乡村振兴方面取得了较好成效。

2018 年以来，九龙县始终以产业振兴为引领，响应省委、省政府的对口帮扶工作号召，华丘村依托成都市青白江区对口帮扶引进龙头企业——四川中康源医药有限公司落户华丘村，按照"一个中藏药研发中心＋N 个种植示范基地"的模式，全面建设汉藏药材标准化种植基地、产地加工及仓储物流基地、中医药健康文化体验基地、汉藏药材产业人才培训基地，打造多功能一体化的汉藏药材产业园区，建成科研楼、汉藏药科普馆、组育苗实验室及专家工作室、培训中心等科研及推广配套设施，初步建成以高原中藏药科研示范基地，高原中藏药育苗为核心的九龙县中藏药产业园区，不断延伸产业链条，提高农业产业效益，同时，基地设立"扶贫车间"，吸纳本地 30 余名贫困村民就近就业。

"现在啥子都好了，吃的、穿的、用的，啥子都有了，公路修到家门口了，水电都通了。真是谢天谢地，我们已经很满足了！感谢中国共产党啊！"村民说起幸福生活，不由得竖起了大拇指，一脸真诚和幸福（图 6-6）。

图 6-6　调研组在华丘村实地走访调研

（2）先进技术嵌入，擘画产业发展蓝图。为做大做强中藏药产业，九龙县采取"校地、校企"合作模式，组织邀请四川省农科院经作所、四川省中医药科学院、四川师范大学生命科学院、成都中医药大学、四川大学等科研院所、高校深度合作，加大产学研结合力度，先后与九龙县高原中藏药科研基地签订长期合作协议，派出专家指导中药材资源采集评价、种子种苗繁殖研究、高山药材种植技术及示范推广工作，为基地中药材产业的发展提供技术支撑。

为了推动中藏药产业的健康发展，九龙县凭借技术支撑，持续优化"栽培＋研发＋加工"的中藏药产业发展架构，持续延伸产业链条，提升中藏药产业的经济效益。以华丘村的中藏药科研基地为核心，其影响力辐射至湾坝镇、子耳乡等 7 个乡镇、超过 30 个村落以及 14 个中藏药种植合作社，带动中藏药种植面积超过 4 500 亩，为当地创造了 1 000 多个就近就业机会。

通过"党组织＋企业＋农户"的合作模式，九龙县建立了包含"集体经济组织成员分红、扩大再生产储备金、部分资金注入村集体公益基金、奖励有功之士"在内的多元化分配体系。同时，采取"保障底价收购＋市场价格调整"的策略，签订了保障收购合同。此外，九龙县润德中药材科技有限公司还牵线搭桥，与盒马鲜生等企业合作，集中采购白芍花，助力脱贫户、监测对象及半劳动力等困难群体实现人均年收入增长 4 000 元以上。"自从芍药基地建设以来，我一直都在这里打零工，每个月都有 2 000 多元的收入，多的时候可以挣 3 000 元。我做梦都没有想到，在家门口都能挣到钱。"华丘村村民喜悦之情溢于言表。

（3）多元主体参与，释放产业发展最大合力。得益于当地政府的积极推动，华丘村成功引入了龙头企业——四川中康源医药有限责任公司。该企业在九龙县投资，设立了九龙县润德中药材科技有限公司，并于华丘村构建了中藏药科研大楼，率先实现了白芍在高原地区的驯化及试种。该中藏药基地采用"支部＋公司＋农户"的合作模式运作，通过构建村"两委"与村集体经济合作企业的"双向融入、交叉任职"机制，村"两委"干部被选派至九龙县润德中药材科技有限公司担任董事长助理职务，同时，润德公司的董事长也被选聘为华丘村村委会主任助理，有效促进了双方的深度融合。

在产业发展进程中，华丘村村"两委"高度重视村民的主体作用，鼓励村民为实现利益共享而自发组织起来，采取集体行动。通过信任、互惠规范等纽带，将个体行为与集体选择紧密结合，实现了个人利益与集体利益的和谐统一，有效破解了个人行动的困境。在此过程中，政府、市场、村民三方相互协同，形成了多元主体共同参与产业振兴的良好格局，有力推动了产业发展和共同富裕目标的实现。

总之，乡村产业的蓬勃发展与兴旺，离不开对乡村位置优势和资源条件的深入挖掘。通过联结政府、村"两委"、社会组织及村民等多方力量，对传统产业结构进行调整优化，培育新兴产业，可以将资源优势有效转化为经济优势，进而带动村民增收，为实现乡村共同富裕奠定坚实基础。

（4）资金注入，推进产业融合。呷尔镇以政府投资基础设施建设、项目引导资金及龙头企业技术支撑为基础，全力打造成为集优势产业、生态观光、休闲农业、文化体验于一体的特色中藏药基地，主动融入"藏彝走廊·秘境九龙"品牌建设。

华丘村投资 76 万元用于完善中藏药基地的现有景观建设，并斥资超过 2 000 万元来提升村里的旅游基础设施，主要涵盖了道路拓宽工程、路面沥青铺设、观景台及游客服务中心的建设。此外，华丘村还与甘孜州牧野文化旅游开发有限公司携手，深度合作，共同推出了如星空屋、观景居所等别具一格的民宿，为旅客带来了更为便利与惬意的旅行享受。同时，凭借多民族聚居的特色，华丘村整合农业与旅游资源，激励农户将自家具有特色的小院落转型为高品质的民宿，并鼓励村民开发相关资源，凭借农家小院发展经济。该村充分利用本土特色资源，吸引游客，打造了一条"多点串联"的特色观光路线，该路线集花卉观赏、科技展示、农家美食于一体，同时深入挖掘芍药文化，推出了田园体验活动，致力于构建现代农业与旅游融合的发展模式。这一系列的举措使得"村庄转变为园区""药田升级为景区""农舍变身客房""文化铸就品牌"，实现了"产业园区景观化"，推动了一二三产业的深度融合与发展。

华丘村利用种植中藏药的"幸福田"打造了属于华丘的特色精品旅游休闲路线。2016年，该村获评全国少数民族特色村寨、四川省级文明村；2017年，被评为四川省级"四好"村；2019年被评为甘孜州最美村寨；2021年被评为甘孜州乡村文化振兴样板村。一个个项目落地和中藏药产业不断扩展，到2024年底，华丘村已总体打造成"五有"格局，即"有看的、有收的、有吃的、有耍的、有住的"，形成产业兴旺、生态宜居、乡风文明、治理有效、生活富裕的美丽乡村。

2. 内生资源激活：赋予村庄发展内生动力

村庄内生资源的激活是乡村振兴战略实施中的核心议题，关乎村庄发展及乡村社会的进步，是推动乡村特色产业持续健康发展的内在动力。华丘村在政府、社会组织的帮扶下，使其优越的自然条件与特色文化得以激活，使华丘村的发展潜力得以释放。

（1）人力资源。华丘村的人力资源构成呈现出鲜明的两大特点，分别是乡村精英和普通村民，这两部分共同推动着村庄的经济发展，形成了独特的发展模式。

乡村精英方面，王长生是其中的典型代表。王长生曾在九龙县文化馆工作，拥有丰富的文化背景和管理经验。退休后，他和妻子看准农旅结合的商机，决定利用自家的房屋开设农家乐。凭借他的人脉和管理能力，农家乐迅速吸引了大量游客，生意也蒸蒸日上。"以前一家人靠自己微薄的工资维持生计，除了勉强能支付孩子在学校读书的费用外，包里所剩无几，有时候家里有事急需用钱，就得到处借债，那种日子真的不好过"，王长生介绍说。王长生不仅每天忙碌于接待游客，还通过他的农家乐，向村民传授经验，激励大家尝试农旅结合的创业模式。如今，华丘村几乎家家户户都经营起了客栈或民宿，成为村集体经济的重要支柱。这一模式不仅带动了旅游业的发展，还增加了村民的收入，提升了村庄的整体活力。

普通村民方面，华丘村的中藏药业基地建设成为乡村振兴的另一个关键点。最初，村民们对中药材的种植了解较少，也缺乏相应的技术和管理经验，但通过基地的引导和支持，村民们逐渐获得了相关知识和技能。为了更好地支持中药材种植，基地建设了2 500米^{2}的科研综合大楼，内设有组培快繁实验室，专门用于白及等中药材的快速繁育和研究。此外，基地还建设了240米^{2}的多媒体培训中心，专门用于为九龙县中药材种植大户以及基层农技员提供专业培训。通过这些培训，村民们掌握了现代化的种植技术和管理模式，逐步提升了自己的生产能力和技术水平。截至目前，基地已经培养了100余名种植技术能手，他们为自己谋得了一份稳定的收入，同时也为村集体经济发展提供了强有力的技术保障。

（2）自然条件。九龙县地处攀西平原和青藏高原的过渡地带，拥有高山、极高山、山地、河谷四大地貌，地形复杂、高低悬殊、雨量充沛、日照充足，有"一山分四季，十里不同天"之说，得天独厚的自然环境和地理位置为种植芍药、白及等汉藏药材创造了良好的生长环境，中藏药也成为九龙县被大自然馈赠的"土特产"。

基于优越的自然条件，华丘村引入龙头企业，通过建立"公司＋支部＋农户"的利益联结机制，形成村主导、公司经营、村集体和群众共同受益的产业发展格局，成立了九龙县润德中药材科技有限公司,投资 1 500 万元,在华丘村租用了 130 多亩土地,建立了 130 亩高原中藏药科研示范基地,30 余亩高原中藏药育苗基地,兑付土地租金 14 万元。同时,基地一般都会有 5~6 人是长期用工,而按天结算短期务工人员也基本上会有 10 多个人,一年为当地务工村民会带来 20 万~30 万元的收入。村民依靠此项目有土地流转、务工收入以及村集体经济分红,让村民们在家门口就能挣到钱、能致富。"挣到钱了,大家的积极性就高了。现在说要试种新药材,村民们都抢着干。中药材成了幸福之花,现在村里的马路铺起来了、路灯也装好了,我们的日子越来越有盼头了!"说起村里的变化,华丘村党支部书记激动的心情溢于言表。

(3)特色文化。华丘村是一个历史悠久的藏族村落,村民们保留着许多古老的藏族传统与文化。在村民们的日常生活中,穿着、饮食、居住及节庆等,都构成了其所特有的民族特色。首先在衣着方面,藏族传统服饰多以蓝色、白色和红色为主色调,分别象征着天空、云朵和火焰,代表着藏族人民对自然的敬畏与崇拜。在饮食方面,他们喜欢酥油茶、青稞酒和糌粑等,除此之外,华丘村的节日活动丰富多彩,其中最具代表性的是藏历新年和农耕节。藏历新年是藏族人民最重要的传统节日之一,村民们会穿上新衣,进行祭祀活动,祈求新的一年平安吉祥。农耕节则是庆祝丰收的节日,村民们会举行盛大的庆祝活动,感谢大自然的馈赠,并祈求来年的丰收。这些独具特色的民族文化赋予了华丘村顽强的生命力,将其文化价值和经济效益最大化。

近年,华丘村发挥其特色文化优势,引入甘孜州牧野文化旅游开发有限公司,并与该公司开展深度合作,不断推进乡村旅游发展。积极倡导群众民族民间各类手工艺与民居接待相结合,充分利用了民族文化、山水花草、民居民宅、田园风光、"森林公园""人工湖""跨湖大桥"等,使自然资源和人文资源融为一体。同时,华丘村还定期举办各类节庆活动和文化展览,如藏族文化节、中药材文化节等,让游客在欣赏美景的同时,也能深入了解当地的文化与历史,打造乡村旅游品牌。"以前,这里因交通闭塞、地理位置偏僻,全村人都以务农为主,是名副其实的穷山村;如今,村里交通方便,产业越来越多,老百姓的日子也越过越舒服哟!"华丘村原村支书何树明说道。

四、乡村振兴背景下农村产业发展底层逻辑

新内生式发展强调内外资源的有效整合利用,利用自身优势资源获取外部资源,充分将内部发展系统与外部的网络有效链接,这种超地方力量参与到本地发展可以有效弥补地方力量的短板,为本地发展提供有利条件。

在乡村振兴战略实施过程中,如何使农村找准自身定位,充分利用外部资源并将外部资源与内部资源进行整合,形成村庄自身的强大发展动力,已成为乡村振兴的重要命题。从华丘村中藏药业发展的实践来看,其充分利用自身地理位置及气候优势,因地制宜发展中藏药种植业,并通过引入外部资金与技术支持,将产业发展壮大。不仅局限于种植业,通过整合中藏药业与本地特色文化,在外部力量帮扶下,发展特色旅游业,从而激发华丘村自身内生发展动力,形成集种植业、旅游业于一体的产业链条。通过对华丘村发展实践

的剖析与总结，构建乡村振兴背景下农村产业发展路径，首先要深挖本地特色资源，这是乡村产业发展的前提，对外源力量进行合理利用，激发村庄内部资源活力，将内外部资源进行整合，坚持村庄本位，创新与本地相契合的发展模式，发展壮大农村特色产业链，实现村庄内生发展能力提升，走高质量发展之路。

1. 深挖本土资源，合理利用外部资源，实现内外资源互补

新内生式发展理论不像内生式发展拘泥于乡村本身，也不像外生式发展片面地依赖外部力量，而是在批判反思二者的基础上进行整合与扬弃。农村集体经济新内生发展就是借助外部资源，开发处于沉睡状态或低效使用的农村内部资源，以激活村庄资源的潜能并实现资源增值。在乡村振兴过程中，不同的村庄资源禀赋有所不同，部分村庄内部资源丰富，有足够的资金与能力对其进行开发利用，实现村庄的新内生发展。但大部分村庄并没有自己实现新内生发展的能力，这就需要借助外部力量的帮扶，实现村庄内外资源互补。

纵观村庄整体发展，最主要的制约因素似乎就是资金问题。缺乏资金的投入，村庄可能会陷入某种停滞状态，针对此情况，地方政府与社会组织通常通过项目投资给予村庄资金支持，完善村庄基础设施建设，在帮扶下，村庄充分开发自身资源（自然资源、当地文化、人力资源），因地制宜发展村庄特色产业。通过社会组织的经验、技术、资金支持，延长产业链，实现村庄的内外资源互补，促进村庄一二三产业融合发展，带动农民增收。同时社会组织也在农村产业发展过程中获得了低价的土地、劳动力等生产要素，实现了村庄、社会组织双方共赢。

2. 坚持村庄本位，创新发展模式，走高质量发展之路

新内生发展理论主张走内外结合、协调运作和充分激发村民主体性的乡村发展道路。乡村发展需注重外部资源的引入与利用，更要注重坚持村庄本位，最终能够实现乡村自力更生，自我发展。在村庄内外资源互补的基础上，若想要这些资源发挥其应有的价值，产生经济效益，就要深入考虑这些资源的组合形式及整合方式，即通过什么方式实现这些资源的有效结合与优化配置，从而找到适合村庄发展的最优路径。

乡村产业是一个动态复杂的系统，包含了多个环节、多种层次，并且各主体之间紧密相连。要实现乡村产业的发展，必须促进乡村场域内多元主体的战略协同，以达到协同治理的目标，构建一种合作模式、实现过程协同，并最终共享发展成果。村庄需立足自身资源优势，借助社会力量，引进先进技术与管理经验，因地制宜使村庄、社会组织、村民之间形成一种方式合作、过程协同、成果共享的发展模式，形成村庄、社会组织、村民共同受益，推动产业可持续发展。同时，在探索本地特色产业发展模式时，坚持生态优先，绿色发展的原则，加强村庄生态资源保护，实现经济效益和生态效益双赢，走高质量发展之路。

五、结论与政策启示

本研究通过对华丘村中藏药产业发展案例的研究，探讨了新内生发展理论在乡村产业振兴中的应用，得出以下结论：

第一，新内生发展理论为乡村产业振兴提供了深刻的理论指导。通过政策引导、龙头企业引入以及多元主体的积极参与，能够有效克服传统外生发展模式下地方主体性丧失的问题，有效弥补了单纯依赖内生资源所导致的产业发展动力不足问题。

第二，乡村产业的发展依赖于内外部资源的有机协同。政策支持、技术创新以及外部资本的投入在产业初期阶段起到了决定性作用，而地方的内生资源为产业的规模化、标准化和品牌化奠定了坚实基础。

第三，乡村产业振兴与乡村治理体系创新必须协同推进。乡村产业振兴是产业、社会与生态多个维度的系统性变革，必须重视产业与乡村治理体系的协同创新，才能实现长远的乡村振兴目标。

基于上述结论，本研究提出以下政策建议：

第一，强化政策支持，构建稳定的产业发展环境。应进一步优化产业扶持政策，完善财政补贴、税收优惠和信贷支持机制，同时加强科技创新投入，提升产业各环节的技术水平和市场竞争力。

第二，完善利益联结机制，推动龙头企业带动乡村产业发展。应鼓励"企业＋合作社＋农户"模式，推动龙头企业与村集体、农户签订长期合作协议，保障农户共享产业红利。

第三，促进乡村治理创新，推动绿色可持续发展。应鼓励村民通过合作社和产业协会等形式深度参与产业发展，提高乡村经济的自组织能力。

参考文献

丁波，2020. 乡村振兴背景下农村集体经济与乡村治理有效性：基于皖南四个村庄的实地调查［J］. 南京农业大学学报（社会科学版）（3）：53-61.

郭庆，2023. 乡村体育振兴的新内生发展逻辑与实践探索：来自台盘"村 BA"的案例分析［J］. 武汉体育学院学报（6）：12-18.

联合国教科文组织，1988. 内源发展战略［M］. 北京：社会科学文献出版社.

刘晓雯，李琪，2020. 乡村振兴主体性内生动力及其激发路径的研究［J］. 干旱区资源与环境（8）：27-34.

马海龙，杨玟玟，2023. 新内生发展理论视阈下乡村特色产业发展的动力整合：以东北地区 J 村木耳产业为例［J］. 原生态民族文化学刊（4）：64-77，154-155.

慕良泽，王颖，2021. 新内生发展视阈下脱贫攻坚与乡村振兴的衔接［J］. 山西农业大学学报（社会科学版）（2）：43-50.

王兰，2020. 新内生发展理论视角下的乡村振兴实践：以大兴安岭南麓集中连片特困区为例［J］. 西北农林科技大学学报（社会科学版）（4）：65-74.

文军，刘雨航，2022. 迈向新内生时代：乡村振兴的内生发展困境及其应对［J］. 贵州社会科学（5）：142-149.

吴越菲，2022. 内生还是外生：农村社会的"发展二元论"及其破解［J］. 求索（4）：161-168.

张方旭，2021. 内生型发展视角下新乡贤助力乡村振兴的社会基础：基于 F 村"绿色菜园"发展的经验研究［J］. 人文杂志（7）：122-128.

张文明，章志敏，2018. 资源·参与·认同：乡村振兴的内生发展逻辑与路径选择 [J]. 社会科学 (11)：75-85.

张行发，徐虹，张妍，2021. 从脱贫攻坚到乡村振兴：新内生发展理论视角：以贵州省 Y 县为案例 [J]. 当代经济管理 (10)：31-39.

BECKMANN A，DISSING H，2004. EU enlargement and sustainable rural development in Central and Eastern Europe [J]. Environmental Politics (1)：135-152.

CLOKE P J，MARSDEN T，MOONEY P，2006. Handbook of Rural Studies [M]. London：SAGE Publications Ltd.

COURTNEY P，MOSELEY M，2008. Determinants of local economic performance：experience from rural England [J]. Local Economy (4)：305-318.

GKARTZIOS M，SCOTT M，2014. Placing housing in rural development：exogenous，endogenous and neo‐endogenous approaches [J]. Sociologia Ruralis (3)：241-265.

HADJIMICHALIS C，2003. Imagining rurality in the new Europe and dilemmas for spatial policy [J]. European Planning Studies (2)：103-113.

NAVARRO F A，WOODS M，CEJUDO E，2016. The LEADER initiative has been a victim of its own success，The decline of the bottom‐up approach in rural development programmes，The cases of Wales and Andalusia [J]. Sociologia ruralis (2)：270-288.

RAY C，2001. Culture economies [M]. Newcastle：Centre for Rural Economy.

SHUCKSMITH M，2000. Endogenous development，social capital and social inclusion：Perspectives from LEADER in the UK [J]. Sociologia ruralis (2)：208-218.

WOODS M，MCDONAGH J，2011. Rural Europe and the world：Globalization and rural development [J]. European Countryside (3)：153-163.

践行国企使命担当 共绘乡村发展新画卷

——以甘肃省甘南藏族自治州合作市卡加曼乡博拉村为例

一、引言

国有企业是国家经济发展的主力军，在打赢脱贫攻坚战中发挥着重要的作用，这是由国有企业的性质和历史地位所决定的。在脱贫攻坚战中，国有企业肩负历史使命，充分发挥了资源优势，积极投入精准扶贫工作，以实际行动诠释了时代的责任和担当，服务地方经济发展，践行社会责任，为国家现代化发展和保障人民群众的共同利益增添了重要力量。习近平总书记多次指出，"国有企业要承担更多扶贫开发任务""承担定点扶贫任务的中央企业，要把帮扶作为政治责任，不能有丝毫含糊"。2018 年出台的《中共中央、国务院关于打赢脱贫攻坚战三年行动的指导意见》也强调要组织企业到西部地区建设产业园区，吸纳贫困人口稳定就业。

在民族地区扶贫事业中引入企业的主要原因是利用其所拥有的资本和创造财富的能力，不仅能够帮助贫困地区弱势群体零风险得到所需要的生产资料，而且能助力贫困人群实现脱贫致富,让企业的生产经营和发展目标与民族贫困地区的资源、能力密切联系。当前民族地区企业扶贫主要存在以下三方面问题:第一,逐利的天性使很多企业只在意谋取自身利益,而忽略了其自身肩负的扶贫济困和保护环境等社会责任。第二,企业基于脱贫压力,在产业选择上与当地贫困人群之间的互动不足,他们往往倾向于选择那些投资见效快的项目,对产业后续发展问题重视不足。第三,企业往往只使用有利于企业发展的高素质人才,而对当地人才资源的挖掘不足、重视不够,导致一些地区的扶贫工作难见成效。

在新时代背景下,国有企业肩负着脱贫攻坚和乡村振兴的重要使命。一方面,国有企业要在脱贫攻坚战中发挥龙头带动作用,助力贫困地区脱贫增收;另一方面,又要为乡村振兴提供有力支撑,推动农村经济持续发展。因此,探索一种既能巩固拓展脱贫攻坚成果,又能与乡村振兴有效衔接的发展模式至关重要。为进一步发挥国有企业在乡村振兴中的作用,找到国有企业在后续防止返贫以及与乡村振兴有效衔接的新思路,本研究主要以甘肃省甘南藏族自治州合作市卡加曼乡博拉村为研究对象,探寻民族地区国有企业产业扶贫和带动农户增收的主要经验,研究内容集中于以下三点:第一,国有企业的担当精神在脱贫攻坚和乡村振兴过程中的重要作用。第二,国有企业在民族地区产业转型中的龙头带动作用。第三,国有企业是如何植根民族地区,实现对当地人才的挖掘和利用,以期通过对巩固拓展脱贫攻坚成果同乡村振兴有效衔接阶段国有企业参与经验的总结提炼,为下一阶段国有企业持续深度参与、推进乡村振兴提供经验启示。

二、案例描述

博拉村是一个位于中国西北地区的小村落,这里群山环绕,风景如画。村庄紧邻着大夏河支流德吾录河,水资源丰富。因为地处高海拔地区,这里冬季严寒,降水量较少,但夏季却凉爽宜人,是个避暑的好去处。随着近些年甘南州生态旅游产业的快速发展,博拉村民开始农牧业和旅游业的双向驱动发展。目前,博拉村已经成为合作市精心打造的文化旅游目的地,看着眼前别具一格带着藏族风格的村庄景象,谁能想到这里还曾和其他村落一样,陷入发展无力的贫困境地。

(一)传统藏式村落的困难开局

曾经的博拉村是一个以种植业和放牧为主的传统藏族村落,基础设施较差,道路网络不畅,教育资源缺乏,产业结构单一(主要产业为畜牧业和农业)。虽然地理位置优势明显,生态环境优越,文化和自然资源丰富,但基础设施太差,住宿环境不好,村里道路没有硬化,晴天尘土飞扬,雨天遍地泥泞,环境卫生欠佳,所以就算它处于国道一侧,也根本没有游客愿意来这里,群众的收入来源渠道单一,生活水平很低。更因为这些原因,博拉村出现了人才严重流失的问题,一方面,教育资源缺乏导致当地居民文化水平较低;另一方面,发展空间狭窄影响了当地居民致富。

2012年,博拉村曾掀起过一场兴办藏家乐的热潮,但是由于当时甘南州旅游并不火爆,村庄的基础设施不够完善,也没有媒体对其进行宣传,旅游业的发展并不成功,村民的经济收入仍然靠种植农作物和放牧，收入微薄。虽然也有一部分人选择外出打工，但由于文化水平较低，技能单一，所从事的工作不仅劳动强度大，而且收入也不稳定，生活仍然捉襟见肘。

脱贫攻坚战打响后，借助国家政策的东风，博拉村开始以藏乡村落为载体，着力打造藏式特色民俗旅游村，成为以"花为媒、藏乡民俗为魂"的香拉花海田园综合体项目的重要组成部分，整个村貌焕然一新，民俗风情浓郁，观光游客人数逐年快速提升，使当地群众的收入大幅增加。卡加曼乡博拉村从无到有的变迁过程是合作市脱贫攻坚成果的一个缩影。

（二）践行国企使命，承担社会责任

在 2019 年，甘南旅业投资有限公司（以下简称甘南旅投）被引入博拉村，为这里增添了生机。该公司带动村容村貌改造、人居环境整治和基础设施建设，既提升了村民的生活质量，也为未来发展旅游业奠定了基础。甘南旅投作为国有企业，在发展过程中发挥着举足轻重的作用，肩负着国家使命，以高度的责任感和担当精神，积极参与扶贫工作。在这一过程中，甘南旅投除了追求自身的经济效益外，还主动肩负起了帮助当地农民脱贫增收的社会责任。为帮助当地发展旅游业，甘南旅投不仅投入资金为博拉村完善各类旅游基础设施，还出资帮助村民装修房屋发展藏家乐；为提升当地村民发展旅游业的能力，甘南旅投开展了一系列有益的文化活动，引导村民了解传播藏族乡村传统文化，同时举办各类培训帮助村民学习各类传统手工技能。为拓宽农民收入渠道，提高收入的稳定性，在会展中心建成之后，甘南旅投还积极吸收当地村民就地务工，使他们能够在照料老人孩子的同时，获得一份不菲的务工收入，这些都为博拉村带来了实实在在的改变，取得了经济效益和社会效益的双丰收。

在巩固拓展脱贫攻坚成果与乡村振兴有机衔接的过程中，甘南旅投这种主动承担社会责任的做法，让当地的居民感受到了它的诚意，对公司的信任感也油然而生，他们开始主动配合甘南旅投对当地乡村进行改造，将世代居住的房屋和耕耘的土地拿出来，配合发展藏家乐和各类旅游项目，实现了企业与村民的双向奔赴（图 6-7）。

图 6-7　卡加曼田园综合体项目

（三）贯彻绿色理念，优化产业结构

藏族是生长在高原上的民族，分布地大多是水草茂盛、适合放牧的地方，畜牧业也成为藏民获取收入的主要产业。由于实行草畜平衡政策，当地畜牧业的规模受到很大限制，因此农民增收较为困难。为了获得尽可能多的收入，当地超载放牧和因为草场引发纠纷的问题也时有发生。因此，博拉村要实现脱贫增收，就必须转变发展理念，进行产业结构转型。

由于博拉村临近合作市，海拔比合作市低，适宜居住，这让合作市政府产生了在这里发展旅游业的想法，甘南旅投作为国有企业，借此机会，主动承担起了帮助博拉村实现由传统藏式村落向农文旅融合的美丽蝶变的重任。在建设过程中，甘南旅投贯彻"绿水青山就是金山银山"和"授人以鱼，不如授人以渔"发展理念，从当地群众的生产生活需要和生态文明建设的长远发展需要出发，规划了卡加曼田园综合体项目。该项目实施了防洪治理、基础设施改造、山水林田湖草沙一体化治理、博拉文化旅游标杆村等系列建设。通过利用环境综合整治，厚植生态环境底色，擦亮了秀美卡加"新生态"；通过大力发展休闲度假、特色产业，初步形成"文旅主导、一二三产业融合、多元共生"的产业发展体系；通过深度发掘乡村民俗文化、田园文化和乡土文化精神内涵，全面激活了田园羚北"新业态"。除此之外，甘南旅投结合博拉村独特的区位优势，助力其开展生态文明小康村建设，进行村内农牧户民居特色化改造，村内巷道路面硬化，并铺设石板路，实现了家家路路通，不仅方便了村民出行，而且也为发展生态旅游业，实现产业转型升级奠定了坚实的基础。甘南旅投始终把保护生态作为立身之本，主动承担作为国有企业该承担的社会责任，在发展旅游业过程中坚持贯彻落实"绿水青山就是金山银山"的发展理念，全力投身打造"五无甘南"和创建"十有家园"，体现了国有企业的使命担当。

（四）吸纳当地人才，奠定发展基础

以往博拉村居民的文化水平普遍较低，市场经营理念落后，熟悉当地藏族文化习俗并具有现代经营理念的人才十分稀少。甘南旅投到博拉村发展旅游业之初，也遇到了同样的人才困境。为此，经过认真的研究，甘南旅投决定实施人才的本地化战略，从当地寻找可用之才，甘南旅投相关部门负责人周加才让和娘七合塔就是公司人才本地化的鲜活例子。

2012年，周加才让还不是甘南旅投公司在博拉村的负责人，为了发家致富，他决定在博拉经营藏家乐。据周加才让回忆，十多年前，全国的旅游业还不是十分发达，尤其是甘南州这种民族地区，人员流动小，宾馆、农家乐等供游客住宿、就餐的场所少，来甘南旅游的大多是些背包客，主要是为了了解这里的风土人情以及藏族的居住环境，那时游客多寄宿在藏民家里，与村民同吃同住。这让他产生了发展旅游业，带动村民共同致富的想法。最初，博拉村村民听到要开藏家乐的提议时，质疑、反对接踵而来，大多数人都不愿尝试，认为发展藏家乐不仅投资大，而且收益不可知，远不如种青稞和放牧来得保险。在这一过程中，周加才让率先开始探索，并带动村民积极尝试，不仅积累了丰富的经验，而且对当地情况也了然于胸。甘南旅投来博拉村发展旅游业时，就立刻将其吸收为项目负责人，充分利用其经营管理方面的才能以及对当地情况和村民比较熟悉的优势，推动了项目

的顺利实施。在与周加才让交谈的过程中，从他脸上岁月的痕迹和喜悦的表情中，调研组看到了他创业的艰辛和对当前博拉村"蝶变"油然而生的骄傲。

在周加才让带领调研组参观博拉村时，认识了当地的藏族小伙娘七合塔。娘七合塔是博拉村的村民，从前是一名货车司机，长期的货运生涯使他拓宽了视野，增长了见识，他深知旅游市场的巨大潜力，但由于缺乏资金、技术和管理经验，使其无法涉足。甘南旅投敏锐地在众多村民中发现了娘七合塔，并鼓励和支持他优先发展藏家乐，不仅为其争取配套了相关资金支持，而且允许他与其妻子在淡季到田园综合体的酒店上班并学习现代经营理念。在甘南旅投的支持下，娘七合塔投资 300 万元打造了东更央启庄园，这是一家"外不见木、内不见石"，集"品藏餐、住藏宿、体验藏族民俗"于一体的典型的藏式民居。装修考究的木质藏楼、视野宽阔的观景阳台、特色浓郁的藏族饰品、美味可口的改良藏餐吸引更多游客入住庄园。由于受新冠疫情影响，东更央启庄园建设周期较长，于 2023 年 6 月开始营业，游客络绎不绝，娘七合塔介绍道："博拉村区位优势明显，旁边有'花海·田园·藏家风情线'，加上有甘南州庆、香浪节等重大节会的加持，这里的客源比较充足和稳定。生意最好的一天能接待 80～100 人，10 个包厢、3 个雅座全满，当日收入 1 万多元。"人才是产业发展之基，甘南旅投以建设家乡的责任感绘制田园综合体蓝图，留下了周加才让、娘七合塔这样的人才，不仅让他们在各自的领域熠熠生辉，而且也为当地旅游业的发展奠定了坚实的人才之基（图 6-8、图 6-9）。

图 6-8　甘南旅投负责人向调研组分享
发展经验

图 6-9　调研组参观调研东更央启庄园

三、成功经验总结

（一）国企担当作用

国有企业的地位是由以公有制为主体的经济制度赋予的，内生于中国总体生产方式。自新中国成立以来，国有企业在党的正确领导下，为我国的社会发展、科技进步、国防建设、民生改善等做出了历史性贡献，已经成为我国社会主义市场经济的基石。国有企业积极履行社会责任，是深化国有企业改革、完善现代企业制度、提升企业可持续发展能力的路径选择，企业的社会责任问题已成为备受关注的社会焦点。履行社会责任是国有企业在脱贫攻坚和乡村振兴阶段的历史使命。脱贫攻坚和乡村振兴需要兼顾经济效益和社会效益、个体利益和整体利益、短期利益和长期利益，对此国有企业有先天的优势。相较于财政资金，国有企业在资本管理方面具有更大优势，可以吸纳市场力量参与；相较于社会资本，国企更有责任将经济工作的社会效益、整体利益和长期利益置于重要位置。所以，国有企业应该有承担保护生态环境、带领村民脱贫增收、防范大规模返贫等社会责任的行为自觉。

对国企而言，其最突出的优势在于能够通过不断建立健全社会责任管理体系，强化其在村镇基础建设、生态文明、农民就业和权利保障等方面的责任治理。因此，脱贫攻坚和乡村振兴的各项工作应当鼓励国有企业积极参与，并主动肩负起自身的社会责任和生态责任。只有这样，扶贫企业才能得到村民的支持和信任，才能形成企业与村民之间双向奔赴的良性循环，最终在广大人民的支持下，实现经济效益、社会效益和生态效益的三丰收。习近平总书记在 2023 年全国两会上强调，无论是国有企业还是民营企业，都是促进共同富裕的重要力量，都必须担负起促进共同富裕的社会责任。所以面对脱贫攻坚和乡村振兴的历史性任务，地方国企作为地方经济建设的中坚力量应当积极参与。

甘南旅业投资有限公司作为一家国有企业和甘南经济的重要支柱，在脱贫攻坚和乡村振兴阶段发挥了其应有的担当和使命，不仅注重追求经济效益，也注重自身肩负的社会责任和生态责任，其在带动村民增收致富的同时，还助力完成当地村庄的基础设施建设以及文化和生态保护，也使得民族长期留存下来的文化和世代生活的家园得到保护，因而也得到了当地村民的拥护和认可。在脱贫攻坚与乡村振兴有效衔接的过程中甘南旅投主动承担肩负社会责任，帮助驻村队伍加强和完善内部治理，同时发挥企业家精神，时刻关注村庄的整体发展，致力于实现乡村"造血"式扶贫和持续性发展；在巩固拓展脱贫攻坚成果同乡村振兴衔接阶段，甘南旅投充分利用自身资源、市场、人才优势参与到乡村的产业振兴中，将乡村振兴战略同市场化运作有机结合，努力实现脱贫攻坚同乡村振兴的有效衔接。这种基于社会责任而产生的企业与农户的良性互动是甘南旅投和博拉村成功的重要原因，也是他们为乡村振兴阶段农业农村高质量发展提供的一种有益的经验借鉴。

（二）产业结构转型

产业是国民经济的基础，产业结构转型是地方经济持续发展和稳定增长的关键。产业结构转型不仅可以促进经济增长、拓展就业空间、提升人民生活水平，而且还可降低资源依赖与环境破坏，对于巩固拓展脱贫攻坚成果具有十分重要的意义。党的十八大以来，党中央坚持把解决好"三农"问题，促进乡村振兴，逐步推进农业农村经济高质量发展作为全党工作的重要内容，而推动产业结构转型升级是实现经济高质量发展的重要源泉。当前，民族地区在产业结构转型面临着思想观念落后，转型意识不足；基础设施建设滞后，产业基础薄弱；技术创新水平低下，转型能力弱；人力资本不足，人才缺乏，以及金融体系发展滞后，资本短缺等诸多困境。这就需要发挥国有企业的龙头作用，通过经营理念转变、基础设施建设、技术创新、人才引进和资金投入等多种方式助力民族地区传统产业转型，为贫困地区和乡村地区注入发展动力，助力实现乡村振兴。

党的二十大报告提出了要牢固树立和践行绿水青山就是金山银山的理念，"推动绿色发展，促进人与自然和谐共生"的发展要求。绿色发展理念是新征程中我国实现生态文明新进步的重要着力点，也是民族地区不断发掘内生动力、让绿色成为高质量发展底色的基本切入点。在脱贫攻坚与乡村振兴有效衔接阶段，甘南旅投立足绿色发展理念，一方面，把博拉村的资源优势、生态优势转化为产业优势，助力博拉村大力开展生态文明小康村建设；另一方面，立足于甘南州"五无甘南"目标，对村庄环境进行改善，优化乡村旅游发展环境，始终把保护生态作为根本任务，助力建设了卡加曼田园综合体项目，大力发展旅游产业助农增收，推动乡村产业高质量发展。甘南旅投倾力投入和真诚帮助使得博拉村在生态环境得到良好保护的情况下逐步发展起来，村民亲眼看见自己世代居住的家园正在变得越来越好，也切身体会到了这种变化给自己生产生活带来的便利，因此也逐渐开始配合甘南旅投在当地的项目建设，双方开始了双向奔赴，博拉村旅游业也因此蓬勃发展起来。甘南旅投奋立当下，着眼于未来，积极推动博拉村产业结构转型，并不因一时困难而漠视自身肩负的使命，以更高站位、更大格局、更宽视野谋划未来，为脱贫攻坚和乡村振兴有效衔接的后续工作提供了有效保障，为未来的产业振兴增添了新的力量。

生态是农业农村发展的重要底色，产业绿色发展是顺应自然，实现高质量、可持续发展的必然要求。甘南旅投坚持产业发展的绿色转型，是它作为国企所承担的责任，博拉村因此实现了"一时美"到"长久美"的华丽蜕变，绘就了一张属于博拉人的乡村振兴新画卷。

（三）善用当地人才

人才是发展的根本，只有打造一支强大的乡村振兴人才队伍，才能形成农村地区人才、土地、资金、产业汇聚的良性循环。民族地区基础教育发展滞后，居民受教育水平不高，人力资本缺乏。随着城镇化水平的持续推进和劳务经济的不断发展，大量高质量劳动力倾向于长期在外地从事非农就业并定居，使得人力资本缺乏成为国有企业扶贫和产业发展过程中面临的重大难题。本土人才来自农民主体，在乡土社会中处于中心地位，在治理实践中得到了锻炼和成长，获得了影响力和治理权威，由此成为产业扶贫中的企业与农户之间连接桥梁和重要节点，因此，在民族地区，重用本地人才，实现人才本土化是企业产业扶贫工作能够取得成效的关键。2018 年中央 1 号文件《中共中央、国务院关于实施乡村振兴战略的意见》提出，实施乡村振兴战略必须破解人才瓶颈制约。2023 年中央 1 号文件《中共中央、国务院关于做好 2023 年全面推进乡村振兴重点工作的意见》明确提出"实施乡村振兴人才支持计划""实施高素质农民培育计划"等加强乡村人才队伍建设的任务。总而言之，本地人才的挖掘与培育是民族地区企业产业扶贫项目能否取得成效的关键环节，挖掘乡村产业发展人才、激活农民的主体性，是实现乡村振兴的总目标、助推中国式现代化的必要途径。

甘南旅投在乐于帮扶的同时独具慧眼，致力于当地人才吸收转化，纳为己用。首先，在得知博拉村之前兴办过藏家乐，且有当地人带动的消息时，甘南旅投便抓住这个契机，找到当时的带头人周加才让，该做法不仅找到了一个熟知当地情况，又兼具经营能力的项目负责人，而且也让公司与当地村民有了桥梁和纽带，推动了项目的顺利实施。其次，甘南旅投也重视在村民中发掘能人，并通过能人示范带动项目实施。娘七合塔虽然有意愿要开一家藏家乐，但由于资金不足和缺乏经营管理理念，而不敢尝试。甘南旅投不仅解决了他缺少资金的问题，而且在宣传、经营方面为他提供了帮助。娘七合塔的成功带动了当地村民对藏家乐的投资热情，使得甘南旅游投资的田园综合体与藏民提供的藏家乐相得益彰，对游客的吸引力大幅提升。

周加才让和娘七合塔都是博拉村的本地人才，只有利用好愿意建设家乡的人才，激活农民的主体作用，才能为乡村发展提供源源不断的动力支持。甘南旅投认识到了本土人才在民族地区企业发展中的重要作用，通过深入挖掘当地人才并吸收其加入，成功地解决民族地区人才不足的问题，这既是甘南旅投成功的经验，也为民族地区企业发展过程中解决人才不足的问题提供了有益借鉴。

四、主要结论与启示

通过上述分析，本研究的主要结论如下：

第一，国有企业是打赢脱贫攻坚战和实现乡村振兴的中流砥柱，肩负着国家经济发展和民生保障的重要使命，它既能推动产业发展，创新扶贫模式，又能为群众创造就业机会，以造血式扶贫帮助群众，激发其内生动力。

第二，相对于其他企业，国有企业肩负的社会责任使其在带动群众减贫增收方面具有先天优势，国家应当鼓励国有企业积极参与贫困治理和乡村振兴的工作，并引导其主动肩负起自身的社会责任。

第三，本土人才是企业与农户之间的连接桥梁和重要节点。民族地区的产业扶贫与乡村振兴工作，应当注意发挥本土人才的重要作用，吸收和培育一批有知识、懂技术、善管理、会经营、接地气的本土人才。总而言之，党和政府应当发挥国有企业在扶贫减贫的天然优势，鼓励其在这些地区因地制宜，创新扶贫方式，通过发展产业、提高就业、改善基础设施、吸纳当地人才等手段，帮助贫困地区增强自我发展能力，实现可持续的经济发展。

立足以上分析，本研究得到了如下政策启示：

第一，应进一步提升国有企业履行社会责任的行动自觉。作为民族地区的经济龙头，国有企业在乡村产业振兴中的引领和推动作用不可忽视，因此，政府应当采取措施不断改善民族地区的营商环境，同时加强财政金融政策支持和社会氛围营造，为国有企业参与乡村产业振兴营造一个良好的外部环境。国有企业自身应该在专注于核心业务、努力提升自主创新能力、增强优质供给的同时，加强企业文化建设，将履行社会责任融入企业文化中，增强企业自身和员工履行社会责任的行动自觉。另外，要建立健全企业业绩考核体系，将社会效益作为企业业绩的重要考量，以此规范和引导企业的社会行为。

第二，在现有扶贫产业基础上进一步推动产业升级，提质增效。当前，甘南旅投的业务和博拉村旅游项目中还存在地方特色与文化元素融入不够，具有品牌美誉度且富有乡村特色、能讲好新时代乡村振兴故事的文旅产品缺乏等问题，在下一步的乡村振兴过程中，甘南旅投应该从自身优势出发，围绕游客需求、旅游行业趋势等元素，设计科学、完善的农文旅协同模式。依托博拉村的田园综合体，突出当地文化创意，通过开发新型旅游产品及服务业态，全面提升农文旅协同发展层级，最终实现产业升级发展。

第三，加强人才队伍建设，为乡村振兴提供强有力的人才保障。人才是推动乡村振兴的核心驱动力，能够带来新思维和新模式，提供专业的技术支持和服务，能够为乡村的全面发展提供强有力的智力支持。就目前博拉村旅游所聘用的从业人员情况来看，他们大多是当地的农民，而由于农民的文化素质较为低下，且不具备专业的乡村旅游知识。甘南旅投应结合博拉村乡村振兴的现实需求，契合民族地区对有文化、爱农业、懂经营、会技术、致力于服务社会的高素质农民的现实需求，紧扣当地特色产业，以工作岗位需求为依据开展有针对性的培训，实现劳动力供给端与特色产业需求端的有效对接。

参考文献

豆岚雨，申明锐，2023. 乡村规划之后：国企下乡运营的强制通行现象与可持续悖论［J］. 国际城市规划（4）：114-121.

贺小林，赵德余，卫笑啸，2022. 地方国企参与乡村振兴合作治理机制解析：以上海市 F 区"百村"模式为例［J］. 复旦学报（社会科学版）（3）：169-181.

黄细嘉，张科，熊子怡，等，2023. 乡村旅游、结构转型与农民收入增长：来自"全国休闲农业与乡村旅游示范县"的经验证据［J］. 世界农业（3）：71-84.

贾敬全，陶冶，2023. 产业结构转型升级对共同富裕的影响研究［J］. 财贸研究（9）：24-35.

江剑平，2023. 利润全民共享：国有企业扎实推进共同富裕的逻辑与路径［J］. 当代经济研究（10）：38-55.

李世杰，刘倩，2024. 乡村振兴背景下央企社会责任实践路径与新模式研究：华侨城 1996—2021 年纵向案例研究［J］. 农业经济问题（1）：63-83.

梁成艾，代玉芳，王德召，2023. 从依赖走向突破：民族地区新型职业农民专业化发展路径研究［J］. 内蒙古社会科学（4）：162-170.

刘俊清，2021. 党建引领扶贫创新机制模式研究：基于广西电网公司扶贫模式的启示［J］. 云南民族大学学报（哲学社会科学版）（2）：57-66.

刘胜，顾乃华，陈秀英，2023. 服务业综合改革与区域产业转型升级：基于准自然实验的证据［J］. 财贸研究（8）：13-25.

乔炎，2023. 解构乡村振兴创新人才培养模式［J］. 中国农业资源与区划（11）：38.

人民论坛"特别策划"组，2024. 乡村振兴新力量［J］. 人民论坛（1）：10-11.

魏滨辉，罗明忠，曾春影，2023. 劳动力返乡创业与县域产业结构升级：理论线索与经验证据 [J]. 中国农村经济（10）：26-48.

吴世农，杨玲玲，汤旭东，2023. 企业混合所有制改革与中国式扶贫脱贫之道：基于国有资本参股民营企业的视角 [J]. 财经研究（8）：34-48.

曾薇，2022. 战略衔接期乡村产业协同治理的驱力、结构与路径研究：以凤镇 M 村"国企联村"为例 [J]. 农林经济管理学报（4）：481-490.

章文光，2024. 为乡村振兴提供坚实人才支撑 [J]. 人民论坛（1）：40-43.

郑直，孔令海，2024. 乡村人才振兴与乡村经济高质量发展：基于高校毕业生返乡就业分析 [J]. 经济问题（2）：91-97.

脱贫攻坚作为我国历史性跨越发展的伟大实践，不仅是一项政治任务，也是一项系统性的社会工程。本书围绕"三区三州"深度贫困地区的扶贫典型案例，力图从实际经验出发，总结提炼脱贫攻坚的制度优势、治理逻辑与发展路径。写作过程中，调研组本着严谨治学、实事求是的态度，广泛查阅资料，深入一线调研，反复论证修订，力求内容翔实、论述准确、观点鲜明，既有理论深度，又有现实温度。

作者范国华围绕党建引领、区域协作、产业扶贫与基层治理等主题，完成了多个典型案例的撰写任务。在第一章中，他撰写了关于甘肃省甘南藏族自治州夏河县阿木去乎镇和黑力宁巴村的两个案例，系统梳理了党建在组织振兴和产业发展中的引领作用。在第三章中，完成了天津市和平区与甘肃省甘南藏族自治州舟曲县东西部协作、青海省海东市化隆回族自治县拉面产业劳务输出、青海省海东市互助土族自治县班彦村脱贫与乡村振兴衔接等典型实践的梳理与分析。在第四至六章中，他还撰写了甘肃省甘南藏族自治州合作市勒秀镇麻木索那村生态治理、卓尼县尼巴镇乡村治理创新、企业参与扶贫与国企助力乡村振兴等多个案例，展示了多元力量协同推进脱贫攻坚的多样路径与机制。范国华共计撰写 100 180 字。

作者石铭婷独立撰写了第二章《坚持内外部资源结合，增强可持续发展的有效路径》，系统分析了四川省凉山彝族自治州昭觉县解放沟镇火普村"外部嵌入—内生赋能"模式、合作社带动小农户减贫机制、农村互助养老服务模式及资源整合路径，提出了深度贫困地区实现内生发展的有效路径。她还撰写了第三章中关于甘肃省临夏回族自治州临夏市枹罕镇江牌村新平制香场、青海省黄南藏族自治州同仁市隆务镇吾屯下庄村、青海省西宁市湟中区鲁沙尔镇半脑山地区阳坡村和甘肃省临夏回族自治州临夏市折桥镇折桥村四个专题案例，聚焦非遗文化赋能、女性发展与乡村产业融合。第六章中，她完成了《新内生发展理论视阈下：华丘村中藏药产业发展研究》，从新内生发展理论出发，剖析了地方特色产业培育与内外资源互动机制。石铭婷共计撰写文字 100 139 字，涵盖理论建构、案例剖析与政策建议。

本书的顺利完成，离不开全体作者的辛勤耕耘与调研组团队的通力协作。在此，谨向参与本书写作、编辑与审阅工作的各位同仁致以诚挚感谢。我们亦衷心感谢调研过程中给予大力支持的地方干部与群众，正是他们的信任与配合，使本书的研究成果深植于真实、生动的社会实践之中。

本书虽已付梓，但受限于作者水平与篇幅所限，文中难免存在疏漏与不足之处，敬请广大读者批评指正，以助本书内容进一步完善与深化。

韩建民

2025 年 5 月

图书在版编目（CIP）数据

"三区三州"脱贫攻坚的成就案例研究 / 韩建民等著. -- 北京：中国农业出版社，2025.5. -- ISBN 978-7-109-33267-6

Ⅰ. F126

中国国家版本馆 CIP 数据核字第 20252UW021 号

"三区三州"脱贫攻坚的成就案例研究

"SANQUSANZHOU" TUOPIN GONGJIAN DE CHENGJIU ANLI YANJIU

中国农业出版社出版

地址：北京市朝阳区麦子店街 18 号楼

邮编：100125

责任编辑：姚　佳　王佳欣

版式设计：王　晨　　责任校对：吴丽婷

印刷：中农印务有限公司

版次：2025 年 5 月第 1 版

印次：2025 年 5 月北京第 1 次印刷

发行：新华书店北京发行所

开本：700mm×1000mm　1/16

印张：15.5

字数：342 千字

定价：98.00 元